»Ich glaube, das hier Dargestellte wird für viele eine große Hilfe sein ...
Wir sollten uns vergegenwärtigen, daß ein Buch, Seminare oder
persönliche Unterrichtung zum Enneagramm nur Ideen über die Realität
vermitteln können, nicht aber die Realität selbst. Ein alter Zen-Spruch sagt
hierzu: ›Der Finger, der auf den Mond deutet, ist nicht der Mond‹...
Die kognitiv-emotionale Struktur des Enneagramms kann ein nützlicher Führer sein für Verständnis und Transformation unserer Persönlichkeit, aber er
ist nicht die Wahrheit, er ist nicht die tatsächliche Realität der Manifestation unseres Wesens. Das Enneagramm-System führt uns jenseits her-
kömmlicher Methoden, indem es uns verdeutlicht, daß wir uns oft von Illu-
sionen leiten lassen, indem wir Verteidigungsmechanismen anwenden, die
wir eigentlich nicht mehr bräuchten, und indem wir Ideen und Gefühle
über die Realität mit der Realität selber verwechseln...
Dieses Buch stellt ein mächtiges Werkzeug dar. Ich wünsche Ihnen viel
Glück, wenn Sie es benutzen, um tiefere Schichten Ihres Wesens zu
entdecken.«

Helen Palmer ist international die führende Lehrerin des Enneagramm-
Systems. Sie unterrichtet Psychologie an der J.F. Kennedy University und
veranstaltet Workshops und Intensivtrainings in den USA. Helen Palmer
leitet das »Center for the Investigation and Training of Intuition« in
Berkeley, Kalifornien.

W0067967

Helen Palmer

Das Enneagramm

Sich selbst und andere verstehen lernen

Aus dem Amerikanischen
von Rita Höner

Von Helen Palmer ist außerdem erschienen:

Das Enneagramm in Liebe und Arbeit (Band 86079)

Vollständige Taschenbuchausgabe Januar 1998
Droemersche Verlagsanstalt Th. Knaur Nachf., München
Dieses Taschenbuch ist auch unter der Bandnummer 04244 erhältlich
Copyright © 1991 für die deutschsprachige Ausgabe
Droemersche Verlagsanstalt Th. Knaur Nachf., München
Titel der Originalausgabe: »The Enneagramm«
Copyright © 1988 by the Center for the Investigation and
Training for Intuition
Originalverlag: Harper & Row, Publishers, San Francisco
Umschlaggestaltung: Vision Creativ, München
Umschlagfoto: Zefa/Index Stock, Düsseldorf
Druck und Bindung: Ebner Ulm
Printed in Germany
ISBN 3-426-77339-2

5   4   3   2   1

Inhalt

Vorwort *von Charles T. Tart* 11

I. Orientierung im Enneagramm 21

1. Der Hintergrund des Systems 23
Die mündliche Tradition 24 – Die Grenzen des Typisierens 26
Die Geschichte des Enneagramms 30 – Der innere Beobachter 34
Seelische Puffer 37 – Erworbene Persönlichkeit 40 – Die Haupt-
eigenschaft 45 – Die Leidenschaften 48

2. Aufmerksamkeit, Intuition und Typ 50
Aufmerksamkeit und Typ 50 – Intuition und Typ 55 – Aufmerksamkeitspraktiken 56 – Intuition und Wesenskern 61

3. Die Struktur des Enneagramm-Symbols 63
Die Zahlensymbolik 63 – Die neun Typen 66 – Die Flügel 69
Die Dynamik der Typen 71 – Die Arbeit mit Sicherheit und
Streß 72

4. Beitragende zum System 75
Die Plazierung der Typen 75 – Die Subtypen 79 – Die Brücke
zur zeitgenössischen Psychologie 80 – Aufmerksamkeitsschwerpunkte und Intuition 83 – Aufmerksamkeitsschwerpunkt
in Beziehungen 88 – Das Enneagramm der diagnostischen
Kategorien 91

II. Die neun Punkte des Enneagramms 97

5. Einführung 99

6. Punkt Eins: der Perfektionist 102

Das Dilemma 102 – Hauptthemen 107 – Familiengeschichte 108
Eine Vorliebe für »gerechten Zorn« 110 – Falltür-Befreiung 112
Perfektionismus 113 – Ein richtiger Weg 115 – Zögern und
Besorgnis 116 – Intime Beziehungen 117 – Autoritätsbeziehun-
gen 122 – Aufmerksamkeitsstil 125 – Intuitiver Stil 126 –
Attraktive und unattraktive Umgebungen 127 – Berühmte
Einser 128 – Perfektion als Qualität des höheren Bewußtseins 128
Die Tugend der Gelassenheit 130 – Vorzüge 131 – Subtypen 132
Was Einsern hilft, sich zu entfalten 134 – Mögliche Reaktionen
in Phasen der Veränderung 135

7. Punkt Zwei: der Geber 137

Das Dilemma 137 – Hauptthemen 139 – Familiengeschichte 140
Viele Selbst-Formen 142 – Geben, um zu bekommen 145 – Verführerische Selbstdarstellung 147 – Abhängigkeit und Unabhängigkeit 150 – Dreiecksverhältnisse 152 – Stolz 153 – Intime Beziehungen 154 – Die Beziehung zur Autorität 160 – Attraktive und
unattraktive Umgebungen 165 – Berühmte Zweier 165 – Aufmerksamkeitsstil 165 – Freiheit als Qualität des höheren Bewußtseins 167 – Intuitiver Stil 168 – Die Tugend der Demut 170
Zwei, Neun und Drei sehen ähnlich aus 171 – Vorzüge 173
Subtypen 173 – Was Zweiern hilft, sich zu entfalten 174 – Mögliche Reaktionen in Zeiten der Veränderung 175

8. Punkt Drei: der Dynamiker 177

Das Dilemma 177 – Hauptthemen 181 – Familiengeschichte 182
Mehrphasige Aktivität 185 – Image 186 – Täuschung und Selbsttäuschung 191 – Intime Beziehungen 192 – Autoritätsbeziehungen 197 – Vorzüge 199 – Attraktive und unattraktive Umgebungen 200 – Berühmte Dreier 200 – Aufmerksamkeitsstil 201

Identifikation 203 – Intuitiver Stil 205 – Hoffnung als Eigenschaft des höheren Bewußtseins 207 – Die Tugend der Wahrhaftigkeit 208 – Subtypen 211 – Was Dreiern hilft, sich zu entfalten 213 – Mögliche Reaktionen in Zeiten der Veränderung 215

9. Punkt Vier: der tragische Romantiker 217
Das Dilemma 217 – Hauptthemen 221 – Familiengeschichte 222
Wut, Depression und Melancholie 224 – Schmerz und Kreativität 227 – Stimmungsschwankungen und dramatisiertes Gefühlsleben 229 – Intime Beziehungen 232 – Die Beziehung zur Autorität 238 – Elitäre Maßstäbe und Nonkonformismus 241
Neid 245 – Vorzüge 246 – Attraktive und unattraktive Umgebungen 248 – Berühmte Vierer 248 – Aufmerksamkeitsstil 249
Intuitiver Stil 251 – Die ursprüngliche Verbindung zum höheren
Bewußtsein 253 – Die Tugend des Gleichmuts (Gleichgewicht) 255 – Subtypen 256 – Was Vierern hilft, sich zu entfalten 257 – Mögliche Reaktionen in Zeiten der Veränderung 258

10. Punkt Fünf: der Beobachter 261
Das Dilemma 261 – Hauptthemen 265 – Familiengeschichte 266
Emotionale Distanz 268 – Vor- und Nachbereitung von Gefühlen 271 – Segmentierung 274 – Die Freuden der Privatsphäre 276 – Sich in der Öffentlichkeit verstecken 277 – Intime
Beziehungen 278 – Die Beziehung zur Autorität 282 – Aufmerksamkeitsstil 286 – Intuitiver Stil 289 – Habsucht 291 – Die Tugend des Nichtanhaftens 294 – Allwissenheit als Qualität des
höheren Bewußtseins 294 – Vorzüge 295 – Attraktive und unattraktive Umgebungen 295 – Berühmte Fünfer 296 – Subtypen 296 – Was Fünfern hilft, sich zu entfalten 298 – Mögliche
Reaktionen in Zeiten der Veränderung 299

11. Punkt Sechs: der Advokat des Teufels 301
Das Dilemma 301 – Hauptthemen 305 – Familiengeschichte 306
Autoritätsprobleme 308 – Das Schlimmste annehmen 315
Projektion 317 – Aufmerksamkeitsstil 319 – Verzögerung des

Handelns 320 – Angst vor Erfolg 323 – Intime Beziehungen 326
Vorzüge 333 – Attraktive und unattraktive Umgebungen 333
Berühmte Sechser 334 – Intuitiver Stil 334 – Die Tugend des
Muts 337 – Glaube als Eigenschaft des höheren Bewußtseins 340
Subtypen 342 – Was Sechsern hilft, sich zu entfalten 343 – Mögliche Reaktionen in Zeiten der Veränderung 345

12. Punkt Sieben: der Epikureer 347
Das Dilemma 347 – Hauptthemen 350 – Punkt Drei und Punkt
Sieben sehen gleich aus 350 – Familiengeschichte 352 – Termine
und Pläne 354 – Denken in Möglichkeiten 356 – Charme und
Schikane 357 – Über- und Unterlegenheit 359 – Die Beziehung
zur Autorität 361 – Idealismus und Futurismus 364 – Intime Beziehungen 366 – Aufmerksamkeitsstil 370 – Intuitiver Stil 372
Die höhere geistige Kapazität zur Arbeit 373 – Unersättlichkeit 376
Die Tugend der Nüchternheit 377 – Vorzüge 377 – Attraktive und
unattraktive Umgebungen 378 – Berühmte Siebener 378 – Subtypen 379 –Was Siebenern hilft, sich zu entfalten 380 – Mögliche
Reaktionen in Zeiten der Veränderung 382

13. Punkt Acht: der Boß 384
Das Dilemma 384 – Hauptthemen 387 – Familiengeschichte 388
Leugnung 390 – Kontrolle 393 – Rache und Gerechtigkeit 396
Wahrheit als Eigenschaft des höheren Bewußtseins 399 – Aufmerksamkeitsstil 402 – Intuitiver Stil 407 – Offene Wut 409
Die Tugend der Unschuld 411 – Lust 412 – Exzesse 414 – Intime
Beziehungen 416 – Autoritätsbeziehungen 421 – Vorzüge 425
Attraktive und unattraktive Umgebungen 426 – Berühmte
Achter 427 – Subtypen 427 – Was Achtern hilft, sich zu entfalten 428 – Mögliche Reaktionen in Zeiten der Veränderung 430

14. Punkt Neun: der Vermittler 432
Das Dilemma 432 – Hauptthemen 436 – Familiengeschichte 437
Zustimmung oder Ablehnung? 438 – Gewohnheiten 440 – Wesentliches und Unwesentliches 443 – Ansammeln 444 – Zurückhalten

der Energie 445 – Trägheit und Depression 447 – Eingeschlafener Zorn 449 – Intime Beziehungen 451 – Autoritätsbeziehungen 456 – Vorzüge 460 – Attraktive und unattraktive Umgebungen 460 – Berühmte Neuner 460 – Aufmerksamkeitsstil 461 Intuitiver Stil 463 – Die Tugend des Handelns 465 – Liebe als Qualität des höheren Bewußtseins 466 – Subtypen 467 – Was Neunern hilft, sich zu entfalten 469 – Mögliche Reaktionen in Zeiten der Veränderung 471

Anhang: Empirische Untersuchungen zum Enneagramm 473

Erste Forschungen zum Enneagramm 473 – Unser gegenwärtiges Forschungsprogramm 476 – Der Cohen-Palmer-Enneagramm-Fragebogen 481

Anmerkungen 485

Gewidmet den Hunderten von Menschen,
die ihr inneres Drama beobachtet
und uns ihre Geschichte erzählt haben.

Und Sir Sohn Pentland
für seinen Rat und seine Freundschaft.

Vorwort

Ich kenne kaum jemanden, der nicht an der Persönlichkeit, den individuellen charakteristischen Eigenschaften der Menschen, interessiert wäre, insbesondere daran, über die eigene Person oder den eigenen Persönlichkeitstyp mehr zu erfahren. Schon als Student, der sich auf das Studium der Persönlichkeit spezialisierte, führte ich jeden psychologischen Test durch, den ich in die Finger bekam, um herauszufinden, was er mir über mich erzählen konnte. Den meisten anderen Studenten, die ich kannte, erging es ebenso. Warum ist uns so daran gelegen, etwas über uns zu erfahren?

Zum einen sicher aus Neugierde: Die Art und Weise, in der unser Verstand und unsere Gefühle funktionieren, ist an sich schon interessant. Warum sehe ich eine Situation so, wie ich sie sehe? Warum wird mein Freund in einer bestimmten Situation wütend, während sie mich deprimiert? Es ist aufregend, über diese Dinge nachzudenken und mit anderen über sie zu sprechen.

Ein zweites Motiv ist der große Nutzen, den wir aus einer Beschäftigung mit derlei Fragen ziehen können. Im Leben gibt es viel Leid. Körperlicher Schmerz, unerfüllte Erwartungen, viele kleine oder größere Ärgernisse und Unregelmäßigkeiten, Menschen, die uns nicht richtig behandeln – all diese Dinge bewirken, daß wir leiden. Gewöhnlich reagiert man auf Leid damit, die äußeren Umstände verantwortlich zu machen: Wenn mein Rücken nicht weh täte, wenn der Lieferant rechtzeitig gekommen wäre, wenn die Fahrt zur Arbeit nicht so lang wäre, wenn die Leute doch erkennen würden, wie klug und liebenswert ich bin, dann wäre ich wirklich zufrieden. Kennen wir uns etwas besser, wird uns klar, daß es zwar ärgerliche Ereignisse dieser Art gibt, wir aber auch einen Großteil unseres Leids unnötig selbst schaffen: Würde ich mit meinem schmerzenden Rücken nicht so schwere Gegenstände heben, hätte ich nicht unnötigerweise solche knappen Termine gemacht, würde ich zehn Minuten früher zur Arbeit aufbrechen, hätte ich die Bestätigung anderer nicht so nötig, dann wäre mein Leben sicher um einiges leichter. Was ist da in meiner Persönlichkeit, das mich ungeduldig macht und in einer Welt, die bestimmten Gesetzen folgt, so oft leiden läßt? Warum neige ich dazu, die von anderen erhaltene oder erhoffte Anerkennung zu überschätzen, obwohl ich intellektuell weiß, daß sie gar nicht so wichtig ist?

Die herkömmlichen psychologischen Persönlichkeitstheorien machen verständlich, warum wir auf bestimmte Weise denken und fühlen, und sind insofern oft hilfreich. Aber sie erlauben uns kaum, die das unnötige Leid verursachenden Charakterzüge tatsächlich zu verändern. Daß praktische Ergebnisse seltener sind als Einsichten, hat verschiedene Gründe. So mögen einige der Schlußfolgerungen, die wir nach der Lektüre eines Buches über Persönlichkeitstheorien ziehen, falsch sein, weil wir die Ideen mißverstanden haben. Zudem sind alle Persönlichkeitstheorien immer nur unter verschiedenen Hinsichten richtig; daher kann etwas innerhalb des Systems einsichtig und vernünftig Erscheinendes, wenn man es nicht entsprechend in die Realität umsetzt, untauglich sein oder sogar die Veränderung behindern. Des weiteren können solche Aspekte der Persönlichkeit, die mit einem echten Verständnis des Selbst nichts zu tun haben (ein übersteigertes Selbstbild etwa), den wirklich effektiven Umgang mit einem Persönlichkeitssystem – gleich, welcher Art es ist – blokkieren. Und manchmal ist die intellektuelle Einsicht einfach nicht genug: Wir brauchen die emotionale Einsicht, zu der wir meist nur mit Hilfe eines erfahrenen Beraters bzw. Therapeuten oder durch den Schock eines intensiven Lebensereignisses gelangen. Trotz des durchaus bestehenden intellektuellen Interesses an

Persönlichkeitstheorien sind die meisten von uns von ihren praktischen Ergebnissen aber oft auch deshalb enttäuscht, weil fast alle allgemein bekannten und akzeptierten Persönlichkeitssysteme über den Bereich des gewöhnlichen Lebens nicht hinausgehen.

Sehr viele Menschen suchen Berater oder Therapeuten auf, weil sie unglücklich darüber sind, nicht »normal« zu sein. Sie haben Schwierigkeiten im Umgang mit anderen, fühlen sich permanent unwohl in ihrer Haut oder haben destruktive Gewohnheiten, die bei sich und anderen großes Leid verursachen. Sie möchten »normale« Menschen sein, worunter gemeinhin verstanden wird, daß man beispielsweise »gute Beziehungen« zu seinen Mitmenschen hat, sich im großen und ganzen wohl fühlt und sein eigenes Leben nicht sabotiert. Aber auch ein »normales« Leben hat seine Höhen und Tiefen, und eine psychologische Beratung oder Therapie kann manchmal den Menschen helfen, ein besseres »normales« Leben zu führen.

In den fünfziger Jahren begannen Psychotherapeuten einen neuen Patientypyp zu identifizieren, den ich in meinem Buch *Hellwach und bewußt leben* als den »erfolgreichen Unzufriedenen« beschrieben habe. Diese Menschen sind den geltenden gesellschaftlichen Maßstäben entsprechend normal erfolgreich, haben einen anständigen Job, ein erträgliches Einkommen, ein passables Familienleben und werden von der Gemeinschaft akzeptiert und respektiert, das heißt, sie genießen alle Vorzüge, von denen in unserer Gesellschaft angenommen wird, daß sie glücklich machen; Erfolg bedeutet natürlich nicht, daß es nun gar kein Leid und keine Schwierigkeiten mehr gibt, in gewissem Ausmaß sind sie aber Teil des normalen Lebens und werden insofern akzeptiert. Die erfolgreichen Unzufriedenen hingegen wissen, daß sie zwar dem üblichen Standard entsprechend »glücklich« sein müßten, machen aber eine Therapie, weil für sie das Leben trotzdem »leer« ist. Hat es nicht mehr zu bieten als Geld, Karriere, Konsumgüter, soziale Beziehungen? Was hat das alles für einen *Sinn*? Konventionelle Therapien, die auf konventionellen Theorien über die Natur des Menschen und der Persönlichkeit beruhen, waren (und sind) für solche Menschen wenig hilfreich. Ungereimtheiten in der Persönlichkeitsstruktur können in Ordnung gebracht und interessante Einsichten über die Entstehung einzelner Wesensmerkmale gewonnen werden, aber die zentrale Frage des tieferen Lebenssinns bleibt weitgehend unberührt. Der erfolgreiche Unzufriedene jedoch *muß* über das gewöhnliche Leben hinausgehen.

Sein Erscheinen führte zur Entwicklung der humanistischen und der transpersonalen Psychologie: Schulen, die die Nützlichkeit unseres psychologischen Wissens vom »diesseitigen« Leben anerkennen, aber auch berücksichtigen, daß die Menschheit eine existentielle und spirituelle Dimension besitzt. Sobald jemand die für das gewöhnliche Leben notwendigen Fertigkeiten einigermaßen erfolgreich entwickelt hat, muß er in den existentiellen und spirituellen Dimensionen wachsen, wenn er gesund und glücklich bleiben will. Die sich mit dem gewöhnlichen Leben beschäftigenden Persönlichkeitstheorien sind bis zu einem bestimmten Punkt sinnvoll und hilfreich, aber wenn wir über diesen Punkt hinauswachsen müssen, tritt ihre mangelnde Spannweite zutage, und sie enttäuschen uns, vielleicht ohne daß wir wissen, weshalb.

Bereits als Student interessierten mich die spirituellen, transpersonalen Dimensionen des Lebens sehr, weshalb ich das konventionelle, schulpsychologische Verständnis vom Menschen für nützlich, aber auch für begrenzt hielt. Die große Ausnahme war C. G. Jung: Seine Konzeption des »kollektiven Unbewußten« eröffnete einen Zugang zu den spirituellen Dimensionen unserer Existenz. Jung wurde vom psychologischen und psychiatrischen »Establishment« jedoch nicht voll akzeptiert, und so standen seine Ideen als Arbeitssystem nicht allgemein zur Verfügung. Später fand ich überall auf der Welt Persönlichkeitstheorien und

Psychologien, die in diverse spirituelle Systeme eingebettet waren und gute Möglichkeiten boten, über das Alltägliche hinauszuwachsen. Vor allem ein System, das Enneagramm der Persönlichkeitstypen, ließ auf eine praktische Anwendung hoffen; als 1975 die erste amerikanische Ausgabe meines Buches *Transpersonale Psychologie* erschien, konnte es jedoch nur in Umrissen vorgestellt werden.

Der Begriff Enneagramm wurde von Georg Iwanowitsch Gurdjieff (1873–1949) eingeführt, einem Pionier bei der Anpassung spiritueller Lehren des Ostens an die Bedürfnisse des modernen westlichen Menschen. Er benutzte eine allgemeine Form des Enneagramms, die sein bekanntester Schüler Peter Demianowitsch Ouspensky (1878–1947) in dem Buch *Auf der Suche nach dem Wunderbaren* einem breiteren Publikum bekannt machte. Gurdjieff war sich des nutzlosen Leidens, das von den Schwachstellen unserer Persönlichkeit herrührt, sehr wohl bewußt. Er lehrte, daß jeder von uns ein hervorstechendes Charakteristikum besitzt, eine zentrale Achse, um die sich die illusionären Aspekte unserer Persönlichkeit drehen. Wenn wir diese Haupteigenschaft kennen, kann die Arbeit, die illusionären Persönlichkeitsaspekte (bzw. die »falsche Persönlichkeit«, wie Gurdjieff sie nannte, denn ein Großteil von ihr wurde uns als Kind aufgezwungen und nicht frei gewählt) zu verstehen und zu transzendieren, sehr viel effizienter werden. Gurdjieff benutzte das Enneagramm der Persönlichkeit bei der Arbeit mit seinen Schülern, gab das System aber meines Wissens nicht in allen Einzelheiten an sie weiter.

Ich wurde mit den Typen des Enneagramms der Persönlichkeit während eines Hochschulseminars über veränderte Bewußtseinszustände bekannt gemacht, das ich 1972 abhielt. Einer meiner Studenten, Jon Cowan, erzählte mir ein wenig von diesem System und davon, daß er mich »typisiert« hatte. Im Verlauf verschiedener nachfolgender Mittagessen umriß Cowan das System für mich und zeichnete Diagramme auf Papiertischdecken (es gibt eine Reihe von Geschichten darüber, daß faszinierende wissenschaftliche Ideen auf Servietten skizziert weitervermittelt wurden!). Da mein Wunsch nach persönlichem Wachstum damals sehr groß war, schloß ich mich der Berkeley-Gruppe an, bei der mein Student das System lernte; sie wurde von dem chilenischen Psychiater Claudio Naranjo geleitet, der die Grundlagen des Enneagramms der Persönlichkeit auf verschiedene Weisen brillant mit dem modernen psychologischen Wissen verknüpft hatte. Ich erfuhr, daß Naranjo die Grundlagen des Enneagramms der Persönlichkeit während seiner Studienzeit in Chile bei Oscar Ichazo erlernt hatte, der seinerseits behauptete, es von einer geheimen Mysterienschule übernommen zu haben. Diese Schule soll die Sarmouni-Bruderschaft gewesen sein, die es auch Gurdjieff beigebracht hatte. Das war ziemlich seltsames, romantisches Zeug, das einem jungen Wissenschaftler wie mir nicht recht paßte – schließlich war ich leidenschaftlich daran interessiert, das Sinnvolle vom Unsinnigen zu trennen, wenn die Wissenschaft sich mit dem Spirituellen beschäftigte, und die Erwähnung geheimer Bruderschaften hat in der Wissenschaft etwa dieselbe Wirkung wie das rote Tuch auf den Stier. Da ich bereits verschiedene Gebiete erforschte, die den Etablierten damals suspekt waren – Meditation, veränderte Bewußtseinszustände und Parapsychologie –, schien es in beruflicher Hinsicht unklug, mit einem offensichtlich mystischen System in Verbindung gebracht zu werden, das über das Alltagsleben hinausging. Aber eben die Tatsache, daß das Enneagramm der Persönlichkeit die existentiellen und spirituellen Qualitäten sowie Tugenden erörterte, die durch die Rückgewinnung der essentiellen Lebensenergie entwickelt werden können, machte es besonders anziehend.

Die Versuchung lag nahe, zum Enneagramm auf Distanz zu gehen, aber glücklicherweise habe ich es dennoch untersucht, und zwar als konzeptuelles System, nicht seine mystischen Ursprünge. Es stellte sich eindeutig als das komplexeste und anspruchsvollste Persönlichkeitssysteme heraus, das mir in meiner beruflichen Praxis als Psychologe bis dahin begegnet war. Es war eine vernünftige, intelligente Komplexität. Die meisten konventionellen Systeme erschienen im Vergleich dazu wie grobe Vereinfachungen.

Obwohl Wissenschaftler sehr viel Wert darauf legen, objektiv zu sein, hatten meine und andere Untersuchungen mich seit langem davon überzeugt, daß wir bei unserer Arbeit meist voreingenommen und auch subjektiv sind. Aber gerade die Verpflichtung, Objektivität zumindest zu versuchen, rettet die Wissenschaft davor, in sterile Scholastik zu verfallen. Meine positive Einschätzung des Enneagramms ist mein Versuch, es, so gut ich kann, im Lichte des zeitgenössischen psychologischen Wissens zu beurteilen.

Meine persönliche Reaktion war mir natürlich mindestens genauso wichtig. Als mir die Eigenart meines Enneagramm-Typs erklärt wurde, war dies einer der aufschlußreichsten Momente meines Lebens. Viele bislang rätselhaften Ereignisse und Reaktionen meines Daseins ergaben nun plötzlich einen Sinn. Noch wichtiger war, daß mir der zentrale Bereich klar wurde, in dem meine Einstellung zum Leben unzulänglich war, und mir gangbare Möglichkeiten aufgezeigt wurden, wie ich sie ändern konnte. Ich verstand das Verhalten vieler meiner Freunde, sobald ich sie mit einem Enneagramm-Typ assoziiert hatte; ich konnte effizienter mit ihnen umgehen und war ein besserer Freund. Den ersten Einsichten folgte eine jahrelange, dem persönlichen Wachstum dienende Arbeit, die mir die Nützlichkeit des Systems bestätigte.

Einige Jahre lang war das Enneagramm nur den Studenten von Claudio Naranjo und Oscar Ichazo zugänglich; als Teil einer intensiven psychologischen Arbeit am persönlichen Wachstum wurde es in kleinen Gruppen gelehrt. Dies ist wahrscheinlich der beste Weg, das Material vorzustellen, da so die Chancen bei der

Anwendung für den einzelnen beträchtlich erhöht werden. Heute versuchen jedoch so viele Menschen, insbesondere erfolgreiche Unzufriedene, sich selbst besser zu verstehen und über sich hinauszuwachsen, daß die Grenzen einer Weitergabe an kleine Gruppen offensichtlich sind. Helen Palmer, die ihre speziellen, ihrer umfangreichen Arbeit über Entwicklung und Anwendung der Intuition entstammenden Einsichten mit dem System des Enneagramms verbunden hat, macht uns daher mit diesem Buch ein großes Geschenk. Ihre Methode, jeden Enneagramm-Typ um bestimmte (Fehl-)Wahrnehmungsstile zu zentrieren, erscheint mir äußerst fruchtbar.

Ich glaube, das in diesem Buch vorgestellte Material wird vielen Menschen helfen, ihren Persönlichkeitstyp nicht nur zu erkennen, sondern ihn auch zu transzendieren. Das Enneagramm ist keinesfalls die einzige Methode persönlichen Wachstums, aber eine sehr brauchbare; es stellt auch keinen Anspruch auf Vollkommenheit, und wie Helen Palmer ausführt, muß noch sehr viel empirische, wissenschaftliche Forschungsarbeit geleistet werden, um es weiterzuentwickeln; dennoch ist es schon jetzt ein praktisches, nützliches System. Nach fünfzehnjähriger Erfahrung halte ich das Enneagramm der Persönlichkeit noch immer für ein ausgezeichnetes Hilfsmittel, um sich selbst und andere zu verstehen, sich in sie einzufühlen und mit ihnen umzugehen. Trotzdem sollten wir uns daran erinnern, daß ein Buch, Kurse oder persönliche Unterweisungen uns nur Vorstellungen über die Wirklichkeit vermitteln können, nicht die Wirklichkeit selbst – wie ein altes Zen-Sprichwort sagt: Der Finger, der zum Mond zeigt, ist nicht der Mond selbst.

Die kognitiv-emotionale Struktur des Enneagramms der Persönlichkeit kann ein sinnvoller Führer sein, um unsere Persönlichkeit zu verstehen und zu verändern, aber sie ist nicht die tatsächliche Realität der Manifestation unseres Seins von Augenblick zu Augenblick. Sie ist eine *Theorie* der Persönlichkeit. Sie geht weit über konventionelle Verfahren hinaus, wenn sie uns daran erinnert, daß wir wegen Abwehrmechanismen, die wir eigentlich nicht mehr benötigen, zu oft in einer illusionären Welt leben, daß wir Vorstellungen *über* die Realität *für* die Realität selbst halten. Wenn man dies berücksichtigt, kann das Enneagramm für jeden von uns ein hervorragendes Werkzeug sein; mißbraucht man es jedoch als Ersatz für die tatsächliche Beobachtung unserer selbst und der anderen, ist es genau wie jedes x-beliebige begriffliche System nur eine Möglichkeit mehr, uns und unsere Mitmenschen in Schablonen zu pressen und in unserem Wachtraum ein illusionäres Leben fortzusetzen. Dieses Buch stellt Ihnen ein wirkungsvolles Werkzeug zur Verfügung; ich wünsche Ihnen Glück, wenn Sie es verwenden, um zur Realität Ihrer tieferen Natur zu erwachen.

Dr. Charles T. Tart
Professor für Psychologie
an der Universität von Kalifornien in Davis

I.

Orientierung im Enneagramm

1. Der Hintergrund des Systems

Das Enneagramm ist eine alte Sufi-Lehre, die neun verschiedene Persönlichkeitstypen und ihre Beziehungen beschreibt. Es kann uns helfen, unseren Typ zu erkennen und unsere Probleme zu meistern, Kollegen, Lebensgefährten, Familienmitglieder und Freunde zu verstehen. Es gibt die Mittel an die Hand, um die Anlage jeden Typs für höhere menschliche Fähigkeiten wie Einfühlungsvermögen, Liebe und unbegrenztes Wissen einzuschätzen. Dieses Buch kann Ihr Selbstverständnis fördern, Ihnen helfen, Ihre Beziehungen zu anderen ins reine zu bringen, und es macht Sie mit den höheren Qualitäten Ihres Typs vertraut.

Das Enneagramm ist Teil einer Lehrtradition, die persönliche Themen als Lehrer oder Wegweiser für latent vorhandene Fähigkeiten betrachtet, welche sich während der Entwicklung eines höheren Bewußtseins entfalten werden. Die in diesem Buch dargestellten Diagramme sind wesentliche Bestandteile eines komplexen spirituellen Modells, das, ausgehend von der Persönlichkeit und von den menschlichen Potentialen, die Ebenen der möglichen Evolution der Menschheit beschreibt. Die Existenz dieses umfassenderen Kontextes sollte bei der Beschäftigung mit den neun Charaktertypen im einzelnen nicht übersehen werden.

Das vollständige Enneagramm ist eins der sehr wenigen Bewußtseinsmodelle, die die Beziehungen zwischen der Persönlichkeit und anderen Ebenen menschlicher Fähigkeiten thematisieren. Das System bezieht seine Kraft aus der Tatsache, daß die üblichen Muster der Persönlichkeit, und das sind auch jene Gewohnheiten des Herzens und des Verstandes, die wir gern als neurotisch abtun, als möglicher Zugang zu höheren Bewußtseinszuständen betrachtet werden.

Ein Großteil unserer Aufmerksamkeit richtet sich auf die Gedanken und Gefühle, die wir als unser Selbst identifizieren.[1] Wenn sich jedoch unsere einzigartige Persönlichkeit – bzw. das, was jeder von uns als »Ich« empfindet – in Wirklichkeit als ein Aspekt in einer kontinuierlichen menschlichen Entwicklung herausstellt, dann müssen unsere Gedanken und Gefühle in gewisser Weise den Hintergrund für das Verständnis der nächsten Phase unserer Entfaltung bilden.

Aus dieser erweiterten psychologischen Perspektive können unsere neurotischen Tendenzen als Lehrer und gute Freunde betrachtet werden, die uns zur nächsten Entwicklungsphase führen. Und wenn, wie das Enneagramm andeutet, unsere Persönlichkeit ein Sprungbrett zu größerer Bewußtheit ist, bekommt das Verständnis unserer Lebensthemen einen doppelten Zweck. Zum einen macht es uns als Menschen erfolgreicher und glücklicher; zum zweiten lernen wir, wie wir uns von der Beschäftigung mit der Persönlichkeit abwenden können, damit die nächste Phase des Bewußtseins sich entfalten kann.

Die mündliche Tradition

Das Enneagramm der Persönlichkeit ist Teil einer mündlichen Lehrtradition, und das Material wird immer noch am besten übermittelt, wenn man dabei ist, wie Gruppen von Menschen desselben Enneagramm-Typs über ihr Leben sprechen. Wenn man sieht und hört, wie redegewandte und bereitwillige Menschen ähnliche Gesichtspunkte zum Ausdruck bringen, wird die Kraft des Systems wahrscheinlich sehr viel deutlicher, als wenn man allein die schriftliche Wiedergabe ihrer Worte liest: Nach etwa einer Stunde beginnt eine Gruppe von Menschen, die zunächst äußerlich sehr verschieden wirken, gleich zu erscheinen. Der Betrachter spürt die Ähnlichkeiten der Körperhaltung, der emotionalen Stimmung, der Spannungspunkte im Gesicht und der Art der persönlichen Ausstrahlung, die die subtileren Kennzeichen eines Typs sind. Der Raum füllt sich mit einer eindeutigen Präsenz, wenn die Charaktere sich entfalten. Jeder Typ erzeugt eine ihm eigene Atmosphäre, eine distinktive Qualität, eine Präsenz im Raum.

Eine Gruppe desselben Typs wirkt zu Anfang deswegen so, als hätte sie nichts Gemeinsames, weil die Aufmerksamkeit des Zuschauers den Unterschieden in Geschlecht, Alter, Rasse, Beruf oder persönlichem Stil gilt. Nach und nach jedoch beginnen die Gruppenmitglieder sich stark zu ähneln, und zwar hinsichtlich ihrer Biographie, ihrer Vorlieben und Abneigungen, ihrer Ziele und Träume. Wenn die Aufmerksamkeit des Betrachters sich von den Äußerlichkeiten löst, kann er erkennen, daß die Menschen ein und desselben Typs in ihren Ambitionen und Schwierigkeiten identisch sind.

Für jeden der neun Enneagramm-Typen sieht die Welt anders aus, und durch das Nachempfinden der Gefühle eines jeden können Sie von Ihrem Standpunkt abstrahieren und verstehen, wer die Menschen in Ihrem Leben wirklich sind, statt bei ihrer Beurteilung nur Ihren eigenen Vorstellungen zu folgen. Wenn Sie sich für die Eigenheiten anderer öffnen, entwickeln Sie Mitgefühl für ihre Situation, Empathie; und wenn Sie die Welt aus der Sicht anderer Denk- und Empfindungsweisen betrachten, wird Ihnen auch sofort bewußt, daß jeder durch eine typische Befangenheit begrenzt ist.

Ich bin immer bewegt von der Kraft, die vom Enneagramm ausgeht, wenn ich die Hauptmuster meines Lebens in den Geschichten der Menschen meines Typs erkenne. Es sind moderne Geschichten, die in Büros, Supermärkten, Klassenzimmern und Meditationsräumen spielen. Sie werden von Leuten erzählt, die meine Gedankenmuster mit mir teilen und ihre Geschichte auf dieselbe Weise ausleben wie ich meine. Ich weiß, daß ich mich auf ihre Information, ihren Rat und das, was sie über sich herausgefunden haben, verlassen kann.

Die in diesem Buch enthaltenen kurzen Geschichten geben die auf Tonband aufgezeichneten Aussagen von Menschen wieder, die in einer ihrem Typ vorbehaltenen Diskussionsrunde sprachen. Sie waren bereit, sich zu zeigen und sich zu offenbaren, damit die Zuhörer lernen konnten, ihren eigenen Typ zu erkennen. Wenn ich Testgruppen interviewe, liegt der Schwerpunkt der Aufmerksamkeit immer auf den Unterschieden zwischen den einzelnen Typen; die von mir entwickelten Fragestellungen sind daher eher auf das bei jedem der neun Punkte Einzigartige als auf ihre Gemeinsamkeiten ausgerichtet.

Die Betonung der Unterschiede ist wichtig, weil ein Großteil des Leids, das wir in unseren Beziehungen mit anderen Menschen erleben, von unserer Blindheit ihrem Standpunkt gegenüber herrührt. Wir nehmen die Realität, in der uns nahestehende Menschen ihr Leben führen, einfach nicht wahr. Für ein romantisch verliebtes Paar etwa bedeutet es harte Arbeit, die Voraussetzungen für die Liebe des Partners zu verstehen. Wenn zum Beispiel der eine Partner nach dem Enneagramm eine Neun (der Vermittler) und der andere eine Acht (der Boß) ist, muß die Neun erst einmal wissen, daß der Weg zu Liebe und Vertrauen über eine Reihe harter Konfrontationen führt. Und für die Acht ist sicher die Erkenntnis hilfreich, daß der Neuner-Partner bei direkten Anordnungen dichtmacht und sich stur weigert, etwas zu tun, durch die Bedürfnisse anderer aber leicht aus der Reserve gelockt werden kann.

Die Grenzen des Typisierens

Das Enneagramm ist eins der wenigen Systeme, die sich eher mit normalem und überdurchschnittlichem als mit krankhaftem Verhalten beschäftigen, und es verdichtet viel psychologische Weisheit zu einem relativ leicht verständlichen kompakten Gefüge. Wenn Sie sich selbst und die in Ihrem Leben wichtigen Menschen einem Typ zuordnen können, stehen Ihnen sofort sehr viele Informationen darüber zur Verfügung, wie Sie und der andere wahrscheinlich miteinander auskommen werden. Es besteht daher eine natürliche Tendenz, sich gegenseitig in eine der neun »Schubladen« zu stecken: Jeder meint, sich ausrechnen zu können, was der andere denkt und voraussichtlich tut. Die Spannung, mit dem Geheimnis des Unbekannten zu leben, wird vermindert, und außerdem verführt die Reduzierung einer Information auf starre Kategorien, zu der die Menschen neigen, Vorhersagen nach dem Ursache-Wirkungs-Schema zu machen.

Das Enneagramm ist jedoch kein starres System, sondern ein Modell miteinander verbundener, eine dynamische Bewegung anzeigender Linien, in dem jeder von uns das Potential aller neun Typen – oder Punkte – in unterschiedlichem Maße besitzt, auch wenn er sich am stärksten mit den Themen seines eigenen Typs identifiziert. Darüber hinaus deutet die Struktur eines Sterns mit neun Spitzen, die untereinander durch Linien verbunden sind, an, daß jeder sich zwischen den Punkten frei bewegen kann. Die neun Punkte stimmen gut mit der heutigen psychologischen Typologie überein, und die sie verbindenden Linien weisen auf spezifische Beziehungen zwischen den verschiedenen Typen hin, mit deren Untersuchung in der aktuellen psychologischen Literatur gerade erst begonnen wird.

Die Linien erlauben ebenso Voraussagen darüber, wie man sein übliches Verhalten unter Streß oder in einer sicheren, entspannten Lebenssituation verändert. Alle Punkte kennzeichnen also eigentlich drei Hauptaspekte: ein dominanter, der die Weltsicht eines Typs anzeigt, einer, der das Verhalten in Sicherheit, und einer, der das Verhalten unter Streß beschreibt.

Abgesehen von der gegenpoligen Modifizierung des Verhaltens

bei Streß oder in Sicherheit ändert jeder von uns sich in dem Maße, in dem wir uns mit den Aspekten unseres Enneagramm-Typs identifizieren. An manchen Tagen beschäftigen uns die dominierenden Themen so sehr, daß wir uns auf nichts anderes konzentrieren können. Wenn dann die ganze Aufmerksamkeit an einem bestimmten, unserem Typ eigenen Themenkomplex festhängt, befinden wir uns tatsächlich in einer »Schublade«. Wir sind nicht frei. Wenn wir uns nicht von einem immer wiederkehrenden Thema lösen können und uns die Fähigkeit fehlt, das eigene Verhalten auch einmal von einem anderen Standpunkt aus zu beobachten, werden wir von den eigenen Gewohnheiten kontrolliert und haben die Freiheit des Wählens verloren. Sobald wir hingegen unsere Aufmerksamkeit verlagern können und eine Situation aus verschiedenen Perspektiven zu sehen imstande sind, bewegen wir uns im Entwicklungsspektrum aufwärts; wir befreien uns von den unseren Standpunkt begrenzenden Gewohnheiten und lassen unser Bewußtsein über unsere typischen Themen hinauswachsen.

Das falsch verstandene Typisieren setzt möglicherweise eine unheilvolle, sich selbst erfüllende Prophezeiung in Gang. Wir ordnen Menschen einem Typ zu und behandeln sie dann als karikaturhafte Mischung verschiedener Charakteristika, was das Verhalten dieses Typs verstärken kann. Wir sind durch die Art und Weise geformt, wie man uns behandelt, und wir tendieren dazu, zu glauben, was andere in uns hineininterpretieren. Allzuoft sehen wir uns selbst so, wie wir von anderen gesehen werden, und übernehmen die Charakteristika, die uns antrainiert wurden.

Es ist relativ einfach, jemanden einer Kategorie zuzuordnen, sobald Sie wissen, was Sie suchen – vor allem wenn Sie sich in den Standpunkt eines anderen einfühlen können. Das System ist so gut, daß ich Leute erlebt habe, die übersinnliche Fähigkeiten vorgeben konnten, weil sie fähig waren, andere schnell und richtig zu typisieren und mit einer Menge detaillierter persönlicher Informationen über jemanden aufzuwarten, den sie gerade kennengelernt hatten. Mit einem guten System und einer falschen Einstellung können wir jedoch leicht vergessen, daß der Grund für die Kenntnis des Persönlichkeitstyps darin besteht, ihn aufzugeben, um mit der wirklichen Arbeit beginnen zu können, nämlich der Verkörperung des höheren Bewußtseins. Eine kleingeistige Einstellung zum Zuordnen vermindert Wert und Absicht eines Systems, in dem die Typen lediglich Sprungbretter zu höheren menschlichen Fähigkeiten sind.

Zum Glück funktioniert das Typisieren in der Praxis nicht so einfach, wie manch einer sich das vielleicht vorstellen mag. Es wäre zum Beispiel wenig erfolgversprechend, wollte ein Arbeitgeber für bestimmte Tätigkeiten kategorial nur ganz bestimmte Enneagramm-Typen einstellen, etwa nach dem Motto: »Wir engagieren eine Vier (den tragischen Romantiker) für eine Tätigkeit in einer Kunstgalerie.« Dies wäre wenig sinnvoll, wenn die Vier trotz künstlerischer Veranlagung kein Auge für Gemälde hätte. Für kontaktintensive Jobs keine Fünf (den Beobachter) einzustellen wäre ein großer Fehler, wenn die Fünf extravertierte Fähigkeiten entwickelt hat. Auch der Heiratsvermittler, der gern ein Rezept hätte, wonach etwa der ideale Partner einer Drei eine Sieben wäre, wird mit dem Etikettieren nicht viel Glück haben. Menschen sind sehr viel beweglicher und komplexer als alles, was durch eine Liste von Charakterzügen beschrieben werden könnte.

Warum dann unser Interesse am Typ? Wenn ein richtiges Etikettieren die Risiken bei der Einstellung von Angestellten oder der Auswahl eines Partners nicht vermindert, warum dann überhaupt den Typ herausfinden? Weil Sie so eine funktionierende Beziehung zu sich selbst aufbauen können. Die Erfahrung anderer Angehöriger Ihres Typs hilft Ihnen weiter, und Sie finden heraus, unter welchen Voraussetzungen Sie sich – statt neurotische Trends auszuagieren – entfalten können. Der Grund für die

Beschäftigung mit dem Enneagramm der Persönlichkeit ist nicht die Erlangung der Fähigkeit, die Charakterzüge anderer für bestimmte vordergründige Zwecke zu entdecken, sondern Ihr eigenes Leid zu verringern. Zudem können Sie Ihre Mitmenschen sozusagen von innen sehen. Dieses Verständnis wird dazu beitragen, daß Arbeitsteams effizienter werden, Romanzen sich mit Magie füllen und Familien wieder zusammenfinden. Wir können nicht einfach bestimmten Typen spezielle Berufe zuordnen und erwarten, daß sie sich stereotyp verhalten, aber wir können lernen, ein Projekt aus der Sicht eines Arbeitskollegen zu betrachten. Ebenso ist es nicht realistisch, wenn wir einen Partner anhand einer »Liste wünschenswerter Charakterzüge« auswählen und damit rechnen, daß er die weniger erwünschten Züge des Typs nicht besitzt. Wir können noch nicht einmal voraussetzen, daß einer der Partner, so paradox es scheinen mag, auf Vertrautheit nicht mit Streß und Verlegenheit reagiert. Aber wir können den Standpunkt des anderen verstehen lernen und unsere Haltung entsprechend ändern, wenn wir genau beobachten, wie jeder Typ sich der Liebe öffnet.

Die Geschichte des Enneagramms

Der Begriff Enneagramm ist sprachlich zurückzuführen auf die griechischen Wörter *ennéa* = »neun« und *grámma* = »Geschriebenes, Buchstabe, Schrift« (zu *gráphein* = »schreiben, einritzen«). Das Enneagramm wird graphisch als neunzackiger Stern dargestellt, auf dessen Linien der Verlauf jedes Ereignisses von seinem Beginn durch alle Phasen seiner Entwicklung in der materiellen Welt symbolisch aufgezeigt werden kann. Das Enneagramm ist Bestandteil der Sufi-Mystik, wo es zur bildlichen Erfassung kosmologischer Prozesse und der Entfaltung des menschlichen Bewußtseins verwendet wird. Als Ganzes ist das

System eine klar gegliederte Lehre, die dem Lebensbaum der Kabbala ähnelt und sich mit diesem tatsächlich in verschiedener Hinsicht überschneidet.[2] Diese Parallele ist interessant, weil das Enneagramm dieselben Themen behandelt wie die alte kabbalistische Lehre, jedoch keine geschriebene Geschichte zu besitzen scheint. Wir hatten keinen übersetzten Kommentar der islamischen Mystik, aber das System ist ebenso ein Modell der mystischen Prämisse, daß die Menschheit sich zu höheren Bewußtseinsformen hin entwickelt.[3]

Im Westen wurde das Wissen vom Enneagramm eingeführt durch Georg Iwanowitsch Gurdjieff, einen spirituellen Lehrer griechisch-armenischer Abstammung mit enormer persönlicher Anziehungskraft, der vom Enneagramm als mündlich vermitteltem Sufi-Lehrsystem sprach. Er benutzte es, um die Begabung seiner Schüler für bestimmte Methoden zur Entfaltung der Persönlichkeit zu erkennen. Über die Arbeit Gurdjieffs gibt es sehr viel Literatur, die zahlreiche Hinweise auf das Enneagramm enthält, aber nicht genau angibt, wie er das Symbol benutzte, um das Potential anderer zu sehen, oder welche Informationen es ihm zur Verfügung stellte.

Gurdjieffs Schüler arbeiteten mit den mathematischen Eigenschaften des Enneagramms, aber der Großteil ihrer Kenntnisse wurde durch nonverbale Bewegungsübungen vermittelt, die ihnen ein Gefühl für die Phasen verschiedener Prozesse in der materiellen Welt geben sollten. Die Bewegungen bestanden aus einer beeindruckenden Reihe von in großen Gruppen ausgeführten Tänzen. Sie sollten bestimmte nicht offensichtliche Merkmale des Prozesses lehren, insbesondere daß der Rhythmus eines Vorgangs mit dem physischen Körper erspürt werden kann und daß es möglich ist, jene Momente zu erkennen, in denen geeignete »Schocks« – bzw. neue Energiezufuhr – notwendig sind, damit der Prozeß in Gang und lebendig bleibt.

Gurdjieff versuchte, seinen Schülern ein Gefühl für das Enneagramm als Modell der ewigen Bewegung zu vermitteln. Auf dem Boden der Halle seines »Instituts zur harmonischen Entwicklung des Menschen« befand sich das Muster eines neunzackigen Sterns. Die Schüler stellten sich auf die von der Eins bis zur Neun numerierten Punkte des Kreises und führten komplizierte Bewegungsmuster aus, die die verschiedenen Beziehungen zwischen den Punkten und entlang der Zickzacklinie Eins–Vier–Zwei–Acht–Fünf–Sieben veranschaulichten. Es gibt Berichte von Schülern, die ihr Erspüren der inneren Rhythmen und der natürlichen Momente des Innehaltens und Neuausrichtens der Kräfte beschreiben, welche durch das Austanzen der Beziehungen zwischen Punkten und Linien hervorgebracht werden. Sie schreiben von einem körperlichen Erkennen, das entsteht, wenn die Aufmerksamkeit sich vom Denken abwendet und man völlig in den physischen Bewegungen des Tanzes aufgeht.

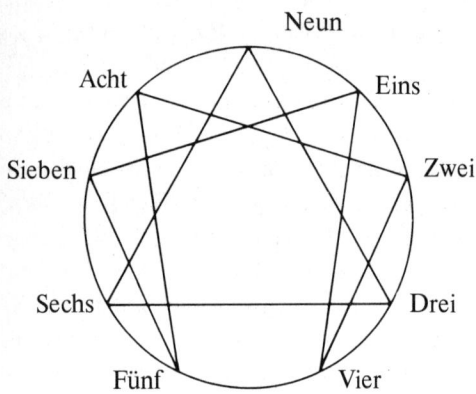

Die neun Punkte des Enneagramms

Zu Lebzeiten Gurdjieffs war über das Enneagramm der Persönlichkeit nichts Schriftliches vorhanden; die seine Lehre fortsetzenden Schulen tendierten dazu, die Beschäftigung mit der Persönlichkeit als etwas zu betrachten, das man auf dem Weg zu einem höheren Bewußtsein außer acht lassen konnte, und nicht als nützliche Informationsquelle über Möglichkeiten zur Erreichung dieses Zustands. Die Schulen nahmen den Standpunkt ein, unsere einzigartige Persönlichkeit stelle einen relativ unentwickelten Aspekt des menschlichen Potentials dar, und konzentrierten sich auf die nonverbalen Bewegungsübungen und Gurdjieffs Aufmerksamkeitspraktiken (die er als Selbstbeobachtung und Selbsterinnerung bezeichnete) als korrekten Zugang zum Innenleben.[4]

In dieser Haltung wurden die Schulen wahrscheinlich durch die ursprünglichen Lehrer bestärkt, die darauf beharrten, das Sufi-System der Persönlichkeit könne erfolgreich nur vom »Wissenden« angewandt werden, wie wir bei Peter Demianowitsch Ouspensky lesen: »Die Kenntnis des Enneagramms wurde lange Zeit geheimgehalten, und wenn es nun sozusagen allen zugänglich gemacht wird, so nur in einer unvollständigen und theoretischen Form, die niemand ohne Belehrung durch einen Wissenden irgendwie praktisch anwenden kann.«[5]

Es ist natürlich möglich, daß den Schulen das exakte Zusammenspiel der neun Persönlichkeitstypen in der symbolischen Darstellung des Enneagramms nicht zugänglich war, oder daß damals die psychologischen Erkenntnisse mit dem, was die Abbildung nahelegte, nicht in Einklang standen. Gurdjieffs Anspielungen auf das System und seine Reaktionen auf direkte Fragen zu den Beziehungen zwischen Enneagramm und Charaktertyp weisen jedoch darauf hin, daß er die Information zurückhielt, weil er glaubte, seine Schüler würden sie nicht akzeptieren. Anscheinend war er überzeugt, daß die Menschen seiner Zeit noch nicht genügend vorbereitet waren, um ihre eigenen inneren Muster korrekt zu identifizieren. Obwohl seine Schüler schon mit der Selbstbeobachtungspraxis arbeiteten, hatte die Freudsche Theorie vom Unbewußten zu Gurdjieffs Zeit in Europa kaum Wurzeln geschlagen, und die Schüler besaßen nicht die Kenntnis psychologischer Zusammenhänge, die für uns heute selbstverständlich sind. Der Gedanke, daß wir im allgemeinen unsere tiefere Wirklichkeit »wie im Schlaf« ignorieren und unsere Wahrnehmungen durch psychische Abwehrmechanismen verzerrt werden, war für die Schüler seiner Zeit eine enorme Einsicht. Sie arbeiteten fleißig an den Übungen, doch geschah dies eher aus bedingungslosem Vertrauen gegenüber ihrem Lehrer, denn sie hatten selbst nur ein geringes psychologisches Verständnis.

Der innere Beobachter

Selbstbeobachtung, eine grundlegende, in verschiedenen traditionellen Disziplinen übliche Praxis des inneren Lebens, besteht darin, die Aufmerksamkeit nach innen zu lenken und sich der Gedanken und anderer »Objekte der Aufmerksamkeit«[6] bewußt zu werden, die in uns auftauchen. Es gibt verschiedene Zugänge zu dieser Praxis, aber die anfängliche Erfahrung besteht immer darin, die eigenen mechanischen bzw. gewohnheitsmäßigen Muster und die Hartnäckigkeit, mit der gewisse Themen im Verstand wiederkehren, zu erkennen. Der Umstand, daß Sie die eigenen Denk- und Fühlgewohnheiten vom Standpunkt eines unbeteiligten Außenstehenden beobachten und über sie sprechen können, macht diese Gewohnheiten weniger zwanghaft und automatisch. Gedanken werden dann als »getrennt von mir« wahrgenommen und nicht mehr als das, »was ich wirklich bin«.

Wenn die Praxis des Beobachtens von Gedanken und Gefühlen fortgesetzt wird, beginnen die eigenen Themen sich fremd und leicht irritierend anzufühlen. Sobald die Aufmerksamkeit sich zur Haltung des inneren Beobachters verlagert, sehen die Gedanken mehr wie »was ich denke« als »mein wahres Selbst« aus, denn ein Teil des eigenen Bewußtseins bleibt distanziert genug, um das

Vorbeifließen der Gedanken zu beobachten. Wenn die Aufmerksamkeit auf ein getrenntes beobachtendes Ich aufbaut, sehen Sie objektiver, was Sie wirklich sind; und mit zunehmender Übung erscheinen nicht mehr einzelne Gedanken oder Gefühle als Ihr wahres Selbst, sondern der innere Beobachter. Wenn die Aufmerksamkeit sich wieder auf das Denken zurückverlagert, löst das Gefühl eines separaten, distanzierten Bewußtseins sich natürlich auf, womit Sie die Objektivität verlieren und wieder »automatisch« funktionieren.

In gewisser Weise hängt jede erfolgreiche Psychotherapie von der Fähigkeit ab, die Aufmerksamkeit von Gewohnheiten zu lösen und sie aus der Sicht eines neutralen Beobachters zu beschreiben. Eine genaue Selbstbeobachtung ist für das Erkennen des eigenen Persönlichkeitstyps unabdingbar, denn Sie müssen um Ihre Gewohnheiten des Herzens und des Verstandes wissen, um sich anhand der Geschichten von Menschen Ihres Typs zu erkennen.

Obwohl Gurdjieff nicht glaubte, daß seine Schüler die Bedeutung ihres Enneagramm-Typs erfassen könnten, tat er sehr viel, um sie zur Erkenntnis ihres Charakters zu führen. Die zwei Methoden, von denen am häufigsten berichtet wird, waren »Anderen auf die Hühneraugen treten« und »Einen Toast auf die Idioten ausbringen«.

Gurdjieff selbst war als Enneagramm-Typ eine Acht, ein Boß, und dementsprechend bestand seine Lehrmethode darin, sich auf die empfindlichsten Charakterpunkte seiner Schüler einzuschießen und so lange an ihnen herumzunörgeln, bis sich eine Abwehrreaktion einstellte: »Das Prinzip, auf das empfindlichste Hühnerauge zu treten, vollbrachte für mich Wunder. Es berührte jeden, der mir begegnete, so, daß er selbst seine ihm von Papa und Mama mit großem Ernst überreichte Maske völlig zufrieden und bereitwillig abnahm, ohne daß ich mich anstrengen mußte, und dank dessen bekam ich sofort eine beispiellos einfache Möglichkeit, meine Augen gemächlich und ruhig an dem zu weiden, was seine innere Welt enthielt.«[7]

Die Toasts waren eine andere Möglichkeit, die Schüler an das Konzept des Typs heranzuführen. Gurdjieffs Tischgenossen wurden aufgefordert, in einer Reihe von Toasts auf verschiedene Klassifikationen von Menschen große Mengen Alkohol zu trinken. Ein neuer Gast wurde gebeten, die Kategorie zu wählen, in die er am meisten zu gehören glaubte, und dann wurde auf ihn als diese Art von Idiot ein Toast ausgebracht.

»Er benutzt das Wort [Idiot] in seinem ursprünglichen und nicht in seinem erworbenen Sinn. Es ist eigentlich ein anderes Wort für Typ. Im Verlauf der Mahlzeit wird eine Reihe von Toasts ausgebracht; die übliche Regel ist ein Glas Brandy oder Wodka auf drei Toasts. Die Frauen kommen mit sechs Toasts pro Glas davon; und es kann bis zu 25 Toasts pro Nacht geben.

Sie sehen, er ist ein Russe, und Russen trinken immer eine Menge Wodka. Aber es gibt einen anderen und sehr viel wichtigeren Grund, warum alle Gäste Gurdjieffs zu trinken hatten ... Viele Menschen gehen durch seine Hände, und er ist gezwungen, sie so schnell wie möglich zu durchschauen. Nun, Sie wissen, wie Alkohol einen Menschen öffnet, und das, was er zuvor verstecken konnte, offenbar wird. Das meinen die Araber, wenn sie sagen: ›Alkohol macht, daß ein Mensch mehr Mensch wird‹.«[8]

Während der Toasts wies Gurdjieff oft auf Charakterzüge hin, die er in einem der sogenannten Idioten sah. Manchmal wurde dieser Charakterzug genannt, manchmal demonstriert.

»›Du bist ein Truthahn‹, sagte er einmal zu jemandem am ersten Abend. ›Ein Truthahn, der gern ein Pfau wäre.‹ Dazu kamen ein paar meisterhafte Kopfbewegungen Gurdjieffs, ein oder zwei gutturale Töne, und schon erschien am Tisch ein arroganter Puter und plusterte sich vor einer imaginären Truthenne auf. Etwas später materialisierte sich vor unseren Augen ein sehr viel größeres Tier. ›Warum siehst du mich an wie ein Bulle, der einen anderen Bullen ansieht?‹ fragte er jemand anders. Und mit einer leichten Veränderung im Ausdruck seiner Augen, in der Haltung seines Kopfs und in der Linie seines Mundes wurde zu unserer Begutachtung ein herausfordernder Bulle produziert.«[9]

Trotz dieser plastischen Schilderungen und offenkundiger Beleidigungen blieb die Definition des Charaktertyps dunkel. Besaß Gurdjieff vielleicht nicht die psychologische Erfahrung, um mit persönlichen Themen erfolgreich zu arbeiten? Oder hatte er, wie viele unserer heutigen Lehrer für inneres Wachstum, nichts dafür übrig, die persönliche Geschichte wieder aufzurühren?

Seelische Puffer

Haupthindernis für das Erkennen des eigenen Typs ist das, was Gurdjieff als »Puffer« bezeichnete. Er glaubte, daß wir unsere negativen Charakterzüge vor uns selbst durch ein kompliziertes System innerer Puffer – oder psychischer Abwehrmechanismen – verstecken; sie machen uns den in unserer Persönlichkeit wirkenden Kräften gegenüber blind. In Anbetracht dessen, daß Freud dem Konzept der unbewußten Abwehrmechanismen in ungefähr derselben Zeit den Weg bahnte, in der Gurdjieffs Schüler die Praktiken der Selbstbeobachtung lernten, war der Versuch, Menschen in der Beobachtung ihrer eigenen Puffer zu unterweisen und somit ins Unbewußte einzudringen, ein radikaler neuer Zugang zum inneren Leben. Heute ist uns die Tatsache, daß psychologische Abwehrmechanismen unser Ich-Gefühl aufrechterhalten, eher bewußt. Die den Enneagramm-Typen Eins bis Neun entsprechenden Abwehrmechanismen sind Reaktionsbildung, Verdrängung, Identifikation, Introjektion, Isolation, Projektion, Rationalisierung, Leugnung und Betäubung.

Obwohl Gurdjieffs Schüler keine psychologischen Kenntnisse hatten und mit solchen Denkkategorien nicht vertraut waren, wurden sie aufgefordert, in sich nach ihrem eigenen unbewußten Abwehrsystem zu suchen.

»Wir kennen die Bedeutung der Puffer an Eisenbahnwagen. Sie sind Einrichtungen, die die Stoßwirkung verringern, wenn Wagen aufeinander auffahren. Wenn es keine Puffer gäbe, würde der Stoß eines Wagens gegen einen anderen sehr unangenehm und gefährlich sein. Die Puffer verringern die Wirkungen dieser Stöße und machen sie unbemerkbar. Genau die gleichen Einrichtungen können im Menschen gefunden werden. Sie sind nicht durch die Natur, sondern durch den Menschen, wenn auch unwillkürlich, geschaffen. Der Grund ihres Vorhandensein ist das Bestehen vieler Widersprüche im Menschen; widersprechender Meinungen, Gefühle, Sympathien, Worte und Handlungen.

Wenn ein Mensch all die Widersprüche in sich spüren würde, würde er eine dauernde Reibung, eine dauernde Unruhe fühlen. Er hätte das Gefühl, er wäre verrückt. Der Mensch kann diese Widersprüche nicht zerstören, aber wenn in ihm ›Puffer‹ erzeugt werden, kann er aufhören, sie zu fühlen, und wird nicht die ganze Wucht des Aufeinanderpralls von widersprechenden Ansichten, widersprechenden Gefühlen und widersprechenden Worten spüren.«[10]

Gurdjieff sagt weiter, daß Puffer zwar das Leben erleichtern, aber auch die innere Reibung reduzieren, die Menschen zum inneren Wachsen veranlassen kann. Die Puffer wiegen uns in eine Art Schlaf, in dem wir dazu neigen, mechanisch zu funktionieren. Weil wir »gedämpft« sind und schlafen, können wir weder beobachten, wer wir wirklich sind, noch erkennen, wie unsere Wahrnehmung der realen Welt durch den Standpunkt unseres Typs verzerrt wird.

Ouspensky, der über die innere Entwicklung aus der Sicht Gurdjieffs viel geschrieben hat, nannte Puffer auch als Möglichkeit, die Reibung zwischen unvereinbaren Teilen des Selbst zu vermindern. Er empfahl seinen Schülern, auf der Suche nach Puffern die Aufmerksamkeit auf die Themen ihres Lebens zu lenken, in denen sie in die Defensive getrieben werden konnten.

»Ein Mensch mit wirklich starken Puffern sieht keine Veranlassung, sich zu rechtfertigen, denn er ist sich der Unvereinbarkeiten in sich nicht bewußt und akzeptiert sich so, wie er ist.

Wenn die Arbeit an uns selbst jedoch einige unserer Unvereinbarkeiten zu enthüllen beginnt, wissen wir, daß sich zwischen ihnen ein Puffer befindet, und durch Selbstbeobachtung werden wir uns langsam bewußt, was zu beiden Seiten des Puffers liegt. Sucht also nach inneren Widersprüchen, sie führen euch zur Entdeckung der Puffer. Achtet vor allem auf alle Themen, bei denen ihr überempfindlich seid. Ihr habt euch vielleicht ein paar gute Eigenschaften zugeschrieben; sie sind eine Vorstellung, die auf der einen Seite des Puffers liegt, aber den Widerspruch, der auf der anderen Seite liegt, habt ihr bislang noch nicht klar gesehen. Trotzdem fühlt ihr euch mit dieser guten Eigenschaft ein bißchen unbehaglich, was bedeuten kann, daß ihr in der Nähe eines Puffers seid.«[11]

Die Vorstellung, daß wir einem Großteil unseres grundlegenden Charakters gegenüber blind sind, wird heute allgemein akzeptiert. Die Entlarvung von »Blindstellen«, Abwehrmechanismen und kognitiven Dissonanzen in unserer Charakterstruktur ist für jeden, der ein psychologisch reifes Leben führen will, unabdingbar. Sie ist doppelt notwendig für jemanden, der das zu werden versucht, was Gurdjieff ein wahres menschliches Wesen nannte. Suchende sollten Puffern gegenüber besonders wachsam sein, weil unbewußte Abwehrmechanismen ganz spezifische Verlagerungen der Aufmerksamkeit sind, aufgrund deren wir die Realität verzerrt sehen.

»Es gab einen weiteren Grund, aus dem die Persönlichkeit zuerst erkannt und dann weniger arrogant und aktiv gemacht werden mußte. Durch die verzerrende Brille unserer Persönlichkeit sehen wir alles nie so, wie es ist, sondern wie es uns erscheint. Nichts wird klar oder objektiv betrachtet, sondern immer durch einen dazwischenliegenden Schleier von Neigungen und Abneigungen, Parteilichkeiten und Vorurteilen, Besessenheiten und Eigenarten. Wie können wir je hoffen, Dinge und Personen so zu sehen, wie sie sind, solange wir es nicht fertigbringen, diesen Quotienten des persönlichen Irrtums loszuwerden? Wie können wir mehr Wissen erwerben, insbesondere jene Art von Wissen, die eher durch Intuition und direkte Wahrnehmung entsteht als durch den Intellekt, solange die Persönlichkeit nicht aus dem Weg geräumt ist? Die sogenannte Intuition eines von seiner Persönlichkeit beherrschten Menschen ist nur eine Manifestation seiner Vorurteile und Befangenheiten, nicht mehr.«[12]

Erworbene Persönlichkeit

Das Wort Persönlichkeit wird in der spirituellen Terminologie auch als Ego oder falsche, illusorische Persönlichkeit bezeichnet; Gurdjieff unterschied zwischen unserer wesensmäßigen Natur und der Persönlichkeit, die wir im Verlauf unseres Lebens erwerben.[13]

Die Vorstellung, daß wir alle eine wesensgemäße Natur besitzen, die sich von unserer erworbenen Persönlichkeit qualitativ unterscheidet, ist für die spirituelle Psychologie grundlegend. Der Wesenskern ist als das »jedem Eigene« beschrieben worden, als die Potentiale, mit denen wir geboren wurden, im Gegensatz zu dem, was wir durch Erziehung, Vorstellungen oder Überzeugungen erworben haben. Im Wesenskern sind wir wie kleine Kinder: Es gibt keinen Konflikt zwischen unseren Gedanken, unseren Gefühlen oder unseren Instinkten. Auf der Grundlage eines ungeschützten Vertrauens in die Umwelt und andere Menschen handeln wir richtig und ohne Zögern, um das Wohlbefinden aufrechtzuerhalten. Als Erwachsene spüren wir, daß wir eine Art heilsames unbewußtes Potential besitzen, weil wir zuweilen aus einem Gefühl des Einsseins mit der Umgebung schöpfen, in dem wir intuitiv wissen oder sehr effizient handeln. In solchen Momenten wissen wir, ohne zu wissen, wie; unser Körper handelt, bevor wir uns im klaren sind, was wir beabsichtigen; und wir hören uns selbst eine Wahrheit aussprechen, bevor wir wissen, was wir sagen wollen.

Die Annahme, daß unsere Befähigung zur intuitiven Beziehung mit der Welt von einer wesensgemäßen Natur stammt, mit der wir geboren wurden, ist nicht beweisbar. Jene Traditionen, die eine Methode zur Erreichung der höheren menschlichen Potentiale weitergegeben haben, stimmen jedoch darin überein, daß dies so ist; gewöhnlich setzen sie im Spektrum der Entwicklung die Persönlichkeit dem Wesenskern entgegen.[14]

Die überlieferten Methoden zeigen spezielle Wege, durch die physische Energie und innere Aufmerksamkeit stabilisiert werden können, was zur Erfahrung eines Aspekts der wesensmäßigen Beziehung zur Umwelt bzw. anderen Menschen führen kann. Wesensmäßige Erfahrungen sind in dem Sinne ganzheitlich, total, als sie das Bewußtsein eines »Ich« ersetzen. Es gibt in ihnen kein Bewußtsein »meiner persönlichen Gedanken« oder »meiner individuellen Gefühle«, so daß wir in gewisser Weise die Erwachsenenpersönlichkeit hinter uns zurücklassen und zum Geisteszustand des Kindes vor dem Erwerb einer Persönlichkeit zurückkehren.

Der neunzackige Stern des Enneagramms deutet an, daß es neun Hauptaspekte des wesensmäßigen Seins gibt und jeder einen etwas anderen Zugang hat. Die Suche nach einem speziellen Aspekt der Essenz wird durch die Tatsache motiviert, daß man unter seiner Abwesenheit leidet. Wenn Sie sich zum Beispiel chronisch ängstigen, haben Sie das wesensmäßige Vertrauen des Kindes in die Umwelt und andere Menschen verloren; die Suche nach Mut wird daher in ihrem Leben ein Leitmotiv sein.

Wenn unserem Wesen etwas Wesensmäßiges fehlt, spüren wir dies in jenen Zeiten, in denen wir uns beklagen, wir würden »automatisch« funktionieren, und in denen das Leben so mechanisch geworden ist, daß wir uns selbst fremd sind. Aussagen wie »Ich habe meine Gewohnheiten satt« oder »Ich möchte ein neues Leben beginnen« zeigen, wie sehr unser mechanisches Verhalten uns von unserem Potential abhält.

Die Erkenntnis des gewohnheitsmäßigen Handelns weist auch auf die Anwesenheit eines inneren Beobachters hin. Beachten Sie den Unterschied zwischen den Aussagen »das Leben ist langweilig« und »Ich langweile mich«. Der Unterschied in der Perspektive zeigt sich auch in den folgenden Äußerungen: »Ich war so wütend, daß ich nicht mehr wußte, was ich tat.« Und: »Ich beobachtete mich, wie ich wütend auf sie wurde.« Bei der ersten hat Wut, eine extreme Emotion, die Fähigkeit des Beobachtens verhindert, während bei der zweiten das Bewußtsein von den Gefühlen losgelöst bleibt.

Die Entfremdung, die »ich von mir spüre«, geht oft mit dem Wunsch einher, »mich selbst zu finden«, »mein wahres Selbst« zu entdecken; was das Verlangen bedeuten kann, das eigene Potential zu wecken. Diese Suche unterscheidet sich von dem Wunsch, in die Sicherheit der Kindheit zurückzukehren oder von einem Partner umsorgt zu werden. Sie wird durch das Verlangen nach einem Leben außerhalb des Gewöhnlichen motiviert und oft durch die Benennung bestimmter Aspekte des menschlichen Wesenskerns thematisiert: »Ich möchte lernen, andere Menschen zu lieben. Ich möchte meine Verhaftungen an Menschen und Dinge verringern. Ich möchte den Mut zum Handeln finden.« Es ist, als wäre in der Kindheit ein bestimmter Aspekt von uns beschädigt worden und als würde dieser Verlust dann unsere Suche dirigieren. Die Suche nach dem, was fehlt, rüttelt uns auf und gibt unserem Leben neue Energie. Wir machen eine Therapie, wir leiden und lernen deshalb zu meditieren.

Die Persönlichkeit entwickelt sich, weil wir in der physischen Welt überleben müssen. Es kommt zur Unvereinbarkeit zwischen dem wesensmäßigen Vertrauen des Kindes in die Umgebung und der familiären Realität, der es sich fügen muß. Aus der Sicht einer Psychologie, die das Konzept des Wesenskerns einschließt, entwickelt die Persönlichkeit sich, um diesen Kern in der materiellen Welt vor Verletzungen zu schützen. Damit ist gemeint, daß ein spezieller Aspekt der unverteidigten Verbindung des Kindes zur Umwelt bedroht ist, weshalb das Kind sich vor weiterem Schaden schützen muß. Die Ausbildung von Abwehrmechanismen zum Schutz eines bedrohten Aspekts des Wesenskerns könnte als Verlust der Verbundenheit mit ihm oder als Fall aus der Gnade bezeichnet werden.

Aus der Sicht der Entwicklungspsychologie kann die wesensmäßige Verbindung als die Lebensperiode beschrieben werden, in der das kleine Kind sich sehr stark über undifferenzierte Sinneswahrnehmungen mit der Mutter und der Umwelt verbindet. Ganz kleine Kinder können zwischen sich und anderen nicht exakt unterscheiden, weil sie keine Abgrenzungen oder Abwehrmechanismen besitzen. Wenn sie heranwachsen, müssen sie ein getrenntes Selbst entwickeln, das der Belastung des Familienlebens angepaßt ist; die westliche Psychologie schreibt der frühen undifferenzierten Verbindung jedoch weder spezielle Bewußtseinsaspekte zu, noch betont sie die Bedeutung, mit diesen ursprünglichen Wahrnehmungen wieder in Verbindung zu kommen.

Auf jeden Fall reifen wir mit einer seltsamen Kombination von Talenten, Interessen und Abwehrmechanismen, die jeden von uns absolut einzigartig machen. Schließlich verengt die Beweglichkeit unserer Aufmerksamkeit sich auf die erworbenen Beschäftigungen. Mit dieser Verlagerung wird die wesensmäßige Verbindung zur Umwelt und zu anderen vergessen und ins Unbewußte verbannt.

Die wesensmäßige Beziehung wird durch das ersetzt, was die

spirituelle Tradition als falsche oder illusorische Persönlichkeit bezeichnet: ein System von Vorstellungen und Überzeugungen, dessen Ursprünge die Nachahmung unserer Eltern, die Verdrängung unserer Verluste und das Erlernen der Verstellung sind. Als Erwachsene haben wir uns jedoch immer noch eine gewisse Verbindung zu unserem Wesenskern bewahrt, an die wir uns mit Formulierungen wie »als ich noch glücklich war«, »als ich vor nichts Angst hatte« oder »als ich für die Liebe offen war« erinnern. Wir wissen zudem, daß die wesensmäßige Wahrnehmung im Unbewußten weiterhin existiert, denn als Erwachsene erfahren wir sie in Augenblicken, in denen wir »außerhalb unseres Selbst« oder in äußerster Bedrängnis sind.

Als die Aufmerksamkeit sich von der inneren Verbindung zum Wesenskern abwandte, verloren wir, was uns zu eigen war, und begannen auf die physische Welt zu starren, in der Zufriedenheit kommt und geht und in der wir uns selten ganz sicher und in Frieden fühlen. Das Überleben hängt von der Schaffung eines erfolgreichen Systems von Abgrenzungen und Abwehrmechanismen ab, was mit einer in sinnlicher, ungeschützter Abstimmung mit der Umwelt und anderen gelebten Existenzen natürlich nicht vereinbar ist.

Wenn die Ängste und Begierden unserer erworbenen Persönlichkeit jedoch schwächer werden und sich eher wie »was ich tue« als »wer ich wirklich bin« anzufühlen beginnen, wird wie ein Aufruf, nach Hause zu kommen, der Wunsch wach, »mein wahres Selbst zu finden«. Das Wiedererlernen unserer ursprünglichen Beziehungen zur Umwelt und zu anderen Menschen kann als Weg nach Hause gedacht werden, bei dem eine reife Persönlichkeit die Fähigkeit integriert, die verschiedenen Aspekte des Wesenskerns beliebig zu erfahren. Die Talente und Fertigkeiten eines reifen Erwachsenen werden dann, so unsere Hoffnung, zu einem Vehikel, durch das wesensmäßige Fähigkeiten zum allgemeinen Wohl verwendet werden.

Es gibt ein Sufi-Sprichwort, das die Verwandtschaft zwischen Persönlichkeit und Wesenskern betrifft. Es lautet: »Werde der, der du warst, bevor du warst, mit der Erinnerung und dem Verständnis dessen, der du geworden bist.«[15]

Die Haupteigenschaft

Die Entdeckung des eigenen Typs kann schockierend sein, weil sie uns bewußtmacht, wie der Typ unsere Entscheidungsfreiheit einengt und unser Gesichtsfeld beschränkt. Die Erkenntnis, daß wir von den 360 Grad der Realität nur einen sehr begrenzten Ausschnitt wahrnehmen und die meisten unserer Entscheidungen und Interessen eher auf kompliziert gestalteten Gewohnheiten als auf wirklicher Wahlfreiheit beruhen, mag tatsächlich erstaunen. Für Gurdjieff war der Typ um eine Haupteigenschaft herum aufgebaut.

»Die Mitmenschen sehen den Hauptzug eines Menschen, wie verborgen dieser auch sein mag. Natürlich können sie ihn nicht immer in Worten definieren. Aber ihre Definitionen sind oft sehr gut und treffend. Zum Beispiel Soundso (Gurdjieff nannte eine Person aus unserer Gruppe). ›Sein Hauptzug ist, daß er nie zu Hause ist …‹

Einem anderen von uns sagte er auf die Frage nach dem Hauptzug, seiner sei, daß er überhaupt nicht existiere. ›Sie verstehen, ich sehe Sie nicht‹, sagte Gurdjieff. ›Das heißt nicht, daß Sie immer so sind. Aber wenn Sie so wie jetzt sind, existieren Sie überhaupt nicht.‹

Zu einem anderen sagte er, sein Hauptzug sei eine Neigung, mit jedem über alles zu streiten. ›Aber ich streite doch nie‹, antwortete der Mann sofort sehr heftig. Alle bogen sich vor Lachen.«[16]

In esoterischen Schulen wurde die Existenz von Archetypen bzw. Typen langsam und vorsichtig enthüllt. Absicht war, den Gedanken einzuführen, daß wir nicht in so konstruktiver Weise frei sind, wie wir sein könnten, und daß die Themen eines Typs potentielle Verbündete bei der Rückkehr zur Essenz sind. Wenn Sie zum Beispiel beobachten, daß es charakteristisch für Sie ist, sich mit Routinebeschäftigungen zu überlasten, und deshalb mit der in Ihrem Leben wesentlichsten Aufgabe nicht weiterkommen (Neun: Trägheit), sind das Beobachten Ihrer Prioritäten und der Aufruf zum richtigen Handeln Ihre natürlichen Verbündeten. Die Trägheit war für Neuner eine gute Freundin; sie schützte sie vor dem Schmerz, einen persönlichen Standpunkt einzunehmen, von dem sie aufgrund ihrer Kindheitserfahrungen glauben, daß er doch nicht berücksichtigt wird.

Wenn Sie eine Neun sind, erinnern das Überlastetsein mit sekundären Projekten und die Schwierigkeit, nein zu sagen, Sie beständig und zuverlässig daran, daß Sie vergessen haben, Ihren wesensmäßigen Bedürfnissen Aufmerksamkeit zu schenken. Wenn Sie den Moment beobachten können, in dem Ihre Gewohnheit die Oberhand gewinnt, wissen Sie genau, wann Sie Ihre Aufmerksamkeit von einem sekundären Ziel zurückziehen und zu Ihren eigentlichen Prioritäten zurückkehren müssen.

Wenn Sie feststellen, daß Sie laut Enneagramm eine Sieben sind und Ihr Leben von dem Wunsch regiert wird, sich alle Möglichkeiten offenzuhalten, um kein aufregendes Abenteuer zu versäumen (Sieben: Unersättlichkeit), könnte die Beherrschung der Fähigkeit, sich nur auf jeweils eine Sache zu einem Zeitpunkt zu konzentrieren, einen große Wohltat sein. Wenn Sie eine Sieben sind, wird das Offenlassen von Entscheidungen Sie zu der Überzeugung gebracht haben, daß Sie nicht begrenzt sind und täglich frei wählen. Diese Illusion setzt sich bis zu der Zeit fort, in der Sie versuchen, eine dauernde Verpflichtung einzugehen oder in der Meditation Ihre Aufmerksamkeit auf einen einzigen Punkt zu richten.

Dann kommen Ihre Verbündeten zu Ihnen. Eine Flut brillanter

Pläne. Je mehr Sie versuchen, Ihre Aufmerksamkeit zu stabilisieren, desto lockerer wird die Vielfalt der Gedanken und Pläne. Die Idee des höheren Bewußtseins wird eine reizvolle Möglichkeit für Sie sein, bis Sie entdecken, daß Sie Ihre Gedanken nicht kontrollieren können. Wenn Sie eine Sieben sind, wird dieser Gedankenwirrwarr jedoch Ihr persönlicher innerer Lehrer sein. Wenn die Aufmerksamkeit von einem Punkt zum anderen springt, werden Sie daran erinnert, sie sachte wieder gefügig zu machen.

Wir im Westen haben besondere Schwierigkeiten mit der Auffassung, daß unsere Persönlichkeit unsere Freiheit begrenzt. Wir sind frei zu reisen, zu lernen, die Erfolgsleiter hinaufzuklettern. Solange unsere Aufmerksamkeit jedoch von den unserem Typ eigenen Themen beherrscht wird, können wir vielleicht unseren Beruf und unseren Kleidungsstil wählen, aber unsere Aufmerksamkeit wird von Themen in Beschlag genommen, die eine beschränkte Sicht zeitigen.

»Auf einer bestimmten Stufe des Selbststudiums ist es sehr wichtig, seine Haupteigenschaft herauszufinden, die gleichzeitig die Hauptschwäche bedeutet, wie die Achse, um die alles sich dreht. Sie kann gezeigt werden, aber der Betreffende wird sagen: ›Völlig absurd, alles andere, aber nicht das!‹ Manchmal ist sie auch so offensichtlich, daß sie unmöglich zu leugnen ist, aber mit Hilfe der Puffer kann man sie wieder vergessen. Ich habe Leute gekannt, die ihre Haupteigenschaft mehrmals benannten und sich einen Zeitlang an sie erinnerten. Dann traf ich sie wieder, und sie hatten sie vergessen. Als sie sich an sie erinnerten, hatten sie ein Gesicht, und wenn sie sie vergessen hatten, hatten sie ein anderes und redeten über sie, als wäre es das erstemal. Sie müssen der Haupteigenschaft selbst nahekommen. Wenn Sie sie selbst fühlen, kennen Sie sie. Wenn sie Ihnen nur genannt wird, werden Sie sie immer vergessen.«[17]

Wir alle haben Schwierigkeiten, zu beobachten, wie die Nuancen unserer Persönlichkeit funktionieren. Freunden fällt es oft leichter, unsere Charakterzüge zu sehen, als uns selbst. Spitznamen sind oft ein Hinweis auf die Haupteigenschaft, eine Art Code, der einen Schlüssel zum Innenleben eines Menschen darstellt.

»Die Haupteigenschaft wird vom immer gleichen Motiv bewegt. Sie gibt den Ausschlag. Sie ist wie ein Überhang beim Bowling, der verhindert, daß die Kugel geradeaus rollt. Immer läßt uns die Haupteigenschaft auf eine Tangente abweichen. Sie entsteht aus einer oder mehreren der sieben Todsünden, hauptsächlich aber aus Selbstliebe und Eitelkeit. Man kann sie entdecken, indem man bewußter wird; und ihre Entdeckung führt zu einer Zunahme des Bewußtseins.«[18]

Die Leidenschaften

Das Enneagramm kennt neun Haupteigenschaften des Gefühlslebens. Sie entsprechen den sieben christlichen Todsünden, zu denen Täuschung und Angst (Drei und Sechs) kommen. Diese emotionalen Gewohnheiten haben sich während des Falls aus der Gnade in die materielle Welt entwickelt. Sie könnten auch als Leidenschaften des emotionalen Schattens bezeichnet werden, die aus dem Bedürfnis hervorgegangen sind, mit dem Familienleben in der frühen Kindheit zurechtzukommen.

Wenn ein Kind sich gut entwickelt, werden die Leidenschaften leicht getragen; sie erscheinen dann nur als Tendenzen. Wenn jedoch die psychische Situation schwierig ist, wird eins der Schattenthemen zu einer zwanghaften Beschäftigung; die Fähigkeit zur Selbstbeobachtung wird schwächer, und wir können nicht zu anderen Dingen weitergehen.

Durch die Benennung unserer Haupteigenschaft können wir beobachten lernen, auf wie viele Weise diese Gewohnheit unser Leben kontrolliert. Die neurotische »Schieflage« unserer Aufmerksamkeit kann dann als Verbündete herangezogen werden, deren Anwesenheit uns leiden läßt und uns an das erinnert, was wir verloren haben. Die Haupteigenschaft ist eine in der Kindheit entwickelte neurotische Gewohnheit. Sie ist auch ein persönlicher Lehrer, ein in unserem Innenleben ständig präsenter mahnender Faktor.

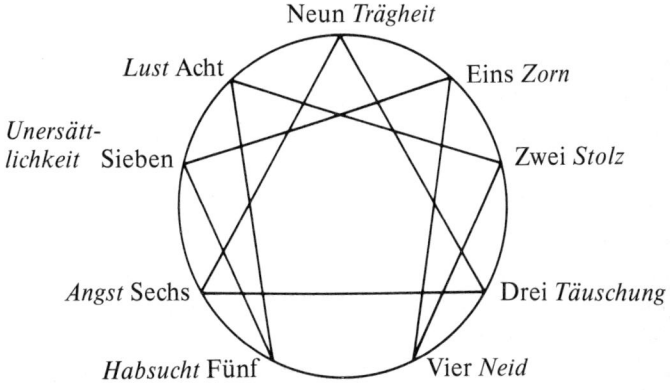

Die Leidenschaften

2. Aufmerksamkeit, Intuition und Typ

Aufmerksamkeit und Typ

Sobald die Persönlichkeit geformt ist, vertieft sich die Aufmerksamkeit in die für unseren Typ charakteristischen Themen. Wir verlieren die dem Wesenskern eigene kindliche Fähigkeit, auf die Welt so zu reagieren, wie sie wirklich ist, und beginnen, für die Informationen selektiv empfänglich zu werden, die die Weltanschauung unseres Typs unterstützen. Wir sehen fast nur, was wir sehen müssen, um zu überleben, und werden blind gegenüber der ganzen übrigen Wahrheit: Uns begrenzt eine funktionale Blickverengung.

Wenn Sie und ich zum Beispiel in einem Raum voll fremder Menschen hineingingen könnte Ihre Gewohnheit darin bestehen, Anerkennung zu suchen; meine dagegen, ängstlich zu sein, weshalb ich nach Gründen suchen würde, die Gesellschaft wieder zu verlassen. Was für Ihr Sicherheitsgefühl wichtig wäre, müßte mir erklärt werden, weil ich mit etwas anderem beschäftigt bin. Tatsache ist jedoch, daß wir beide nicht in unserem Wesenskern wären, sondern angefüllt mit den für unseren Typ charakteristischen Gedanken und Gefühlen. Wir könnten die Ereignisse nicht so sehen, wie sie sich objektiv in dem Raum abspielen, denn unsere Aufmerksamkeit würde sich auf das Herausfinden der für unsere Einstellung spezifischen Informationen verengen.

Um das Beispiel weiterzuführen: Wenn wir gemeinsam zu einer Party gingen, Sie, um Aufmerksamkeit und Anerkennung zu suchen, und ich, um meine Angst zu überwinden, könnten wir genausogut Partys auf verschiedenen Planeten besuchen. Im Laufe des Abends hätten wir uns unterschiedliche, bislang unbekannte Gesprächspartner ausgesucht, völlig verschiedene Unterhaltungen geführt, uns selbst unterschiedlich dargestellt und beim Weggehen Telefonnummern ausgetauscht. Wenn wir beschlossen hätten, unsere Betrachtungen später zu vergleichen, würden wir feststellen, daß wir aus derselben Unterhaltung unterschiedliche Schlußfolgerungen gezogen und auf demselben fremden Gesicht unterschiedliche Intentionen gesehen haben.

Ich habe das Bild überzeichnet, um zu verdeutlichen, daß Sie und ich die Aufmerksamkeit wahrscheinlich auf verschiedene Aspekte ein und derselben Szene richten und keiner von uns das gesamte 360-Grad-Spektrum der Möglichkeiten sieht. Wir sehen nicht dieselbe Realität, weil wir gegenüber dem, was nicht unsere Aufmerksamkeit anzieht, blind sind und weil wir dazu neigen, uns auf die für unseren Typ wichtigen Informationen zu konzentrieren.

Die Themen eines Typs sind leicht zu identifizieren. Dieses Buch ist voll von den Selbstbeschreibungen scharfer Selbstbeobachter, die so großzügig waren, die Gewohnheiten ihres Herzens und die Beschäftigungen ihres Verstandes zu schildern. Sie nennen die Dinge, von denen ihre Aufmerksamkeit angezogen wird, aber – was noch wichtiger ist, wenn wir lernen wollen, die Aufmerksamkeit von unseren Gewohnheiten zu befreien – sie stellen auch dar, *wie* sie den ihr Leben bestimmenden Problemen Aufmerksamkeit schenken.

Es ist nicht überraschend, daß geübte Selbstbeobachter, von denen viele jahrelang ernsthaft meditiert haben, uns berichten können, wie sie ihre Aufmerksamkeit auf die ihren Verstand beschäftigenden Dinge ausrichten. Beobachtung und Aufmerksamkeit sind Worte aus der Sprache eines Meditierenden: Wessen bist du dir bewußt? Bist du präsent oder weggetreten? Bemerke das Objekt, mit dem du dich befaßt. Beobachte, wohin deine Aufmerksamkeit geht.[20] Sobald sich ein stabiler innerer Beobachter entwickelt, ist es leicht, die Unterschiede zwischen den mentalen und emotionalen Objekten zu erkennen, die den inneren Raum durchfließen. Für mich ist jedoch von großem Interesse, daß wir so damit beschäftigt sind, zu benennen, *von was* unsere Aufmerksamkeit angezogen wird, daß wir außer acht gelassen haben, *wie* die Aufmerksamkeit funktioniert, wenn wir die unseren Typ interessierenden Informationen wahrnehmen.[21] Wir achten auf unsere Probleme, aber nicht auf die Wege, wie wir die Informationen sammeln, auf die jene psychologischen Zusammenhänge gründen.

Beim Vergleich der Typen Zwei (Stolz: sucht Zuneigung und Anerkennung) und Sechs (Angst: fürchtet sich) könnten wir beispielsweise die Zweier fragen, was mit ihnen geschieht, wenn sie von jemandem Anerkennung möchten, und die Sechser, was geschieht, wenn sie Angst bekommen.

Unerfahrene Selbstbeobachter werden wahrscheinlich Antworten geben wie »Ich bin angezogen und möchte flirten« oder »Ich werde nervös und möchte weglaufen«. Wenn Zweier und Sechser ihre inneren Aufmerksamkeitsverlagerungen nicht beobachten können, werden sie sich weder der Art und Weise bewußt sein, wie sie Hinweise aufnehmen, noch in der Lage sein, die subtilen Anpassungen, die sie in sich selbst vornehmen, zu beschreiben. Diese Zweier und Sechser mögen ein untrügliches Gespür für das Erkennen minimaler Hinweise auf mögliche Zuneigung bzw. potentiellen Schaden haben, aber sie sind nicht fähig, ihre Sensibilität zu beschreiben oder uns zu zeigen, wie wir mit unserer Aufmerksamkeit so arbeiten können, daß uns ihre Weltsicht verständlich wird.

Von erfahrenen Selbstbeobachtern erhalten wir bessere Beschreibungen der für den Standpunkt eines Typs charakteristischen Plazierung der Aufmerksamkeit. Die folgende Aussage ist eine klassische Sechser-Selbstbeobachtung. Wenn Sie kein ängstlicher Typ sind, aber schon einmal die sehr kurvenreiche, steil über dem Meer hängende kalifornische Küstenstraße 101 gefahren sind, können Sie die geistige Verfassung der Frau nachempfinden.

»Ich arbeitete in Los Angeles, während mein Mann an der Polytechnischen Hochschule von Kalifornien studierte, und fuhr ein paarmal wöchentlich die Straße 101. Ich kannte sie gut und hatte keine Probleme, solange ich nicht wegen irgend etwas außer Fassung war; dann mußte ich mich wirklich auf die Straße konzentrieren. Es war eigentlich besser für mich, der Fahrer zu sein, denn wenn ich eine schlechte Woche hinter mir hatte und mein Mann fuhr, konnte ich auf der Talseite einfach nicht aus dem Fenster schauen. Mir kamen dann Bilder, daß die Reifen wegrutschten oder wir die Kurve nicht kriegten; sie waren so stark, daß sie mich krank machten.

An einem Sonntag mochte ich wirklich nicht nach Los Angeles zurückfahren, und ich hatte das Gefühl, von der Straße runterfahren und mich zusammennehmen zu müssen, denn im Geist fuhr ich immer über die Klippen und stürzte auf die Felsen unten. Das Ende der Geschichte war, daß ich mich im Krankenhaus wiederfand, nicht weil ich über die Klippen gefahren war, sondern weil ich mich sah, wie ich hinunterstürzte, und gerade bevor ich in der Vorstellung gegen die Felsen schlug, riß ich reflexartig das Steuer herum, überquerte die Gegenfahrbahn und krachte auf die Bergseite.«

Diese Sechs war klar im Bann einer geistigen Projektion, als sie versuchte, sich vor einem Sturz zu retten, der in ihrem Kopf geschah. Sie sagte weiter, daß der Sturz sehr real erschien: Sie fühlte, wie sie stürzte, sie sah die Felsen, und als sie das Steuer herumriß, glaubte sie, daß der Rettungsversuch schon nutzlos sei. Sie war sich auch völlig bewußt, daß der ganze Vorfall in ein paar Sekunden ablief. Sobald sie sich erholt hatte, setzte sie sich mutig wieder ans Steuer, hielt aber bei jeder weiteren Fahrt auf dem Highway 101 die Aufmerksamkeit in sicherer Entfernung von ihrer Phantasie …

Dieselbe Frau sagt über ihre Kindheit: »Ich hatte vor meiner Mutter immer schreckliche Angst. Sie war Alkoholikerin und konnte sich in einer Viertelstunde von ihrer gewöhnlichen Persönlichkeit in einen unglaublich gemeinen Menschen verwandeln, der mir nichts Gutes wollte. Wenn sie zu trinken anfing, war immer die Frage in meinem Kopf, ob sie diesmal über das übliche Maß hinausginge und wie schlimm es werden würde. Ich beobachtete die ganze Zeit, ob sie eine Flasche versteckt hatte; und wenn sie trank, beobachtete ich ihr Gesicht und stellte mir vor, wie sie später am Abend sein würde. Ich sah sie an und versuchte mir vorzustellen: Sieht das Gesicht stabil aus? Wird es mich anschreien? Wird es grotesk aussehen? Wird es einschlafen? Ich stellte mir ihre anderen Gesichter vor, wenn ich sah, daß sie zu trinken begann, und nahm mir vor, zu bleiben oder abzuhauen, je nachdem, was ich auf ihrem Gesicht sah.«

Diese Sechs ist mit einer Phantasie, die durch eine lebenslange tägliche Praxis verstärkt wurde, gesegnet und belastet zugleich. Gesegnet, weil sie potentiell zu einer reichen und detaillierten Innenwelt Zugang hat, und belastet, weil ihre Vorstellungen stark genug sind, um die objektive Realität vorübergehend auszublenden. Als sie das Steuer herumriß, war dies eine klare Projektion. Ihre inneren Vorstellungen übertrugen sich nach außen und veranlaßten sie, ihre Situation falsch einzuschätzen.

Sie würde zustimmen, daß ebenso Projektion am Werk war, als sie versuchte, die Trinkgewohnheiten ihrer Mutter zu deuten. Ein großer Prozentsatz ihrer Beobachtungen beruhte zweifellos auf den vertrauten physischen Hinweisen ihrer Mutter und der Tatsache, daß sie entsetzliche Angst davor hatte, gedemütigt oder mißhandelt zu werden. Es ist jedoch auch richtig, daß sie zu ihren Phantasiebildern in einer Zeit Zuflucht nahm, während deren in ihrem kindlichen Leben die Umstände zum Verzweifeln waren; und ihre Bilder besaßen genug Kraft, um ihre Gedanken zu ersetzen. Sie hatte gelernt, ihren Bildern Fragen zu stellen, sie benutzte die »anderen Gesichter« als Informationsquelle, um sich selbst gefühlsmäßig abzusichern, und sie stimmte ihre Handlungen auf das ab, was sie sah.

Intuition und Typ

Die gleiche Frau berichtete auch von einer eindeutigen medialen Erfahrung, die sie offensichtlich in derselben geistigen Verfassung hatte, in der ihr Auto »stürzte« und die »anderen Gesichter« ihrer Mutter auftauchten.

»Eine liebe Freundin von mir wurde endlich schwanger, nachdem sie es ein paar Jahre versucht hatte. Als sie anrief, hörte sie sich sehr gut an, und wir planten, uns zu treffen. Als ich sie sah, strahlte sie, als daher ihr anderes Gesicht zum Vorschein kam, war es nicht, weil ich wollte, daß es mir etwas zeigte.

Es war bizarr. Wir aßen ein mexikanisches Gericht, und sie war wirklich glücklich, aber während sie redete, sah ich Tränen über ihrem Gesicht und Züge von Trauer, die vom Verlust eines nahen Menschen stammten. Ich glaube, es war gut, daß ich es ihr nicht sagen konnte, denn ich wußte, sie würde dieses Kind verlieren. Ihr richtiges Gesicht redete weiter, doch ich sah, wie ihr anderes Gesicht bitter wurde. Das ganze andere Gesicht verhärtete sich, und ich erkannte, daß alles beschlossene Sache war; dann wurde es friedlich und ging weg. In ein paar Sekunden hatte ich die ganze Geschichte erfaßt. Sie würde eine Fehlgeburt haben, es wieder versuchen, was symbolisch durch den harten Kiefer angedeutet wurde, und das zweitemal würde es klappen.«

Sie beschrieb auch ihre emotionalen Reaktionen auf dieses zukünftige Ereignis und sagte, die Episode sei ihr damals ganz natürlich und vertraut erschienen. Sie fügte hinzu, daß die vom anderen Gesicht ihrer Freundin prophezeiten Ereignisse in etwas mehr als einem Jahr eintraten.

Aufmerksamkeitspraktiken

Intuition kann am besten als Nebeneffekt des Zurückziehens der Aufmerksamkeit von gewohnheitsmäßigen Gedanken und Gefühlen verstanden werden. Ohne eine elementare Aufmerksamkeitspraxis neigen wir dazu, uns zu sehr auf das Denken zu konzentrieren, so daß ebenfalls vorhandene Eindrücke nicht zuverlässig zugänglich sind. Die obengenannte Sechser-Frau könnte großen Nutzen daraus ziehen, wenn sie erkennen lernt, wann ihre geistige Gewohnheit, sich das Schlimmste vorzustellen, in den Vordergrund tritt und wie sie die Aufmerksamkeit auf etwas anderes verlagern kann, bevor ihre Vorstellungen zu real werden. Als sie nach dem Unfall im Auto auf der Straße bei sich bleiben konnte, statt ihrer überstarken Phantasie zu folgen, nahm sie bereits eine Verlagerung ihrer Aufmerksamkeit vor.

Könnte diese Sechs lernen, zwischen Phantasiebildern und zutreffenden intuitiven Visionen klar zu unterscheiden, wenn die beiden Arten von Eindrücken so eng verflochten sind? Könnte sie lernen, zutreffende intuitive Bilder auf Abruf zu produzieren? Um aus ihrer geistigen Gewohnheit Nutzen zu ziehen, müßte sie lernen, zwischen Gedanken, aus dem eigenen Denken projizierten Phantasien und jenen zutreffenden intuitiven Eindrücken zu unterscheiden, die sie im Gesicht ihrer Freundin sah. Die spirituellen Traditionen kennen diese fortgeschrittenen Unterscheidungspraktiken; wie immer besteht die Vorarbeit darin, den inneren Beobachter zu stärken.

Es ist nicht Absicht dieses Buches, einen Überblick über Aufmerksamkeitspraktiken zu geben. Sie werden am besten bei einem erfahrenen Lehrer in einer unterstützenden Umgebung erlernt und nicht aus einem Buch, wo sogar die präziseste Sprache nicht dem gerecht werden kann, was zur Erreichung eines veränderten Geisteszustands notwendig ist. Dieses Buch behandelt die für verschiedene Typen von Menschen charakteristischen Themen, weshalb für unseren Zweck die Feststellung genügt, daß die Art und Weise, in der jeder Typ seinen Themen Beachtung schenkt, Last und verborgener Segen zugleich sein kann.

Eine Last, weil unsere Aufmerksamkeitsgewohnheit uns unbewußt an ebenjenen Informationen festhängen läßt, die unsere neurotischen Züge unterstützen. Die genannte Sechs hat die Angewohnheit, sich das Schlimmste vorzustellen; sie weiß nicht, daß sie vergißt, sich das Beste vorzustellen. Sie folgt der den Sicherheitsbedürfnissen ihrer Kindheit angepaßten Gewohnheiten; würde sie sich das Beste vorstellen, käme ihr dies paradoxerweise so vor, als gaukele sie sich etwas vor. Die Vorstellung des Schlimmsten ist zu ihrem Prüfstein der Realität geworden; die Vorstellung des Besten würde als kindische Phantasie abgetan.

Der Segen liegt darin, daß diese Sechs, wenn sie lernt, die ihrer Defensivstrategie zugrunde liegenden Aufmerksamkeitsverlagerungen spontan zu wiederholen, vielleicht entdeckt, daß sie eine Spezialistin für einen gewissen intuitiven Stil geworden ist.

Mein besonderes Interesse am Enneagramm gilt den Geschichten von Menschen, die ihre Intuition und ihren Wesenskern erfahren haben. Von ihren Geschichten können wir eine Arbeitshypothese über die Art und Weise ableiten, in der unsere neurotischen Züge uns zu höheren geistigen Zuständen zu führen vermögen. Für mich als Lehrer war es eine wunderbare Gelegenheit. Ich hörte sehr detaillierte Beschreibungen der inneren Prozesse meiner Schüler, als sie lernten, ihre Aufmerksamkeit zu verändern. Ich habe gesehen, wie die Intuition ihr Leben belastete und unterstützte. Und ich konnte einige sehr erfinderische Aufmerksamkeitsverlagerungen verzeichnen, auf die Schüler unabsichtlich zurückgriffen, um mit ihren Themen intuitiv verbunden zu bleiben.

Eine typische familiäre Situation wurde wieder und wieder beschrieben: »Meine Eltern gaben vermischte Botschaften, und ich mußte wissen, was die Wahrheit war.« Oder: »Ich fühlte, wie ich mich anpaßte, um so zu werden, wie andere Leute mich haben wollten.« Wiederholt haben Teilnehmer sich erinnert, daß sie als Kinder Erwachsene verstehen mußten, um den Streß der familiären Situation zu überleben.

Als Erwachsene sind meine Schüler überzeugt, sie besäßen einen guten intuitiven Einblick in die problematischen Bereiche ihrer Kindheit. Um den eingangs gebrauchten Vergleich der Typen wiederaufzunehmen: Sechser (Angst) glauben durch die Bank, daß sie fein abgestimmte Lügendetektoren besitzen, mit denen sie die wahren, hinter einer Fassade versteckten Absichten anderer sehen können. Zweier (Stolz) glauben allgemein, ihnen sei die Fähigkeit zu eigen, ihre Präsentation intuitiv zu ändern, um Anerkennung und Liebe zu erhalten.

Unter Berücksichtigung der Tatsache, daß Sechser (paranoid) sich sicherer fühlen, wenn sie von sich selbst glauben, sie könnten potentielles Übel vorhersagen und somit abwehren, und daß Zweier (theatralisch) sich liebenswerter fühlen, wenn sie überzeugt sind, die Charakteristika einer anziehenden Person annehmen zu können, bin ich beeindruckt von der Möglichkeit, daß die Themen eines Typs ihn prädisponieren, gerade die seine neurotischen Züge verewigenden Informationen intuitiv zu erspüren. Die Bedeutung der Aufmerksamkeitspraxis für die Transzendierung der Neurose ist klar. Das Erlernen grundlegender Praktiken bringt den Schülern einen doppelten Gewinn. Zum einen werden sie von einer voreingenommenen Weltsicht befreit. Zum anderen haben sie die Gelegenheit, sich einer intuitiven Fähigkeit bewußt zu werden, die unerkannt vielleicht schon wirksam war.

Erfahrene Selbstbeobachter benutzen eine aufschlußreiche Sprache, wenn sie schildern, wie sie problemgeladenen persönlichen Themen Aufmerksamkeit schenken. Es gibt viele Versionen des »anderen Gesichts«, viele Möglichkeiten, die Aufmerksamkeit auf ein inneres Bild zu verlagern. Es gibt auch Aussagen wie »Ich verschmelze«, »Ein Teil von mir wird vorwärts gezogen«, oder

»Ich übernehme ihre Gefühle«, »Ich werde sie« oder »Ich löse mich und beobachte«. Beruhen diese Feststellungen nur auf den Verzerrungen der psychischen Projektion? Entstammen sie vielleicht dem übersteigerten Wunsch, zu glauben, daß wir zu speziellen Informationen über die belasteten Themen unseres Lebens Zugang haben können? Basieren sie auf minimalen Hinweisen, oder stammen sie aus einer echten Sensibilität für die unserem Typ zugrunde liegenden Themen?

Im Gegensatz etwa zur Sechs, die sich fürchtet, hat die Zwei, die gefallen möchte, in bezug auf die Mobilisierung ihrer Aufmerksamkeit den Eindruck »Ich verschmelze«. Die Zwei kann vielleicht lernen, das »andere Gesicht« zu sehen, aber sie scheint eher »Ich-verschmelze«-Geschichten zu präsentieren als Geschichten darüber, daß sie sich das Schlimmste vorstellt.

Eine »Ich-verschmelze«-Geschichte kann auch von einem Borderliner stammen, einem Menschen, dessen Krankheitsbild zwischen Neurose und Psychose nicht genau einzuordnen ist und der nie ein klares System persönlicher Grenzen entwickelt hat. »Ich verschmelze« ist ebenso die intensive Erfahrung eines Liebenden, dessen Bewußtsein über die Grenzen der eigenen Person hinausgeht. Aber wenn ein geübter Selbstbeobachter eine »Ich-verschmelze«-Aussage genau erklären soll, beginnt seine Darlegung der Version eines Laien über den Aufmerksamkeitsunterbau bestimmter Meditationspraktiken zu gleichen.

Die Beschreibung von Menschen, die »Ich verschmelze« oder »Ich werde« sagen, klingt auffallend wie mein ehrwürdiger Lehrer für asiatische Kampfsportarten, der ein lebendes Beispiel für die Fähigkeit ist, andere in die eigene Wahrnehmung einzuschließen.

Die verbalen Anweisungen meines Lehrers lauten: »Laß dich ins *Hara* fallen [lenke die Aufmerksamkeit auf den Bauch], öffne das Sinnesfeld und verbinde dich.«[22] In der Aufmerksamkeitshaltung des »offenen Sinnesfelds« kann er die spontanen Bewegungen eines in einigen Metern Entfernung hinter einer Zwischenwand verborgenen Übungspartners mimisch genau nachahmen. Das klassische Rondori, ein Angriff durch mehrere Personen, ist eine weitere beeindruckende Demonstration der Fähigkeit, auf Distanz zu spüren.[23] Beim Rondori, das auch mit verbundenen Augen ausgeführt werden kann, werden Sie gleichzeitig aus verschiedenen Richtungen angegriffen und brauchen also eine ständige klare Wahrnehmung des Raums um Ihren Körper herum, insbesondere des Raums hinter ihrem Rücken.

Ähnlich klingt die Aussage »Ich sehe das innere Gesicht« wie das Ergebnis einer Visualisierungsübung mit dem inneren Auge, die die Fähigkeit entwickelt, zwischen vom eigenen Denken projizierten Phantasien und zutreffenden intuitiven Visionen zu unterscheiden, die nicht vom denkenden/fühlenden Selbst gelenkt werden.[24]

Warum erscheinen diese Wahrnehmungen an den psychischen Schadstellen unseres Typs? Weil ein Thema, zu dem unsere Aufmerksamkeit gewohnheitsgemäß zurückkehrt, für die Seele den Ausgangspunkt für die Beobachtung der verschiedenen Plazierungen der Aufmerksamkeit ist, die unbewußt den Kontakt zur Umwelt und zu anderen aufrechterhalten. Unsere Aufmerksamkeit entwickelt sich, wenn wir in neurotischem Ausmaß betroffen sind. Wir möchten, daß es uns gutgeht, und so fahren wir unsere Sinne aus und passen sehr genau auf.

Kinder zum Beispiel, die sich verzweifelt nach Liebe sehnen, lernen vielleicht, die Aufmerksamkeit innerlich so zu verlagern, daß sie mit einem Elternteil verschmelzen oder unbewußt die Wünsche anderer im eigenen Körper spüren und sich verändern, um zu gefallen. Ähnlich stellen ängstliche Kinder sich unabsichtlich, aber ganz genau auf das Feindseligkeitspotential in größeren, stärkeren Menschen ein, die Macht über ihr Leben haben. Diese Fähigkeiten können als echte Sensibilität ins Erwachsenenleben übernommen werden, aber als Erwachsene können wir eher unsere Themen benennen als die Art und Weise, in der wir über unsere neurotischen Züge informiert bleiben.

Die Art und Weise, in der Sie den Schlüsselthemen Ihres Lebens Aufmerksamkeit schenken, kann sehr gut oberhalb der Grenze der alltäglichen Wahrnehmung in einer intuitiven Zone liegen, ohne daß Ihnen bewußt ist, daß irgend etwas Ungewöhnliches geschieht. Sie hat nichts damit zu tun, ob man gelernt hat, subtile physische Hinweise – die Körpersprache etwa oder Veränderungen der Gesichtszüge – zu beobachten. Intuition ist ein Wissen, das aus einem nichtdenkenden Geisteszustand stammt. Sie steht in enger Beziehung zu gewöhnlichen Denkzuständen, und wenn Sie nicht zu sehr zögern, Ihre Wahrnehmungen leicht zu verändern, kann Ihre Intuition geschult werden. Wenn Ihr Gefühl für Sicherheit und Wohlbefinden in der Kindheit von einer intuitiven Verbindung unterstützt wurde, benutzen Sie als Erwachsener die Intuition wahrscheinlich auf mancherlei unerkannte Weise als Informationsquelle. Sie kann die Entscheidungsfindung fördern und Ihrem persönlichen Leben eine besondere Sensibilität verleihen.

Wenn die Intuition Ihnen als Kind keine guten Dienste leistete und Sie sich gefühlsmäßig unerträglicher Dinge bewußt wurden, dann haben Sie wahrscheinlich Ihre Aufmerksamkeit von inneren Wahrnehmungen abgewendet und empfinden einen Widerstand gegen das, was Mystiker die Entschleierung der Wahrnehmung nennen.[25]

Intuition und Wesenskern

Die Intuition stellt uns eine Vielzahl von Informationen zur Verfügung und ist daher eine sehr wünschenswerte Hilfe für den Menschen; aber die Intuition ist nicht das Wesen, sie ist nur eine Quelle der Einsicht, eine Vermittlerin der Kreativität. Im Wesenskern gibt es kein Bedürfnis, eine spirituelle Praxis auszuüben oder eine Einsicht zu haben, weil es in ihr kein Gefühl für ein persönliches Selbst gibt. Es gibt niemanden, der bewußt handelt oder geführt wird. Die Aufmerksamkeit bleibt in völliger Verbundenheit mit der Umwelt und anderen Menschen; in diesem Geisteszustand handeln wir selbstverständlich und richtig, ohne uns persönlicher Gedanken und Gefühle bewußt zu sein.

In jenen Momenten beispielsweise, in denen unser Körper die richtigen Bewegungen ausführt, bevor wir wissen, was wir tun sollen, oder wenn wir die Wahrheit aussprechen, bevor wir wissen, was wir sagen wollen, sind wir in unserem Wesenskern. Von Zeit zu Zeit fallen wir ganz natürlich in eine seiner vielen Qualitäten, und in solchen Gipfelerlebnissen bekommen wir eine Ahnung davon, was die Menschheit sein könnte.

3. Die Struktur des Enneagramm-Symbols

Die Zahlensymbolik

Der neunzackige Stern stellt die Beziehung zwischen zwei Hauptgesetzen der Mystik dar, dem Gesetz der Drei (Trinität), das die drei zu Beginn eines Ereignisses präsenten Kräfte benennt, und dem Gesetz der Sieben (Oktaven [die achte Stufe ist wieder die Eins]), das die Phasen der Durchführung dieses Ereignisses in der physischen Welt regiert.

Das Gesetz der Drei wird vom inneren Dreieck des Enneagramms gespiegelt. Es bringt die Vorstellung zum Ausdruck, daß für eine Schöpfung drei Kräfte notwendig sind, nicht nur die sichtbaren zwei, Ursache und Wirkung. Dieser Gedanke ist in der christlichen Dreifaltigkeit Vater, Sohn und Heiliger Geist enthalten; in den drei göttlichen Schöpfungskräften des Hinduismus, die Brahma, Vishnu und Shiva genannt werden. Die Dreiheit der Kräfte könnte auch als kreativ, destruktiv und bewahrend oder aktiv, rezeptiv und versöhnend bezeichnet werden. Gurdjieff, eine Hauptquelle für das System des Enneagramms, nannte sie einfach Kraft Eins, Kraft Zwei und Kraft Drei. Er war der Meinung, die Menschheit sei der dritten Kraft gegenüber blind.

Ein genaues Verständnis der Funktionsweise der drei Kräfte kann dazu beitragen, daß ein Ereignis über die Zeit Bestand hat und nicht diffus im Sande verläuft, denn die drei Kräfte verändern zu unterschiedlichen Zeiten während der Phasen eines Geschehens ihre Vorzeichen. Die zu Beginn vorhandene versöhnende Kraft zum Beispiel wird auf der nächsten Stufe dieses Ereignisses zwangsläufig zur aktiven Kraft. Bei einem umfassenderen Verständnis des Enneagramm-Symbols wird deutlich, daß es ein

Modell der ewigen Bewegung ist. Das Diagramm zeigt bestimmte nicht offensichtliche Aspekte des Prozesses, etwa den Moment, in dem ein neuer Zufluß von Energie benötigt wird, um die Dauer des Ereignisses zu verlängern.

Das zentrale Dreieck Drei–Sechs–Neun kann auch als der Versuch gedeutet werden, die bei der ursprünglichen Schöpfung vorhandenen drei Kräfte mathematisch-symbolisch wieder auf eins zurückzuführen; wenn man eins durch drei teilt, ergibt sich eine Periode, eine unendliche Dezimalzahl, deren letzte Ziffer sich ständig wiederholt: $1 : 3 = 0,3333 \ldots$

Sobald ein Ereignis begonnen hat, kommt das Gesetz der Sieben bzw. das Gesetz der Oktaven ins Spiel. Es erscheint in der Tonleiter als sieben Noten mit einem doppelten Do und lenkt die Abfolge der Stufen, in denen ein Ereignis sich in der materiellen Welt abspielt. Die Beziehung der Sieben zur Einheit kann – analog wie bei der Dreierperiode – hergestellt werden, indem man eins durch sieben teilt, was die sich wiederholende Serie $0,142857142857\ldots$ ergibt, die nur Ziffern enthält, die nicht durch drei teilbar sind. Das vollständige Enneagramm ist ein in neun gleich große Abschnitte geteilter Kreis, der die Verschmelzung des Gesetzes der Drei mit dem Gesetz der Sieben darstellt, die entlang der inneren Linien des Diagramms auf spezifische Weise interagieren.[26]

Bei einer Anwendung des Enneagramms auf den Menschen weist das zentrale Dreieck darauf hin, daß es drei zentrale mentale Themen gibt: Image (Drei), Angst (Sechs) und Selbstvergessen (Neun). Den zentralen mentalen Themen entsprechen emotionale Leidenschaften. Das abgebildete Diagramm zeigt die mentalen und emotionalen Themen der drei zentralen Persönlichkeitstypen.

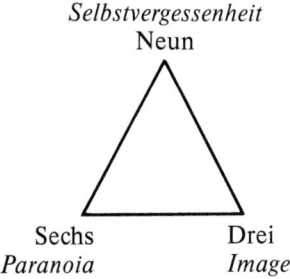

Selbstvergessenheit
Neun

Sechs   Drei
Paranoia   *Image*

Zentrale mentale Themen

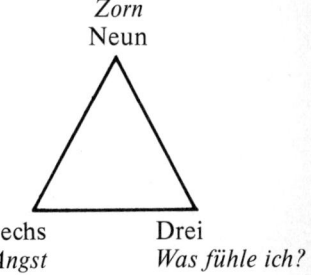

Zorn
Neun

Sechs   Drei
Angst   *Was fühle ich?*

Zentrale emotionale Themen

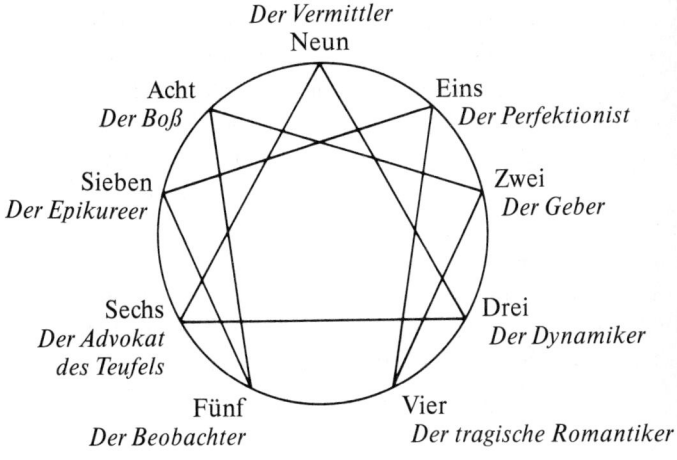

Der Vermittler
Neun

Acht
Der Boß

Eins
Der Perfektionist

Sieben
Der Epikureer

Zwei
Der Geber

Sechs
*Der Advokat
des Teufels*

Drei
Der Dynamiker

Fünf
Der Beobachter

Vier
Der tragische Romantiker

Das Enneagramm der Persönlichkeitstypen

Die neun Typen

Eins: der Perfektionist

Der Perfektionist kritisiert sich selbst und andere. Er ist davon überzeugt, daß es immer nur einen richtigen Weg gibt, und fühlt sich moralisch überlegen. Er wird häufig zögern aus Angst, einen Fehler zu machen, und so verwendet er auffällig oft die Wörter »sollte« und »muß«.

Entwickelte Einser können scharfsinnige Kritiker und moralisch integere Helden sein.

Zwei: der Geber

Der Geber verlangt Zuneigung und Anerkennung; er möchte geliebt und geschätzt werden, indem er einem anderen Menschen unentbehrlich wird. Er ist darauf bedacht, die Bedürfnisse anderer zu erfüllen. Er manipuliert. Der Geber hat viele Gesichter – er zeigt jedem »guten Freund« ein anderes. Er ist aggressiv-verführerisch.

Entwickelte Menschen dieses Enneagramm-Typs sind aufrichtig, fürsorglich und hilfreich.

Drei: der Dynamiker

Der Dynamiker möchte für seine Leistungen und Errungenschaften geliebt werden, er mag Wettbewerb, ist besessen vom Image des Gewinnens und vom Statusvergleich mit anderen (Typus-A-[Alpha-]Persönlichkeit). Dynamiker sind Meister des äußeren Anscheins. Sie verwechseln wahres Selbst und berufliche Identität und können produktiver erscheinen, als sie tatsächlich sind.

Entwickelte Dreier werden effiziente Führungspersönlichkeiten, gute »Verpacker«, kompetente Werbeleute oder Kapitäne von »Gewinnerteams« sein.

Vier: der tragische Romantiker

Vom Unerreichbaren wird dieser Typ angezogen; das Ideal ist nie hier und jetzt. Er zeigt sich tragisch, traurig, ist künstlerisch begabt und sensibel. Er ist auf den/die abwesende(n) Geliebte(n), den Verlust eines Freundes bzw. einer Freundin konzentriert.

Entwickelte Vierer sind in ihrer Lebensweise kreativ und fähig, anderen durch ihren Schmerz hindurchzuhelfen. Sie sind der Schönheit und dem leidenschaftlichen Leben ergeben: Geburt, Sexualität, Intensität, Tod.

Fünf: der Beobachter

Der Beobachter wahrt emotionale Distanz zu anderen, schützt die Privatsphäre, läßt sich nicht ein. Er gibt vor, »nichts zu brauchen« – ein Abwehrmechanismus, um nicht in etwas hineingezogen zu werden. Verbindlichkeiten und die Bedürfnisse anderer erschöpfen ihn. Verpflichtungen ordnet er wie in Schubladen ein; er ist losgelöst von Menschen, Gefühlen und Dingen.

Menschen dieses Typs können, wenn sie weiter entwickelt sind, ausgezeichnete Entscheidungsträger, zur hohen Abstraktion begabte Theoretiker und asketische Mönche sein.

Sechs: der Advokat des Teufels

Der Advokat des Teufels ist ängstlich, pflichtbewußt, von Zweifeln geplagt. Ihn kennzeichnet stets ein Zögern – statt zu handeln, verlagert er seine Aktivitäten in die Gedankenwelt. Die Angst zu handeln liegt darin begründet, daß er seine exponierte Stellung Angriffen ausgesetzt sieht. Er identifiziert sich mit Verliereran-gelegenheiten, ist antiautoritär, aufopferungsvoll und steht loyal zur Sache. Die phobische Sechs ist unschlüssig, fühlt sich verfolgt und gibt klein bei, wenn sie in die Enge getrieben wird. Die kontraphobische Sechs fühlt sich ständig in die Enge getrieben und macht sich daher auf, ihre Angst aggressiv zu konfrontieren. Entwickelte Sechser-Typen können exzellente Teammitglieder, loyale Soldaten und gute Freunde sein. Sie engagieren sich für eine Sache so wie andere für persönlichen Profit.

Sieben: der Epikureer

Peter Pan, der *puer aeternus*, das ewige Kind – der Epikureer ist dilettantisch, flatterhaft liebend, oberflächlich, abenteuerlich und geht in »Feinschmeckermanier« ans Leben heran. Er hat Probleme mit Verpflichtungen, möchte Entscheidungen offenlassen und gefühlsmäßig stets in Hochstimmung bleiben. Generell wirkt er glücklich und ist eine anregende Gesellschaft für andere. Er hat die Gewohnheit, Dinge anzufangen, sie aber nicht zu Ende zu führen.

Entwickelte Siebener sind gut im Herstellen einer Synthese, es können hervorragende Theoretiker und »interessierte Laien« sein, vergleichbar dem »kenntnisreichen Dilettanten« der Renaissance.

Acht: der Boß

Der Boß neigt zum Überbeschützen, tritt stets für sich und seine Freunde ein; er ist kämpferisch, nimmt die Sache in die Hand, liebt Auseinandersetzungen. Er muß die Kontrolle haben. Offen stellt er Zorn und Kraft zur Schau. Er hat großen Respekt vor Gegnern, die standhalten und kämpfen. Seine Kontakte bestehen aus reinem Sex und harten Konfrontationen. Er hat einen exzessiven Lebensstil: Alles wird übertrieben.

Entwickelte Achter sind ausgezeichnete Führungspersönlichkeiten, vor allem in der Gegenspielerrolle. Sie können starke Stützen für andere sein, möchten den Weg für Freunde sicher machen.

Neun: der Vermittler

Der Vermittler sieht stets alle Standpunkte zu einem Thema, dies aber zwanghaft. Bereitwillig ersetzt er eigene Wünsche durch die anderer und seine eigentlichen Ziele durch unwichtige Aktivitäten. Er zeigt die Tendenz, sich durch Essen oder Fernsehen abzulenken und durch Alkoholgenuß zu betäuben. Der Vermittler kennt die Bedürfnisse anderer besser als seine eigenen. Er neigt dazu, einfach abzuschalten, und ist sich nie sicher, ob er an einem Platz sein möchte oder nicht, ob er im Team sein möchte oder nicht. Er bleibt dabei umgänglich; Zorn äußert sich indirekt. Entwickelte Neuner sind ausgezeichnete Friedensstifter, Berater, Unterhändler und leistungsfähig, wenn sie einmal in Bewegung sind.

Die Flügel

Die beidseits der Spitzen des Dreiecks Drei–Sechs–Neun liegenden Enneagramm-Punkte, die Flügel, stellen Variationen der zentralen Persönlichkeiten dar. Dies bedeutet, daß Thema der beiden Dreier-Flügelpunkte Zwei und Vier ebenfalls das Image ist und sie Variationen der Frage »Was fühle ich?« ausleben. Die Flügel von Punkt Sechs (Fünf und Sieben) teilen mit diesem eine unterschwellige Paranoia sowie – im Bereich der Gefühle – eine Veranlagung zur Ängstlichkeit. Dem Zentralpunkt Neun und seinen Flügeln Acht und Eins ist die Prädisposition zum Schlaf des Selbstvergessens (Vergessen der persönlichen Prioritäten) und zum Zorn gemeinsam.

Die Flügel des Dreiecks Drei–Sechs–Neun symbolisieren eine externalisierte und eine internalisierte Version der zentralen Themen. Diese Versionen tauchen auch in der Therapie auf, wenn die Heilung eintritt. Das bedeutet, eine Sieben beispielsweise (externalisierter Angsttyp), die zunächst keineswegs furchtsam aussieht, zeigt wahrscheinlich offenkundiger paranoide Züge (Zentralpunkt: Sechs), wenn die psychischen Abwehrmechanismen schwächer werden.

Nur den Dreieckspunkten Drei, Sechs und Neun wird über die

Flügel eine externalisierte und eine internalisierte Version zugeordnet. Die Flügel von Punkt Acht zum Beispiel (Sieben und Neun) geben keine solchen Versionen der Acht wieder. Die Flügel jedes Punktes üben allerdings einen gewissen Einfluß insofern aus, als sie dem betreffenden Persönlichkeitstyp eine bestimmte Färbung geben. In der »Zorn-Gruppe« an der Spitze des Dreiecks etwa kann eine Neun, die Zorn meist passiv verarbeitet und indirekt ausdrückt, entweder zur Acht (dem Boß) tendieren und einen barschen, sturen Zorn zeigen, oder zur Eins (dem Perfektionisten) und dann mit pingeliger Nörgelei aufwarten, bei der Zorn weiterhin indirekt ausagiert wird.

Neun
Zentraler Zornpunkt
Zorn, der »eingeschlafen« ist;
passive Aggression

Acht
Externalisierter Zornpunkt
Zorn wird leicht entfacht

Eins
Internalisierter Zornpunkt
Muß recht haben, um den
Zorn zu legitimieren;
Zorn wegen einer
gerechten Sache

ZORN

Sieben
Externalisierter Angstpunkt
Angst wird in erfreuliche
Alternativen umgelenkt

WAS FÜHLE ICH?

Zwei
Externalisierte Version von
»Was fühle ich?«
Übernimmt die Stimmung
anderer, projiziert Gefühle
auf sie

Sechs
Zentraler Angstpunkt
Innere Angst wird auf
die Umwelt projiziert

ANGST

Drei
Zentralpunkt von
»Was fühle ich?«
Gefühle werden abgestellt

Vier
Internalisierte Version von
»Was fühle ich?«

Fünf
Internalisierte Angst
Angst vor dem Fühlen

Dramatisierung von Gefühlen

Ähnlich tendiert ein Mensch, der sich einem Nichtzentralpunkt, etwa Vier, zuordnet (der tragische Romantiker, dramatisierte Äußerung der Gefühle), entweder in einer verinnerlichten depressiven Haltung zur Fünf (dem Beobachter) oder in dem mehr hyperaktivem Bemühen, die Melancholie in Schach zu halten, zur Drei (dem Dynamiker).

Die Gewichtsverlagerung zu den Flügeln hin trägt zur Charakterisierung der Persönlichkeit bei. Zwei Menschen, die demselben Typ angehören, sind nie identisch, auch wenn sie dieselben Themen und Probleme haben. In Enneagramm-Workshops haben wir uns die Unterschiede der Flügel bei Mitgliedern desselben Typs deutlich gemacht, indem wir die entsprechenden Eigenschaften benannt haben. Eine fünflastige Vier etwa wäre eine zurückgezogenere, abgekapseltere Vier, während eine dreilastige Vier eine manischere, dramatischere Vier wäre, die einen aktiven Tagesplan einhält, aber immer noch von den typischen Vierer-Eigenschaften Melancholie, Traurigkeit und Verlust bestimmt wird. Jeder Typ wird von seinen beiden Flügeln beeinflußt, und obwohl wahrscheinlich der eine dominiert, wäre es unzutreffend, das Potential des anderen zu negieren.

Die Dynamik der Typen

Das Gesetz der Drei gilt auch insofern, als jeder Persönlichkeitstyp aus drei Aspekten besteht: dem dominierenden Aspekt, der unter gewöhnlichen Bedingungen wirksam ist und nach dem wir den Typ benennen; dem Aspekt, der ins Spiel kommt, wenn wir zur Aktion übergehen (bzw. unter Streß stehen); und dem Aspekt, der in sicheren (streßfreien) Situationen zum Tragen kommt. In der Abbildung »Die Dynamik-Pfeile« befindet sich der (stressige) Aktionspunkt in Richtung des Pfeils, der streßfreie Aspekt in Gegenrichtung des Pfeils. Jeder Typ ist also tatsächlich eine

Verbindung von drei Aspekten, die in bestimmten Lebenssituationen aktiviert werden. Wenn zum Beispiel ein (gewöhnlich stiller, introvertierter) Beobachter (Fünf) unter Streß steht, bewegt er sich zur Position des Epikureers (Sieben); er versucht paradoxerweise, den Streß zu reduzieren, indem er extravertierter und freundlicher wird und mit Menschen in Verbindung tritt. In einer sicheren, entspannten Lage tendiert er dazu, ein Boß (Acht) zu werden (andere zu lenken und den persönlichen Raum zu kontrollieren).

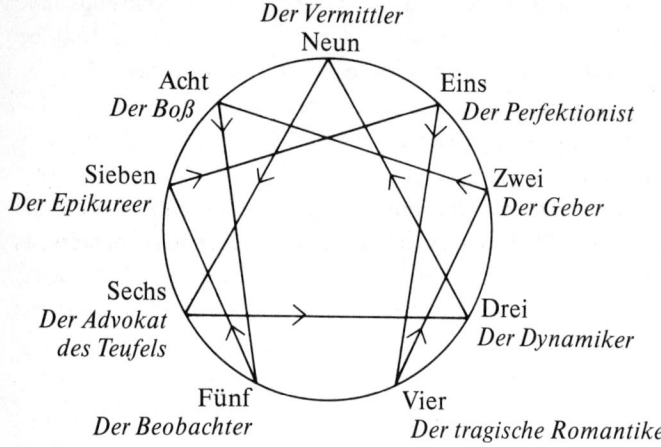

Die Dynamik-Pfeile

Die Arbeit mit Sicherheit und Streß

Die Tatsache, daß unsere mentalen und emotionalen Themen sich verändern, wenn wir uns von einer sicheren Lebenssituation zur Aktion und daher in einen gewissen Streß bewegen, hat unter Enneagramm-Fanatikern so etwas wie einen Kult der Sicherheit erzeugt. Eine Sicherheitsreaktion erscheint sehr viel anziehender als eine Aktion-Streß-Reaktion, weshalb der Weg zum Heil in der Kultivierung der »besseren« Aspekte des Sicherheitspunkts gesehen wird. Die Sicherheitsenthusiasten des Enneagramms glauben, daß die Bewegung mit dem Pfeil, das heißt zu Aktion und daher Streß, die Zwanghaftigkeiten ihres Typs fördert. Dabei wird aber nur an die positiven Aspekte des Sicherheitspunkts und die negativen des Streßpunkts gedacht. Meine Interviews mit Teilnehmern von Diskussionsrunden deuten nicht darauf hin, daß eine klare Chance für die Bewegung in Richtung Sicherheitspunkt, wie etwa das Verliebtsein in einen passenden, bereitwilligen Partner, zwangsläufig die besseren Qualitäten des Sicherheitspunkts zum Vorschein bringt. Aufgrund von Unerfahrenheit oder Unsicherheiten, die auf vergangenen Erfahrungen beruhen, kann eine gute Gelegenheit paradoxerweise eine Streß-Reaktion auslösen. Ich habe Leute interviewt, die geradewegs in die negativen Aspekte ihres Sicherheitspunkts hineinschlittern, wenn sie einer verheißungsvollen Lebenssituation begegnen. Andererseits habe ich viele Geschichten von Leuten aufgezeichnet, deren Charakter sich durch die Entwicklung der besten Aspekte des Aktion-Streß-Punkts ihres Typs formte.

Techniken wie die Gestalttherapie oder tantrische Meditationspraktiken, in denen negative Gefühle bewußt kultiviert und in Anspruch genommen werden, arbeiten gerade mit den heilenden Möglichkeiten des sogenannten Streßpunkts. Die Bewegung zum Streß soll den Zwang einer negativen Gewohnheit abbauen, indem sie voll und ganz ausgelebt wird. Ein Wutanfall wird eher gefördert als innere Distanzierung, oder ein Schüler bekommt eine Aufgabe, die zu seiner maximalen Irritation bestimmt ist. Stolz-Typen etwa müssen die Fußböden schrubben, und Angst-Typen werden des Nachts bei Vollmond zum Meditieren auf den örtlichen Friedhof geschickt. Gurdjieffs Methode, den Leuten auf die Hühneraugen zu treten, illustriert die Vorstellung, daß die durch Streß entstehende Energie genauso zum Wachstum beitragen kann wie die Entwicklung der Fähigkeit, die Aufmerksamkeit von den sogenannten negativen Gefühlen zu lösen.[27]

Die Interdependenz zwischen einem Kultivieren emotionaler Leidenschaft und dem gleichzeitigen Erlernen des Sichlösens kam in den delphischen Mysterien auch dadurch zum Ausdruck, daß Apollo und Dionysos im selben Tempel verehrt wurden. Dionysos repräsentierte die weibliche Welt des »Lebensmysteriums des Blutes und der Kräfte der Erde«. Er wurde innerhalb eines Kalenderjahrs abwechselnd mit Apollo angebetet, der die männlichen Eigenschaften der Klarheit, Distanz und Objektivität verkörperte.[28] Das dionysische Prinzip verlangt, daß die Aufmerksamkeit sich völlig Empfindungen und Gefühlen hingibt, was sich, wenn diese ganz zum Ausdruck kommen dürfen, in den natürlichen Wunsch nach Objektivität und Lösung von den Emotionen verwandelt. Ebenso hängt das apollinische Ideal der Distanz und Klarheit, das »Verwerfen von allem, was zu nah ist«, von leidenschaftlich erhobenen Fragen ab, durch die die Klarheit sich entwickelt, und von der Erreichung eines vollen emotionalen Lebens; denn bevor man sich von etwas lösen kann, muß es ja erst einmal existent sein.[29]

»Apollo, der Gott des Lichts, der Vernunft, der Proportion, der Harmonie, der Zahl – Apollo blendet jene, die ihm in ihrer Verehrung zu nahe kommen. Sieh nicht direkt in die Sonne. Geh ab und zu eine Weile in eine dunkle Bar, und trink ein Bier mit Dionysos.«[30]

4. Beitragende zum System

Die Plazierung der Typen

Bei einer graphischen Darstellung wie dem neunzackigen Stern hängt alles von der richtigen Plazierung der Typen ab, denn diese stehen ja zueinander auf so spezifische Weise in Beziehung. Die korrekte Anordnung der emotionalen Leidenschaften stammt von Oscar Ichazo, und mit dem sehr einfachen Ansatz dessen, was Gurdjieff Haupteigenschaft nannte, wurde uns der Code des Enneagramms verfügbar.

Ichazo, der der Sufi-Vorstellung folgte, daß persönliche Themen auf verlorene Qualitäten des Wesenskerns hinweisen, ging dazu über, eine höhere mentale bzw. emotionale Eigenschaft zu bestimmen, zu der jeder der neun Typen prädisponiert ist. Die Qualitäten des Wesenskerns sind einfach das Gegenteil des bei jedem Typ am meisten beschädigten Aspekts. Ein entwickelter Angst-Typ etwa wird bei seinen Handlungen Mut zeigen, und ein entwickelter Stolz-Typ weist wahrscheinlich echte Demut auf. Ichazo bezeichnete die höhere mentale Qualität als heilige Idee und die höhere emotionale Qualität als Tugend.

Es gibt einige ganz reale Probleme im Zusammenhang mit dem richtigen Verständnis der höheren mentalen Fähigkeit und den emotionalen Tugenden. Sie haben nichts mit den gewöhnlichen Gedanken und Gefühlen zu tun und werden nicht vom denkenden und fühlenden Selbst gelenkt. Die höheren Fähigkeiten sind die verlorenen Qualitäten des Wesenskerns und stellen die erfolgreiche Lösung von einer schmerzhaften neurotischen Tendenz dar. Die höheren mentalen Aspekte sind eine automatische Ausrichtung auf bestimmte, nicht durch das Denken vermittelte Qualitäten des Wissens, und die Tugenden sind automatische, nicht von persönlichen Neigungen oder Abneigungen bestimmte körperliche Reaktionen.

Weil die höheren Bewußtseinsformen sich von ihren Gegenstücken in der Persönlichkeit unterscheiden, können wir uns leicht einbilden oder vorstellen, daß wir in unserem Wesenskern sind, wenn wir demütige Gedanken denken oder uns zwingen, mutig zu sein. Diese Vorstellungen haben mit einer ungeschützten, offenen Einstellung zur Umwelt und zu anderen Menschen nur am Rande zu tun.

Ichazos Arbeit war unbekannt, bis er 1970 ein psychospirituelles Training in der Nähe der Wüstenstadt Arica in Chile ankündigte. Ungefähr fünfzig US-Amerikaner nahmen teil, unter anderem John Lilly, Claudio Naranjo und Joseph Hart, der bei seiner Rückkehr berichtete, daß Ichazo die Sufi-Konzepte benutzte, die vielen durch Gurdjieffs Arbeit vertraut waren. Er verwandte Übungen zur Entwicklung der »drei Gehirne« bzw. der drei Arten der menschlichen Intelligenz, die Gurdjieff als mental, emotional und instinktiv bezeichnet hatte, benutzte die Lehrmethode der Tiereigenschaften und hatte eine kurze Zusammenfassung der neun Persönlichkeitstypen geschrieben, die später in einem Kapitel über das Arica-Training in *Transpersonale Psychologie* veröffentlicht wurde.[31]

Am wichtigsten war, daß Ichazo die Typen richtig auf dem neunzackigen Stern plaziert hatte, so daß ihre Beziehungen durch Interviews verifiziert werden konnten.

Ichazo teilte einmal mit, mit neunzehn Jahren sei er von einem Lehrer als Schüler angenommen worden und durch dessen Gruppe mit Zen und der esoterischen Basis von Sufismus und Kabbala in Berührung gekommen. Die Gruppe benutzte auch Techniken, die er später in Gurdjieffs Arbeit wiederfand.[32] Ichazo gründete schließlich das Arica-Institut, das sich jetzt in New York City befindet. Über seinen Platz bei der Übermittlung der Lehren sagt er: »Arica ist nicht so sehr meine Erfindung als ein Produkt unserer Zeit. Das Wissen, das ich zur Schule beigesteuert habe, ist durch viele Quellen, denen ich auf meiner Suche begegnet bin, zu mir gekommen.«

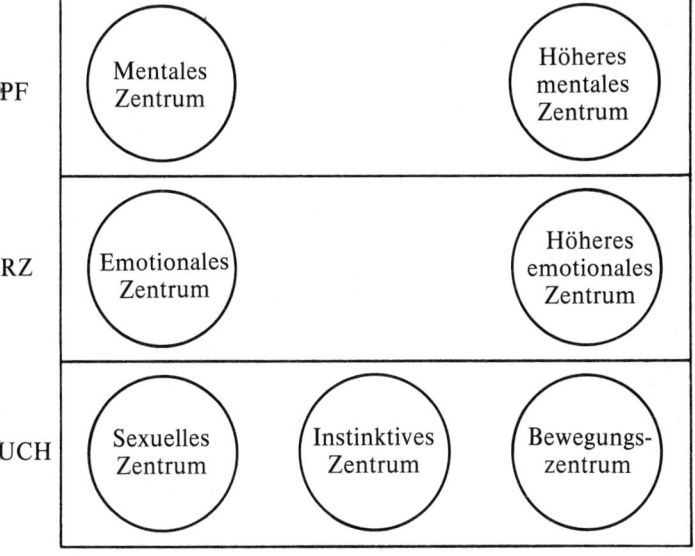

Die drei Zentren der Intelligenz[33]

Die in die verschiedenen Zentren eingezeichneten Enneagramme entstammen dem in *Transpersonale Psychologie* veröffentlichten Artikel von John Lilly. Die Worte, die die Themen der neun Punkte benennen, wurden von den Lehrern des Enneagramms als Grundlage für die jahrelang durchgeführten Interviews mit Testgruppen und die Zusammenstellung der Eigenschaften und Verhaltensweisen der Typen benutzt. Das Diagramm des mentalen Zentrums zeigt die ursprünglichen Namen der Typen, die ich modifiziert habe. Die ursprünglichen Namen und die Fragestel-

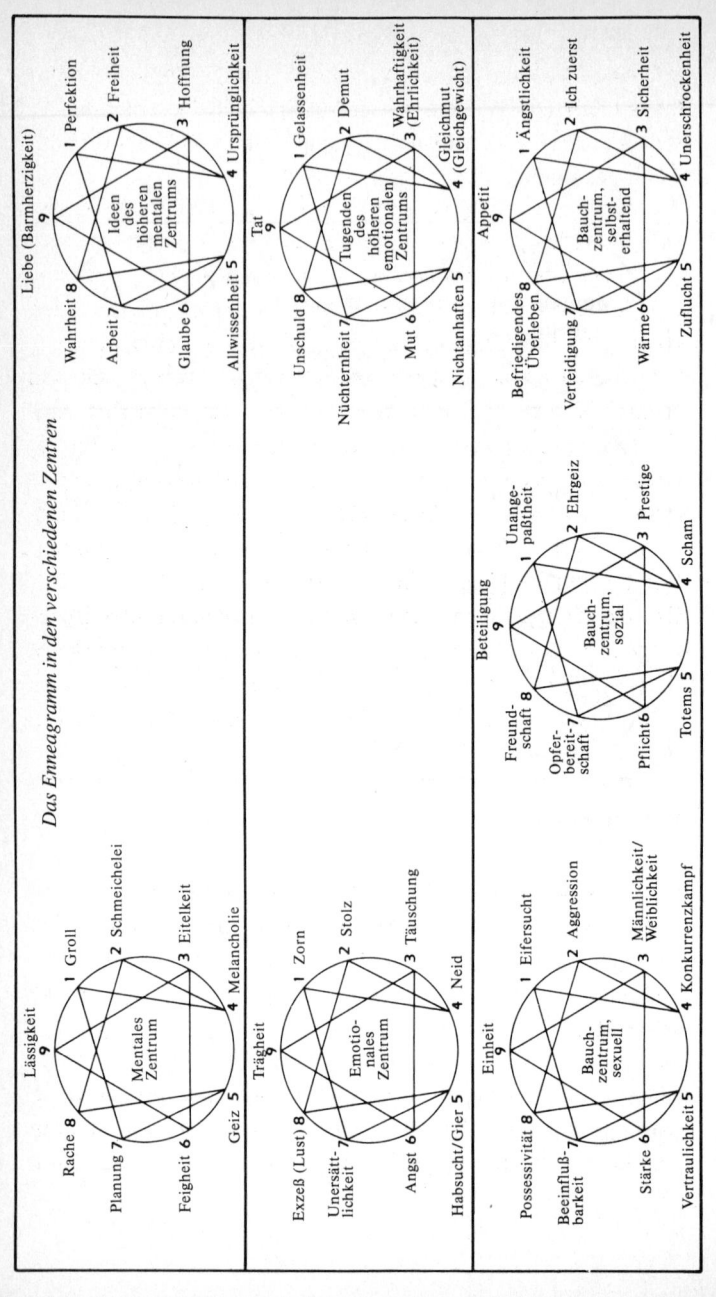

Das Enneagramm in den verschiedenen Zentren

Liebe (Barmherzigkeit) 9
1 Perfektion
2 Freiheit
3 Hoffnung
4 Ursprünglichkeit
Wahrheit 8
Arbeit 7
Glaube 6
Allwissenheit 5
Ideen des höheren mentalen Zentrums

Tat 9
1 Gelassenheit
2 Demut
3 Wahrhaftigkeit (Ehrlichkeit)
4 Gleichmut (Gleichgewicht)
Unschuld 8
Nüchternheit 7
Mut 6
Nichtanhaften 5
Tugenden des höheren emotionalen Zentrums

Appetit 9
1 Ängstlichkeit
2 Ich zuerst
3 Sicherheit
4 Unerschrockenheit
Befriedigendes Überleben 8
Verteidigung 7
Wärme 6
Zuflucht 5
Bauchzentrum, selbsterhaltend

Beteiligung 9
1 Unangepaßtheit
2 Ehrgeiz
3 Prestige
4 Scham
Freundschaft 8
Opferbereitschaft 7
Pflicht 6
Totems 5
Bauchzentrum, sozial

Lässigkeit 9
1 Groll
2 Schmeichelei
3 Eitelkeit
4 Melancholie
Rache 8
Planung 7
Feigheit 6
Geiz 5
Mentales Zentrum

Trägheit 9
1 Zorn
2 Stolz
3 Täuschung
4 Neid
Exzeß (Lust) 8
Unersättlichkeit 7
Angst 6
Habsucht/Gier 5
Emotionales Zentrum

Einheit 9
1 Eifersucht
2 Aggression
3 Männlichkeit/Weiblichkeit
4 Konkurrenzkampf
Possessivität 8
Beeinflußbarkeit 7
Stärke 6
Vertraulichkeit 5
Bauchzentrum, sexuell

lungen betonten zwangsläufig die negativen Themen eines Typs, einfach deshalb, weil die negativen Gewohnheiten so offenkundig sind, daß sie die Identifizierung von Unterschieden zwischen den neun Typen sehr viel leichter machen.

Ohne Differenzierungen wie »Unter Druck schaffe ich Konflikte« (Acht: der Boß) und »Unter Druck ziehe ich mich zurück« (Fünf: der Beobachter) könnten wir den Unterschied zwischen diesen beiden Typen nicht benennen und wären folglich auch nicht in der Lage, Entwicklungsmöglichkeiten für sie aufzuzeigen. Wenn wir nur Aussagen von außergewöhnlich entwickelten Menschen berücksichtigten, würden wir aus den höheren mentalen Zentren stammende Aussagen hören, etwa: »Ich scheine nie Druck zu erleben, ich weiß einfach, wie ein Problem ausgeht« (Fünf: Allwissenheit). Oder: »Ich folge der Kraft, die durch meinen Körper fließt« (Acht: Unschuld). Mit anderen Worten: Wir könnten die Typen nicht auseinanderhalten.

Obwohl die negativen Unterschiede der Typen die Identifizierungsarbeit erleichtern, bin ich der Meinung, daß eine zu starke Beschäftigung in dieser Richtung die Bedeutung der Typen als Lehrer und Führer zu höheren Bewußtseinszuständen verringert.

Die Subtypen

Die Wirkung des Bauchzentrums vollzieht sich weitgehend unbewußt, kann aber daran erkannt werden, daß wir alle an den Themen, die unser physisches Überleben (Selbsterhaltung), unsere Sexualität und unser soziales Leben betreffen, sehr interessiert sind.

Zu den Sub- bzw. Untertypen gibt es eine Allegorie: Ein Kuhhirte sitzt auf einem Hocker mit drei Beinen, von denen eins kürzer ist. Er soll eine Kuh melken. Die Milch symbolisiert die Nahrung spiritueller Lehren oder die Nahrung des Lebens. Das eine Bein des Hockers ist kürzer bzw. beschädigt, weshalb das Wahrnehmungsfeld des Kuhhirten vom Wesentlichen – dem Melken – weg zu diesem beschädigten Bein hin verschoben ist.

Das Beispiel will verdeutlichen, daß wir uns im wesentlichen mit drei Bereichen beschäftigen, von denen einer gestörter ist als die beiden anderen; wir schenken unsere Aufmerksamkeit vor allem diesem Lebensbereich, um die mit ihm verbundene Besorgnis zu vermindern. Die drei Bereiche sind der sexuelle (intime, aber auch andere Zweierbeziehungen), der soziale (Gruppe) und der Bereich der Selbsterhaltung (persönliches Überleben).

Als Erwachsene sind wir, unserem Typ entsprechend, für alle drei psychischen Themen sensibel, aber eins wird intensiver empfunden und dominiert daher. Alle Dreier konzentrieren zum Beispiel sehr viel Aufmerksamkeit auf Sicherheit, Prestige und ein männliches/weibliches Image, aber einer dieser Bereiche wird für sie wichtiger sein als die beiden anderen. Wenn die Drei im Bereich der Selbsterhaltung am meisten Schaden genommen hat, können wir vermuten, daß ihr Hauptinteressenbereich, in diesem Fall Sicherheit, auch von ihrer Haupteigenschaft (Eitelkeit) und ihrer Leidenschaft (Täuschung) beeinflußt wird.

Die Brücke zur zeitgenössischen Psychologie

Schwierig an Ichazos Enneagramm war, daß seine Zusammenfassung nur auf jeweils einen der vielen für einen Typ charakteristischen Punkt einging und seine Beschreibung nicht ohne weiteres in eine psychologische Terminologie übersetzt werden konnte. Das fehlende Glied wurde von Claudio Naranjo geliefert, einem chilenischen Psychiater, der das Arica-Training besuchte und das Enneagramm in den Kontext psychologischer Begriffe stellen konnte. In seinem Buch *The One Quest*[34] hatte Naranjo bereits eine Synthese von östlichen und westlichen Herangehens weisen an die Bewußtseinsproblematik hergestellt und sich so einen Namen gemacht. Sein Beitrag zum Enneagramm verband die Einsichten und Methoden eines mystischen Transformationspfades erfolgreich mit der intellektuellen Kraft eines westlichen psychologischen Modells. Außerdem brachte er das Problem des Typisierens aus dem Bereich der »Eingeweihten« heraus und entwickelte Fragestellungen, durch die alle interessierten Menschen ihren Typ erkennen konnten, indem sie sahen und hörten, wie Individuen des gleichen Typs ihre Geschichte erzählten.

Naranjo gewann seine Erkenntnisse durch Interviews mit psychologisch geschulten Menschen, die die Themen ihres Herzens und ihres Verstandes beschreiben konnten. Eins seiner Enneagramme erfaßt die Hauptabwehrmechanismen der neun Typen. Für mich ist es die Ergänzung dessen, was bei Gurdjieff (Puffer) einbegriffen war und von Ichazo weiterentwickelt wurde.

Ich lernte das Enneagramm von Naranjo, der das Material mündlich weitergab. Er interviewte Gruppen recht bewußt lebender Menschen, die eine spirituelle Disziplin ausübten. Es ist immer inspirierend, zu erfahren, was andere zu ihrer Suche nach einem höheren Bewußtsein veranlaßt hat und wie sie dabei weitergekommen sind.

Das System wurde als esoterisches psychologisches Werkzeug entwickelt. Meine eigenen Interessen galten eher der spirituellen Praxis und dem Intuitionstraining als der Psychologie, aber ich wollte auch sehen, ob Menschen desselben Typs von ähnlichen Meditationspraktiken angezogen werden und charakteristische Übungsmodelle haben. Meine grundlegende Einsicht hatte ich, als Naranjo eine Gruppe von Fünfern über ihr frühes Familienleben interviewte; ein ganz in sich zusammengezogener Beobachter-Typ, der die ganze Nacht hoch auf der Seitenlehne eines Sofas saß und das Geschehen aus sicherer Distanz betrachtete, sagte sinngemäß: »Ich wußte, was meine Familie von mir wollte, bevor sie es selbst wußte.«

Ich erinnere mich, daß ich mich plötzlich erleichtert und dankbar fühlte. Die beiläufige Bemerkung dieses Beobachters war auf ein Bewußtsein getroffen, das sich in mir seit langem entwickelt hatte, und seine physische Präsenz und das, was er sagte, waren der Auslöser, der mich endgültig zum Enneagramm brachte. Ich wußte sofort, daß er in diesem einen Bereich Intuition besaß, daß seine Sensibilität sich als Teil seiner kindlichen Überlebensstrategie entwickelt hatte, daß er wahrscheinlich beschreiben konnte, wie er seine Wahrnehmungen veränderte, »um die Erwartungen anderer Leute zu kennen«, und daß er gute Chancen hatte, Zugang zu einem intuitiven Geisteszustand zu bekommen, wenn er das, was er in diesem kleinen, defensiven Bereich seines Lebens bereits tat, erhellen würde.

Andere Teilnehmer dieses Workshops trugen schließlich auf sehr unterschiedliche Weise zum System des Enneagramms bei. Ein Freund von mir, der Jesuitenpater Bob Ochs, ist vom System des Enneagramms überzeugt. Er schrieb ein paar Gedanken über die verschiedenen Punkte und ihre Verbindung zum katholischen Denken nieder, die in der jesuitischen Gemeinschaft außerordentlichen Erfolg hatten. Religiöse Gemeinschaften, deren Mitglieder oft sich gegenseitig taxierend zusammenleben und -arbeiten, haben das System übernommen, weil sie den inneren Standpunkt der Menschen verstehen müssen, mit denen sie leben und arbeiten. Eine andere Schülerin Naranjos, Dr. Kathleen Speeth, bereicherte das System durch ihr bedeutendes psychologisches Verständnis und hielt während der Krankheit und Genesung Naranjos das Material lebendig.

Ich fing 1976 an, Testgruppen meiner Schüler zu interviewen, und zwar als Teil eines breit angelegten Programms zum Intuitionstraining. Was mit vierzig Leuten in meinem Wohnzimmer begann, weitete sich mit der Zeit auf mehrere tausend Menschen aus, die ihren Typ erkannten, indem sie Teilnehmer an der Diskussionsrunde über ihr Leben sprechen sahen und hörten. Die in diesem Buch auszugsweise wiedergegebenen Aussagen stammen von Tonbändern, die während solcher Workshops aufgenommen wurden. Mich interessierte vor allem die Entwicklung einer Fragestellung, die intuitive und wesensmäßige Erfahrungen beleuchten sollte; das in diesem Buch erscheinende Material über Aufmerksamkeit und intuitiven Stil ist daher mein Beitrag zum Enneagramm. Es gehört zu meiner Strategie, einen Sachverhalt zu verifizieren, indem ich ihn immer wieder Testgruppen vorlege, bevor ich ihn den Charakteristika eines Typs zurechne.

Ichazo hat seine Erkenntnisse zum Enneagramm durch das Arica-Institut weiterentwickelt. Er ist die moderne Hauptquelle für das Material und erforscht das Enneagramm als Modell der Transformation des menschlichen Bewußtseins.

Aufmerksamkeitsschwerpunkte und Intuition

Der Gedanke, daß wir drei Arten von Intelligenz besitzen – eine mentale, eine emotionale und eine »aus dem Bauch kommende« – legt nahe, daß es auch drei Arten intuitiver Verbindungen gibt: durch den Verstand, durch die Gefühle und durch eine auf dem Bauch basierende Intelligenz, die ihr Zentrum im physischen Körper hat. Die drei oberen Punkte des Enneagramms, nämlich Acht, Neun und Eins, sind »Bauch-Typen«. Sie empfangen intuitive Eindrücke am leichtesten durch den physischen Körper. Die Gefühlstypen Zwei, Drei und Vier auf der rechten Seite des Enneagramms erhalten Eindrücke weitgehend durch emotionale Reaktionen. Die auf der linken Seite angeordneten Typen Fünf, Sechs und Sieben nehmen intuitive Eindrücke hauptsächlich mental wahr.

Wir können eine ganze Reihe intuitiver Fähigkeiten entwickeln und sind nicht auf die für unseren Typ charakteristische Wahrnehmung intuitiver Informationen beschränkt. Da aber jeder Typ

Die Einstellung anderer
Neun

Acht
Kontrolle

Eins
Was ist in der
Situation
richtig/falsch?

Sieben
Erfreuliche
Alternativen

Zwei
Anerkennung für
das Selbst

Sechs
Verborgene
Absichten

Drei
Anerkennung für
Beruf

Fünf
Was andere
von mir wollen

Vier
Das Beste im Abwesenden/
Schlechteste im Vorhandenen

Aufmerksamkeitsschwerpunkte[35]

1. Schätzt ab, was in einer Situation richtig oder falsch ist.
2. Möchte billigende Aufmerksamkeit von anderen.
3. Möchte positive Aufmerksamkeit in bezug auf Aufgaben und Leistung.
4. Das Bewußtsein verlagert sich je nach Verfügbarkeit oder Nichtverfügbarkeit von Objekten und Menschen. Selektive Ausrichtung auf das Beste im Abwesenden und das Schlechteste im Vorhandenen.
5. Möchte die Privatsphäre wahren und ist sensibel für die Erwartungen anderer.
6. Tastet die Umgebung nach Hinweisen auf die verborgenen Absichten anderer ab.
7. Die Aufmerksamkeit verlagert sich auf erfreuliche mentale Assoziationen und optimistische Zukunftspläne.
8. Sucht nach jedem Hinweis auf potentiellen Kontrollverlust.
9. Versucht, die Pläne und Einstellungen anderer zu ermitteln.

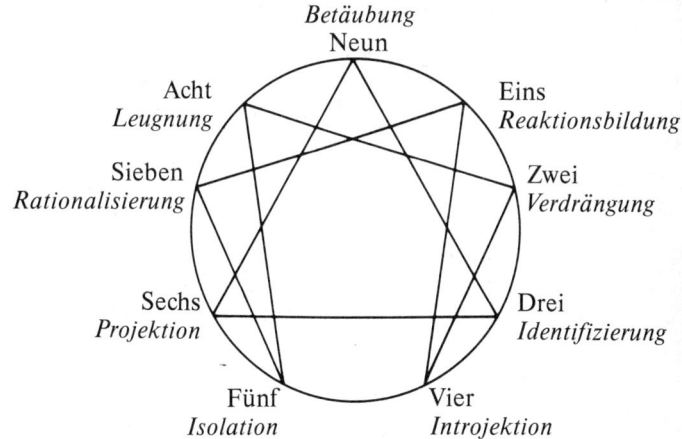

Das Enneagramm der Abwehrmechanismen[36]

sich auf eine spezielle Dimension der 360 Grad umfassenden
vollständigen Realität konzentriert, haben die Typen eine Art der
Aufmerksamkeit entwickelt, die ihren jeweiligen Belangen angemessen ist. Die Neuner-Gruppe tendiert dazu, durch den physischen Körper wahrzunehmen; sie fragt: An welcher Stelle stehe
ich in bezug auf die Umgebung? Die auf das Fühlen zentrierte
Dreier-Gruppe nimmt durch den emotionalen Körper wahr; sie
fragt: Mit wem bin ich zusammen? Die kopfzentrierte Sechser-
Gruppe schließlich neigt dazu, mentale Eindrücke wahrzunehmen, und zwar als Antwort auf die Frage: Worum geht es in dieser
Situation? Die Angehörigen jeder Gruppe plazieren die Aufmerksamkeit also entweder im Kopf-, im Herz- oder im Bauchzentrum, und obwohl jeder Typ die von den anderen Typen verwende-
te Aufmerksamkeitsplazierung erlernen kann, wird er
wahrscheinlich zunächst den ihm eigenen intuitiven Stil erkennen.
Jeder intuitive Stil beruht auf spezifischen Aufmerksamkeitsver-

lagerungen, die als Teil der üblichen Wahrnehmung eines Typs automatisch vorgenommen werden. Bei genauer Selbstbeobachtung scheinen diese Verlagerungen dem Unterbau grundlegender Meditationspraktiken zu gleichen, die unsere Fähigkeit zum Halten und Ablösen der Aufmerksamkeit trainieren.

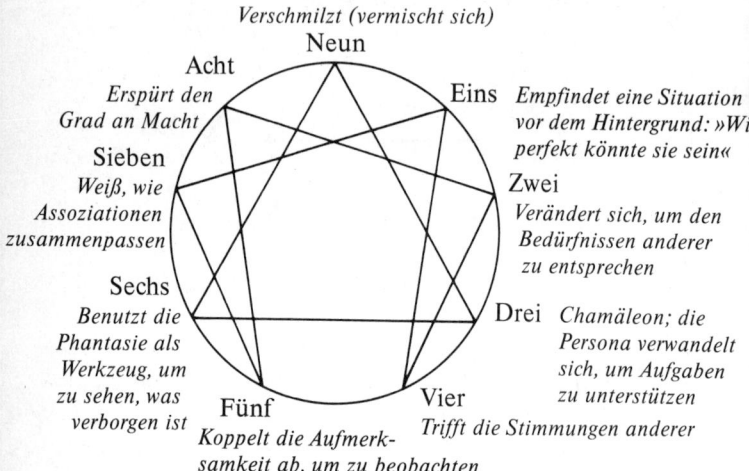

Das Enneagramm des intuitiven Stils[37]

Auf dem Körper basierende Intuition:
Punkte Eins, Neun, Acht

Eins: Die Möglichkeit zur Vollkommenheit in gewöhnlichen Ereignissen wird erspürt. Das Falsche fällt auf, weil es als Vordergrundfehler empfunden wird, der die laufende Wahrnehmung dessen, »wie perfekt Dinge sein könnten«, beeinträchtigt.

Neun: Dieser Typ nimmt andere in sich selbst auf, reflektiert wie ein Spiegel, der den Eindruck jedes vor ihm Stehenden absorbiert, dem Betrachter sein Ebenbild zurück. Zur Zeit der Verbindung fühlt die Neun sich mit dem Standpunkt des anderen verschmolzen. Siehe unten: »Punkte Zwei und Neun sehen gleich aus«.

Acht: Es herrscht ein Gefühl vor, sich physisch auszudehnen, um »den Raum zu füllen«. Die Acht spürt die Präsenz und die Macht von Menschen und Situationen; sie kann mit Übung ein weites Spektrum von Eigenschaften fühlen.

Auf dem Gefühl basierende Intuition: Punkte Zwei, Drei, Vier

Zwei: Die Zwei verändert sich einfühlsam, um den Bedürfnissen anderer zu entsprechen, und hat das Empfinden, das zu werden, was andere wollen. Die Gefühle ändern sich, bevor der Verstand eingreifen kann. Siehe unten: »Punkte Zwei und Neun sehen gleich aus«.

Drei: Sie ist fähig zur chamäleonartigen Veränderung der Persona[38] und der persönlichen Präsentation, um die zur Erledigung der Arbeit notwendigen Eigenschaften zu verkörpern. Der Schwerpunkt der Aufmerksamkeit liegt auf der Aufgabe oder auf der Reaktion anderer auf die Aufgabe. Die Persona ändert sich automatisch und angemessen, bevor die Drei vom Verstand her entschieden hat, was zu tun ist.

Vier: Die Vier paßt sich den Gefühlen anderer an; sie übernimmt deren Schmerz und ist fähig zum emotionalen Mitschwingen. Vierer sagen, daß sie den emotionalen Zustand abwesender Familienmitglieder, Intimpartner und Freunde »anzapfen« können.

Auf dem Mentalen basierende Intuition: Punkte Fünf, Sechs, Sieben

Fünf: Dieser Typ löst die Aufmerksamkeit von Gedanken und Gefühlen ab, um unparteiisch zu beobachten, und kann mental miterleben ohne Störung durch persönliche Gedanken und Gefühle.

Sechs: Die Sechs sieht die unausgesprochenen Absichten hinter der Fassade und benutzt die Phantasie als Werkzeug, um versteckte Gesichtspunkte zu entlarven.

Sieben: Sie weiß, wie entfernte Assoziationen zusammenpassen. Ein Problem wird im Verstand zurückgestellt, während andere Aktivitäten weitergehen. Etwas in der sekundären Aufgabe führt zu einer Assoziation, die das ursprüngliche Problem löst.

Punkte Zwei und Neun sehen gleich aus

Sowohl die Zwei als auch die Neun »verschmelzen«, wenn es um ihre intuitive Verbindung mit anderen Menschen geht. Zweier ändern sich zunächst emotional und vereinigen dann diesen emotionalen Aspekt, während andere Aspekte in den Hintergrund treten; zum Zeitpunkt des Verschmelzens fühlt eine Zwei sich völlig von der Erregung gepackt, das zu sein, was andere wollen. Dies hängt mit dem Phänomen der multiplen Persönlichkeit zusammen: Die vielen Aspekte einer Zwei fühlen sich alle echt an, existieren aber nicht zum selben Zeitpunkt.

Neuner ändern ihre Selbstdarstellung nicht. Sie übernehmen die Weltsicht anderer als Ganzes, anstatt sich in das zu verwandeln, was andere für wünschenswert halten. Neuner sagen auch nicht von sich, daß sie sich zwischen den multiplen Aspekten des Charakters hin und her bewegen. Wenn Neuner verschmelzen, hören sie auf, als eigenständige Person zu existieren; sie haben ihre eigene Position vergessen und verschmelzen mit den Gefühlen und der Einstellung anderer, die sie stärker empfinden als ihre eigenen.

Aufmerksamkeitsschwerpunkt in Beziehungen

Wenn Sie wissen, was Sie und die Ihnen nahestehenden Menschen für ein Typ sind, können Sie sehen, bei welchen Punkten des Enneagramms Sie und der andere sich wahrscheinlich treffen werden und an welchen Punkten Sie werden arbeiten müssen, um einander zu verstehen. Wenn zwei Menschen demselben Typ angehören, ist die Chance groß, daß ihre Ansichten übereinstimmen. Ich habe zum Beispiel mehrere doppelte Einser-Paare erlebt (Eins: der Perfektionist), die in ihrer Vorstellung vom perfekten Lebensstil übereinstimmten. Sie tendieren auch dazu, sich über die ständige Spiegelung ihrer eigenen inneren Kritiksucht zu ärgern.

In einer von heftiger Verliebtheit bestimmten Beziehung wird die Weltsicht eines Typs durch den Partner bestätigt. Ein doppeltes Dreier-Paar (Drei: der Dynamiker) stimmt darin überein, daß das Leben aus einer Reihe herausfordernder Projekte besteht, und in einer doppelten Vierer-Partnerschaft würde Einmütigkeit darüber herrschen, daß das Leben um intensive Gefühle und die Angst vor dem Verlassenwerden kreist.

Wenn Sie und Ihr Partner sich an einem Punkt begegnen, werden die zu diesem Punkt gehörenden Themen ganz natürlich verstanden. Wenn Sie sich jedoch zu einer Position im Enneagramm begeben, die Ihr Partner nicht von Natur aus versteht, werden Sie feststellen, daß Sie die gegenseitigen Absichten mißdeuten. Dazu ein Beispiel: Ein Sechser-Achter-Paar trifft sich bei Sieben (Flügel für beide), Fünf (Flügel von Sechs, Streßpunkt von Acht) und Neun (Flügel von Acht, Sicherheitspunkt von Sechs). Die Partner treffen sich nicht, wenn die Sechs sich zu ihrem Streßpunkt (Drei) oder die Acht sich zu ihrem Sicherheitspunkt (Zwei) bewegt (Zwei und Drei liegen nebeneinander, sind aber keine schematischen Flügel). Aufgrund der zu diesen Punkten gehörenden Themen lassen sich einige Vorhersagen zu diesem Paar machen.

Treffpunkt bei Sieben
Man führt ein angenehmes Geplauder über den Tag, es kommt zu einem Austausch positiver Zukunftspläne: Reisen, Zusammenkünfte von Freunden und andere gemeinsame Unternehmungen. Die Ziele des anderen werden unterstützt. Die Sexualität ist spielerisch, keinesfalls verklemmt.

Treffpunkt bei Fünf

Sie »verstecken« sich zu Hause – entweder lesend im selben Raum oder jeder an dem Ort, an dem er sich zurückziehen kann. Sie empfinden es als schön, den Partner um sich zu haben, er soll aber nicht zu nahe kommen. In dieser Position kommt es wahrscheinlich nicht zu Sexuellem (Flügel von Sechs als kleinerer Aspekt, Streßpunkt von Acht). Die Acht möchte bei Streß allein sein, und es ist zu hoffen, daß die Sechs klug genug ist, nicht zu projizieren, daß der Rückzug des Partners bedeutet, die Beziehung sei beendet. Die Acht kommt hervor, wenn sie will.

Treffpunkt bei Neun

Das Paar ist, in der Sprache des Enneagramms, aktiv verschmolzen. Die Sechs hat ihre Leistungsangst beiseite gestellt, ist aber vielleicht mit Kleinigkeiten und unerledigten Dingen beschäftigt (die negative Seite der Neun): Sie wird im Haus herumhantieren, den Suppentopf beobachten und die Hausarbeit machen. Wenn die Sechs sexuell sein kann, ohne Angst zu bekommen und dichtzumachen, paßt sie zur Acht (Flügel von Acht und Sicherheitspunkt von Sechs). Es besteht die Möglichkeit für die Sechs, sich so entspannt zu fühlen, daß sie echte Liebe empfindet. Für die Sechs kann die Erkenntnis, daß der Partner ihr sehr wichtig ist, paradoxerweise zu Zorn führen. Er wird wahrscheinlich zuerst durch die Projektion ausgedrückt, daß der Partner etwas im Schilde führt. Wenn die Sechs sich zur positiven Seite ihres Sicherheitspunkts bewegt, erlaubt sie sich, die Acht zu lieben.

Acht bewegt sich zu Zwei, ihrem Sicherheitspunkt

Das Verhalten der Acht ändert sich von starker Kontrolle zu Aufgeschlossenheit. Eine Art leichtsinniger Freigebigkeit und der Wunsch nach den guten Dingen im Leben wird offenbar. Alles wird verziehen. Die Acht möchte eher umsorgt als kontrolliert werden. Kleine Gesten sind sehr wichtig. Achter sind sinnliche, körperzentrierte Menschen, weshalb an Punkt Zwei gutes Essen, Unterhaltung, Trinksprüche und schmeichelhafte Kumpanei geschätzt werden. Wenn die Sechs klug ist, schließt sie sich an.

Sechs bewegt sich zu Drei, ihrem Streßpunkt

In dieser Position ist die Sechs wahrscheinlich so auf eine Aufgabe konzentriert, daß sie immer wieder in die Paranoiazone gerät. Wenn die Sechs sich mit einer Aufgabe identifiziert, schwankt ihre Aufmerksamkeit zwischen Aufgeregtheit und paranoider Begeisterung in bezug auf Erfolg oder Mißerfolg des Projekts. Wenn die Acht versucht, Kontrolle zu übernehmen, die Sechs zur Aktion zu drängen oder einen »Vortrag« über die Schwierigkeiten der Sechs mit dem Handeln hält, kann die Sechs die ganze Sache abbrechen und von dem Projekt und der Acht davonlaufen. Die Acht kann jedoch den Partner unterstützen, indem sie bestimmte mechanische Aspekte des Projekts übernimmt, bei denen die Sechs zögert. Wenn das Projekt in Bewegung bleibt, wird das, was der ängstlichen Sechs als unüberwindliches Hindernis erschien, in der richtigen Perspektive gesehen, und die Acht ist der Held des Tages. Die Acht sollte den Unterschied zwischen rabiater Übernahme und angemessener Unterstützung beachten, und die Sechs sollte zwischen Nachgiebigkeit und dem Delegieren von Verantwortung unterscheiden.

Das Enneagramm der diagnostischen Kategorien

Das folgende Enneagramm zeigt die hauptsächlichen diagnostischen Kategorien des *Diagnostic and Statistical Manual III, Revised*[39] (im folgenden abgekürzt DSM). Eine Übersicht über die Forschungsergebnisse, die für die hier angegebene Zuordnung der Typen sprechen, findet sich im Anhang.

Das Enneagramm wird den ihm zustehenden Platz im psychologischen Denken des Westens nur durch gründlichste Forschung einnehmen. Mir sind zum Beispiel verschiedene »Übereinstimmungen« des Enneagramms mit üblichen Tests und Klassifizierungen bekannt, die ohne jede Begründung durch Forschungsergebnisse oder den phänomenologischen Zugang zur Befragung von Typtestgruppen aufgestellt wurden. Diese sogenannten Übereinstimmungen sehen vielversprechend und reizvoll aus, aber sie tun dem Enneagramm keinen Dienst, weil sie nicht auf Forschungsergebnissen beruhen. Eine Übersicht über die gegenwärtige Arbeit an der Formulierung eines empirischen Rahmens für das Enneagramm und über die Entwicklung einer exakten Bewertungsnomenklatur wird im Anhang gegeben.

Das folgende Enneagramm, das auf Naranjos Erkenntnissen über die Hauptabwehrmechanismen und den vielen Geschichten beruht, die ich im Lauf der Jahre von Teilnehmern an den Gesprächsgruppen gehört habe, zeigt eine Zuordnung, die dem aktuellen psychologischen Verständnis am ehesten entspricht. Ein Prüfstein dieser Zuordnung ist, daß sie sich selbst verifizieren muß. Dies bedeutet, daß gute Selbstbeobachter in der Lage sein sollten, sich anhand der beschriebenen Themen ihres Typs auf dem Enneagramm zu plazieren und bei einer Veränderung ihres Verhaltens in Richtung Streß- bzw. Sicherheitspunkt entsprechend reagieren.

Die DSM-Kategorien beschreiben schwere Pathologien. Vom Standpunkt der Aufmerksamkeitspraxis bedeutet dies, daß die Fähigkeit, zurückzutreten und zu beobachten, verloren wurde und der Betreffende nicht mehr fähig ist, die Aufmerksamkeit auf den neutralen Ausgangspunkt des inneren Beobachters zu verlagern. Im pathologischen Fall vertieft die Aufmerksamkeit sich in die für unseren Typ charakteristischen Gedanken und Gefühle, und wir sind unfähig, einen anderen Standpunkt anzunehmen.

Die inneren Linien des Diagramms verbinden die Typen auf eine

Art und Weise, die in der psychologischen Literatur gerade erst erarbeitet wird. Schon allein das innere Dreieck weist auf einige faszinierende Korrelationen hin. Es legt nahe, daß zwanghaft-besessene (Neun), paranoide (Sechs) und arbeitssüchtige (Drei) Tendenzen im selben Individuum nebeneinander vorhanden sind, und sagt die besonderen Lebenssituationen (normal, unter Streß oder in Sicherheit) voraus, in denen jedes Verhalten wahrscheinlich vorkommt.

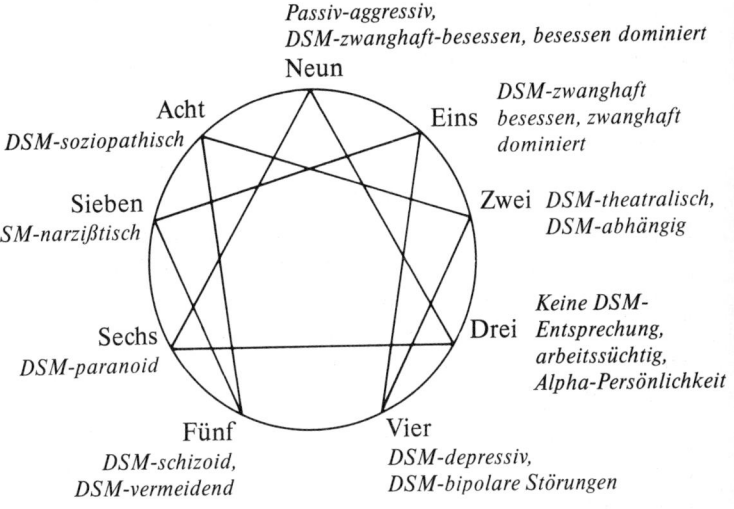

Das Enneagramm der Pathologien

Körperzentrierte Typen:
Zentralpunkt Neun, Flügel Acht und Eins

Neun: Die DSM-Kategorie lautet: zwanghaft-besessen; die besessene Seite dominiert. Es handelt sich um Theodore Millons aktiven ambivalenten Typ. Die Ambivalenz tritt zutage bei der Entscheidungsfindung, der Typ ist gefangen zwischen dem Wunsch zu rebellieren und dem Wunsch zu gehorchen. In der

Ausdrucksweise des Enneagramms: Die Neun steht zwischen Gutsein (Eins) und Ungehorsam (Acht).

Die Neun tendiert dazu, eher im Konflikt zu bleiben, als eine Position einzunehmen, die eine Veränderung herbeiführt. Die innere Frage ist eher: »Möchte ich hier sein?« als die Sorge der Eins: »Handle ich richtig?« Sie will sich nicht festlegen. Die Abwehr, um nicht gemäß dem Gehorsams-Herausforderungs-Konflikt zu handeln, besteht darin, die Aufmerksamkeit auf unwesentliche, nebensächliche Aufgaben zu verteilen. Betäubung und Abschalten stellen die Hauptabwehrmechanismen dar. Die Ambivalenz kann aktiv bemerkt werden, aber Zorn wird passiv und indirekt geäußert.

Einige Neuner berichten passiv-aggressive Eigenschaften. Dies sind die stureren, sich stets beschwerenden Menschen, die – in der Terminologie des Enneagramms – zum Achter-Flügel (aktiv herausfordernd) tendieren. Paradox ist, daß die passiv-aggressiven Neuner zwar genauso ambivalent in bezug auf ihre persönliche Position sind wie die eher besessenen Neuner, die Pläne anderer aber trotzdem nicht mitmachen. Manchmal sieht es so aus, als würden sie mit den Wünschen anderer übereinstimmen (»verschmelzen«), und scheinbar machen sie mit, aber verbunden ist dies stets mit sehr viel Vorwürfen, Verzögerungstaktik und anderen destruktiven Tendenzen.

Eins: Die zwanghafte Seite der DSM-zwanghaft-besessenen Haltung kann innerlich genauso ambivalent sein wie eine Neun, aber dies wird nicht ausgedrückt. Millons passiver ambivalenter Typ steht auf der »guten« Seite des Gehorsams-Herausforderungs-Konflikts. Zorn und wahre Wünsche steigen nicht ins Bewußtsein auf. Typisch sind das starre Festhalten an Normen für Richtiges und Falsches und der Zwang, das Richtige zu tun. Es gibt für diesen Typ immer nur einen richtigen Weg.

Acht: Der DSM-soziopathische Typ ist stets davon überzeugt, daß sein Weg der richtige ist.

Gefühlszentrierte Typen:
Zentralpunkt Drei, Flügel Zwei und Vier
Drei: Dieser Typ hat keine entsprechende DSM-Kategorie. Er wurde im westlichen psychologischen Denken erst vor kurzem entdeckt und stellt seine Gefühle im Interesse des Tuns quasi ab. Die Aufmerksamkeit richtet sich auf die Aufgabe, nicht auf das Selbst. Obwohl Dreier von narzißtischen Eigenschaften berichten – im Bereich der Leistung und des Verdienstes etwa glauben sie an ihre Überlegenheit –, wird dieses Verdienst durch harte Arbeit erworben und nicht automatisch als Anspruch übernommen. Dreier opfern sich auf, um ein Gewinnerimage beizubehalten; harte Arbeit in der Gegenwart wird nicht durch Gedanken an einen zukünftigen Erfolg ersetzt.

Punkte Drei und Sieben sehen gleich aus
Beide sind voller Energie und extravertiert, optimistisch, stellen sich selbst in den Vordergrund und wollen Bestätigung. Sie vermitteln das Image des Gewinners. Dreier schuften jedoch, bis sie umfallen, während Siebener nur so lange arbeiten, wie das Projekt interessant ist. Dreier möchten Macht über andere bekommen, als Führer anerkannt werden, sich verpflichten, die beste, verantwortungsvollste Arbeit zu tun. Sie sind Konformisten, suchen Bestätigung bei anderen und arbeiten hart, um direkt etwas wiederzubekommen.
Siebener wollen alles probieren, was gut ist. Sie wollen eher Abenteuer als Macht. Sie brauchen sich nicht anzupassen, um Bestätigung zu bekommen, weil sie von sich selbst glauben, daß sie über den gesellschaftlichen Konventionen stehen. Sie sind frei von Verantwortung, suchen Bestätigung bei sich selbst und sind eher von einer positiven Vision der Zukunft hingerissen als von unmittelbaren Zielen.
Zwei: Die laut DSM-Terminologie theatralischen und abhängigen Typen brauchen ständig Bestätigung und Anerkennung. Das

Selbstgefühl wird in einer Partnerbeziehung zurückgehalten. Beide passen sich den Bedürfnissen anderer an, um Liebe zu bekommen. »Ich werde, was mein Liebhaber will.« Der abhängige Typ paßt sich durch gelehrige Gefälligkeit an und klebt gewöhnlich an einer einzigen Beziehung. Der theatralische Typ nimmt eine aggressive und manipulative Haltung ein, um den Partner zu kontrollieren.

Vier: DSM-Depression, bipolares Funktionieren und bipolare Störungen bedeuten in der Sprache des Enneagramms: Es kann zu einer lebhaften Präsentation kommen, wenn es sich um den Streßpunkt von Zwei (theatralisch, depressiv) handelt oder wenn die Vier zu ihrem Flügelpunkt Drei tendiert und in Überaktivität verfällt, um die Depression zu bekämpfen.

Geistig zentrierte Typen:
Kernpunkt Sechs, Flügel Fünf und Sieben

Sechs: Dieser Persönlichkeitstyp entspricht in der Terminologie des DSM der Kategorie paranoid.

Fünf: Sowohl die »schizoiden« als auch die vermeidenden Typen berichten von denselben Charakterzügen, bei denen die soziale Isolation im Mittelpunkt steht. Einige sagen, daß sie sich selbst genügen und ihnen an näherem persönlichen Kontakt mit anderen nichts liege (schizoid, passiv distanziert), andere berichten über Gefühle der Frustration aufgrund der sozialen Isolation (vermeidend, aktiv distanziert).

Sieben: Der narzißtische Anspruch, der auf dem Gefühl der höheren Begabung gründet, wird eher vorausgesetzt als verdient (siehe oben: »Punkte Drei und Sieben sehen gleich aus«). Die Aufmerksamkeit ist auf eine imaginäre, optimistische Zukunft gerichtet, wodurch die Notwendigkeit einer unmittelbaren Verpflichtung oder Arbeit in Frage gestellt wird. Vor allem wollen sie sich selbst gegenüber wahrhaftig sein.

II.

Die neun Punkte des Enneagramms

5. Einführung

Die Interaktion der Typen läßt sich am besten verstehen, wenn man zunächst die Kapitel über die drei zentralen Punkte Sechs, Drei und Neun liest und dann die Variationen dieser Punkte in der Reihenfolge Eins, Vier, Zwei, Acht, Fünf, Sieben. Bei Workshops bitten wir die Teilnehmer an der Diskussionsrunde, in dieser Reihenfolge Platz zu nehmen, weil so die Veränderungen jeden Typs bei Aktion/Streß für den Betrachter am ehesten sichtbar sind. Der leichteren Auffindbarkeit halber habe ich die Typen hier in der numerischen Reihenfolge Eins bis Neun angeordnet.

Jedes Kapitel beginnt mit einer Darstellung des psychologischen Dilemmas, dann folgt die typische Familiengeschichte und eine Erörterung der Hauptthemen des Typs. Ich untersuche auch, wie der Typ sich in intimen Beziehungen und im Umgang mit Autoritäten verhält.

Die Abschnitte über Aufmerksamkeits- und Intuitionsstil sind für mich von besonderem Interesse. Aufmerksamkeitspraktiken scheinen mir eine Brücke zwischen Intellekt und Intuition zu sein und eine wirkungsvolle Möglichkeit, durch die wir im Westen wieder eine Beziehung zu dem gewinnen können, was die heilige Tradition als Qualitäten des Wesens beschreibt. Ich habe viele Menschen interviewt, die intuitive oder wesensmäßige Erfahrungen hatten, und mich beim Eindringen in diesen innersten Bereich der menschlichen Psyche auf meine eigene Intuition verlassen. Die hier vorgestellten kurzen Abschnitte über Aufmerksamkeit und Intuition betrachte ich als Vorarbeit zu einem umfassenderen Verständnis dieser Attribute unseres Wesens.

Obwohl jeder Typ für eine Fähigkeit besonders prädisponiert ist, sollten wir nicht vergessen, daß jeder von uns alle intuitiven Stile in sich trägt. Vielleicht stellen Sie fest, daß Sie von dem Stil Gebrauch machen, der für Ihren Sicherheitspunkt typisch ist, möglicherweise aber auch von dem, der Ihren Aktionspunkt charakterisiert. Wir alle haben gelernt, unser Leben auf individuelle Weise zu meistern, aber wenn wir unseren Aufmerksamkeitsstil prüfen und den inneren Beobachter kultivieren, können wir erkennen, daß intuitive Informationen unsere Entscheidungen und Beziehungen in unerkannter Weise beeinflussen.

Die entwickelteren Aspekte jeden Typs werden im Abschnitt über das höhere Bewußtsein und die emotionale Tugend beschrieben. Die Beschreibung von Aspekten der essentiellen, wesensmäßigen Natur des Menschen kann leicht mit Vorstellungen darüber verwechselt werden, wie es wäre, solche Eigenschaften so zu verkörpern, als ob das alltägliche, beobachtbare wahre Selbst lediglich eine Ausweitung des tieferen persönlichen Selbst wäre. Tatsache ist, daß Qualitäten des Wesenskerns verfügbar werden, wenn wir uns in einem veränderten, nicht vom denkenden und fühlenden Selbst gesteuerten Bewußtseinszustand befinden. Diese Eigenschaften haben mit unserem gewöhnlichen Bewußtsein wenig zu tun und sollten nicht auf die Formel »Wie verhält sich jemand, der entwickelt ist?« reduziert werden.

Der erste Schritt zur wirklichen Verkörperung einer wesensmäßigen Qualität besteht darin, den inneren Beobachter zu fördern; der zweite, viele Meditations-, Bewegungs- und Energieübungsebenen zu beherrschen; und der dritte, die Eigenschaften des Wesenskerns in eine reife Persönlichkeit zu integrieren.

Ich habe auch angegeben, was jedem Typ hilft, sich zu entfalten, spezielle Probleme, deren er sich in Phasen der Veränderung bewußt sein sollte, und die jeweiligen Sub- bzw. Untertypen.

Das gesamte Material wurde während der letzten zwölf Jahre anhand von Interviews mit Workshop-Teilnehmern gewonnen; das Buch ist daher eine Synthese der Geschichte von Tausenden von Lernenden, die an dieser Arbeit teilgenommen haben.

Jedes Kapitel enthält:

- Übersicht über das Dilemma,
- typische Familiengeschichte,
- Hauptthemen des Typs,
- Muster in intimen Beziehungen,
- Beziehung des Typs zur Autorität,
- Aufmerksamkeitsstil,
- intuitiver Stil,
- attraktive und unattraktive Umgebungen,
- berühmte Vertreter des Typs,
- die höhere Qualität des Bewußtseins,
- Tugend,
- Vorzüge,
- Sub- bzw. Untertypen
- was dem Typ hilft, sich zu entfalten,
- mögliche Reaktionen in Phasen der Veränderung.

6. Punkt Eins: der Perfektionist

	Erworbene Persönlichkeit	Wesenskern
Kopf	Haupteigenschaft: Groll	Höheres Bewußtsein: Perfektion
Herz	Leidenschaft: Zorn	Tugend: Gelassenheit
	Subtypen	
	Sexuell: Eifersucht	
	Sozial: Unangepaßtheit	
	Selbsterhaltung: Ängstlichkeit (Besorgtheit)	

Das Dilemma

Einser waren die braven Mädchen und Jungen. Sie lernten, sich gut zu betragen, Verantwortung zu übernehmen und vor allem in den Augen anderer korrekt zu sein. Sie erinnern sich, daß sie übermäßig kritisiert wurden, und lernten infolgedessen, sich streng zu überwachen, um Fehler zu vermeiden. Sie setzen ganz natürlich voraus, daß auch alle anderen sich bessern wollen, und sind von dem, was sie für einen Mangel im moralischen Charakter anderer halten, oft enttäuscht.

Das Bild des amerikanischen Puritaners der Einwanderungszeit illustriert die Weltsicht des Perfektionisten. Diese Leute arbeiteten hart, waren rechtschaffen, betont unabhängig und überzeugt, daß geradliniges Denken und Anständigkeit den Sieg über die Schattenseite der menschlichen Natur davontragen würden. Einser glauben, daß das Leben hart ist und Annehmlichkeiten verdient werden müssen, daß die Tugend ihren Lohn in sich trägt und Vergnügungen zurückgestellt werden sollten, bis alles andere getan ist.

Perfektionisten sind sich im allgemeinen nicht bewußt, daß sie sich Vergnügungen versagen. Sie sind so beschäftigt mit dem, was sie tun »sollten« und »was getan werden muß«, daß sie sich selten fragen, was sie vom Leben bekommen wollen. Da ihre natürlichen Wünsche verboten wurden, als sie klein waren, lernten sie, sie abzustellen und ihre Aufmerksamkeit auf das zu konzentrieren, was »richtig« war.

Es gibt immer etwas zu verbessern, und echt zwanghafte Einser verbringen einen Großteil ihrer Freizeit damit, sich selbst in einen besseren Menschen zu verwandeln. Wenn sie im Bus sitzen, um zur Arbeit zu fahren, machen sie Haltungsübungen; Mittagessen bedeutet zehnmal Kauen pro Biß, und Entspannung, etwas Konstruktives und Lehrreiches zu tun.

Einser sagen, daß sie mit jener Art von strengem innerem Kritiker leben, den die meisten von uns nur wahrnehmen, wenn ihnen ein größerer Fehltritt unterläuft. Einser erleben die richtende Stimme als Teil ihres eigenen Denkens, und obwohl sie wissen, daß die Stimme in ihnen selbst ihren Ursprung hat, kann sie so übermächtig sein, als käme sie von außen. Der innere Kritiker beurteilt fast alles, was die Eins denkt oder tut. Wenn sie zum Beispiel einen Vortrag hält, gibt der innere Kritiker ständig seinen Kommentar zur Leistung ab: »Diese Ansicht hättest du präziser darstellen können, du näselst, bleibe beim Thema.« Die der Kindheit entstammenden Angst vor Kritik hat Einser dazu veranlaßt, ein internes Überwachungssystem zu installieren, das Gedanken, Worte und Taten automatisch kontrolliert.

Perfektionisten assoziieren den strengen inneren Kritiker mit einem Teil von sich selbst, der höher bzw. besser als ihre gewöhnlichen Gedanken ist, und obwohl sie wissen, daß er ihrem eigenen Denken entspringt, lauschen sie dem rechthaberischen inneren Kommentar, als stamme er aus einer höheren Ebene der Existenz.

Sie sagen oft, daß ihre eigenen Gedanken sie verurteilen, wenn sie wütend sind oder sexuelle Gefühle haben; und wenn die innere Stimme sie besonders heftig tadelt, entwickeln sie einen tiefsitzenden Groll gegen jene Menschen, die ohne Gewissensbisse die Regeln zu brechen scheinen. Da sie die Ansprüche des inneren Kritikers nach Vortrefflichkeit zu erfüllen trachten, fühlen sie sich zum Gutsein gedrängt, während sie innerlich die verurteilen, die den Regeln nicht gehorchen.

Der innere Kritiker ist so in die Denkweise von Perfektionisten integriert, daß sie annehmen, auch jeder andere lebe mit einer Flut richtender Gedanken. Wenn andere sich lieber vergnügen, als korrekt zu sein, kann eine Eins nur glauben, daß sie die Regeln absichtlich unterlaufen.

Die Aufmerksamkeit von Perfektionisten konzentriert sich so auf das, was getan werden sollte oder muß, daß kein geistiger Raum mehr bleibt, damit ihre eigenen echten Wünsche ins Bewußtsein aufsteigen können. Sie sind daher voller Groll – ein Wort, das ein chronisches Gefühl der Verärgerung beschreibt. Groll läßt sich hier definieren als Ergebnis des Unterschieds zwischen vergessenen echten Wünschen und dem Zwang, hart zu arbeiten, um die Forderungen des geistigen Kritikers zufriedenzustellen.

Das Hinausschieben des Vergnügens vermittelt ein Gefühl der Korrektheit. Entspannung und Spaß werden in Betracht gezogen, wenn im Leben Ordnung herrscht und alle Verpflichtungen erfüllt sind. Die Zeit wird fahrplanmäßig eingeteilt und mit allen für ein vollkommen ausgewogenes Leben notwendigen Zutaten vollgestopft: Musikstunde, Sport, Besuch bei einem kranken Freund, Lektüre. Die Zeit wird von den Rubriken eines Terminkalenders regiert, einem feststehenden Verzeichnis von vielen »Man-sollte«-Aktivitäten, die effektiv die Freizeit beseitigen, in der tatsächliche Bedürfnisse hochkommen könnten.

Eine junge Perfektionistin beschrieb ihren Wunsch, zur Kunstschule zu gehen, so: »Ich wollte es so sehr, daß ich zwei Jahre bei den Vorbereitungen steckenblieb. Jeder Schritt der Entscheidung mußte so perfekt sein, daß ich nicht dazu kam, mich einzuschreiben. Zuerst mußte ich meinen Wunsch zu malen mit meinen politischen Überzeugungen in Einklang bringen, denn vom politischen Standpunkt aus betrachtete ich meine expressionistischen Neigungen als mir selbst gegenüber zu nachgiebig. Dann hatte ich meine Liebe zur Natur und dem Leben draußen gegen die Kunst als sitzende Beschäftigung abzuwägen und meine spirituellen Überzeugungen zu prüfen, die mich zu bestimmten künstlerischen Themen tendieren ließen. Mein ganzes Weltbild mußte umgestaltet werden, bevor ich die Zulassungspapiere ausfüllen konnte.«

Diese Kunststudentin mußte ihrem inneren Kritiker Rechenschaft ablegen, bevor sie sich auf ihre Aufregung, ihre Erwartungen und die Tatsache, daß Malen ihr Spaß machte, konzentrieren konnte. In der von puritanischem Gedankengut bestimmten Vergangenheit der Amerikaner waren Tänze und Spiele verboten, weil sie Vergnügen und Leidenschaft die Gelegenheit boten, sich über die Zensur des inneren Kritikers hinwegzusetzen.

Die Weltsicht des Perfektionisten resultiert aus der Annahme, daß es für jedes Problem eine endgültig richtige Lösung gibt. Einser haben sich dem einen richtigen Weg als Ausdruck ihres Charakters verschrieben, egal, wie attraktiv andere Wege auch sein mögen. Die Vorstellung, daß es viele richtige Wege geben kann oder das, was für den einen richtig ist, für einen anderen nicht gilt, vermittelt ihnen das Gefühl, als würden dem Chaos Tür und Tor geöffnet. Denn was soll das Böse davon abhalten, alles Gute zu zerstören, wenn den Menschen erlaubt wird, zu tun, was ihnen Spaß macht?

Einser verurteilen im allgemeinen vor allem Zorn und Sexualität, denn für diese Impulse wurden sie in der Kindheit bestraft. Meist wissen sie gar nicht, wann sie wütend sind. Selbst wenn sie den Kiefer anspannen und die Lippen schürzen, um ihre Kritik zurückzuhalten, bemerken sie nicht, daß sie sich ärgern – die Wahrnehmung eines »schlechten« Gefühls wird aus ihrem Bewußtsein einfach ausgeblendet. Eine Eins, die in einer Diskussion ein rotes Gesicht bekommt und aktiv kritisiert, ist sich vielleicht gar nicht bewußt, daß ihr Ärger durchdringt, und verläßt den Ort in dem Glauben, daß lediglich ein paar wichtige Punkte erörtert wurden.

Da Zorn als schlechtes Gefühl betrachtet wird, können Einser sich erst zu ihrem Groll bekennen, wenn sie absolut sicher sind, daß sie im Recht sind. Aber wenn sie sich einer Position erst einmal sicher sind, steht ihnen eine enorme physische Energie zur Verfügung. Der geistige Kritiker weicht zurück, und die Entladung der aufgestauten Wut vermittelt ein Gefühl der Befreiung. Reife Einser können diese Energie für sehr konstruktive Zwecke nutzen; oft kämpfen sie in der vordersten Front für humanitäre Angelegenheiten, denen sie selbstlos mit demselben vollen Einsatz dienen, wie andere für Geld oder persönlichen Ruhm arbeiten. Auch unreife Einser werden von einer lohnenden Sache angezogen, aber sie sehen in ihr eine Plattform, von der aus sie die »untugendhaften Missetaten« anderer anprangern können.

Einser leben in einem geteilten Haus. Im oberen Stockwerk lebt ein Kritiker, der sich der Gefühlsfluten, die den Keller des Hauses in periodischen Abständen überschwemmen, weitgehend unbewußt ist. Wenn die Flut der Leidenschaften schnell steigt, lenkt die Eins inakzeptable Gefühle um, indem sie sich auf die Vergehen anderer konzentriert oder sich so betrinkt oder mit Drogen vollstopft, daß der innere Kritiker einschläft. Durch übermäßigen Alkoholgenuß, episodische Wutanfälle oder Zeiten starker sexueller Aktivität befreien Einser sich von dem Druck, der sich aufgrund der uneingestandenen Bedürfnisse regelmäßig aufbaut. Das Bild des geteilten Hauses gilt auch für Perfektionisten, die zwischen dem geistigen Kritiker und der im Keller des Unbewußten eingeschlossenen Flut der Gefühle eine Falltür-Beziehung entwickeln. Falltür-Einser sind Menschen, die das Problem, in einem geteilten Haus zu leben, durch ein Doppelleben gelöst haben. Sie entwickeln zwei verschiedene Temperamente, eins für Orte, »an denen man mich kennt«, und eins für »weit weg«. Wo man sie kennt, sind sie verantwortungsbewußt und geachtet, aber in einer von Familie und Freunden entfernten Umgebung werden sie entspannter und lustbetonter. Die unschuldige Version der Falltür-Lösung besteht darin, die Ferien an einem Ort zu verbringen, an dem Anonymität herrscht und keine Verantwortung übernommen zu werden braucht; sie kann aber auch in so bizarren Kombinationen wie Bibliothekarin/Prostituierte oder Missionar/Dieb ausgelebt werden.

Die Spannung, in einem geteilten Haus zu leben, läßt sich jedoch auch durch Vergebung abbauen. Wenn ein Fehler zugegeben wird, weicht der innere Kritiker zurück, und Einser sehen ihre eigenen kleinen Sünden in einem verzeihenderen Licht. Aufgrund ihrer Kindheitserfahrungen erwarten sie beim Eingeständnis eines Fehlers Erniedrigung und Bestrafung, was aber einer wirklichen Vergebung widerspricht. Sobald Perfektionisten einen Fehler zugeben können, sind sie die geduldigsten und konstruktivsten Typen des Enneagramms, wenn es darum geht, ihn in Ordnung zu bringen. Sie sind auch fähig, sich über eine gut getane Arbeit mit einer Dankbarkeit zu freuen, die wie Engelschöre in ihrem Körper widerhallt. Das Gefühl der Vollkommenheit wird bereits durch ganz einfache Dinge ausgelöst: eine saubere Wohnung, einen gut gebauten Satz, einen Augenblick in einer Unterhaltung, in dem alles stimmt.

Hauptthemen

– Innere Maßstäbe der Korrektheit, die puritanisch anspruchsvoll werden können. Eine Flut selbstkritischer Gedanken.

- Ein zwanghaftes Bedürfnis, das zu tun, was korrekt erscheint.
- Das Richtige tun.
- Der Glaube an die eigene ethische und moralische Überlegenheit. Die etwa zehn Prozent besseren Menschen, die alles richtig machen.
- Die Schwierigkeit, echte, den Maßstäben der Korrektheit nicht entsprechenden Bedürfnisse zu erkennen.
- Das geistige Vergleichen mit anderen: »Bin ich besser oder schlechter als sie?« Empfindlichkeit gegenüber der Kritik von anderen: »Beurteilen sie mich?«
- Das durch die Angst, einen Fehler zu machen, bedingte Hinauszögern von Entscheidungen.
- Weltverbesserei. Verlagerung des durch unbefriedigte Bedürfnisse erzeugten Zorns auf scheinbar legitime äußere Ziele.
- Das Führen eines »Doppellebens«: das besorgte Selbst, das zu Hause lebt, und das spielerische, das weitab von zu Hause zum Vorschein kommt.
- Ein Aufmerksamkeitsstil, der auf die Verbesserung von Fehlern gerichtet ist, was zu zweierlei führen kann: einem ausgezeichneten Talent für Kritik und einem Hintergrundbewußtsein vom Vollkommenheitspotential jeder Situation, mit dem verglichen als Vordergrund-Wahrnehmung das Fehlerhafte hervorsticht (»Stell dir vor, wie vollkommen es sein könnte«).

Familiengeschichte

Einser berichten übereinstimmend, daß sie als Kinder hart kritisiert oder bestraft wurden und schließlich von dem Versuch besessen waren, gut zu sein, um keine Schwierigkeiten zu bekommen. Diese familiäre Situation scheint gehorsame Kinder zu produzieren, zwingt sie aber, ihr Verhalten zu kontrollieren, indem sie die kritische Stimme der Eltern verinnerlichen.

Von vielen wurde erwartet, daß sie frühzeitig Erwachsenenver-
antwortlichkeiten übernahmen, und oft wurden sie selbst zu
Eltern, um unreife Erwachsene in der Familie zu stabilisieren.

»Mein Vater wollte Schriftsteller sein, hatte aber statt dessen eine
Familie zu ernähren, und im Grunde haßte er sein Leben. Ich hatte
das Gefühl, daß er es an uns ausließ, daß er nicht seinem Traum
gefolgt war, und sich durch sein gegenwärtiges Leben gefangen
fühlte. Unsere Mutter war sehr oft krank, und von mir wurde
erwartet, daß ich mich um die jüngeren Kinder kümmerte. Es war
ein puritanischer Haushalt, in dem jeder auf Zehenspitzen ging,
um die Eltern nicht zu reizen, und in dem man sich immer fühlte,
als hätte man zuviel zu tun.

Ich erinnere mich an einen Sommer, in dem mir aufgetragen
wurde, im ganzen Haus die Wände abzuwaschen, und ich ertapp-
te mich dabei, wie ich mit einem zerfetzten Wohnzimmer-Vor-
hang in der Hand vom Fenster aus den spielenden Kindern zusah.
Ich war so wütend darüber gewesen, daß ich mich um jeden
kümmern mußte, daß ich einen schweren Vorhang aus den Haken
gerissen hatte, ohne überhaupt zu realisieren, wieviel Wut ich
innerlich mit mir herumtrug.«

Die Erwartungen waren hoch, Belohnungen gab es nicht. Die
Tugendhaftigkeit war ihre eigene Belohnung, weshalb Perfektionisten für Vergehen beschuldigt wurden, ohne für das Opfer, gut
zu sein, zu etwas Besonderem gemacht zu werden. Die Wandlung
zum vollkommenen Menschen erfordert viele Entbehrungen und
strenge innere Kontrolle. Die Freude an Belohnungen wurde
schließlich zugunsten der Freude an der Selbstkontrolle unterdrückt. Der sehr erfolgreiche, aber chronisch ängstliche Wirt-
schaftsprüfer, der in der folgenden Aussage zu Wort kommt,
beschreibt, wie er sein Vergnügen kontrollierte.

»Die ganze Schulzeit hindurch habe ich mich zum Lernen motiviert, indem ich mir selbst versprach, am Samstagmorgen Bas-
ketball zu spielen, wenn ich die Woche über gut arbeiten würde.

Der Samstag kam, und ich hatte alles erledigt, aber anstatt zum Spielen zu gehen, dachte ich: Okay, ich habe die Arbeit gemacht, und das war der eigentliche Zweck meines Versprechens; deshalb werde ich das Basketballspiel fallenlassen und statt dessen zwei Aufgaben machen, die ich vermieden habe. Wenn ich die beiden Aufgaben schaffe, dann gehe ich, sonst nicht. Auf diese Art und Weise brachte ich mich selbst dazu, mir mein Vergnügen zu verdienen, und selbst wenn ich es mir verdient hatte, gestand ich es mir nicht zu.«

Wenn Einser sich etwas vorenthalten, baut sich ein gefährlicher Druck auf, der sie veranlaßt, ihren Groll so zu äußern, daß er ihnen weiterhin verborgen bleibt. Ein Architekt beschreibt, wie er seine aufgestaute Aggression losließ: »Ich war zu Hause ein guter Junge und konnte keinen wirklichen Grund für meine Wut auf meine Eltern oder die Schule finden. Ich hatte einen geistig behinderten Bruder, der mich störte, den ich aber zu beschützen versuchte; auch meine Mutter galt als zerbrechlich und hatte schließlich tatsächlich einen Zusammenbruch. Ich dagegen war groß und gesund, und wegen jedem Spaß, den ich mir gönnte, vermittelte man mir Schuldgefühle. Meine Wut äußerte sich in Vandalismus, wobei ich nie wußte, daß ich überhaupt wütend war. Das Gefühl, daß ich etwas zerstören wollte, baute sich einfach in mir so auf, und es kam schließlich so weit, daß ich mir vorstellte, Fenster einzuschlagen und spät in der Nacht mit einem Vorschlaghammer zu irgendeinem verlassenen Gebäude zu gehen. Es war ein tolles Gefühl.«

Eine Vorliebe für »gerechten Zorn«

Viele Einser sind sich nicht bewußt, daß sie wütend sind. Ihr Kopf ist voll von messerscharf urteilenden Gedanken, die durch eine angespannte Körpersprache und die besserwisserische Kritik am

Verhalten anderer zum Ausdruck kommen, aber solange sie nicht kurz vor dem Explodieren stehen, glauben sie von sich selbst lediglich, daß sie sich »energetisch fühlen«, »ein bißchen verstimmt sind« oder »heute eine Menge geschafft haben«.

Wut wird mit Vorliebe durch eine gerechte Sache ausgedrückt, denn so braucht man sich keine Vorwürfe zu machen, daß man schlechte Gefühle hegt. Deshalb werden Einser auch von puritanischen Ansichten angezogen, die im Namen einer bedeutenden Sache ein sicheres Sprungbrett für »gerechten Zorn« zur Verfügung stellen.

Denn eigentlich fühlt es sich schrecklich an, wenn man sich dazu zwingt, gut zu sein, während die anderen diese Opfer und Mühen nicht beachten. Einser empfinden es als unfair, daß Ehrlichkeit und Anstrengung im Leben kaum belohnt werden. Weil ihre eigenen Wünsche in der Kindheit bestraft wurden, haben sie den Kontakt zu dem, was sie wirklich wollen, verloren, aber sie sind sehr sensibel für alles, was ihrer Meinung nach getan werden sollte. Auf Leute, die die Regeln brechen, können sie daher sehr wütend werden, aber sie werden es erst dann deutlich sagen, wenn sie überzeugt sind, daß sie recht haben. Der uneingestandene Zorn wird innerlich festgehalten, so daß ein legitimer Grund zur Klage sehr viel angestaute Wut freisetzt.

Eine scheinbar freundliche Kosmetikerin beispielsweise berichtet von ihrem Ärger mit dem Straßenverkehr: »Der Straßenverkehr ist für mich ein unglaubliches Ärgernis. Wenn jeder die Regeln befolgen würde, könnte ich damit leben, aber es gab Zeiten, in denen ich so in Rage war, daß ich zur Tat geschritten bin. Ich meine, daß wir alle im Straßenverkehr drinstecken, und wenn irgend jemand die Situation ausnutzt, müssen wir alle darunter leiden. Der Punkt, der bei mir das Faß zum Überlaufen bringt, ist gekommen, wenn ein Fahrer seitlich ausschert, die Ausfahrtspur benutzt und sich dann wieder in die Schlange einfädeln will, bevor er an der Reihe ist. Ich reagiere, indem ich selbst aus der Reihe ausschere und vor allen anderen das Auto an den Straßenrand dränge.«

Falltür-Befreiung

Zorn und Schmerz des Perfektionisten rühren daher, daß persönliche Bedürfnisse nicht erfüllt werden. Authentische Wünsche wurden unterdrückt und durch eine Liste mit vielen »Man-sollte«-Aktivitäten ersetzt. Die daraus resultierende Entbehrung erzeugt einen chronischen Ärger, der sich unter einem oberflächlich höflichen Verhalten ständig wieder aufheizt. Einser ärgern sich besonders über jene, die die Schattenseite der menschlichen Natur ausagieren, weil sie selbst die Existenz diesbezüglicher Wünsche niemals zugeben würden.

Einser leben, wie gesagt, in einem geteilten Haus. Ihre Aufmerksamkeit wird von dem geistigen Kritiker beherrscht, der das Bewußtsein inakzeptabler Gefühle ausblendet. Wenn echte Wünsche aus dem Unbewußten hochzukommen drohen, beginnt der Kritiker zu bestrafen, um die aufsteigende Wut abzublocken. Jeder kleine Fehler nimmt plötzlich eine überwältigende Bedeutung an. Die Aufmerksamkeit wird zwanghaft vom Fehler angezogen, der in Ordnung gebracht werden muß: »Du mußt das tun, er sollte das tun« etc. Jedes schöne Gesicht wird in der Vorstellung verunstaltet, jeder Raum hat eine Ecke mit Staubflocken, jeder wundervolle Sonnenuntergang irgendein Manko.

Gelegentlich finden Einser eine Möglichkeit, den Druck zwischen ihren Bedürfnissen und dem geistigen Kritiker auszugleichen, indem sie zwei Leben leben: ein sauberes öffentliches, in dem sie Regeln und Vorschriften folgen, und ein privates Leben, in dem verbotene Phantasien ausagiert werden.

»Als Kind in New York City hatte ich die Angewohnheit, in die verschiedenen Stadtviertel zu gehen und zu sehen, ob ich als

Italienerin, Jüdin oder – in Greenwich Village – als Künstlerin durchgehen konnte. Es gefiel mir, jemand anders zu sein, und weil es mir egal war, was die Leute von mir dachten, konnte ich es mir leisten, Dinge zu sagen, die ich zu Hause noch nicht einmal zu denken gewagt hätte.

Als ich zum erstenmal Europa besuchte, war dies wie eine Befreiung. Niemand kannte mich, meine Eltern waren weit weg, die Gebäude waren kleine Steinpaläste, und die Währung sah aus wie Monopoly-Geld.

Auf dieser Reise begann ich, verschiedene Charaktere zu spielen, genauso, wie ich es damals in New York gemacht hatte. Ich stieg ohne festes Ziel in den Zug und ließ einen meiner Charaktere von mir Besitz ergreifen, bis ich mich bereit fühlte, ihn zu spielen. Dann stieg ich in einer Stadt aus und verbrachte Tage damit, jemand anders zu sein. Die stärksten Rollen waren eine Angehörige des Jet-sets und eine Hure. Als Jet-setterin machte es mir viel Spaß, Leute zu treffen, mich in drei Sprachen zu unterhalten und über sämtliche Orte zu sprechen, die ich gesehen hatte. Als Hure fuhr ich herum, um Geld zu verdienen, trug hochhackige Stiefel und die aufreizendsten Klamotten, die ich finden konnte. Es reizte mich, unsichtbar zu sein, einfach an der Bar zu sitzen und dann die Hure von mir Besitz ergreifen zu lassen, ohne daß irgend jemand meinen Namen kannte.«

Perfektionismus

Einser sagen, daß es sehr schmerzlich ist, von anderen kritisiert zu werden, weil sie schon an der Last ihres eigenen Urteils tragen. Fast ebenso schwer ist es für sie, Komplimente zu machen, denn dadurch fühlen sie sich im Vergleich kleiner. Die Sorge um Korrektheit, die entwickelt wurde, als das Kind sich den Verhaltensmaßstäben der Erwachsenen verpflichtet fühlte, äußert sich in einer Vorliebe für angemessene Kleidung und Konversation, einer Aufmerksamkeit für Details, einem Recherchieren, das eine Angelegenheit bis zu ihren grundlegenden Elementen zurückverfolgt, und einer Tendenz, an dem, was andere als gute Arbeit bezeichnen würden, etwas auszusetzen zu haben. Aus der Sicht der Eins wird Lob durch intensive Selbstprüfung und die perfekte Ausführung jedes Schrittes verdient.

»Während meiner Collegezeit brachte ich mich als Anstreicher durch. Ich hatte mir den Tag komplett in Rubriken für das, was notwendig war, eingeteilt. Ich setzte mich ständig selbst unter Druck, um alles zu schaffen und alles richtig zu machen. Ich konnte nicht nach Hause gehen, ehe das Tagespensum nicht perfekt erledigt war. Während ich eine Wand zum drittenmal überstrich, ärgerte ich mich über einen Fehler an der Decke eines anderen Zimmers – und den Fehler, nicht rechtzeitig bei der Familie zu Hause sein zu können, und über die Tatsache, daß ich wertvolle Studienzeit verlor. Alles erschien mir notwendig. Selbst wenn ich die Wand richtig hinbekam, sprangen die verlorene Zeit für die Familie und die Rubrik Studium im Vergleich immer noch ins Auge.«

Wie können Einser finden, daß sie etwas richtig gemacht haben, wenn ihr eigenes Denken ihre beste Anstrengung an unerreichbaren Maßstäben der Vollkommenheit mißt? Der junge Anstreicher vergleicht eine gut gemachte Arbeit mit all den Tätigkeiten, die er fallenlassen mußte. Selbst wenn es ihm gelungen wäre, sie alle perfekt zu erledigen, hätte er wahrscheinlich mehr von sich verlangt.

Gelegentlich berichten Einser, der innere Kritiker habe sich in ihrem Denkprozeß so fest etabliert, daß sie ihre eigenen Gedanken auf inakzeptable Inhalte und Fehler hin überwachen.

»Ich hatte ein paar Jahre eine Beziehung zu einer Frau, die bei Christian Science[40] war. Diese Gemeinschaft besaß für mich besondere Anziehungskraft. Ich dachte, ich hätte einen Weg gefunden, unsere Liebe zu vergeistigen, indem ich den Inhalt meines Denkens kontrollierte. Ich wurde angetrieben, rein zu denken, und war sehr damit beschäftigt, meine Gedanken nach verborgenen Motiven zu durchleuchten. Ich wurde wie ein Lehrer, der ›Fleißkärtchen‹ verteilt: ›Das ist ein guter Gedanke, das ist ein schlechter Gedanke.‹ Ich konnte keine Bewegung machen, solange ich nicht meine Gedanken und die Motive hinter den Gedanken geprüft hatte. All meine Reaktionen gegenüber der Frau mußten ehrbar sein und hatten in der richtigen Zeit und am richtigen Ort zu erfolgen, und während unserer ganzen Beziehung überwachte ich meine Gedanken, damit meine Intentionen rein blieben.«

Die Beschäftigung mit dem Gutsein impliziert den Zwang, Schlechtsein zu vermeiden. Die Gewohnheit des jungen Mannes, seine Gedanken durch »bessere« Gedanken zu ersetzen, hinderte ihn in Wirklichkeit daran, zu entdecken, was er von dieser Beziehung eigentlich wollte. Durch seine Versuche, sich in der Beziehung korrekt zu verhalten, nahm er sich den geistigen Freiraum, der nötig gewesen wäre, damit seine wirklichen Gefühle hochkommen konnten.

Ein richtiger Weg

Für Menschen, deren Sicherheit in der Kindheit von einer rigiden Selbstkontrolle abhing, kann es erschreckend sein, echte Wünsche ins Bewußtsein aufsteigen zu lassen. Perfektionismus beruht auf der Annahme, daß es für jede Situation eine richtige Lösung gibt und daß, sobald der richtige Weg einmal gefunden ist, Menschen mit anderen Ansichten von sich aus das Licht der Vernunft erkennen und zustimmen werden. Einser sind schokkiert, wenn sie einsehen, daß andere die Auffassung vom einen korrekten Weg nicht akzeptieren; die Vorstellung vieler richtiger

Verfahren erscheint ihnen wie eine Einladung zur Anarchie. Es ist eine grundlegende Einsicht, wenn Einser realisieren, daß Menschen sich moralisch verhalten können, ohne von einem inneren Kritiker überwacht zu werden, und daß die Öffnung der Falltür für Emotionen und sexuelle Gefühle nicht unbedingt bedeutet, daß Menschen von der Begierde besessen oder durch übermäßigen Genuß verdorben sind.

»Jahrelang hielt ich meine Kritik zurück, weil ich Angst hatte, mir jemanden zu entfremden, der für mich wichtig war. Es fühlte sich völlig destruktiv an, die Fehler im Verhalten anderer herauszustellen; und ich wollte ihnen die Art von Kritik ersparen, mit der ich mich selbst bedachte. Schließlich dämmerte es mir, daß es etwas absolut Richtiges oder Falsches, das für jeden galt, nicht gab. Sobald ich die Vorstellung von etwas relativ Richtigem hatte, konnte ich sehen, wie alle sich bemühten, das Beste zu tun, das sie aufgrund ihrer unterschiedlichen Ansichten der Situation tun konnten; und dies schwächte mein Urteil über sie erheblich ab. Sobald ich die Situation aus der Sicht eines anderen beschreiben konnte, konnte ich so kritisch sein, wie ich wollte, weil die Leute erkannten, daß ich Dinge von ihrem Standpunkt aus sehen konnte, und daß das, was ich zu sagen hatte, zwar kritisch war, aber auch konstruktiv.«

Zögern und Besorgnis

Der Konflikt zwischen nicht erkannten Wünschen und dem Bedürfnis nach Korrektheit wird besonders deutlich, wenn es darum geht, Entscheidungen zu treffen. Denn entscheiden Einser sich für das, was sie unter Korrektheit verstehen, sind sie wütend, weil sie nicht bekommen, was sie eigentlich wollen; entscheiden sie sich für das, was sie wollen, haben sie Angst, einen Fehler zu machen.

Ihre Ängstlichkeit nimmt in dem Maße zu, in dem angenehme Ziele realisierbar werden. Sie fürchten, sich in den Augen anderer zu kompromittieren, ihre Arbeitsmoral zu verlieren und sich auf das Niveau des »Pöbels« herabzubegeben, worunter Einser Leute verstehen, die nehmen, was ihnen nicht zukommt und was sie nicht verdient haben. Die Besorgnis wird am stärksten, wenn sie die Verantwortung für eine Handlung übernehmen müssen, die andere vielleicht nicht billigen.

Wenn die Ängstlichkeit wächst, hören Einser gern implizite Kritik da, wo gar keine ist. Harmlose Unterhaltungen scheinen mit negativen Untertönen durchsetzt, und sie leiden unter dem falschen Glauben, daß andere sie insgeheim verurteilen. In solchen Zeiten, in denen Einser davon überzeugt sind, daß andere auf sie herabsehen, ist es für sie enorm hilfreich, die Realität zu überprüfen und die wahren Ansichten anderer zu eruieren.

Intime Beziehungen

Das stärkste Bedürfnis eines Perfektionisten besteht darin, sich trotz seiner Unvollkommenheit geliebt zu fühlen. In ihrer Vergangenheit wurde Liebe mit gutem Benehmen gleichgesetzt, weshalb Einser sich nicht liebenswert fühlen, wenn sie Unvollkommenes in sich selbst entdecken; sie können nur schwer glauben, daß ein Partner sie so liebt, wie sie sind, und gute und schlechte Charakterzüge akzeptiert.

Kleine Sünden werden um so mehr aufgebauscht, je mehr die Intimität zunimmt. Was ist, wenn ich wütend werde? Was, wenn sie meinen Geschmack nicht mag? Perfektionisten nehmen an, daß irgend etwas in ihrem Verhalten oder ihren Gewohnheiten den Partner sicher abstößt. Im Versuch, den Schatten versteckt zu halten, überwachen sie sich streng und nähern sich daher der Intimität mit einer gewissen Spannung. Dieser innere Spannungszustand wird durch die Überzeugung verstärkt, daß Vergnügen und Glück verdient werden müssen und der Partner vertrieben wird, wenn die vermeintliche eigene Verdorbenheit erst einmal ans Licht kommt.

Wenn die Spannung ein bedenkliches Niveau erreicht, werden Einser so empfindlich für Zurückweisung, daß sie aus Selbstverteidigung beginnen, den Partner zu beurteilen. Es kommt zu Konflikten, die durch die Überzeugung gespeist werden, daß der Partner schließlich sowieso vertrieben wird: »Warum das Ganze nicht gleich zu Ende bringen, bevor wir uns weiter miteinander einlassen?« Einser sind sich gewöhnlich weder bewußt, wie intensiv ihr Zorn ist, noch wie ihr unausgesprochenes Urteil sich anderen nonverbal mitteilt, noch daß die Intensität ihrer Kritik oft genauso verletzend ist wie die schlechte Nachricht selbst.

Einser suchen nach der perfekten Beziehung, weshalb es ihnen schwerfällt, zu akzeptieren, daß gute und schlechte Eigenschaften im selben Menschen nebeneinander existieren müssen. Sie möchten nur die Vortrefflichkeit sehen, die ein Partner in die Beziehung einbringt, und neigen dazu, ihn auf ein Podest zu stellen, ihm jede Charakterschwäche zu verzeihen und die Vermischung guter und schlechter Eigenschaften einfach nicht wahrzunehmen. Sobald sie das Gute in ihm erkannt haben, hoffen sie, seine weniger erwünschten Seiten ummodeln zu können. Sie berichten, daß die der Verteidigung dienende Mauer aus verurteilenden Gedanken für lange Zeit verschwindet, wenn sie verliebt sind.

Wenn Einser den Kontakt zu dem verlieren, was sie von der Beziehung wollen, oder sich bedroht oder eifersüchtig zu fühlen beginnen, kommt die Kritik an den Charakterfehlern des Partners wieder. Da sie ein Ventil für ihre angestauten Frustrationen brauchen, beginnen sie, die Handlungen des Partners zu überwachen, und starten wütende Versuche, ihn auf eine Aussage festzunageln und ihn zu zwingen, sich »richtig« zu verhalten.

Auf der Minusseite von intimen Beziehungen werden Einser

aktiv wütend und sind nicht mehr in der Lage, den Standpunkt des Partners als gut anzusehen, wenn sie ihn als unangenehm empfinden oder er klar eine Verhaltensregel bricht. Alte Beschwerden werden wieder hervorgekramt und so lange diskutiert, wie ein Ventil notwendig ist, um den aktuellen Ärger abzubauen. Auf der Plusseite reagieren Einser sehr positiv auf Menschen, die ihre Fehler zugeben können. Die Gewohnheit des Beurteilens anderer verliert sich, wenn Fehler eingestanden werden; Perfektionisten sind besonders loyal, wenn sie spüren, daß der Partner sich anstrengt und gute Absichten hat.

»Am meisten beschäftigt mich, was andere von mir denken. Wenn ich einem Menschen zum erstenmal begegne, fallen mir gleich seine herausragenden Eigenschaften auf. Ich halte ihn für unendlich witzig, gut informiert, gütig oder was immer. Solange ich ihn mag, finde ich es gut, daß er so ist. Aber wenn ich das Gefühl habe, mich verteidigen zu müssen, oder wenn es mir unangenehm wird, daß ich ihn im Vergleich zu mir so groß gemacht habe, beginne ich, ihn auseinanderzunehmen, damit wir wieder auf einer Ebene stehen.«

Beispiel einer Paarbeziehung:
die doppelte Einser-Beziehung, das perfektionistische Paar
Zwei Einser bilden oft ein Paar, weil sie in bezug auf den perfekten Lebensstil einer Meinung sind. Sie mögen die moralischen Grundsätze und die Arbeitskapazität des anderen und spüren den Unterschied zwischen reiner Geschicklichkeit und so grundlegenden menschlichen Qualitäten wie Redlichkeit und Anstrengung. Das Paar genießt die Befriedigungen eines praktischen und unabhängigen Lebens, in dem die körperliche Gesundheit, eine vernünftige Lebensweise und der Wert verdienter Leistung im Mittelpunkt stehen. Die Fähigkeit, diese grundlegenden Überlebenseigenschaften zu schätzen, verleiht der Beziehung außergewöhnliche Stabilität.

Wenn ein Partner sich seiner echten Wünsche nicht mehr sicher ist, baut unerkannte Frustration sich auf. Einser spüren ihre eigenen psychischen Bedürfnisse nur schwer auf, vor allem wenn diese mit ihren sehr hohen ethischen Maßstäben nicht übereinstimmen. In einer intimen Beziehung kann sich dies so äußern, daß Zorn unterdrückt wird, weil er »schlecht« ist, Gefühle der Eifersucht unter den Teppich gekehrt werden, weil sie unrecht sind, und über Dinge, die geändert werden müßten, einfach nicht gesprochen wird. Wenn auf diese Gefühle nicht eingegangen wird, wissen sogar sich selbst beobachtende Einser, daß sie vor lauter Wut mit Tellern werfen könnten – aber der eigentliche Vorfall, der sie wütend gemacht hat, kommt ihnen nicht in den Sinn.

Unachtsame Einser ärgern sich vielleicht ganz sichtbar, merken aber nicht, daß ihre Bemerkungen scharf und anklagend geworden sind. Es ist dann sehr hilfreich, wenn der Partner die Anzeichen des im anderen sich aufbauenden Zorns erkennt und eingreift, um den Ursprung der Frustration festzustellen. Es ist ein Zeichen der Intimität, wenn Einser die Hilfe eines anderen akzeptieren, um verdeckte Bedürfnisse zu erkennen. Da sie in der Kindheit bestraft wurden, wenn sie persönlichen Bedürfnissen nachgaben, empfinden sie es als Votum des Vertrauens, wenn jemand der Aufzählung ihrer Wünsche zuhört – und nicht nur der ihrer Aufgaben und Pflichten.

Wenn nicht erkannte Wut sich aufbaut, ziehen die Partner sich entweder aufgrund der unbehaglichen, schweigenden Übereinkunft, die Diskussion nicht zu eröffnen, voneinander zurück, oder einer der Partner beschließt, daß eine seit langem bestehende schlechte Gewohnheit des anderen zu tadeln ist, und zieht deshalb über ihn her. Der Zorn einer Eins kann erschreckend sein, denn er bricht aus wie ein Vulkan, und das steht dann im allgemeinen zur aktuellen Situation in keinem Verhältnis. Wie ein alter Groll, der nie weggeht, heizt die Wut sich auch nach einer Debatte unter der Oberfläche weiter auf, da eine legitime Beschwerde das notwendige Ventil für die Äußerung anderer frustrierter Bedürfnisse liefert. Solange diese nicht befriedigt sind, ärgert die Eins sich über die »Sünden der Welt« immer weiter und fährt in der Beziehung gegen den anderen schweres Geschütz auf – so lange, bis jeder Partner sicher ist, daß er nicht verlassen wird, weil er etwas will, das der andere verwerflich findet.

Wird Zorn in der Beziehung direkt ausgedrückt, weist dies auf Sicherheit hin, denn er wird als schlechtes Gefühl betrachtet und im allgemeinen zurückgehalten. Einser sagen, daß ihre Wut sie niedergeschlagen werden läßt, denn es bedeutet, daß sie die Kontrolle an ein negatives Gefühl verloren haben. Sie berichten auch, daß sie sich geliebt fühlen, wenn der Partner einen Wutanfall aushält und sich nicht zurückzieht. Sobald Zorn akzeptabel wird, kommen auch andere verbotene Impulse zum Ausdruck, Kreativität etwa und ein Verlangen nach Sex. Tatsächlich geht Offenheit für sexuelle Gefühle mit dem Erwachen schöpferischer Fähigkeiten einher: Wenn die Behinderung eines verbotenen Bereichs des Gefühlslebens aufgehoben wird, weicht der innere Kritiker zurück, und die gesamte Kraft des Unbewußten wird verfügbar.

Einser, die Zorn akzeptieren können, berichten oft, daß sie sich selbst dabei beobachten, wie sie wütend werden und im Kopf gegen den anderen Material sammeln. Weil bewußte Einser wissen, daß Konfliktstoff oft entsteht, wenn sie eigene Bedürfnisse vernachlässigt haben, können sie ihre Wut als Mahnung benutzen, um echte Wünsche aufzuspüren und zu befriedigen. Wenn sie dies tun, reduziert die Angelegenheit sich wieder auf ihre tatsächliche Bedeutung, anstatt die Aufmerksamkeit der Eins zwanghaft zu beherrschen.

Autoritätsbeziehungen

Perfektionisten suchen nach der endgültig wahren, kompetenten Autorität, und wenn sie sie fänden, würden sie Entscheidungen frohen Herzens an sie abtreten. Aufgrund ihrer Sorge um Korrektheit reagieren sie jedoch auf Fehler oder Ungerechtigkeiten der Verantwortlichen sehr empfindlich. Einser möchten, daß die Autorität Richtlinien festsetzt, damit sie genau wissen, was erwartet wird, und fühlen sich sicherer, wenn Verantwortlichkeiten klar zugeordnet sind. Wenn der Führer als fähig und fair wahrgenommen wird, sind Einser bereit, Verantwortung zu übernehmen. Wenn nicht, tendieren sie dazu, auf Nummer Sicher zu gehen und lieber möglichen Tadel weiterzugeben, als einen Fehler angelastet zu bekommen. Sie bauen Vertrauen in eine Organisation auf, indem sie Kritik üben, insbesondere an den Details und dem Verfahren. Diese kritischen Spitzen sollen die Situation klären und eindeutige Verantwortungsbereiche schaffen, äußern sich aber als unangenehme Detailkontrolle. Lob und volles Engagement werden zurückgehalten, bis kein Irrtum mehr möglich ist.

Sehr wichtig ist, daß die Regeln nicht willkürlich geändert werden. Einser funktionieren nach einem Regelkodex, und wenn das Verfahren verändert wird, haben sie das Gefühl, zur Zielscheibe der Kritik zu werden. Sie müssen das Leistungsniveau anderer respektieren, um gut zu funktionieren. Sie halten sich zurück, wenn sie sich gefährdet fühlen oder sich als erster zu einer risikoreichen Entscheidung äußern sollen. Aber wenn sie das Gefühl haben, daß auch andere sich verausgaben, oder wenn die richtige Sache sie inspiriert, arbeiten sie extrem hart.

Möglicherweise baut nicht erkannte Frustration sich auf, die für Mitarbeiter offensichtlich ist, nicht aber für die Eins. Wenn gute Leistungen von einem Verantwortlichen nicht erkannt werden, konzentrieren Einser sich auf einen legitimen, aber irrelevanten Fehlerbereich, um Dampf abzulassen.

Auf der Plusseite besitzen Einser gute organisatorische Fähigkeiten, und es kann ihnen wirklich Spaß machen, ihre Fertigkeiten am Arbeitsplatz zu entfalten. Sie können gegen jeden Widerstand eine Einzelgängerhaltung einnehmen, wenn sie von der Richtigkeit ihres Standpunkts überzeugt sind. Sobald sie sicher sind, daß sie recht haben, werden sie unbesiegbar, denn ihr innerer Kritiker weicht zurück, und sie kümmern sich nicht mehr darum, ob sie einen Fehler machen oder was andere Leute denken. Wenn sie einmal auf dem einen richtigen Weg sind, arbeiten sie unermüdlich, bis die Sache durchgezogen ist.

Auf der Minusseite haben sie Angst, der Autorität offen entgegenzutreten, denn sie fürchten Vergeltung und die Möglichkeit, daß ihr Urteil falsch ist. Sie sind anfällig dafür, der Autorität zu mißtrauen, hoffen jedoch, daß die Verantwortlichen gute Leistungen bemerken und verdiente Belohnungen bieten. Sie kritisieren, haben aber Schwierigkeiten, eine Lösung vorzuschlagen, weil ja immer das Risiko des Irrtums besteht. In Interaktionen, die viel Toleranz für Meinungsunterschiede erfordern, fühlen sie sich nicht wohl; sie ziehen eine berechenbare Struktur und Regeln vor.

Beispiel einer Autoritätsbeziehung:
Eins und Fünf, der Perfektionist und der Beobachter

Wenn die Fünf der Chef ist, wird sie ihre Aufsicht wahrscheinlich hinter geschlossenen Türen ausüben, als Entscheidungsträger fungieren und die Durchführung anderen überlassen. Fünfer können mit hohem Risiko verbundene Entscheidungen treffen, weil sie emotional nicht beteiligt sind, haben aber Schwierigkeiten mit den zur Ausführung dieser Entscheidung notwendigen Besprechungen und Konfrontationen. Sie schätzen Beziehungen zu Menschen, die Dinge in der Welt realisieren können; sie machen die Politik, und die Eins führt sie aus.

Beide Typen tendieren zur Kritiksucht, ein Charakterzug, der bei der Verbesserung einer Organisation einen großen Vorteil darstellt. Beide Typen verabscheuen es auch, von ungerechten hierarchischen Beziehungen beherrscht zu werden, und sorgen für eine größtmögliche Freiheit der Organisation von ungerechter Kontrolle.

Wenn die Eins der Chef ist, werden wichtige Entscheidungen wahrscheinlich hinausgeschoben, vor allem wenn das Risiko groß ist. Die Aufmerksamkeit verteilt sich auf sekundäre Aufgaben, die Zeit wird mit überkomplizierten Prozeduren ausgefüllt, und die Spannung steigt, wenn der Termin näher rückt. Die Fünf durchschaut diese unnötigen Komplikationen, fühlt sich durch die Überlastung mit Details ermüdet und widersteht jedem Versuch der Eins, Aufsicht oder Kontrolle auszuüben. Fünfer sind besonders mißtrauisch gegenüber Menschen, die eine Situation mit Hilfe von zornigen Äußerungen und Handlungen voranzutreiben versuchen. Zur Krise kommt es, wenn die ängstliche Eins vorprescht, um Kontrolle über die Situation zu gewinnen. Die Eins möchte Regeln und Zwischenberichte, während die Fünf sich in sich selbst zurückzieht, sehr wenig sagt und so unerreichbar wie möglich wird. Jeder versucht, die Situation zu kontrollieren, indem er Grenzen setzt: die Fünf, indem sie Kontakt und Produktion auf ein Mindestmaß reduziert, die Eins, indem sie ihre Kontrollen verstärkt und Rügen verteilt.

Die Situation könnte wesentlich entspannt werden, würde die Eins das Kontrollieren aufgeben und um Hilfe bitten. In einer Beraterrolle, in der sie nicht gedrängt wird, etwas zu produzieren, öffnet sich die Fünf. Hilfreich für die Eins wäre auch, wenn ein Außenstehender erkennt, wann nicht zugestandene Angst sich aufbaut, und diese legitimiert. Wenn Besorgnis zugegeben werden kann, ohne daß der Eins das Gefühl vermittelt wird, unrecht zu haben, verschwindet die Wut, die überkomplizierten Prozeduren vereinfachen sich, und die Prioritäten werden plötzlich klar.

Aufmerksamkeitsstil

Der Perfektionismus wird unterstützt von der Gewohnheit des Vergleichens, das heißt hier, Gedanken und Taten werden automatisch an einem idealen Maßstab der potentiellen Vollkommenheit einer Situation gemessen. Wenn eine Eins eine Entscheidung treffen soll, sieht ihr Inneres aus wie ein Gerichtssaal: Eine Meinung wird im Geiste »vor Gericht« gestellt, wo sie dann attackiert, verteidigt und schließlich auf ihre Korrektheit hin beurteilt wird.

»Ich sitze da und meditiere und merke sofort, wie laut der Kritiker in mir redet. Kaum habe ich einen kleinen Zipfel innerer Stille entdeckt, höre ich ihn: ›Nicht tief genug!‹ Oder: ›Letztes Mal war es besser!‹ Dann beginne ich mit der Stimme zu streiten: ›Sitz gerade!‹ sagt sie – oder: ›Du strengst dich nicht genug an.‹ Und ich: ›Ich bemühe mich doch!‹

Mein Verstand ist zwischen Angriff und Verteidigung gefangen, als ob ich in der Situation nichts zu sagen hätte, und ich kann nur den Stimmen in meinem Kopf zuhören, bis die eine oder die andere Seite gewinnt. Jeder ruhige Moment in der Meditation wird durch geistige Kommentare unterbrochen, bis ich mich schließlich glücklicherweise von meinen Gedanken lösen kann.«

Einser leiden auch unter der Gewohnheit, ihr eigenes Leistungsniveau mit dem anderer zu vergleichen. War diese Meditation produktiv? Werde ich besser, oder falle ich zurück? Das quälende Bedürfnis, die Fortschritte zu überprüfen, um sich beständiger Selbstverbesserung sicher zu sein, kann auch das Gefühl erzeugen, das gesteckte Ziel nie zu erreichen.

In der Meditationspraxis wird dieser Aufmerksamkeitsstil als beurteilender Verstand bezeichnet. Bis zu einem gewissen Grad beurteilen wir alle unseren Fortschritt an Idealmaßstäben, aber Einser vergleichen sich auch chronisch mit anderen Leuten. »Sie verdient mehr Geld als ich, aber ich habe einen gesellschaftlichen

Status. Sein Gesicht ist angenehm, aber mein Körper ist schöner.«
Das Vergleichen ist bei Einsern oft ein automatischer, nicht
erkannter Faktor bei der Wahrnehmung alltäglicher Ereignisse
und erzeugt viel Leid. Sie bemerken in jeder Situation sofort, was
richtig und was falsch ist, und weil sie der Ansicht vom einen
richtigen Weg anhängen, fühlen sie sich wie der Verlierer, wenn
jemand anders gewinnt.

Wenn sie mit einer Selbstbeobachtungspraxis beginnen, wird
ihnen – vielleicht zum erstenmal – klar, wie beherrschend die
geistige Gewohnheit des Vergleichens sein kann. Da ein solcher-
art urteilender Verstand zweifellos Leid hervorruft, sind Einser
stark motiviert, meditieren zu lernen, damit die urteilenden Gedanken verschwinden.

Sie können mit der Veränderung des perfektionistischen Aufmerksamkeitsstils beginnen, indem sie bemerken, wann sie im
Geiste Punkte zu vergeben beginnen. Jedesmal wenn die Aufmerksamkeit sich auf eine detaillierte Darstellung der Plus- und
Minuspunkte von jemand anders und das Gefühl verlagert, dieser
Jemand sei überlegen und der Perfektionist daher unterlegen,
bietet sich ihnen die Gelegenheit zu lernen, die Aufmerksamkeit
auf einen neutralen Bereich zu lenken.

Intuitiver Stil

Die Intuition von Perfektionisten ergibt sich aus ihrem Aufmerksamkeitsstil. Gewöhnlich bemerken sie in jeder Situation, was
falsch ist, was impliziert, daß sie sich auch bewußt sind, wie
perfekt die Situation sein könnte.

Sie erkennen die Möglichkeit zur Vollkommenheit in jeder Situation daran, daß die urteilenden Gedanken verschwinden und
ihr Körper »sich richtig anfühlt«. In Gegenwart einer endgültig
richtigen Lösung haben sie die körperliche Empfindung, loszu-

lassen und sich wohl zu fühlen. Bei Menschen, die gewohnheitsgemäß körperlich angespannt und geistig kritisch sind, ist das Gefühl des Loslassens beachtlich. Das körperliche Gefühl der Richtigkeit ist so eindeutig, daß das, was in der Situation falsch ist, einen grellen Kontrast dazu bildet. Wenn Einser spüren, wie vollkommen eine Situation sein könnte, gehen sie mit großem Eifer daran, Mängel aufzudecken. Sie sagen, daß sie als überkritisch empfunden werden, wenn sie den Kontakt zum grundsätzlichen Gefühl der Richtigkeit verlieren und besorgt damit beschäftigt sind, die vordergründigen Fehler zu bereinigen.

»Ich erlebe wunderbare Augenblicke im Lauf des Tages, ich nenne sie ›meine kurze Epiphanie‹, Zeiten, in denen ›alles paßt‹ und der Richter verschwindet. Dies kann eine so einfache Sache sein wie eine genau aufgehende Geschäftsbilanz – oder wenn ein Begriff genau paßt. Oder es ist ein jäher Einblick in die Natur, der meine Gedanken stoppt und mich glücklich macht. Es gibt keinen Fehler, alles ist an seinem richtigen Platz, und ein gutes Gefühl wird freigesetzt, das mehrere Stunden andauert. Ich kann auch die Richtigkeit einer Entscheidung in meinem Körper spüren. Ich kann wochenlang Schwierigkeiten haben, mich zu etwas durchzuringen, und schließlich weiß ich, was zu tun ist, weil mein Körper sich richtig anfühlt, obwohl in meinen Gedanken weiterhin Verwirrung herrscht.«

Attraktive und unattraktive Umgebungen

Zu den attraktiven Umgebungen gehören berufliche Betätigungsfelder, die Organisation und Akribie erfordern: Unterrichten, Buchhaltung, strukturelle Organisation und langfristiges Planen. Einser mögen Situationen, die auf Etikette, Protokoll und förmlichen gesellschaftlichen Verfahren beruhen. Sie sind Forscher, Grammatiker und Prediger. Sie finden sich in Religionen und

Glaubenssystemen, die eine strikte Einhaltung der Regeln erfordern. Religiöse Fundamentalisten, linientreue Linke, extreme Moralapostel. Sie tendieren zu Tätigkeiten, in denen Verfahren zum Gesetz erhoben werden, z. B. die des Schiedsrichters.

Zu den unattraktiven Umgebungen gehören Tätigkeiten, die das Risiko des Irrtums bei der Entscheidungsfindung oder ein hohes Maß an persönlicher Verantwortung bei strittigen Entscheidungen verlangen, Interaktionen, bei denen unterschiedliche Standpunkte akzeptiert werden müssen oder die sehr viel Toleranz für Meinungsunterschiede erfordern, Interaktionen, in denen Entscheidungen eher auf der Grundlage ständig sich verändernder oder partieller Informationen als auf der Basis klar festgelegter Richtlinien getroffen werden müssen.

Berühmte Einser

Zu den berühmten Einsern gehört Emily Post, die Chronistin der Etikette und des richtigen Benehmens. Ihr Leserkreis besteht aus Menschen, die attraktive Gewohnheiten kultivieren und in der Lage sind, ihren inneren Aufruhr hintanzustellen, um auf ihre Umgangsformen zu achten und beim Abendessen ein nettes Gesicht zu zeigen. Weitere Einser: Martin Luther, Ralph Waldo Emerson, George Bernard Shaw und Charles Dickens.

Perfektion als Qualität des höheren Bewußtseins

Einser leiden, weil sie gewohnheitsmäßig den tatsächlichen Zustand von Dingen damit vergleichen, »wie vollkommen sie sein könnten«. Sie sind sich ständig der Diskrepanz zwischen Ist- und Soll-Zustand bewußt und versuchen verzweifelt, die gewöhnliche Realität der Perfektion anzunähern. Die Welt erscheint schwarz oder weiß. Sie ist entweder vollkommen, oder sie hat einen fatalen Makel. Einser leiden, weil sie eine unveränderliche, dauerhafte Perfektion wollen; für sie können reizende Kinder beispielsweise plötzlich unausstehlich werden, weil sie hinausrennen und im Matsch spielen …

Wirkliche Vollkommenheit besteht aus dem Gleichgewicht zwischen positiven und negativen Elementen, die sich in jedem Moment harmonisch verbinden. Die Einsicht, daß die Bedingungen der Vollkommenheit sich von Augenblick zu Augenblick ändern, ist für die auf den einen einzigen »richtigen« Weg fixierten Perfektionisten ein grundlegender Schritt. Jedes perfekte Ergebnis beruht auf Entwicklungsstadien, die, im nachhinein betrachtet, durch falsche Entscheidungen und ein schlechtes Timing gekennzeichnet waren. Für Einser ist es daher von enormem Nutzen, zu sehen, daß scheinbar fürchterliche Fehler zu einem letztlich korrekten Ergebnis führen und man verantwortlich handelt, wenn man im Rahmen seiner Möglichkeiten stets das Beste zu tun bestrebt ist.

Die Vorstellung, daß Experimente und Fehler ein notwendiger Bestandteil des Pfads zur Vollkommenheit sind, unterminiert die Grundfesten der perfektionistischen Weltsicht. Das Zulassen von Irrtümern oder, noch schlimmer, von unterschiedlichen Standpunkten erscheint wie eine Einladung zum Chaos. Von Kindheit an haben Einser sich mit der Annahme abgemüht, daß richtiges Denken und harte Arbeit zu einer gerechten Belohnung führen und das Böse erkannt und bestraft wird. Die Tatsache, daß harte Arbeit zu mehr harter Arbeit führt, scheint nicht nur ungerecht, sondern zeigt auch, daß andere Menschen eher für angenehme Lebensziele arbeiten, als die repressiven Anforderungen eines strengen inneren Kritikers zu befriedigen. Für eine Eins ist es ein Quantensprung im persönlichen Wachstum, wenn sie sagen kann: »Was für dich richtig ist, ist für mich vielleicht nicht richtig.«

Einser berichten gewöhnlich von einem Schock, wenn sie sehen müssen, daß Tugend und gutes Benehmen nicht notwendig zu Belohnung und Anerkennung führen. Das Aufgeben der Auffassung vom einen richtigen Weg macht soviel Angst, weil Einser es mit dem Verlust der letzten Verteidigungsbastion gegen die unbewußten Kräfte der Begierde und des Hasses gleichsetzen.

Die Tugend der Gelassenheit

Einser sagen von sich selbst, sie seien voll mit Energie, die nicht heraus kann. Sie sagen, daß ihr Groll sich wie Feuerwellen anfühlt, die durch ihren Körper rasen und in der Kehle steckenbleiben, und verwenden Bilder wie »eine Flasche, die geschüttelt worden ist und ihren Korken loswerden will« oder »mit einem Schrei erfüllt, den ich nicht herauslassen kann«. Je mehr echte Gefühle der innere Kritiker verurteilt, desto mehr Energie baut sich im Körper auf und sucht einen Ausweg. Mit einem Korken verschlossener, in Flaschen gefüllter Ärger ist eine Möglichkeit, das Dilemma bildlich zu beschreiben, weil Einser körperlich starr vor Energie sein können, während sie, Kehle oder Kinn anspannend, unfähig sind, zu sprechen, um Hilfe zu bitten oder den Wutschrei herauszulassen.

In Meditation und Therapie besteht die Aufgabe für Einser offensichtlich darin, zu lernen, daß die übertriebene Bedeutung der sogenannten negativen Gefühle verfliegt, wenn sie akzeptiert werden. Einser berichten, daß beurteilende Gedanken und eine Welle durch den Körper strömenden Grolls, dessen Ursache unbekannt bleibt, ihnen anzeigen, daß irgendein echter Impuls aus dem Bewußtsein ausgeblendet wird.

Gelassenheit ist eigentlich der automatische Nebeneffekt des Zulassens *aller* Gefühlsimpulse im Bewußtsein, das heißt, ohne daß die negativen umgelenkt werden. Jeder Augenblick ist im

Gleichgewicht, wenn das Wechselspiel aller positiven und negativen Gefühle sich ohne Behinderung durch das denkende Selbst durch den Körper bewegen kann.

Wenn Einser sich erlauben, wütend zu werden, steht ihnen eine enorme Energie zur Verfügung, die gewöhnlich im Körper festsitzt. Durch die Entladung der Spannung fühlen sie sich vorübergehend voller Energie und frei, alles zu empfinden, was ihnen in den Sinn kommt, ohne stets zu urteilen. Sie haben den Zorn ausgedrückt und überlebt und genießen eine Zeitlang die Gelassenheit, ungehindert Gefühle hochkommen und vorüberziehen zu lassen, ohne irgend etwas abzublocken.

Vorzüge

Einser widmen sich lohnenden Angelegenheiten. Wenn sie einmal von der Richtigkeit einer Sache oder den guten Absichten der an ihr Beteiligten überzeugt sind, arbeiten sie für den Lohn der Zufriedenheit in einem gut gemachten Job so, wie andere für Sicherheit und Macht arbeiten. Das neurotische Bedürfnis zu perfektionieren, das sich möglicherweise als unangenehme und selbstgerechte Weltverbesserei äußert, kann auch zur eigenen Vervollkommnung benutzt werden.

Da Einser die Welt gern zu einem besseren Ort machen möchten, sind sie engagierte Lehrer. Als Verfechter der Vollkommenheit möchten sie auch andere lehren, nur das Beste zu schätzen. Eifrig erklären, erforschen und übermittel sie präzise Informationen und sind sich sicher, daß die richtigen Informationen das Leben von Menschen grundlegend ändern können.

Sie arbeiten nicht mit, wenn ihre Normen gefährdet sind, und je nachdem, welchen Maßstab sie übernommen haben, sind sie an prominenter Stelle in den Programmen der radikalen Linken oder der extremen Rechten zu finden.

Die Kritiksucht von Perfektionisten wird entschärft, wenn die von ihr Betroffenen Fehler zugeben können oder eindeutig benachteiligt sind. Einser sind sehr geduldig mit Menschen, die sich anstrengen, aber schuldlos gehandikapt sind oder ohne Aussicht auf Erfolg kämpfen. Auch Menschen, die einen Fehler eingestehen können und sich um Selbsthilfe bemühen, genießen ihr Wohlwollen.

Subtypen

Wie Punkt Neun ist die Eins in den »Schlaf der Selbstvergessenheit« gefallen. Die Neun hat ihre echten Wünsche vergessen, weil sie zwanghaft damit beschäftigt ist, den Ansichten anderer zu entsprechen. Die Eins hat sich selbst vergessen, indem sie echte Wünsche durch die zwanghafte Beschäftigung mit dem Richtigen ersetzt hat. Die zur Aufrechterhaltung der Korrektheit notwendige strenge Selbstüberwachung erzeugt eine Spaltung zwischen geleugneten persönlichen Wünschen und dem Bedürfnis, das Richtige zu tun, um den persönlichen Wert darzustellen.

Eifersucht, Unangepaßtheit und Besorgnis entwickeln sich aus der Spannung zwischen vergessenen Wünschen und dem Bedürfnis, richtig zu handeln. Die Worte beschreiben quälende innere Beschäftigungen, die von Einsern als Hinweis auf einen möglichen Konflikt zwischen ihren eigentlichen Wünschen und ihren Vorstellungen von Richtigkeit benutzt werden können.

Eifersucht (Leidenschaftlichkeit) in Zweierbeziehungen

Die Eifersucht äußert sich, indem die Aktionen des Partners überwacht und alles, was zwischen das Selbst und den Partner tritt, kritisch beurteilt wird.

»Es ist eine Explosion im Körper und ein verrücktes Bedürfnis, mit meiner Partnerin klar Schiff zu machen. Was wird sie tun?

Wen wird sie wählen? An dem Punkt gerät mein Verstand außer Kontrolle. Was hat er, was mir fehlt? Es geht immer so weiter – er bekommt einen Punkt, ich bin unten; ich bekomme einen Punkt, ich bin oben. Ich habe eine Mordswut und verurteile mich gleichzeitig, so wütend zu sein. Es wäre falsch, sie an ihm auszulassen, und ich kann sie nicht ausagieren, weil ich innerlich sterbe.«

Unangepaßtheit in sozialen Beziehungen

Unangepaßtheit entsteht durch die Verwirrung zwischen persönlichen Wünschen und dem Bedürfnis, sich starr einer korrekten sozialen Position anzupassen.

»Ich bin ein Abtrünniger eines religiösen Ordens. Nach fünf Jahren bin ich mir immer noch nicht sicher, ob ich die endgültigen Gelübde ablegen soll. Ich habe keine Schwierigkeiten mit den religiösen Ansichten, aber ich bin kritisch hinsichtlich der internen Hierarchie und bestimmten Ansichten zur Weltpolitik. Andere Männer scheinen mit diesen Diskrepanzen zurechtzukommen, ohne ihre Beziehung zum Orden in Frage zu stellen, aber für mich fühlt es sich an, als wäre ich ein Heuchler, auch wenn ich nur mit kleinen Verfahrensfragen nicht einverstanden bin.«

Ängstlichkeit im Bereich der Selbsterhaltung

Einser sorgen sich darum, nicht perfekt zu sein, das Überleben nicht zu verdienen, und insbesondere darum, einen Fehler zu machen, der das Überleben gefährdet.

»Es ist eine nagende Stimme, die beim Gedanken an das, was alles schiefgehen könnte, oder was andere Leute von mir denken könnten, ständig die Hände ringt. Sie kann bei den Kleinigkeiten des Lebens genauso penetrant sein, wie wenn wirklich ein Anlaß zur Besorgnis da wäre. Schwerpunkte sind Geld und Überlebensfragen; ich habe über zwanzig Jahre als Subunternehmer gearbeitet, manchmal mit viel Geld im Rücken, manchmal auf reine

Spekulation hin. Die nagende Besorgnis wegen der Finanzen ist genauso penetrant, wenn ausreichend Kapital da ist, um das Projekt durchzuziehen.«

Was Einsern hilft, sich zu entfalten

Einser haben oft Schwierigkeiten, eine Therapie anzufangen, weil sie damit eingestehen, daß etwas nicht stimmt, und vermeiden zuweilen Meditationspraktiken, weil sie Angst haben, in einem veränderten Bewußtseinszustand die Kontrolle zu verlieren. Die typischen Gründe, aus denen sie Hilfe suchen, sind Angstanfälle, der Mißbrauch von Alkohol, Drogen, Tabletten und Eßstörungen, um dem inneren Kritiker zu entgehen, oder eine körperliche Störung, die ihren Ursprung in der psychischen Spannung hat. Das vordergründige Problem ist gewöhnlich eine Tarnung für die echten Gefühle. Einser können sich selbst helfen, indem sie:

– nicht in zwanghaftes Handeln verfallen, nicht zuviel Verantwortlichkeiten übernehmen, wodurch tatsächliche Prioritäten vermieden werden,

– die Strenge ihrer inneren Maßstäbe verändern, die Regeln in Frage stellen,

– eine Einsicht nicht in einen Angriff auf sich selbst verwandeln (»Wie konnte ich meinen eigenen Fehlern gegenüber so blind sein?«),

– eine Realitätsprüfung vornehmen, vermeintliche Urteile anderer mit den Betreffenden abklären, wenn Besorgnis hochkommt, Sachinformationen sammeln, um unnötige Angst auszuschalten,

– sehen, wann die eigene Auffassung vom einen »richtigen« Weg beginnt, die Chancen für einen Kompromiß oder andere Entscheidungen zu begrenzen,

- den Verdiensten und der Folgerichtigkeit der Wertsysteme anderer Menschen Aufmerksamkeit schenken,
- lernen, um Vergnügen zu bitten und es zu erhalten,
- lernen, den Unterschied zwischen dem, was vermeintlich getan werden »sollte«, und dem, was wirklich wünschenswert ist, herauszufinden,
- das Bewußtsein der Wut auf andere, die »mit einer Masche durchkommen«, als Hinweis darauf benutzen, daß diese »Masche« auch positive Aspekte hat,
- den nicht erkannten Zorn spüren, merken, wann sie ein glückliches Gesicht aufsetzen, während sie innerlich wütend sind, höfliche Worte formulieren, aber eine kritisierende Schärfe in der Stimme haben, ein Lächeln zeigen, aber auch einen starren Körper,
- lernen, sich Schattenseitengefühle vorzustellen,
- die Vorstellungskraft einsetzen, um Zorn zu kanalisieren, sich das Schlimmste für einen Feind vorstellen, bis die Wut vergeht.

Mögliche Reaktionen in Phasen der Veränderung

Zorn und Urteile über sich selbst oder andere entstehen, weil persönliche Bedürfnisse nicht erfüllt werden. Einser sollten sich bemühen, echte Bedürfnisse zu erkennen und ihnen gemäß zu handeln; während der Veränderung können die folgenden Reaktionen auftreten:
- das Gefühl von zwei Ichs, einem spielerischen und einem strafenden,
- Verblassen persönlicher Wünsche,
- Angst, ein Bewußtsein des eigenen Zorns zu entwickeln (»Ich versuche, andere vor meinem Zorn zu schützen«),
- Verplanung von Zeit, so daß fürs Vergnügen keine mehr übrig bleibt,

- Zögern, einfache Prozeduren verkomplizieren, damit die endgültige Fertigstellung hinausgeschoben wird,
- Anwachsen des Drucks der unbewußten Wünsche, die ein Ventil suchen, dadurch Zunahme des verlagerten Zorns,
- das Bedürfnis, an der Umgebung herumzunörgeln,
- das Bedürfnis, ein Projekt von Anfang an zu wiederholen, weil ein Fehler gefunden wurde, Unfähigkeit zum Kompromiß, das ganze Haus abreißen, weil die Treppe sich an der falschen Stelle befindet,
- eine Zunahme des Bedürfnisses, andere zu tadeln, um die intensive Selbstkritik auszugleichen,
- Starrheit der Aufmerksamkeit: viel Aufmerksamkeit für einen Bereich des Lebens, der der Verbesserung bedarf, und keine Aufmerksamkeit für andere Bereiche, die am Auseinanderbrechen sind, Abtrennung und Vergessen von Konfliktbereichen,
- Intoleranz gegenüber verschiedenartigen Standpunkten.

7. Punkt Zwei: der Geber

	Erworbene Persönlichkeit	Wesenskern
Kopf	Haupteigenschaft:	Höheres Bewußtsein: Wille
	Schmeichelei	(Freiheit)
Herz	Leidenschaft: Stolz	Tugend: Demut

Subtypen
Sexuell: Aggression/Verführung
Sozial: Ehrgeiz
Selbsterhaltung: Ich zuerst (Privileg)

Das Dilemma

Zweier gehen auf Menschen zu, als suchten sie eine Antwort auf die innere Frage: »Werde ich gemocht?«. Sie haben ein ausgeprägtes Bedürfnis nach Zuneigung und Bestätigung; sie möchten geliebt und beschützt werden und das Gefühl haben, im Leben anderer wichtig zu sein. Als Kinder bekamen sie Liebe und Sicherheit, wenn sie die Bedürfnisse anderer erfüllten. Als ein Ergebnis ihres Verlangens nach Bestätigung entwickelten sie ein feines persönliches Gespür, um Stimmungen und Präferenzen anderer zu entdecken.

Geber sagen, daß sie ihre Gefühle den Interessen anderer anpassen und sich dadurch ihre Beliebtheit sichern. Wenn sie die benötigte Bestätigung nicht bekommen, kann die Gewohnheit des Anpassens so zwanghaft werden, daß sie ihre eigenen Bedürfnisse vergessen und anderen schmeicheln, um Liebe zu erkaufen.

Weil Geber in dem Glauben aufwuchsen, das Überleben hänge von der Bestätigung durch andere ab, bilden Beziehungen den wichtigsten Bereich ihrer Existenz. Sie berichten, daß sie sich selbst unabsichtlich verändern, um dem gerecht zu werden, was andere für wünschenswert halten. Sie sagen, sie wissen, wie sie sich darstellen müssen, um geliebt zu werden, und dies werde beschwerlich, weil sie eine mögliche Ablehnung vermeiden, indem sie den Leuten geben, was sie wollen. Die Gewohnheit, sich zu ändern, um zu gefallen, erzeugt bei anderen oft das Gefühl, zum Narren gehalten zu werden, weil ihnen nur das gezeigt wurde, was sie sehen wollten.

Zweier erleben sich selbst, als seien sie viele Selbst-Formen, als könnten sie sich ändern, um sich den Bedürfnissen wichtiger Menschen in ihrem Leben anzupassen. Zwischen den verschiedenen Selbst-Formen kann erhebliche Verwirrung entstehen, das Gefühl: »Welches ist das richtige Ich?« und »Kennst du mich wirklich, wenn ich dir nur eins meiner Gesichter gezeigt habe?« Zweier sind besonders anfällig dafür, sich mächtigen Leuten zu überantworten, und beschreiben oft das Gefühl, die persönliche Identität zu verlieren und so zu werden, wie es einem Partner am besten gefällt. Ganze Lebens- und Interessenbereiche einer Zwei können verlorengehen, wenn ihre Aufmerksamkeit sich auf die Aspekte des Selbst verlagert, die mit den Wünschen des Partners am ehesten zu vereinbaren sind.

In den frühen Phasen einer Beziehung lebt die Zwei jene Aspekte von sich selbst aus, die den Bedürfnissen des Partners schmeicheln. Später dominiert das Gefühl, vom Willen des Partners kontrolliert zu sein, und ein überwältigendes Verlangen nach Freiheit. Wenn eine Beziehung reift und die in der Werbungsphase vergessenen Aspekte des Selbst sich zu zeigen beginnen, kommt es oft zu hysterischen Wutausbrüchen, weil zwischen der Gewohnheit, sich so darzustellen, daß man für einen Partner unwiderstehlich wird, und dem Verlangen, nach eigenem Gusto zu handeln, ein Konflikt besteht. Weil Geber ihre eigenen Bedürfnisse unterdrückt haben, um anderen zu gefallen, neigen sie dazu, sich dem Partner oder mächtigen Menschen unentbehrlich zu machen, damit die vergessenen Bedürfnisse doch noch erfüllt werden. Das Bündnis mit der Macht garantiert das persönliche Überleben und erlaubt gleichzeitig, die Pose des Gebers beizubehalten. Zweier befriedigen ihre Wünsche, indem sie die Liebe von Menschen gewinnen, die diese Wünsche realisieren können, und kontrollieren eine Partnerschaft nicht durch Gewalt oder offenen Zwang, sondern durch Hilfsbereitschaft. Wenn sie ihr Ziel nicht erreichen, klagen sie, weil Geben und Bekommen nicht im Gleichgewicht sind. Das Klagen soll anderen auch klarmachen, wieviel sie ihrem Helfer schulden.

Zweier glauben, daß ihre Umwelt ein spezielles Verständnis von ihnen erwartet und Familie und Freunde von ihrer Hilfe abhängig sind. Wenn ihre Bemühungen nicht anerkannt werden oder die Bestätigung ausbleibt, fühlen Zweier sich nutzlos; sie meinen, ihr Wert hinge davon ab, wie sie in den Augen anderer dastehen. Ein bißchen Schulterklopfen dagegen bläht ihre Bedeutung auf: »Ohne mich hätten sie es nie geschafft.« Der verächtliche Blick eines wichtigen Menschen ruft das quälende Gefühl hervor, eine Null zu sein. »Ich muß diesen Menschen dazu bringen, mich wieder zu mögen.« Dies ist der Typ des Helfers und Beraters. Wenn der Zwei trotz ihrer ausgezeichneten Unterstützung keine besondere Aufmerksamkeit zuteil wird, verschwindet sie hinter den Kulissen und wird zum Drahtzieher, zur Macht hinter dem Thron.

Hauptthemen

– Suche nach Anerkennung, Vermeiden von Ablehnung.
– Stolz auf die eigene Bedeutung in Beziehungen. »Ohne mich würden sie nie zurechtkommen.«

- Stolz darauf, den Bedürfnissen anderer gerecht zu werden. »Ich brauche niemanden, aber sie brauchen mich alle.«
- Verwirrung zwischen den vielen Selbst-Formen, die sich entwickeln, um die Bedürfnisse anderer zu befriedigen. »Jeder Freund von mir bringt einen anderen Teil von mir zum Vorschein.« Und: »Welches Selbst ist authentisch?«
- Verwirrung in bezug auf das Erkennen persönlicher Bedürfnisse. »Ich kann werden, was du willst, aber was fühle ich wirklich für dich?«
- Sexuelle Aufmerksamkeit gilt als Garantie für Anerkennung. »Ich will nicht mir dir schlafen, aber ich möchte wissen, ob du es willst.«
- Romantische Bindung an den »großen Mann«, »die inspirierte Frau«.
- Das Ringen um persönliche Freiheit. Sich durch die Bedürfnisse anderer kontrolliert fühlen.
- Hysterie und Zorn, wenn auftauchende echte Bedürfnisse mit den vielen Selbst-Formen kollidieren, die entwickelt wurden, um anderen zu gefallen.
- Die Aufmerksamkeit ist darauf ausgerichtet, sich zu ändern, um den Bedürfnissen anderer zu entsprechen; dies kann zu starker Verbundenheit mit den Gefühlen anderer oder einer manipulativen Anpassung an die Wünsche anderer führen, um sich ihre Liebe zu sichern.

Familiengeschichte

Zweier waren die Kinder, die geliebt wurden, weil sie gefällig waren. Sie erkannten schnell, welche ihrer Eigenschaften für die verschiedenen Erwachsenen in ihrem Leben anziehend waren, und lernten, deren Bedürfnisse zufriedenzustellen und den Strom der Zuneigung in Gang zu halten.

»Mein Vater hielt sich immer auf Distanz, und es war schwer, an ihn heranzukommen; es gelang keinem meiner Brüder und Schwestern, und das machte es erst richtig aufregend, seine Aufmerksamkeit zu erringen. Ich fühlte mich wie ein Barometer, das immer spürte, was gerade mit ihm los war. Wenn ich nach Hause kam, ging ich in sein Arbeitszimmer, und ich erinnere mich, daß ich an der Tür zögerte, bis ich spüren konnte, in was für einer Stimmung er war, und dann wußte ich genau, wie ich an diesem Abend sein mußte.

Ich stellte mir gewissermaßen vor, welcher meiner Charaktere ich an diesem Abend sein sollte, und ich versetzte mich in den Charakter hinein, der passend schien und ihm gefiel. In einer Therapie Jahre später habe ich all diesen Rollen Namen gegeben, und ich erinnerte mich auch an die Gefühle, die mit jeder Rolle verbunden waren.

Am besten gefiel mir die Prinzessin. Sie war sehr süß, und als Prinzessin erzählte ich ihm all die Dinge, die ich tagsüber getan hatte, während er bei der Arbeit war. Manchmal tat ich auch in der Schule so, als wäre ich die Prinzessin, und dann konnte ich ganz mutig meine Meinung sagen, weil ich mich wie eine Königstochter fühlte, und ich repräsentierte ihn.«

Ein anderes übliches Szenario wird von Zweiern berichtet, die für die Bedürfnisse anderer empfänglich wurden, weil sie ihre Eltern emotional unterstützen mußten.

»Ich war ein hilfsbereites Kind und glaubte, daß meine Familie im Grunde unfähig war und eine Menge Unterstützung brauchte. Indem ich mich um meine Eltern kümmerte, machte ich sie stark genug, daß sie sich um mich kümmern konnten. Ich brachte sie dazu, den Sonntagsgottesdienst zu besuchen, denn ich dachte, das würde ihnen Kraft geben, und dabei wußte ich, daß ich in der Sonntagsschule der Liebling Jesu war, weil ich sie zum Glauben brachte.

Als Erwachsene wiederholte sich das Muster, daß ich mich einem

Mann überantwortete, und indem ich ihm diente, brachte ich ihn dazu, mir zu dienen. Ich ging arbeiten und gab ihm das Geld für unseren Unterhalt, damit er für mich bezahlen konnte. Wenn ich daran dachte, daß ich ja in Wirklichkeit für mich selbst aufkam, hatte ich das Gefühl, nicht geliebt zu werden, weil er sich nicht um mich kümmerte.«

Eine andere typische Kindheit wird von Zweiern beschrieben, die die manipulativen Möglichkeiten des Unentbehrlichseins und Geliebtwerdens erkannten und ihre verführerischen Fähigkeiten benutzten, um das, was sie brauchten, aus anderen herauszuholen. »Ich war in einer richtigen Dreieckssituation. Mein Vater war großzügig und sehr lustig, und meine Mutter stand im Weg. Deswegen stellte ich sie immer voran und mich hintan, und weil ich mit ihr Frieden hielt, konnte ich von ihm alles bekommen, was ich wollte. Auf einer nichtkörperlichen Ebene war das sehr verführerisch. Wir hatten immer diese intensive Verbindung. Er wollte Kontrolle, und deshalb schmeichelte ich ihm entweder, indem ich nett war und schöntat, oder ich gehorchte ihm einfach nicht. Ich war ungehorsam, nicht weil ich tatsächlich mit dem falschen Freund ausging oder zu spät nach Hause kam, sondern weil ich dann eine intensive, possessive Aufmerksamkeit von meinem Vater bekam, die mir das Gefühl gab, wirklich wichtig zu sein.«

Viele Selbst-Formen

Zweier sagen, daß ihr Selbstgefühl sich daraus entwickelt, wie andere auf sie reagieren. Sie können von den Blicken anderer zu Bestleistungen angespornt werden, spüren aber auch, daß sie sich den Vorstellungen anderer anpassen, um sich Liebe zu sichern. Sie haben das Gefühl, als sähe jeder ihrer Freunde einen Teil von ihnen, aber keiner die ganze Person.

Das gewohnheitsgemäße Verändern vermittelt einer Zwei oft den Eindruck, als würde sie ihre Freunde täuschen, was als Defensivhaltung bedeutet, daß sie es nicht riskiert, ganz gesehen und möglicherweise beurteilt zu werden. Andererseits wird dadurch aber auch die der Kindheit entstammende Überzeugung reproduziert, daß Liebe durch das Verbergen des Unerwünschten erkauft werden muß. Durch den Wechsel der Identität verlieren Zweier leicht den Kontakt zu ihren tatsächlichen Gefühlen. Sie vergessen sie, wenn sie ihre Aufmerksamkeit auf die Wünsche anderer konzentrieren.

»Anerkennung ist eine Seinsweise, in der ich automatisch auf andere zugehe und nach Hinweisen suche, wie sie funktionieren oder was sie brauchen. Ich fühle mich unsicher, bis ich weiß, wie ich ihnen nützlich sein kann. Während der gesamten HighSchoolzeit war es, als würde ich wach werden und entscheiden, welche Identität an diesem Tag von mir erwartet wurde. Ich hatte sehr verschiedene Freunde und ein Repertoire unterschiedlicher Verhaltensweisen, von denen mir jede für sich genommen sehr echt und wahr erschien. Es konnte jedoch sehr unangenehm sein, alle meine Freunde zusammen in einem Raum zu haben, weil ich dann nicht wußte, welches meine Selbst-Formen ich sein sollte, und wenn eine neue Person sich der Gruppe anschloß, hatte ich das Gefühl, ich müßte mich ihr anpassen, während ich gleichzeitig hoffte, daß die anderen nicht merken würden, wenn ich mich dem Neuling gegenüber etwas anders verhielt.

Letzten Monat hatte ich meinen dreißigsten Geburtstag, was zu einer wahren Strapaze ausartete, weil all die verschiedenen Freunde versammelt waren, die nichts gemeinsam hatten, außer daß sie mich kannten. Es endete mit einem lauten Handgemenge in der Küche zwischen einer Krankenschwester und einem Drogendealer, die einander auf den ersten Blick haßten. Trotzdem betrachtete ich jeden Menschen in diesem Raum als nahen persönlichen Freund.«

Zweier haben das bestimmte Gefühl, daß jedes Selbst seine eigene Integrität besitzt, auch wenn sie grundverschieden voneinander sind. Die Selbstdarstellung ändert sich von Freund zu Freund, aber jedem wird aufrichtig begegnet, einigen sogar sehr innig und intensiv. Die Tatsache, daß verschiedene Menschen verschiedene Aspekte des Selbst an die Oberfläche bringen, impliziert nicht unbedingt, daß diese Selbst-Formen vorgetäuscht sind, um andere zu einer falschen Freundschaft zu verführen. Trotzdem erzeugt die lebenslange Gewohnheit, in der Achtung anderer Sicherheit zu finden, natürlich große Probleme.

So wissen Zweier im allgemeinen sehr viel eher, wie sie andere zufriedenstellen können, als was sie selbst wollen. Ein Kind, dessen Sicherheit vom Geben abhängt, wird eine Art Stolz entwickeln, weil andere es brauchen, und gleichzeitig abgeneigt sein, persönliche Bedürfnisse zu erkennen, denn sie beinhalten die Möglichkeit, mit potentiellen Quellen der Zuneigung nicht übereinzustimmen. Die Aufmerksamkeit wird so darauf trainiert, sich nach außen zu richten, daß persönliche Bedürfnisse im Interesse eines für andere liebenswürdigen Verhaltens ignoriert werden.

»Ich arbeite als Zahnarzthelferin, und für mich ist es von entscheidender Bedeutung, daß die Patienten mich mögen. Wenn jemand Neues kommt, bin ich völlig unsicher, bis ich eine Unterhaltung anknüpfen kann, durch die ich erfahre, was sie für Menschen sind und welche Interessen sie haben. Es ist wie beim Angeln: Irgendwann erwische ich ein Thema, das sie interessiert. Sobald sie angebissen haben, fühle ich mich sicher genug, um herauszufinden, ob ich sie mag oder nicht; aber es ist fast unmöglich, zu wissen, welche Gefühle ich ihnen gegenüber habe, solange ich nicht auf Zustimmung stoße.

Wenn es ein Stammkunde ist, fühle ich mich wie beim Kartenspiel. Patient A bedeutet, daß ich Karte A bin, und die entsprechende Persönlichkeit nehme ich dann für die Dauer der Unterhaltung an. Es ist eine strapaziöse Prozedur, immer nach irgendwelchen Zeichen zu suchen, daß man es richtig macht.«

Geben, um zu bekommen

Zweier sagen oft, daß sie Schwierigkeiten haben, in ihren verschiedenen Beziehungen ein Gefühl fortdauernder Identität zu bewahren. Das »wahre« Selbst kann während der ständigen Veränderungen, die im Verlauf eines Tages erfolgen, verlorengehen. Sie berichten, es sei leichter, zu sein, was jemand anders will, als die eigenen Bedürfnisse zu erkennen.

Weil Zweier ihre eigenen Bedürfnisse unterdrücken, um anderen zu gefallen, neigen sie dazu, einem Partner oder einflußreichen Leuten unentbehrlich zu werden; so sollen die vergessenen Bedürfnisse doch noch befriedigt werden. Dieses Manöver garantiert das persönliche Überleben und hält gleichzeitig die Pose des Gebers aufrecht.

»Das erste, wonach ich an einem neuen Ort schaue, ist, wer den Ton angibt, wer im Raum das Sagen hat. Ich mache dies hauptsächlich, indem ich mich erst einmal im Hintergrund halte, bis ich sehe, wie Leute aufeinander reagieren und mir klar ist, wer respektiert wird. Sobald ich das weiß, empfinde ich es als Herausforderung, ebendiesen respektierten Menschen zu begegnen. Es ist, als wären alle anderen gegangen. Ich bin angeregter und versuche, einen Blickkontakt herzustellen, aber auch wenn der Raum voller Menschen ist und ich es nicht schaffe, habe ich das Gefühl, in einem Strom des Kontakts zu sein, und ich weiß, ob sie für mich verfügbar sind. Ich habe das Gefühl, daß ich zu ihnen hingezogen werde, und sie scheinen quer durch den Raum zu kommen, obwohl sie sich körperlich nicht bewegt haben.«

Geber bekommen ihre Wünsche befriedigt, indem andere sie realisieren. Sie kontrollieren eine Partnerschaft nicht durch offenes Handeln, sondern dadurch, daß sie – bildlich gesprochen – einen Schirm anbieten, um den Partner vor dem Regen zu schützen, und dann am Arm der anderen Person mitgenommen werden.

Zweier sollten sich klarmachen, daß sie das, was sie anderen geben, zurückerwarten. Wenn eine Zwei einen Schirm anbietet, will sie vor dem Regen geschützt werden. Wenn sie an einen Geburtstag denkt, will sie, daß man auch an ihren denkt. Wenn sie Hilfe offeriert, erwartet sie wahrscheinlich, in eine erfolgreiche Unternehmung einbezogen zu werden; dabei identifiziert sie sich wahrscheinlich so mit dem Aspekt von sich selbst, der für die Unternehmung am akzeptabelsten ist, daß sie kaum zwischen dem echten Wunsch zu helfen und ihrer Gewohnheit, Hilfe zurückzuerwarten, unterscheiden kann.

Die Gewohnheit, zu geben, um zu bekommen, wirkt oft auf einer völlig unbewußten Verhaltensebene und muß – wie alle Fixierungen – zwecks Erlösung ins Bewußtsein gebracht werden. Zweier beschreiben verschiedene Muster des Gebens, um zu bekommen, die sie bei sich beobachtet haben.

»Es ist, als hätte ich ein ganzes Netz von Überlebenssystemen, das sich zu all meinen Freunden erstreckt. Der Energiefluß läuft von mir zu ihnen, aber schließlich ermüdet es mich, von allem begeistert zu sein, was sie gerade tun. Ich unternehme viele verschiedene Aktivitäten mit sehr vielen verschiedenen Leuten, und am Ende bin ich ganz erschöpft davon, etwas für andere zu tun und immer ein begeistertes Gesicht zu zeigen, was so weit geht, daß ich mich zurückziehe und nichts mehr für sie tun möchte.«

Weil die Identität dieser Frau so stark von der Achtung anderer abhängt, mischt sie sich in das Leben ihrer Freunde ein, macht sie sich unabkömmlich und beklagt sich über ihre Erschöpfung, wenn sie nichts zurückbekommt. Wenn zwischen Geben und Bekommen kein Gleichgewicht besteht, kommt es zu Klagen und dem unbewußten Versuch, andere zur Anerkennung ihrer Schuld zu zwingen.

Eine weitere Taktik besteht darin, das Selbst auf verschiedene Leute aufzuteilen, wie beispielsweise in der Allegorie der »Madonna und Hure«, wonach dieselbe Frau jedem Mann einen anderen Aspekt von sich präsentiert; genauso kann freilich ein Mann jeder Frau eine andere Facette von sich zeigen.

Ein anderes Beispiel des Gebens, um zu bekommen, ist die offenkundig sexuelle Selbstdarstellung mancher Geber. Sie berichten, daß es ihnen nicht bewußt ist, wenn sie mit anderen Menschen verschmelzen und das gewohnheitsmäßige Aussenden von Signalen über Eigenschaften, die jemand anders für wünschenswert hält, sichtbar und eindeutig verführerisch ist.

Wenn das verführerische Manöver unbewußt erfolgt, werden Zweier oft mit jenen Menschen konfrontiert, die die Implikationen einer starken sexuellen Präsenz übelnehmen. Dann verteidigen sie sich: »Ich war nicht verführerisch, ich habe nichts Anstößiges gesagt, es war harmlos.« Sie glauben dies wirklich, weil sie sich einfach nicht bewußt sind, welche Wirkung ihre inneren Veränderungen auf andere haben. Eine unbewußte Zwei kann in freizügiger Kleidung erscheinen und das Gespräch auf Erörterungen über die Liebe lenken, ohne sich darüber im klaren zu sein, wie explizit sie ein sexuelles Signal gibt, daß ihre Attraktivität und Beliebtheit bestätigt werden sollen.

Verführerische Selbstdarstellung

Alle Zweier sind verführerisch in dem Sinne, daß sie geschickt andere Menschen dazu bringen können, sie zu mögen. Sie nehmen an, daß mit dem richtigen Verhalten und der richtigen Dosis subtil applizierter Aufmerksamkeit fast jeder für sie verfügbar gemacht werden kann; die meisten Zweier können sich tatsächlich den Gefühlen anderer Leute so anpassen, daß genau das richtige Maß an persönlichem Kontakt zustande kommt.

Hinter der verführerischen Präsentation steht der Wunsch, Aufmerksamkeit zu bekommen. Es fühlt sich sicher an, in irgendeinem Bereich des Lebens anderer erwünscht zu sein, aber besonders sicher ist es, körperlich begehrt zu werden. Weil Zweier sich selbst vermittels der Reaktionen anderer auf sie kennen, präsentieren sie sich gern in einer Weise, die den Phantasien des Partners schmeichelt, während sie gleichzeitig ihre eigenen sexuellen Bedürfnisse unterdrücken. Von Zweiern, die Bestätigung dadurch bekamen, daß sie Mamis frühreifer kleiner Junge oder Vatis kokettes kleines Mädchen waren, geht als Erwachsene eine sexuell aufreizende Selbstdarstellung aus, aber sie sagen oft, daß ihr anziehendes Äußeres mit verminderten sexuellen Gefühlen einhergeht.

»In meinen Tagträumen geht es um Liebe und Rache. Die geheime Geliebte eines großen Mannes zu sein, diejenige, der er alles erzählt und zu der er kommt, wenn er Trost braucht. Intime Augenblicke lasse ich wieder und wieder vor mir ablaufen: wie das Gesicht eines bestimmten Mannes aussah, als er mich begehrte, wie ich mich fühlte, als er mir sagte, ich sei die beste Geliebte seines Lebens. Wenn es mit der Beziehung bergab geht, versuche ich, ihn zurückzugewinnen, tue aber so, als wäre es keine große Sache, oder ich versuche, mit ihm abzurechnen, weil er mich gedemütigt hat.

Ich genieße es, einen Mann in eine intime Unterhaltung zu verwickeln oder ihn dazu zu bringen, mit dem aufzuhören, was er gerade tut, und sich mir zuzuwenden. Diese kleinen Verführungen reizen mich dermaßen, daß ich jahrelang dachte, ich sei sehr sexy, würde mich aber wegen meiner Skrupel verheirateten Männern gegenüber zurückhalten. Jetzt sehe ich, daß ich nicht Sex will, sondern das Wissen, daß Sex dasein könnte, und die Besiegelung dieses Versprechens durch eine besondere Umarmung; oder zu hören, wie einer von ihnen mit meinem Namen nach mir fragt.«

Zweier berichten sehr oft, daß sie zwar ein anziehendes Image präsentieren wollen, selbst aber mehr an sexueller Aufmerksamkeit als an tatsächlicher Promiskuität interessiert sind.

Häufig haben sie vor Intimität echte Angst, denn naher Kontakt bringt die Tatsache ans Licht, daß das Selbst verkauft wurde, um anderen zu gefallen; für Menschen, deren persönliche Sicherheit davon abhängt, daß man an ihre tiefe, intime Verbundenheit mit anderen glaubt, kann diese Entlarvung erschreckend sein.

Aus psychologischer Sicht kommt die Angst vor einem starken sexuellen Verlangen daher, daß diese Gefühle ursprünglich auf einen Elternteil gerichtet waren bzw. als von einem Elternteil ausgehend und inzestuös auf das Kind gerichtet empfunden wurden. Das Kind mußte diese frühen sexuellen Reaktionen im Interesse des emotionalen Überlebens unterdrücken, aber auf einer tiefen Ebene des Seins wurden die Gefühle zwischen Elternteil und Kind nie aufgegeben. Daher können Zweier sich vor Intimität fürchten, eine aufreizende Selbstdarstellung aber benutzen, um das unbewußte sexuelle Klima in einer neuen Situation auszuloten. Sie möchten wissen, wer bereit ist, ihnen Aufmerksamkeit zu schenken, ohne große körperliche Ansprüche an sie zu stellen, und wer ihnen sexuell »gefährlich« werden könnte.

»Für mich sind Verführung und Herausforderung synonym. Ich bin großartig, solange Hindernisse im Weg stehen und wir noch nicht zusammengekommen sind. Ich genieße die Feinheiten des Kontaktknüpfens, die versteckten Andeutungen und den Nervenkitzel, meine Signale auszusenden, bis ich ein Lächeln oder gerade die richtige Art von Anerkennung bekomme. Sobald die Chemie arbeitet, folge ich ihr und lasse jeden anderen in meinem Leben fallen.

Wenn ich mit Frauen zusammen bin, habe ich eine besondere Wahrnehmung. Ich bin mir nicht sicher, daß sie immer richtig ist,

aber ich stelle mir vor, daß ich mit ihnen verschmelzen und zu
der Art Mann werden kann, die sie gerade wollen. Ich kann mich
genau erinnern, wann ich diese Vorstellung zum erstenmal aus-
probierte. Es war bei einer Party an der High-School, und ich
lehnte an der Wand und verwandelte mich für jedes Mädchen auf
der Tanzfläche in etwas anderes.«

Abhängigkeit und Unabhängigkeit

In der Phase einer Beziehung, in der das Gefühl eines wahren
Selbst auftauchen muß, um eine echte Verpflichtung einzugehen,
verspüren Zweier wahrscheinlich große Verwirrung. In gewisser
Weise ist diese Unsicherheit zwischen dem veränderten Selbst
und hochkommenden echten Wünschen ein hoffnungsvolles Zeichen. Sie weist auf den Wunsch hin, jenes wahre Selbst zu finden,
das vor langer Zeit vergessen wurde, um anderen zu gefallen.
Weniger bewußte Zweier können ihr ganzes Leben entweder
abhängig, das heißt mit den Wünschen eines Partners verschmolzen, sein oder annehmen, daß sie von ihrem Partner, den sie durch
Schmeichelei kontrollieren, völlig unabhängig sind.
»Mein Bedürfnis nach Freiheit war das vorherrschende Thema
einer superlangen zwanzigjährigen Ehe. Wir sind beide in der
Musikszene von Los Angeles. Meine Frau tritt auf, und ich ziehe
die Aufträge an Land und mache Arrangements für Filmmusik.
Als ich sie das erstemal auf der Bühne sah, war ich fasziniert. Sie
spielte toll und war völlig unnahbar. Das Aufreizende an der
ganzen Sache war die Unmöglichkeit, an sie heranzukommen:
Sie war schön, sie war lesbisch, sie machte eine völlig andere Art
von Musik, und sie hatte überhaupt kein Interesse an dem, was
ich machen wollte. Zwei Jahre machte ich Hürdenlauf, und
schließlich gewann ich.
Als ich sie hatte, wurde ich allmählich klaustrophobisch. Ich hatte

mich ihr ausgeliefert – unterstützte ihre Karriere, instrumentierte ihr Material, begann, für sie die Arrangements zu machen, und ich wollte mich zurückziehen. Ich fühlte mich angebunden und rebellisch und wollte meine Freiheit zurück. Ein Teil von mir war ihr völlig ergeben, und ein Teil von mir war es nicht.

Die ganze Zeit, in der ich versuchte, mich selbst wieder zu behaupten, fühlte ich mich verwirrt. Ich erinnere mich, daß ich einmal in einem Drugstore bei einem Kaffee saß und mich eigentlich ziemlich gut fühlte. Mitten in einem Zeitungsartikel sah ich auf und bemerkte eine attraktive Frau, die auf der Straße vorüberging. Es war, als würde mein ganzer Körper aufstehen und mit ihr gehen, aber ich konnte immer noch sehen, wie meine Hände die Zeitung hielten.

Wenn man mit jemand so verschmilzt wie ich mit meiner Frau und sich dann zurückzuziehen versucht, kann es soweit kommen, daß man sich halb mit dem geliebten Menschen verschmolzen fühlt und halb, als hinge man im Raum. Als ich aufstand und bezahlen wollte, wußte ich nicht, ob die Stimme des Kassierers von ihm oder von der Decke oder von jemand anders in der Reihe kam.

Es kam zu Verwirrungen zwischen mir und den Leuten, die ich liebe; wenn ich denke, daß sie mich verurteilen, habe ich das Gefühl, als würde mir der Saft ausgehen, als würde meine Energie abfließen, und ich verschwinde langsam für mich selbst, so daß ich in einem Spiegel oder einer Fensterscheibe überprüfen möchte, ob da noch ein Gegenüber ist.

Es hat fast zwanzig Jahre gedauert, bis ich einsah, daß ich nicht von den Wünschen meiner Frau beherrscht, nicht von ihrer Musik inspiriert oder von ihren persönlichen Meinungen weggefegt zu werden brauche, um sie zu lieben.«

Zweier erkennen schließlich, daß es genausowenig frei und unabhängig ist, um Freiheit von einem Partner zu kämpfen, wie von ihm verzweifelt Bestätigung zu verlangen. Der Partner ist immer noch der Bezugspunkt, und egal, ob Zweier bleiben oder sich trennen, folgt daraus nicht zwangsläufig, daß sie sich selbst gefunden haben. Viele aggressive Geber sehen vollkommen unabhängig aus, aber innerlich wissen sie, daß sie durch das Geben Kontrolle ausüben und ihre emotionale Stabilität von der Bestätigung durch andere abhängt. Eine junge Frau bringt die Sache auf den Punkt: »Über ein Jahr lang gab ich 400 Dollar im Monat für Telefongespräche aus, nur um ihm zu sagen, daß ich ihn überhaupt nicht brauche.«

Dreiecksverhältnisse

Die Gewohnheit, sich anderen anzupassen, wird durch die Tatsache verschleiert, daß Zweier von Menschen angezogen werden, deren Eigenschaften für ihr persönliches Wachstum wertvoll sind. Indem die Zwei anderen hilft, hilft sie sich selbst; sie kann sich aber auch so stark mit dem Potential eines Partners identifizieren, daß die Grenzen zwischen der eigenen Person und dem anderen sich verwischen. Ein Geber kann sich so daran gewöhnen, die emotionale Verfassung eines Partners herauszufinden und seine eigenen emotionalen Bedürfnisse zu ignorieren, daß die Wünsche des anderen die entsprechende Reaktion in seinem Körper hervorrufen.

»Der erotische Kontakt ist sehr wichtig für mich. Ich werde stark angezogen, als würden mein Solarplexus und mein Herz körperlich zu jemand hingezogen, der über mich verfügen kann. Die sexuelle Anziehung ist nicht so sehr genital, als müßte ich mit ihnen schlafen, es ist eher, als würde ich von Gefühlen überschwemmt, die mich in die Atmosphäre des anderen hineinziehen. Man fühlt sich geschätzt, weil man das Beste in ihnen spürt und dies das eigene Beste an die Oberfläche bringt.«

Geber sagen, daß sie sich aus zwei Gründen in Dreiecksverhältnisse begeben. Der erste ergibt sich aus der implizit sexuellen Beziehung zu einem Elternteil, die sich im Erwachsenenleben so äußert, daß sie gerne der (die) geheime Favorit(in) bzw. der (die) einzige sind, der (die) wirklich versteht. Sie möchten für den verheirateten Partner etwas Besonderes sein und geliebt werden und nicht so sehr eine Ehe zerstören. Zweier werden oft von der Unerreichbarkeit des gebundenen Partners angezogen, haben aber kein besonderes Verlangen, den Ehepartner des (der) Geliebten zu verletzen.

Dreiecksverhältnisse sind zudem deshalb beliebt, weil Zweier fühlen, daß ihre verschiedenen Partner völlig verschiedene Aspekte von ihnen zum Vorschein bringen, und eine Verwirrung setzt ein, welcher Aspekt echt ist. Zuweilen finden sie es schwierig, zwischen Liebhabern zu wählen.

Stolz

Zweier richten die Aufmerksamkeit nach außen, darauf, wie sie anderen gefallen. Infolgedessen neigen sie zu der Überzeugung, daß andere von dem, was sie geben oder zurückhalten, abhängig sind. Sie nehmen an, daß die Hilfe von ihnen zu anderen fließt und daß der Rest der Welt ohne sie verarmen würde. Bewußte Zweier kennen das Gefühl der stolzen Aufgeblähtheit, das sich einstellt, wenn sie für das geehrt werden, was sie gegeben haben: ein Gefühl der Bedeutsamkeit, das sich aufgrund seiner Abhängigkeit von anderen leicht verflüchtigt, wenn die Aufmerksamkeit vorenthalten wird. Der Stolz steht auf wackligen Füßen, da das Selbstwertgefühl von anderen abhängt. Wird die Aufmerksamkeit versagt, haben Zweier das Gefühl, als ließe man ihnen die Luft ab und als würde die Pose der Bedeutsamkeit in nichts zusammensacken.

»Wenn ich in eine neue Gruppe komme, schätze ich die Leute

sofort ein. Wer ist es wert, daß ich mich mit ihm abgebe, und mit wem würde ich meine Zeit verschwenden?

Es ist, als würde ich im Laufe des Abends regelmäßig mein geistiges Periskop ausfahren; ich schaue in sämtliche Ecken und versuche herauszufinden, wie es jedem geht, und suche nach der interessanten Person, die ich eventuell übersehen könnte.«

Intime Beziehungen

Herausforderung ist ein Schlüsselwort für die Beziehungen einer Zwei. Ein erfahrener Verführer braucht Herausforderung, um zu seinen höchsten Fähigkeiten inspiriert zu werden.

»Ich suche mir immer jemanden aus, der leicht außer Reichweite ist oder an den man schwer herankommt. Das Aufregende dabei ist die Suche, die Frage, was sie aus mir herausholen. Wenn ich in der Nähe eines total aufregenden Menschen bin, bringt mich das in Schwung, und es fühlt sich toll an, so inspiriert zu sein. Wenn die Beziehung in Gang kommt, gibt es zwischen uns so etwas wie eine Flut von Gefühlen, die nichts mit dem zu tun hat, worüber wir gerade reden. Die Worte sind nicht wichtig, sie füllen nur den Raum aus.

Problematisch wird es, wenn sie anfangen, mich zu mögen; ich habe dann das Gefühl, ihnen die fünf Prozent von mir gegeben zu haben, die sie wollten, und bin schrecklich possessiv in bezug auf die restlichen fünfundneunzig Prozent. Ich habe das Gefühl, als würden sie mich überhaupt nicht kennen und als würde ich meine Freiheit verlieren, wenn ich mich auf jemanden einlasse, der mich wahrscheinlich nicht voll und ganz akzeptieren wird.«

Zweier sind am besten, wenn sie auf eine herausfordernde Beziehung zusteuern. Sie nehmen dann eine Schutzhaltung ein, in der der Schwerpunkt der Aufmerksamkeit darauf liegt, wie sie von dem potentiellen Partner eine Reaktion bekommen können, und nicht darauf, sich selbst zu offenbaren. Geschickt positionieren sie sich so, daß sie bemerkt werden, bringen sich an den Knotenpunkten im Leben des potentiellen Partners ins Spiel und sind daher abrufbereit, wenn Hilfe benötigt wird. Eine Beziehung ist am aufregendsten und lebendigsten, wenn noch Hindernisse überwunden werden müssen und der Ausgang offen ist. Wenn ein Partner schwer zu bekommen ist, versucht eine Zwei, ihm nahezukommen; sie ignoriert die Tatsache, daß sie ihre tatsächlichen Gefühle vergißt und durch einen neu aufgetauchten Aspekt des Selbst ersetzt, der der Herausforderung gerecht werden soll.

»Hinter jemandem hersein, an den man schwer herankommt, macht die Sache spannend. Die anderen wissen noch nicht, daß niemand zu Hause ist, daß da in mir eine Art Vakuum ist, ohne festes Zentrum. Die Jagd hält die Show in Gang. ›Ich will dir meine guten Seiten zeigen, ich will dich unterhalten.‹ Anfangs will ich nichts außer ihrer Liebe, und deshalb brauche ich nur jemandes Traumfrau zu sein.

Ein einziger Nadelstich, und mit der Traumfrau ist es aus. Der Mann braucht nur eine Minute gelangweilt auszusehen, und schon rutsche ich von ›Wie wundervoll ich bin‹ zu ›Ich armes Hascherl, niemand liebt mich‹, nur weil mein Freund nicht interessiert aussieht. Ich kann wegen etwas, das tagsüber passiert ist, total angeregt und high sein, solange er Interesse zeigt, aber sobald er leicht desinteressiert aussieht, sind meine Gefühle zu diesem Tag wie weggeblasen.«

Wenn die Herausforderung in einer Beziehung vorüber ist, verlagert die Aufmerksamkeit der Zwei sich von »Wie gefalle ich meinem Partner?« zu »Wie fühlt es sich an, mit diesem Partner zusammenzusein?« Zweier verdrängen ihre eigenen Bedürfnisse oft so, daß sie ihre Wünsche nur schwer erkennen, und fühlen sich daher durch alles begrenzt, was der Partner für wichtig hält. Sie haben das Gefühl, für persönliche Freiheit zu kämpfen, nur einen Teil von sich selbst in die Beziehung eingebracht zu haben und sich plötzlich an all die anderen Teile zu erinnern, die draußen vor der Tür abgestellt wurden, als die Beziehung anfing.

»Ich war dreimal verheiratet und wurde buchstäblich während jeder Ehe zu einer anderen Persönlichkeit. Seit ich vierzehn bin, bin ich jetzt auf eigenen Wunsch zum erstenmal allein und fest entschlossen, mich selbst zu finden, bevor ich eine andere Beziehung eingehe, in der ich mit dem Leben eines neuen Ehemannes völlig verschmelzen könnte.

Mein erster Mann war Rockmusiker: drei Kinder, eine Kommune, und ein schönes viktorianisches Haus in San Francisco. Mein zweiter Mann war ein aktiver Bürgerrechtler, der das Blumenkindimage haßte. Wir lebten und arbeiteten in einer Dreizimmerbaracke im Süden, mußten Wasser und Holz anschleppen, und ich vergaß darüber San Francisco und die ganze Rockszene.

Die letzte Ehe war mit einem Geschäftsmann. Ein völlig neues Leben mit einem ganz neuen Stil. Die Leute aus meinem Leben im Süden erkannten mich nicht als Saint-Louis-Matrone; und ich konnte sie mir am besten über meine Kinder, die eine vollständige Erinnerung an all unsere Leben hatten, ins Gedächtnis zurückrufen.«

Da Zweier ihre Identität mit Hilfe der Reaktion anderer Leute auf sie ausbilden, sind sie sich immer bewußt, daß sie von der Bestätigung anderer abhängen. In den ersten Phasen einer Beziehung tendieren sie dazu, mit den Wünschen des Partners zu verschmelzen; aber sobald die Beziehung auf sicheren Füßen steht, haben sie das Gefühl, daß die Bedürfnisse des Partners sie einschränken. Oft kommt es zu einer offenen Rebellion gegen alles, was der Partner will; der Aufstand wird genährt durch den aufkommenden Verdacht, daß das wahre Selbst aufgegeben wurde, um das Wohlwollen des Partners zu erkaufen.

Zweier berichten von einem Gefühl stolzer Unabhängigkeit, wenn sie für Freiheit von einer Beziehung kämpfen, die sich allmählich fürchterlich begrenzend anfühlt. In dieser Phase sind sie anspruchsvoll und reizbar und kooperieren nicht, um die Bedürfnisse des Partners zu erfüllen. Sie möchten die Interessen des vergessenen Selbst reaktivieren, Aktivitäten verfolgen, die den Partner verstimmen, und sich durch die Hintertür in andere Liebesaffären stürzen.

Auf der Plusseite verstärken Zweier die besseren Eigenschaften anderer: »Wenn ich mit entwickelten Leuten zusammen bin, regen sie das Beste in mir an.« Sie können Ziele und Strategien herauskristallisieren und dem Partner helfen, erfolgreich zu sein. Auf der Minusseite werden Zweier zu Aufsehern des Partners, wenn sie in der Beziehung die Kontrolle behalten wollen. »Er (oder sie) wird es durch meine Liebe schaffen.« Ihr Zuvielgeben schmeckt nach Kastrierung und dem Bedürfnis, den Partner zu kontrollieren. Weil sie als erfolgreicher Geber und geliebter Partner gesehen werden wollen, fällt es ihnen schwer, eine Beziehung zerbrechen zu lassen.

Beispiel einer Paarbeziehung:
Zwei und Sieben, der Geber und der Epikureer

Zweier unterstützen das starke Selbstgefühl der Sieben, und das Paar wird so lange gedeihen, wie die persönlichen Ziele der beiden übereinstimmen. Zweier können sich den Plänen der Sieben verschreiben und mit der Begeisterung und dem Optimismus verschmelzen, die Siebener ihren Interessen entgegenbringen. Die Zwei wird die Talente des Partners verstärken wollen und sich der Überzeugung der Sieben anschließen, daß das Paar auf eine Zukunft zusteuert, in der die gemeinsam entworfenen Pläne sich verwirklichen und Früchte tragen. Das Paar wird wahrscheinlich viel zusammen ausgehen, nach außen hin ein geschmackvolles Image präsentieren und viel Spaß daran haben, das Beste an Unterhaltung und Ereignissen miteinander zu teilen. Beide Partner lassen Raum für persönliche Interessen. Siebener sind im Grunde mit sich selbst beschäftigt und in ihre eigenen

Projekte vertieft. Sie tun, was ihnen gefällt, egal, ob jemand anders dabei ist oder nicht. Dies erlaubt der Zwei, sich bei etwas sie Interessierendem der Sieben anzuschließen und ansonsten wegzubleiben und die Interessen ihrer vielen Selbst-Formen zu verfolgen. Möglicherweise fühlt die Zwei sich durch die Unabhängigkeit der Sieben bedroht, aber wenn ihr in der Öffentlichkeit Aufmerksamkeit entgegengebracht wird und sie sicher ist, daß die Sieben in der Zeit der Trennung nicht den Schürzenjäger spielt, wird jeder dem anderen Freiheit geben. Keiner fühlt sich eingeengt, und jeder freut sich an den äußeren Interessen, die der andere reizvoll findet.

Beide sind von Natur aus verführerisch, die Zwei offener, aber weniger entschlossen, die Sache weiterzuverfolgen, die Sieben nicht so offen, aber eher geneigt, in gelegentliche Liebesaffären ein- und auszusteigen. Beide genießen Aufmerksamkeit und sexuelle Anspielungen, und jeder ist in gewisser Weise stolz darauf, daß der andere potentielle Partner hat. Wenn das Paar sich für eine Ebene des Flirtens entscheidet, die für beide akzeptabel ist, können sie dem anderen die äußere Aufmerksamkeit zugestehen, die jeder von ihnen braucht.

Beide Partner verfügen über eine begrenzte Kapazität für fortgesetzten intimen Kontakt. Die Sieben möchte jedes länger andauernde tiefe Gefühl verhindern, indem sie sich andere Aktivitäten sucht, die Zwei, indem sie sich kontrolliert fühlt. Der Rückzug des Siebener-Partners aus der Intimität wird die Zwei wahrscheinlich veranlassen, sich auf ihn zuzubewegen, was das Paar zusammenhält; wenn die Zwei aus der Beziehung herauswill, macht auch die Sieben wieder ein paar Schritte auf den Partner zu. Zum Bruch kommt es wahrscheinlich nicht wegen zuwenig Romantik oder fehlender gemeinsamen Interessen, sondern wegen des Wunschs der Zwei, im Leben des Partners eine zentrale Stellung einzunehmen; die Zwei wird dann wütend und kritisch, während die Sieben nach einem unbekümmerteren Menschen sucht und wartet, daß die Zwei wieder zu Verstand kommt. Die Zwei betrachtet die Sieben als emotional substanzlos und die Sieben die Zwei als emotional lästig.

Siebener haben es gern, wenn man ihnen zuhört, und werden sich über eine solch liebende Aufmerksamkeit freuen, solange der Partner mit ihren Zielen übereinstimmt. Wenn die Zwei mit dem Standpunkt des Partners eher unwillig verschmilzt und dann versucht, die Sieben in einen anderen Aktionsbereich zu manövrieren, wird die Sieben sich zurückziehen, geheimnisvoll tun und Taktiken in Gang setzen, um die Zwei von ihren tatsächlichen Prioritäten abzulenken. Auch wenn die Zwei Druck ausübt, um mehr Aufmerksamkeit zu bekommen, die Ergebnisse bei Projekten zu beschleunigen oder mehr gemeinsame Zeit für ihre persönlichen Interessen herauszuschinden, wird der Siebener-Partner sich zurückziehen, verschwiegen werden und andere Interessen aufbauen, um die Zwei in die Irre zu führen.

Eine schwere Krise kann sich auch entwickeln, wenn die Sieben sich eingeschränkt fühlt und entweder ausweichend wird oder dem Bild der Zwei vom starken Partner nicht entsprechen will.

Enttäuschte Geber greifen gern zur Manipulation, die, wenn die Sieben anbeißt, zum Vertrauensbruch führt. Geber berichten von den folgenden üblichen Manövern, wenn sie sich in einer Beziehung nicht beachtet fühlen: unterschiedliche Maßstäbe (»Ich war gut zu dir, deshalb solltest du bei mir bleiben, aber du hast mich dermaßen ignoriert, daß ich woanders Liebe suchen muß«); Beweise (»Zeig mir, daß du dir etwas aus mir machst, indem du dich nach mir richtest; tu dies; tu das«); Stimmungen (»Fühl dich in mich ein; ich will es nicht sagen, aber du solltest aufpassen und selbst darauf kommen«); Wutausbrüche – Zorn entsteht durch Nicht-beachtet-Werden.

Die Beziehung zur Autorität

Zweier werden von der Macht angezogen und möchten von mächtigen Leuten geliebt werden. Sie sind sehr geschickt darin, potentielle Gewinner zu erkennen und sich selbst als Helfer an den strategischen Punkten das Unternehmens ins Spiel zu bringen. Sie wissen, welchen Status andere haben und welchen Respekt sie genießen, und verschmelzen mit den modischen Trends der Gruppe. Zweier geben nicht zu, daß sie von den Autoritäten, denen sie helfen, irgend etwas brauchen, aber sie beanspruchen ihre Präsenz und ihren Rat. Im Lauf der Zeit holen sie Statusvorteile für sich heraus, aber der Hauptnutzen wird für sie immer darin liegen, daß sie zum inneren Zirkel der Machtelite gehören. Zweier vereinigen ihre Identität mit einer Autorität und passen sich allem an, was die Führung für wünschenswert hält. Obwohl sie selbst zur Führungsrolle befähigt sind, ziehen sie es vor, die Macht hinter dem Thron zu sein; sie sind eher Premierminister als König. Von dieser strategischen Position aus identifizieren sie ihre Sicherheit mit dem Aufstieg der Autorität zur Macht. Indem sie die Autorität schützen, sichern sie ihre eigene Zukunft, während sie gleichzeitig Liebe erhalten. Geber finden sich nur selten in unpopulären öffentlichen Positionen – es sei denn, sie stehen gleichzeitig in Verbindung mit einer Machtquelle.

Zweier verschwenden wertvolle Zeit nicht mit Beziehungen zu unbedeutenden Autoritäten. Auf Politessen oder die Sekretärin einer wichtigen Persönlichkeit reagieren sie zunächst, indem sie durch Schmeichelei oder die Behauptung, »bekannt zu sein«, zu manipulieren versuchen. Haben sie damit keinen Erfolg, wird der Fall über den Kopf der kleinen Autorität hinweg übernommen, und die Zwei drängt direkt zur Spitze vor. Auf eine bestrafende oder sich taub stellende Autorität wird reagiert, indem hinter der Bühne die Machtübernahme durch einen Rivalen manipuliert wird, der die Unterstützung des Gebers mehr schätzt.

Auf der Plusseite sehen Zweier das Potential von Menschen. Sie sind bereit, für geringen materiellen Lohn zu arbeiten, wenn die Qualität des menschlichen Kontakts gut ist. Sie gehen auf andere zu und sorgen dafür, daß sie sich wohl fühlen und aus sich herausgehen. Sie haben ein Gespür dafür, wie man einen Außenseiter in die Gruppe integriert, passen sich jeder Lage an und sind kontaktfreudig.

Auf der Minusseite manipulieren Zweier andere gern durch Schmeichelei. Sie unterteilen Menschen in solche, die sie sich warmhalten wollen, und solche, die die Zeit nicht wert sind, und konkurrieren mit Gleichrangigen um die, »die es wert sind«. Ihr Verhalten ist verführerisch gegenüber Höhergestellten, herablassend gegenüber Menschen, deren Status sie niedriger einschätzen.

Eine typische Autoritätsbeziehung:
Zwei und Acht, der Geber und der Boß

Wenn die Zwei der Chef ist, wird es von außen so aussehen, als würde sie ihre Entscheidungen unabhängig treffen, während sie innerlich auf die Meinungen und das Wohlwollen der wichtigen Leute ihres Bereichs Wert legt. Die Zwei als Chef arbeitet für die persönliche Achtung wichtiger Leute genauso hart wie für materiellen Gewinn. Dies veranlaßt sie einerseits dazu, sich den »großen Nummern« ihres Bereichs anzuschließen, führt aber auch zu einer schwachen Herrschaft, wenn allein gegen eine respektierte Autorität vorgegangen werden muß.

Auch bei den besten Arbeitsbedingungen ändert eine Zwei wahrscheinlich ihr Ziel, wenn ihre Aufmerksamkeit mit den abweichenden Prioritäten verschmilzt, die bei jeder größeren Entscheidung auftauchen. Der Zweier-Chef modifiziert auch sein Temperament: Manchmal will er von den Angestellten gemocht werden, dann wieder fühlt er sich durch ihre Anwesenheit belastet. Die Stimmungen der Zwei sind unausgeglichen, und sie neigt zu Temperamentsausbrüchen, die von ihr schnell vergessen werden, nicht aber von den Angestellten. Ein Zweier-Chef wird wahrscheinlich auch einen inneren Zirkel schaffen, der sich aus den Mitarbeitern der Belegschaft zusammensetzt, »die verstehen«, und zu ihm eine besondere Beziehung unterhalten.

Der Achter-Untergebene wird dazu tendieren, die Konzentration der Zwei auf wichtige Leute als Schwäche und Kapitulation vor der Macht anderer anzusehen. Die Acht möchte wissen, wo sie in der Organisation steht, sie will unantastbare Grundregeln und die gerechte und einheitliche Zuteilung von Strafen. Spezielle Privilegien für »Obermacker«, »Insider« oder die bevorzugte Clique des Chefs werden wahrscheinlich öffentlich angeprangert, vor allem wenn die Acht nicht informiert wurde oder sich aus der Clique ausgeschlossen fühlt.

Die Acht möchte Zugang zum inneren Zirkel und weiß im allgemeinen, daß sie Leuten gegenüber, die im sozialen Verhalten gefälliger und diplomatischer sind, benachteiligt ist. Gewöhnlich versucht sie, durch einen frontalen Angriff in den Zirkel hineinzukommen, und sorgt für eine Polarisierung seiner Mitglieder in solche, die der Acht zustimmen, und solche, die ihr nicht zustimmen. Wenn der Achter-Angestellte zurückgewiesen wird, werden die Differenzen kurz und wütend zur Sprache gebracht, woraufhin die Acht sich in steinernes Schweigen hüllt und sich sicherer fühlt, weil jeder Partei ergriffen hat und sie weiß, wer Freund und wer Feind ist.

Achter hassen es, sich aus Sondergruppen ausgeschlossen zu fühlen, und sind lieber in einer Position, in der sie Kontrolle ausüben können. Damit sind sie gegenüber einem Chef, der durch Schmeichelei der Acht das Gefühl gibt, ein Berater des inneren Zirkels zu sein, in einer uneindeutigen Position. Wenn die Acht sich akzeptiert und wichtig fühlt, kann sie leicht über ihre Pflichten hinaus in Arbeit genommen werden. Aufgrund ihrer Blindheit für soziale Nuancen bekommen Achter auch nicht mit, daß sie benutzt werden, um die Schlacht von jemand anders zu schlagen oder in der Organisation als kompromißloser Bluthund angesehen zu werden, den der Chef jederzeit loslassen kann.

Wenn der Zweier-Chef weise ist, gibt er dem Achter-Angestellten ein kleines Lehen innerhalb der Organisation. Die Zwei kann nominell die Kontrolle behalten und für die Gesamtstrategie verantwortlich zeichnen, solange die Acht die Aufsicht über ihren persönlichen Bereich behält und die Pläne ohne Einmischung oder Überwachung durch den Chef ausführen kann. Achter sind sehr stolz darauf, wenn ihr Betrieb funktioniert, und sehr viel toleranter gegenüber den Vorgehensweisen anderer, wenn die Machtgrenzen klar festgelegt wurden.

Eine beidseits respektvolle Beziehung entwickelt sich, wenn die Zwei in der Lage ist, dem Achter-Angestellten offen entgegenzutreten. Beide Typen schätzen eine konstruktive Auseinandersetzung, und jeder versteht den Wunsch des anderen nach Kontrolle und Macht. Eine offene Konfrontation und offener Wettbewerb führen zu produktiven Lösungen, solange die Meinungsverschiedenheiten als fairer Kampf ausgetragen werden, in dem die Position jeder Partei öffentlich erörtert wird. Wenn dagegen die Zwei eingeschüchtert wird oder die Meinungen anderer zu manipulieren beginnt, fühlt die Acht sich betrogen und wird offen unkooperativ; sie zettelt eine Bürorevolution an oder kündigt. Der sicherste Weg, eine Acht in einer öffentlichen Auseinandersetzung zu brüskieren, besteht darin, sie elegant abzuservieren. Achter sind eher dickhäutig und ziemlich blind für Nuancen der Präsentation, wenn sie sich auf die Darlegung eines Standpunkts konzentrieren. Wenn sie das Gefühl haben, daß man sie verlegen oder verächtlich macht, werden sie wütend und kompromißlos. Eine Zwei, die dies weiß, kann bewußt den Angestellten so reizen, daß er schlecht dasteht, und so eine Entlassung oder Kündigung erzwingen.

Wenn die Zwei der Arbeitnehmer ist, wird sie das Bedürfnis des

Chefs nach Kontrolle und vollständiger Offenheit der Untergebenen verstehen. Wenn der Achter-Chef als beschützende Machtquelle empfunden wird, wird die Zwei zu seiner rechten Hand
sehr viel Verantwortung übernehmen, für glattes Funktionieren
sorgen und dem Chef allein Bericht erstatten.

Achter sind besonders kontrollierend, wenn sie von der Leistung
anderer abzuhängen glauben; sie nehmen dann unangekündigt
Inspektionen vor und mischen sich übermäßig in die Durchführung kleiner Vorschriften ein. Die Verfahrensregeln werden eindeutig festgelegt und dann vom Boß selbst willkürlich gebrochen,
um klarzumachen, daß er über den Regeln steht. Möglicherweise
werden Arbeitnehmer gegeneinander ausgespielt, denn der Boß
macht sehr wenige Komplimente, spricht aber öffentlich Rügen
aus.

Wenn der Zweier-Angestellte klug ist, lenkt er die Aufmerksamkeit des Chefs auf legitime Problembereiche, um das Bedürfnis
der Acht nach Kontrolle zu befriedigen und sie gleichzeitig dazu
zu bringen, die Belegschaft in Ruhe zu lassen. Wenn der Boß
umfassend informiert und auf tatsächliche Gefahrenbereiche aufmerksam gemacht wird, sind die Fronten klar, und der Boß wird
mit Freuden die Führungsrolle nach außen übernehmen und
erneut den Wunsch haben, die Belegschaft zu schützen.

Die im gesellschaftlichen Umgang sehr geschickten Zweier können ihrem Chef helfen, an spezielle Informationen zu kommen.
Der weniger raffinierte Boß wird dies als Vorteil ansehen, und
wenn er klug ist, bietet er dem Angestellten Schutz und Status.
Wenn er Angst hat, anderen in die Hände zu fallen, und sich
behauptet, indem er die Zwei kontrolliert, wird diese einen Um-
sturz manipulieren, indem sie einen anderen Favoriten in der
Organisation unterstützt.

Attraktive und unattraktive Umgebungen

Attraktiv sind alle Umgebungen, in denen einer starken Führungspersönlichkeit assistiert werden kann oder in denen man sich ihr anschließt: Schüler eines anspruchsvollen Gurus, Rockstar-Groupie, die rechte Hand (Frau oder Mann), die den Chef berät, die Sekretärin des Direktors, die die Firma leitet.

Zweier fühlen sich auch wohl als Fürsprecher der Unterprivilegierten, Freiwillige in sozialen Unternehmungen und in helfenden Berufen. Dabei geben sie, um zu bekommen.

Als attraktiv gelten den Zweiern auch Dreiecksverhältnisse sowie Tätigkeiten mit sexuellen Konnotationen, zum Beispiel Maskenbildner oder Revuetänzerin.

Zu den unattraktiven Umgebungen bzw. Betätigungsfeldern gehören Berufe, die keine Anerkennung einbringen. Sie werden wahrscheinlich keine Zwei finden, die in einem Inkassobüro arbeitet, es sein denn, er oder sie liebt den Chef/die Chefin.

Berühmte Zweier

Madonna, deren Bild einer explizit sexuellen Frau zuerst auf dem Cover von *Like a Virgin* erschien, Elvis Presley, Elizabeth Taylor, Maria Magdalena, Jerry Lewis und Dolly Parton.

Aufmerksamkeitsstil

Die Aufmerksamkeit ist gewohnheitsgemäß auf die Stimmungsschwankungen wichtiger Menschen gerichtet; bestimmend dabei ist der Wunsch, Gegenstand ihrer Liebe zu werden. Auf der physischen Ebene wird beobachtet, wem oder was der Partner Aufmerksamkeit schenkt, ob er lächelt oder die Stirn runzelt, wenn ein bestimmtes Thema angesprochen wird; dann wird versucht, sich solchen Interessen auf gefällige Weise anzuschließen. Zweier sagen aber auch, daß sie den Wünschen anderer entsprechende Veränderungen an sich selbst bemerken, ohne sich irgendwelcher Hinweise im Gesicht oder im Verhalten des anderen bewußt zu sein, die sie zur Modifizierung ihrer Präsentation veranlaßt haben. Wenn ihre Aufmerksamkeit von jemandem angezogen wird, stellen sie fest, daß sie sich dem anpassen, was sie für die innersten Wünsche dieses Menschen halten; sie glauben, daß sie der Prototyp dessen werden können, was der andere für wünschenswert hält.

»Es fängt damit an, daß man es haßt, abgelehnt zu werden. Um nicht immer abgelehnt zu werden, lernt man, so wie jemand anders zu sein. Man lernt, wie man einen Fremden ansehen muß, zu spüren, inwiefern man gleich ist, und dann in diese Empfindung hineinzuschlüpfen. Es kann auf der Straße passieren, wo ich plötzlich auf jemanden losgehe und mich ihm in dem Punkt anpasse, in dem wir ähnlich sind.

Auf intimer Ebene ist es weit intensiver. Da habe ich das Gefühl: Was immer du willst, will ich auch. Was immer du verlangst – ich fühle dasselbe Verlangen. Was immer du sexuell willst, kann ich dir bieten. Wenn die Chemie vollkommen übereinstimmt, ist dies die wunderbarste Art der Intimität. Aber wenn ich spüre, daß ich an der Straßenecke stehe und einfach in das Leben von jemand anders hineinfalle, nur weil ich mich an diesem Tag unsicher fühle, ist die ganze Vorstellung des Verschmelzens für mich eine Last.«

Da die Aufmerksamkeit nach außen, nämlich auf die Wünsche anderer gerichtet ist, werden persönliche Bedürfnisse nicht beachtet. Aus psychologischer Sicht werden diese verdrängten Bedürfnisse befriedigt, indem die Zwei anderen hilft, das Leben zu leben, das sie gerne teilen möchte. In der Therapie kann ihr geholfen werden, indem sie persönliche Bedürfnisse erkennen lernt und ein stabiles Selbstgefühl entwickelt, das sich nicht verändert, um den Bedürfnissen anderer gerecht zu werden.

Aus der Sicht der Aufmerksamkeitspraxis können Zweier ihre Gewohnheit, nach Zeichen der Anerkennung von anderen zu suchen, unterbrechen lernen, indem sie die Aufmerksamkeit von anderen abziehen und sie auf ihren eigenen Körper lenken. Mit zunehmender Übung erkennen Zweier den Unterschied zwischen dem Verweilen bei den eigenen aktuellen Gefühlen und der Ausrichtung der Aufmerksamkeit auf andere.

Freiheit als Qualität des höheren Bewußtseins

Die Verlagerung der Aufmerksamkeit nach innen macht Zweiern oft sehr viel Angst. Obwohl sie eine wesentlich bessere Chance haben, ihre eigenen Bedürfnisse zu erkennen, wenn sie sich selbst gegenüber aufmerksam sind, unterbricht das Zurückziehen der Aufmerksamkeit von anderen eine Gewohnheit, von der die emotionale Sicherheit der Zwei abhängt. Zweier berichten im allgemeinen, sie fürchten, kein wahres Selbst zu haben, da sei nur ein schwarzes Loch im Bauch – und niemand lebe in dem Loch. Die Tatsache, daß echte Gefühle hochkommen können, wenn die Aufmerksamkeit von anderen abgezogen wird, ist für die Zwei, deren Sicherheit davon abhängt, anderen zu gefallen, nicht unbedingt eine gute Nachricht.

Zweier können sich so daran gewöhnen, die Wünsche anderer zu registrieren, daß sie sich nicht bewußt sind, wenn sie für ihre Hilfe eine Vergütung bekommen. Sie erkennen ihre Abhängigkeit von anderen, wenn sie selbständig handeln müssen. Selbständiges Handeln kann schreckliche Angst erzeugen, vor allem wenn es sich gegen die Wünsche eines Menschen richtet, dem die Zwei gefallen möchte. Sie hat das Gefühl, sie verliert seine Liebe für immer, wenn sie seine Bedürfnisse nicht erfüllt.

Viele Zweier berichten, sie erkennen ihre Wünsche und Gefühle eher, wenn sie allein sind, als wenn sie mit jemandem zusammen sind, den sie mögen. Sie sehen ihre Aufgabe darin, zu lernen, sich an ihre eigenen Bedürfnisse zu erinnern, während sie gleichzeitig spüren, was der andere will.

»Als meine zweite Ehe in die Brüche ging, zog ich weit weg in die Berge; ich wollte herausfinden, was ich wirklich im Leben wollte. Es war, als würde ich jetzt, da mein Mann nicht mehr die ganze Zeit da war, überhaupt nicht existieren. Es war bestürzend und erschreckend, mit mir allein sein zu müssen, entscheiden zu müssen, was zu tun war, um mir selbst jeden Tag Gesellschaft zu leisten, und dieses leere Loch in meinem Bauch zu konfrontieren, wenn ich zu meditieren versuchte. Ich fürchtete, daß der Abgrund keinen Boden hätte, daß ich immer tiefer in mich hineingehen und feststellen würde, daß niemand da ist.

Schließlich fand ich mich, ich fand meinen eigenen Rhythmus und lernte, wie ich mir selbst das geben konnte, was ich wollte. Ich lebte über drei Jahre dort draußen, und dann zog ich zurück in die Stadt und nahm mein altes Leben wieder auf. Am meisten überraschte mich, als ich wieder unter Leuten war, daß ich ziemlich genau wußte, was ich wollte, wenn ich allein war, aber wenn ich jemandem voll in die Augen sah, war ich mit seinen Gefühlen so verbunden, daß ich meine vergaß.«

Intuitiver Stil

Geber glauben, daß sie die innersten Gefühle anderer verstehen. Zweier-Kinder wurden dafür geliebt, daß sie gefielen; auch als Erwachsene sind sie davon überzeugt, sie hätten für die Wünsche anderer eine besondere Antenne. Wie bei jedem der neun Typen ergibt der intuitive Stil sich aus dem Aufmerksamkeitsstil, der dem Kind half, emotional zu überleben. Als Kinder waren Zweier vorrangig damit beschäftigt, Anerkennung einzuheimsen, und aufgrund ihres Bedürfnisses nach Liebe waren sie allmählich überzeugt, daß sie besonders fähig waren, die inneren Wünsche anderer zu erspüren.

Ob eine bestimmte Zwei objektiv sensibel für die Bedürfnisse anderer ist oder nur phantasiert, kann auch als Unterschied zwischen der Vorstellung, wie es wäre, jemand anders zu sein, und der echten Teilnahme am Leben eines anderen Menschen beschrieben werden. Die folgende Aussage zeigt den Unterschied zwischen Menschen, die lediglich glauben, für andere sensibel zu sein, und jenen, die wirklich Einfühlungsvermögen besitzen.

»Als ich in den Zwanzigern war, wurde ich von der Vorstellung beherrscht, daß ich einfach jeden liebte und sie mich wiederliebten. Ich war sicher, ich war das Lieblingskind aller, und ich wollte es ihnen einfach zurückgeben, indem ich ihnen zeigte, wie aufmerksam ich sein konnte.

Als ich heranwuchs und ein paar niederschmetternde Abfuhren von Leuten überleben mußte, die ich wirklich geliebt hatte, wurde mir allmählich klar, daß ich Leute manipulieren konnte, indem ich sie dazu brachte, mich sehr zu mögen. Ich stellte mir vor, was sie wollten, und handelte dementsprechend; oder ich stellte mir vor, wie es wäre, an ihrer Stelle zu sein, und rutschte dann in die Vorstellung eines ähnlichen Erlebnisses in meinem eigenen Leben hinein.

Wenn zum Beispiel eine Freundin mir anvertraute, was sie für einen Jungen empfand, etwa: ›Wenn ich mit ihm zusammen bin, ist es wie auf der Achterbahn, meine Gefühle gehen auf und ab‹, stellte ich mich selbst auf einer Achterbahn vor und versuchte, mir das als eine Möglichkeit des Verliebtseins auszumalen.

Viele Jahre später wurde ich Psychologin und hatte Erfahrungen, die ich als projektive Identifikationen bezeichnen würde; ich fühle dann, was mein Patient gerade durchmacht, auf eine Weise, die von meinen eigenen Erfahrungen weit entfernt ist. Inzwischen schätze ich dieses intuitive Verschmelzen als direkteste Möglichkeit, die Situation meines Patienten zu verstehen.

Ein herausragendes Beispiel für das, was ich als echte Einfühlung empfinde, ereignete sich, als ein Patient von mir versuchte, eine vergessene Periode seiner Kindheit aufzuarbeiten, in der er für ein paar Wochen in eine Pflegefamilie geschickt wurde. Während er in meinem Büro saß und die Tatsache beschrieb, daß er sich an keines der Ereignisse oder Gefühle erinnern konnte, die er während dieser Zeit gehabt hatte, wurde mir sehr warm; ich hatte das Gefühl, als ob mir schwindlig würde, obwohl ich wußte, daß es nicht so war. Als ich ihm meine Reaktionen beschrieb, wurde ihm klar, daß sein Körper sich ebenfalls heiß anfühlte, und schließlich lösten seine Körperempfindungen die verdrängte Erinnerung aus, wie er schwitzend in dem Kellerraum aufwachte, den er mit einem anderen Pflegekind in dem Haus teilte. Im Zimmer war es viel zu heiß, weil es zu nah am Heizungsraum lag, und er hatte während der Zeit fürs Mittagsschläfchen wachgelegen und über der Tatsache gebrütet, daß ihm nie gesagt worden war, wie lange er bei der Familie bleiben sollte, und daß er Angst hatte, danach zu fragen, weil er dachte, es könnte beleidigend sein und die Familie würde sich gegen ihn wenden.«

Die Tugend der Demut

Grundlage aller höheren Gefühle sind spontane, nicht vom Denken bestimmte Aktionen des Körpers. Echte Demut ist eine Reaktion, die nicht darauf beruht, etwas zurückzubekommen. Demut hat nichts zu tun mit tugendboldhaftem Denken oder Selbstaufopferung, die leicht das unbewußte Bedürfnis verschleiern, Kontrolle über andere auszuüben, indem man sie abhängig macht. Demütige Menschen sind sich vielleicht nicht bewußt, daß sie genau die richtige Dosis Hilfe geben oder daß es etwas

Besonderes ist, daß sie für das, was sie haben, dankbar sind und von anderen nichts zurückerwarten.

Demut ist die Anerkennung der eigenen echten Bedürfnisse und die natürliche Neigung, nicht mehr und nicht weniger zu nehmen, als notwendig ist. Ein Mensch, der seine Bedürfnisse kennt, wird bei der Hilfe für andere wahrscheinlich genau das richtige Maß finden und im richtigen Verhältnis zu den Erfordernissen geben. Demut bedeutet, nackt vor dem Spiegel zu stehen und für genau das dankbar zu sein, was er zurückwirft, ohne die eigenen Gefühle stolz aufzublasen, weil man sich mehr vorstellt, als da ist, oder sich klein zu machen, weil man nicht akzeptiert, was der Spiegel zeigt. Demütige Menschen sind auch in der Lage, die eigene objektive Beziehung zu anderen dankbar zu akzeptieren, anstatt sich in eine Position der Wichtigkeit zu manipulieren.

Eine für die Entwicklung der Demut hilfreiche Selbstbeobachtungspraxis besteht darin, zwischen objektiven, im Körper als Ergebnis des Gebens entstehenden Reaktionen und von Vorstellungen über Geben und Nehmen beherrschten Gefühlen unterscheiden zu lernen.

Zwei, Neun und Drei sehen ähnlich aus

Wie Neuner wissen Geber eher, was andere wollen, als was sie selbst wollen. Zweier verhalten sich jedoch anders als Neuner, weil erstere die persönliche Präsentation verändern, um durch Gefallen Kontrolle auszuüben. Neuner ändern sich nicht durch Geben, und sie kontrollieren auch nicht. Sie beschreiben ihr Verschmelzen mit anderen als »wie ein Spiegelbild sein«, das heißt, sie absorbieren und reflektieren den Standpunkt, den andere ihnen aufzwingen. Sie sagen, daß sie eher durch Langsamwerden oder Dichtmachen als durch Manipulation Kontrolle ausüben. Zwei und Neun unterscheiden sich auch darin, daß Zweier sich aktiv auf die Menschen zubewegen, mit denen sie sich identifizieren wollen, während Neuner eher träge darin sind, sich nach außen hin zu öffnen. Beide Typen beschreiben Gefühle des Verschmelzens mit anderen. Zweier verschmelzen mit dem, was im anderen ähnlich ist, oder mit dem Aspekt des anderen, der für sie inspirierend ist. Sie suchen sich die Menschen aus, mit denen sie verschmelzen. Es muß jemand sein, der es wert ist. Neuner beschreiben ihr Verschmelzen als »der andere werden und alles aufnehmen, was ich in ihm finde«. Eine Zwei verschmilzt, indem sie fühlt, was erwünscht ist, und sich ändert, um zu gefallen; sie verschmilzt mit dem anderen als Ganzes.

Wie die Menschen ihres Zentralpunkts (Drei) hat die Zwei die Verbindung zu echten persönlichen Gefühlen verloren. Die drei Punkte auf der rechten Seite des Enneagramms – Zwei, Drei und Vier – stellen verschiedene Möglichkeiten des Aufgebens tatsächlicher Kindheitsgefühle dar, um den Konflikt zwischen eigenen und elterlichen Bedürfnissen beizulegen. Die Zwei hat Probleme mit den Gefühlen, weil sie sich früh an die Bedürfnisse anderer anpaßte und später die Gewohnheit beibehielt, den Stimmungs- und Präferenzschwankungen anderer Aufmerksamkeit zu schenken. Die erfolgreiche Anpassung an die Bedürfnisse anderer garantierte Sicherheit und Schutz.

Zwei und Drei können ähnlich aussehen, wenn die Zwei sehr erfolgreich ist. Die Drei wird wahrscheinlich die Erfolgsleiter heraufklettern, weil sie eher für Leistung als für Gefühle belohnt wurde. Eine Zwei kann auch energiegeladen und beruflich ambitioniert sein, aber sie möchte eher um ihrer selbst willen geliebt werden als wegen ihrer Leistungen. Der Unterschied zwischen einer Drei und einer sehr erfolgreichen Zwei wird vielleicht durch folgendes Bild deutlicher: Die Drei ist der Musiker, der für das Publikum spielt, um eine große Schau abzuziehen; die Zwei ist der Schmeichler, der für dasselbe Publikum spielt, um seine Freundin in der ersten Reihe zu beeindrucken.

Vorzüge

Zweier vermitteln anderen das Gefühl, in Ordnung zu sein. Sie besitzen die Fähigkeit, aus anderen das Beste herauszuholen, und machen durch ihre Begeisterung schwierige Veränderungen leichter. Sie sind ausgesprochen glücklich in einer Position, in der sie Aspiranten auf die Macht unterstützen können, und ein großer Trumpf für Freunde oder Teilhaber, die einen fast aussichtslosen Kampf kämpfen. Beziehungen sind die wichtigste Facette ihres Lebens, und sie erhalten sie auf jeden Fall lebendig – sei es durch Streit, Verführung, das Verschmelzen mit den Bedürfnissen des Partners oder indem sie Unruhe stiften. Zweier können wütend werden und behalten Groll nicht für sich. Sie nehmen sich Zeit, die Feste zu begehen, die Leute zusammenbringen. An Geburts- und Namenstage denken sie mit einem speziellen, mit Bedacht ausgesuchten Geschenk.

Subtypen

Die Unter- oder Subtypen sind Ausdruck der während der Kindheit entwickelten Themen. Das Kind griff auf die durch sie repräsentierten Strategien zurück, als es versuchte, persönliche Bedürfnisse durch das Tätigwerden anderer befriedigt zu bekommen.

Verführung/Aggression in der Zweierbeziehung

Verführung beruht auf dem Begehrt-werden-Wollen als Zeichen der Anerkennung und bringt es mit sich, einen anderen anzuziehen. Aggression meint die Überwindung von Hindernissen durch Konfrontation und ist ein Vorstoß in Richtung Kontakt.

»Ich kann mich auf jeden Fremden in einer Menge konzentrieren und wissen, ob er für mich verfügbar ist. Es ist, als wollte mein

Körper sich in die für sie richtige Paßform zwängen, und ich nehme es körperlich wahr, wenn ich die Verbindung hergestellt habe. Wenn meine Verbindung sich sicher anfühlt, gehe ich auf sie zu und weiß bereits, daß sie mich mögen.«

Ehrgeiz in sozialen Situationen

Ehrgeiz bringt den Umgang mit mächtigen Menschen als Quelle des Schutzes und als Sicherheit für den Status innerhalb der Gruppe mit sich.

»Ich wurde kürzlich für die psychiatrische Abteilung in einem Allgemeinkrankenhaus eingestellt. Ich beobachte mich selbst, wie ich die Meetings meiner Abteilung auskundschafte. Wer sitzt neben wem? Wer wird von den hohen Tieren respektiert? Ich muß diejenigen kennenlernen, die in der Popularität steigen, und mit ihnen Freundschaft schließen.«

Ich zuerst (Privileg) im Bereich der Selbsterhaltung

Die folgende Aussage illustriert die Ich-zuerst-Haltung: »›Geh mir aus dem Weg!‹ ist ein Schlüsselsatz. Ich fühle Wut, wenn ich Schlange stehen oder mitten in der Menge warten muß, bis die Cafeteria aufmacht. Für mich wird nicht genug dasein, wenn die anderen bekommen, was sie wollen, und ich werde so wütend über die Erniedrigung, übergangen zu werden, daß ich mich an die Spitze der Schlange manövriere.«

Was Zweiern hilft, sich zu entfalten

Zweier beginnen eine Therapie oder eine Meditationspraxis oft mit dem Wunsch, das wahre Selbst zu finden. Dies bedeutet, daß sie zwischen tatsächlichen Wünschen und der Ausrichtung auf die Erfüllung oder Bekämpfung der Wünsche anderer unterscheiden lernen müssen. Typisch sind Beziehungsprobleme oder

Krankheiten wie Migräne oder Asthma, die auf der psychosomatischen Umsetzung verdrängter Bedürfnisse beruhen. Zweier sollten erkennen, wann die Aufmerksamkeit sich von tatsächlichen Gefühlen auf die Willfährigkeit gegenüber den Gefühlen anderer verlagert. Sie können sich selbst helfen, indem sie:

– das Bedürfnis zu manipulieren wahrnehmen,
– den tatsächlichen Wert anderer anerkennen, das Pendeln zwischen stolz-wichtigtuerischer Aufgeblasenheit und übertriebener Demut bemerken,
– Schmeichelei als Zeichen aufkommender Angst erkennen, die Versuchung bemerken, Macht an andere abzugeben,
– über die erste emotionale Reaktion hinausgehen (erste Reaktionen können ein oberflächliches Zurschaustellen sein, das echte Gefühle verbirgt),
– bemerken, wie reizvoll es sein kann, eine ganze Therapiestunde lang volle Aufmerksamkeit zu bekommen,
– über sich selbst sprechen wollen,
– den Wunsch wahrnehmen, hilflos zu erscheinen, damit die Therapie angenehm bleibt, und kein Material zu bringen, das den Stolz oder ein gutes Image befleckt,
– die im Widerspruch stehenden Prioritäten der verschiedenen Selbst-Formen sehen und eine unbeirrbare Präsentation entwickeln, die sich nicht ändert, um anderen zu gefallen,
– Zorn als Hinweis auf echte Gefühle und psychosomatischen Symptomen zugrunde liegende Konflikte verstehen,
– andere nicht durch Schmeichelei anziehen und erkennen, daß das Bedürfnis nach Vergeltung von verletztem Stolz herrührt.

Mögliche Reaktionen in Zeiten der Veränderung

Zweier sollten sich bewußt sein, daß während einer Veränderung die folgenden Reaktionen auftreten können:

- der Wunsch, jemand anders zu spielen, sich verschiedene Weisen, geliebt zu werden, vorzustellen,
- Unsicherheit über die verschiedenen Selbst-Formen (»Welches ist das wahre Ich?«),
- sich in Beziehungen für den/die Zweitbeste entscheiden, eigentlich den »Besten« wollen, aber aus Angst vor Ablehnung bei dem bleiben, »der mich mehr braucht«,
- Angst, kein wahres Selbst zu besitzen, ein Abklatsch zu sein oder andere Leute nachzumachen, beim Meditieren Angst vor dem »leeren Loch« im Bauch,
- aufkommende Unsicherheit hinsichtlich des Überlebens ohne den Schutz anderer,
- Angst, Beziehungen erkauft zu haben, andere zum Narren gehalten zu haben, als man sie sich zu Freunden machte,
- der Glaube, daß man, wenn man Anerkennung erhält, auch Liebe bekommt, die Überzeugung, daß Unabhängigkeit dazu führt, daß man nie mehr geliebt wird,
- theatralische Ausbrüche, wenn die Gewohnheit, Anerkennung zu suchen, mit hochkommenden echten Bedürfnissen kollidiert, die Überzeugung, daß andere versuchen, die Freiheit einzuschränken,
- das Kämpfen um Freiheit, Weigerung, Verpflichtungen einzugehen, die den Ausdruck der verschiedenen Selbst-Formen zu beschränken scheinen, Verlangen nach unbegrenzter Freiheit,
- Neigung zu schwierigen Beziehungen, Aufrechterhalten der Kontrolle, indem man auf den/die aus ist, der/die schwer zu bekommen ist, Verhindern wirklicher Intimität,
- Unerfahrenheit mit wirklicher Intimität (echte sexuelle und emotionale Gefühle sind nicht vertraut), braucht Zeit, um echte Gefühle zu erkennen und beizubehalten, die nicht durch die Wertschätzung anderer beeinflußt sind, Bedürfnis, den Unterschied zwischen vorübergehenden Neigungen und Abneigungen und einer tieferen Ebene der Verpflichtung zu sehen.

8. Punkt Drei: der Dynamiker

	Erworbene Persönlichkeit	Wesenskern
Kopf	Haupteigenschaft: Eitelkeit	Höheres Bewußtsein: Hoffnung
Herz	Leidenschaft: Täuschung	Tugend: Ehrlichkeit

Subtypen
Sexuell: Bild von Männlichkeit/Weiblichkeit
Sozial: Prestige
Selbsterhaltung: Sicherheit

Das Dilemma

Dreier waren die Kinder, die wegen ihrer Leistungen geschätzt wurden. Sie erinnern sich, daß sie aus der Schule nach Hause kamen und gefragt wurden, was sie gut gemacht hatten, und nicht, wie sie sich an diesem Tag gefühlt hatten. Leistung und Image wurden eher belohnt als emotionale Beziehungen oder ein tiefgehendes Interesse am Leben anderer. Weil sie für ihre Leistungen geliebt wurden, lernten sie, ihre Gefühle abzustellen und ihre Aufmerksamkeit auf die Erreichung des Status zu richten, der ihnen Liebe garantieren würde. Sie wollten für Anerkennung hart arbeiten, eine Führungsrolle übernehmen und gewinnen. Versagen mußte vermieden werden, denn nur Gewinner waren der Liebe wert.

Dreier scheinen im Kontext einer esoterischen Lehre seltsam modern. Sie sind die Erfolgreichen, die sich mit dem üblichen westlichen Image von Jugend, Energie und Wettbewerb identifiziert haben. Sie übernehmen das Prototyp-Image jeder Gruppe: Sie sind der Geschäftsführer im Nadelstreifenanzug, die Supermutter, die alles schafft, die munteren Kinder aus der Fernsehwerbung, der Hippie mit den hüftlangen Haaren. Dreier sind Chamäleons, die sich in die geachteten Erfolgsmenschen der Gruppe verwandeln können, zu der sie gerade gehören; sie kommen so unabsichtlich zu der Überzeugung, daß sie das Bild sind, das die von ihnen respektierten Menschen schätzen.

Da Dreier sich Eigenschaften anpassen, die in der westlichen Kultur honoriert werden, präsentieren sie ein äußeres Bild von Optimismus und Wohlbehagen. Sie scheinen nicht zu leiden und sind ihr ganzes Leben lang blind gegenüber der Tatsache, daß sie die Beziehung zu ihrem Innenleben verloren haben. Sie arbeiten für äußere Belohnungen, oft ohne zu prüfen, welche Gefühle sie ihrer Arbeit entgegenbringen; sie identifizieren sich mit dem berühmten Namen einer Firma und bestimmen ihren Wert nach der Anzahl der Nullen im Jahreseinkommen. Die Arbeit selbst mag sterbenslangweilig sein, aber ein eindrucksvoller Titel gleicht das aus. Wie eine Drei sagte: »Nicht darüber nachdenken, einfach die Arbeit tun.« Aktivität ist ein natürliches Antidepressivum; Dreier bleiben einfach so geschäftig, daß sie keine Zeit haben, sich vom Leben niederdrücken zu lassen.

Arbeit ist ihr bevorzugter Akivitätsbereich, und da ihr Wert vom Erfolg abhängt, können sie sich völlig einer Aufgabe verschreiben. Sie bewegen sich sofort von der Idee zur Aktion, das heißt, zwischen Denken und Tun liegt nur sehr wenig Zeit. Das Leben ist hochenergetisch und voller freudiger Ereignisse und interessanter Aktivitäten; durch diese Konzentration auf die persönliche Leistung wird ein Innenleben, das durch echte Intimität und emotionales Hinterfragen entsteht, zwangsläufig aufgegeben.

Den meisten Dreiern ist nicht bewußt, daß ihr ständiges Tun jene Art von Kreativität verhindert, die sich nur entwickelt, wenn man sich längere Zeiten dem Sein und Fühlen widmet. Dreier sorgen dafür, daß ihr Terminkalender voll ist. Den ganzen Tag wird agiert, so daß für das Hochkommen von Gefühlen keine Zeit bleibt. Sie nehmen Arbeit mit in die Ferien und füllen ihre Freizeit mit einer Studienreise oder einem Fünf-Länder-Besichtigungs-Marathon, der sicherstellt, daß sie den ganzen Urlaub hindurch aktiv beschäftigt sind. Freizeit ohne das sichere Wissen, was sie als nächstes zu tun haben, erschreckt sie; schließlich sind sie aufgrund ihrer Konditionierung überzeugt, daß ihr Wert davon abhängt, was sie tun, und nicht davon, wer sie sind.

Freizeit wird auch vermieden, weil in ihr möglicherweise persönliche Gefühle bewußt werden, und diese wiederum könnten die Effizienz der Arbeitsleistung beeinträchtigen. Dreier glauben nicht, daß Krankheit oder ein Privatleben dem Arbeitsrhythmus in die Quere kommen dürfen; sie sind daher intolerant gegenüber Menschen, die weniger leisten oder sich von ihren Gefühlen niederdrücken lassen.

Dynamiker sind eitel; sie bilden sich auf das, was sie tun, etwas ein. Ihre Selbstachtung hängt eher davon ab, daß sie Anerkennung produzieren, als davon, als Mensch geschätzt zu werden. Sie sagen, daß sie sich so auf die zu erledigende Aufgabe konzentrieren, daß ihre Gefühle abgestellt sind; Komplimente beziehen sie eher auf ihr Werk als auf sich selbst.

In intimen Beziehungen verwandeln Dreier sich in ein Modell, das heißt, sie spielen die Rolle eines Menschen in einer intimen Beziehung und sagen das, was ihrer Meinung nach ein intimer Freund sagen würde. Dabei ist ihnen oft bewußt, daß sie eher das Image eines einfühlsamen Menschen vermitteln, als zu den Gefühlen, die mit Intimität einhergehen, tatsächlich eine Verbindung zu haben. Mitten in einem gefühlvollen Augenblick kann die Aufmerksamkeit der Drei sich auf andere Dinge verlagern. Die Verabredung abends um neun oder das Mittagessen mit dem Chef fallen ihnen plötzlich ein, wenn Gefühle hochkommen könnten. Im Interesse einer effektiven Arbeitsleistung werden

Emotionen jahrelang abgestellt, bis sie schließlich mit der Erledigung der Arbeit überhaupt unvereinbar werden.

Liebe wird durch Taten ausgedrückt, und das Familienleben gleicht einer Reihe perfekter Bilder. »Wir verreisen zusammen. Wir spielen sehr viel Tennis. Wir reden über die Kinder.« Die Aufmerksamkeit liegt auf Aktivitäten und Terminen und nicht auf der freien Zeit, in der man einfach nichts tut und zusammen ist. Eine Drei hat eine Beziehung, die glattläuft; eine Ehe, die »funktioniert«. Beruf und Einkommen zählen. Es ist wichtig, Projekte und Vorhaben am Leben zu halten; es ist wichtig, Versagen zu vermeiden und den Erfolg zu maximieren.

Das Gefühl des inneren Optimismus erhält dadurch Nahrung, daß positiven Leistungen selektive Aufmerksamkeit geschenkt wird. Niederlagen verwandeln sich in begrenzte Erfolge; persönlicher Einsatz vor Terminen und aus Gründen des Wettbewerbs ist der Muße vorzuziehen. Mit der Zeit entwickelt eine Drei die Fähigkeit, sich ihrer beruflichen Rolle anzupassen und das einer professionellen Präsentation angemessene Image und die entsprechenden Charakteristika zu verkörpern.

Die chamäleonartige Fähigkeit, das Verhalten eines erfolgreichen Rollenvorbilds anzunehmen, soll andere beeindrucken und sie dahingehend beeinflussen, daß sie sich auf das Können der Drei verlassen. Sie kann aber auch eine Quelle großer Selbsttäuschung sein, da die Drei echte Gefühle durch solche ersetzt, die erfolgreiche Leute vergeblich haben. Die nicht erkannte Selbsttäuschung wird stärker, wenn die Drei sich mit dem Verhalten der »effizienten Führungspersönlichkeit« oder »des idealen Liebhabers meines Partners« zu identifizieren beginnt; dies kann so weit gehen, daß das angenommene Image echte Bedürfnisse ersetzt.

Dreier leiden unter der Gewohnheit, sich selbst und andere zu täuschen, indem sie das Image annehmen, das Respekt garantiert. Ihre Arbeitssucht erinnert an einen gehetzten Erfolgsmenschen, der nicht aufhören und nicht ausruhen kann; in pathologischen Extremfällen ist dieses Image korrekt. Die dieser Kategorie angehörenden Dreier sind laut eigener Aussage von dem neurotischen Bedürfnis getrieben, sich hervorzutun; ihre Aufmerksamkeit konzentriert sich dann so auf die Aufgabe, daß sie das ideale Vorbild für ihre jeweilige Tätigkeit zu werden scheinen und zwischen dem zugehörigen Image und ihnen selbst nicht mehr unterscheiden können. Diese Dreier sind auch in der Lage, zu beobachten und zu beschreiben, wie ihr Verstand in nicht von Hetze bestimmten Zeiten der Ruhe funktioniert. Da sie sich selbst gegenüber eine beobachtende Haltung einnehmen und die Arbeitsweise ihrer inneren Gewohnheiten reflektieren können, haben sie gute Chancen, ihrem neurotischen Stil zu entwachsen.

Hauptthemen

– Identifikation mit Errungenschaften und Leistung.
– Effizienz.
– Konkurrenz und das Vermeiden von Mißerfolgen.
– Die Überzeugung, daß sie geliebt werden, weil sie etwas produzieren, und nicht, weil sie sind, wer sie sind.
– Selektive Ausrichtung der Aufmerksamkeit auf das Positive. Ausblenden von Negativem.
– Wenig Zugang zu persönlichen Gefühlen. Emotionen werden abgestellt, damit die Arbeit erledigt werden kann.
– Präsentation eines auf Bestätigung ausgerichteten Images. Eine stark profilierte öffentliche Persona.
– Verwirrung zwischen dem wahren Selbst und den Rolle oder Beruf entsprechenden Charakteristika.
– Ein Aufmerksamkeitsstil, der als konvergentes Denken bezeichnet wird; ein mehrgleisiges Denken, das sich auf ein einziges Ziel richtet.

– Intuitive Anpassung der Selbstdarstellung, oft so weit, daß das Image für das wahre Selbst gehalten wird.

Familiengeschichte

Dreier wurden für das geschätzt, was sie produzieren oder leisten konnten, und nicht für das, was sie waren. Sie lernten, daß eine erfolgreiche Leistung ihnen Bestätigung und Liebe einbrachte, und wurde geschickt darin, für sich selbst Reklame zu machen und ein Image zu präsentieren, das die idealen Charakteristika einer Rolle verkörperte.

»Ich habe meinen Wert nie anders gemessen als in bezug auf etwas Greifbares, das andere Leute sehen konnten. Meine vier kleineren Geschwister lagen im Alter nah beieinander. Ich hatte eine konventionelle Mittelstandserziehung, in der viel von Liebe geredet wurde, es aber nicht viel Kontakt gab. Erfolg zu haben wurde deshalb wie ein Pferderennen, bei dem ich als besonderes, von allen anderen verschiedenes Wesen nur wenig Anerkennung bekam. Um diese Anerkennung zu bekommen, mußte ich im Klavierspielen ein As sein oder den Kalender machen, der für das Schwarze Brett in der Klasse ausgesucht wurde, oder was sonst immer die Leute aufmerksam machen konnte.

Wenn ich etwas leistete, wurde ich beachtet, genährt von dieser kleinen Quelle der Liebe. Es wurde zu einem Faß ohne Boden; jede Leistung wurde zum Bezugspunkt für den nächsten Erfolg. Die Leistungen summierten sich nicht, man mußte immer mehr bringen; mein Wert bemaß sich schließlich daran, was ich an dem Tag oder in der Prüfung in der Schule oder in jener Interaktion geleistet hatte.«

Die Charakteristika eines Typs sind während der späten Teen-agerjahre und im Twenalter am stärksten ausgeprägt. Die folgende, von einer siebzehnjährigen Besucherin der High-School stammende Aussage ist für die Beschäftigung einer jungen Drei mit wettbewerbsorientierter Leistung und dem Vermeiden von Mißerfolgen typisch.

»Außer daß ich in der Schule glatte Einser schaffen muß, trete ich in unserer großen Tanzvorstellung auf, und ich bemühe mich wirklich sehr, ein erfolgreiches soziales Leben zu führen. Ich arbeite jeden Tag von eins bis fünf, von acht bis zwölf gehe ich zur Schule. Ich komme nach Hause, mache meine Hausaufgaben, entwerfe Tänze und bleibe bis zwei Uhr morgens auf. Im Grunde mache ich es, weil mich niemand mag, wenn ich es nicht tue. Ich möchte es in der Schule wirklich gut machen, aber ich kann nicht sagen, daß ich auf die Fächer scharf bin. Vor allem möchte ich mit einem guten Zeugnis herauskommen, weil dann die Leute denken, daß ich alles habe. Ich gehe also hauptsächlich zur Schule, um anerkannt zu werden, und nicht so sehr wegen der Sache.

Ich habe sechs Jahre Gymnastik gemacht, vier Stunden am Tag, sechs Tage in der Woche, jeden Abend von sechs bis zehn, und die letzten drei Jahre haßte ich das. Damals wußte ich nicht, daß ich es haßte, erst als ich damit aufhörte. Ich war einfach immer auf Trab. Nach Hause gehen, Hausaufgaben machen, zur Gymnastik gehen, weiter Hausaufgaben machen, schlafen gehen, zur Schule gehen, immer weiter und weiter und weiter. Man hat keine Zeit, innezuhalten und zu denken: Macht es mir eigentlich Spaß, was ich tue? Ich ging zu Wettbewerben, und eigentlich mochte ich sie nicht, aber wer konnte es sich leisten, herumzusitzen und zu jammern? Und ich gewann, und mein Vater und meine Mutter dachten, daß es großartig war, und ich dachte, weiter, weiter, mach noch mehr.

Es kam so weit, daß ich Schwierigkeiten hatte, im Fernsehen die Olympischen Spiele anzusehen. Ich mußte die Gymnastik entweder aufgeben, oder ich würde einen Nervenzusammenbruch bekommen. Was mich schließlich überzeugte aufzuhören, war, daß eine Freundin aufhörte, und es war in Ordnung, und niemand war deshalb böse auf sie. So hörte ich eines Tages einfach auf. Ich hatte dann nichts mehr zu tun, also mußte ich all dieses Extrazeug in meinen Zeitplan packen, und ich ging auf die Suche und fand einen Job und begann zu tanzen, und ich bin Klassensprecherin, alles mögliche. Jetzt muß ich in Stanford[41] ankommen.

Ich erzähle aber niemandem, daß ich nach Stanford will, zumindest niemandem, der herausfinden kann, daß ich es nicht schaffe. Ich kann nicht beschreiben, wie schlimm es sich anfühlt, etwas zu wollen und nicht sicher zu sein, daß man gewinnen kann; wenn es also schiefgeht, werden auch meine besten Freunde nicht herausfinden, daß ich versagt habe, und ich kann daran arbeiten, es zu vergessen. Das ist dann vorbei, ich habe andere Sachen zu tun.«

Dreier werden zum idealen Prototyp jeder Gruppe, die sie schätzen. Wenn sie in einer Familie aufwachsen, die von öffentlicher Leistung eine hohe Meinung hat, werden sie sich in diesem Bereich bemühen. Wenn die Familie andere Arten von Leistung schätzt, wird ein Dreier-Kind hart arbeiten, um diesem Bild zu entsprechen. Eine Frau, die auf dem Land aufwuchs, beschreibt ihre familiäre Situation wie folgt.

»Von klein an erzählte meine Mutter mir, daß ich etwas Besonderes tun würde. Nicht, daß ich etwas Besonderes war, sondern daß ich etwas ganz Besonderes *tun* würde. Sie erzog mich allein und war emotional ziemlich instabil, und deshalb war ich ihr gefällig, indem ich meinen Bruder und meine Schwester aufzog, die beide jünger waren. Zur Gelehrsamkeit wurde ich nicht ermutigt, eher dazu, ein Helfer in häuslichen Angelegenheiten zu sein, mich um Leute zu kümmern. Ich machte meinen eigenen Laden auf und verkaufte ihn sechs Monate später mit Gewinn. Von dem Augenblick an, in dem wir die Türen aufmachten, war es ein Erfolg. Ich habe eine gute Hand fürs Geschäft, denn ich weiß genau, was die Leute wollen, und ich gebe es ihnen.

In puncto Produktivität könnte ich ein paar Stunden über Wirtschaftspraxis nehmen und mich dann einstellen lassen, um zu unterrichten. Sobald ich einmal die Grundlagen habe, spüre ich eine innere Herausforderung, mich richtig hineinzuknien und als Autorität akzeptiert zu werden, von Leuten respektiert zu werden, die ich bewundere. Als Kind fühlte ich mich nicht deshalb geliebt, weil ich war, wie ich war, sondern ich wurde für eine gut gemachte Arbeit gestreichelt. Es ist ein schwacher Punkt bei mir, auf den ich achten muß. Fast jeder kann meine Zeit in Anspruch nehmen, wenn Streicheleinheiten und Anerkennung im Spiel sind.«

Mehrphasige Aktivität

Weil Liebe fürs Produzieren und nicht für das wahre Selbst gegeben wurde, entwickeln Aktivität und Produktion sich schließlich zu einer Form der Kontrolle. Geschäftigkeit garantiert einen beständigen Strom von Ergebnissen und absorbiert außerdem effizient jede freie Zeit, in der Angst vor einem möglichen Scheitern hochkommen könnte. Eine Drei ist daran gewöhnt, verschiedene Dinge auf einmal zu tun, und hält es für einen effektiven Gebrauch der Zeit, so viele Eisen wie möglich im Feuer zu haben. Außenstehende sehen das Bedürfnis der Drei nach ständiger mehrphasiger Aktivität jedoch eher als Möglichkeit, für Gefühle keine Zeit zu haben.

»Ich kann telefonieren, meine Tochter füttern, eine Verabredung treffen und einer Unterhaltung zuhören, alles auf einmal – und alles registrieren. Es ist dasselbe, wie zwei oder drei Jobs nebeneinander zu haben; bevor man die aktuelle Aufgabe abgeschlossen hat, ist immer schon die nächste Sache dran. Es entsteht ein wirkliches Gefühl der Sicherheit, wenn die Zeit ausgefüllt ist, ohne tote Räume.

Entspannung hat den Zweck, sich für die nächste Runde fertigzumachen. Das heiße Bad ist im Plan, weil es meinem Körper guttut, und während ich drin bin, steht auf der Badewannenablage ein Kassettenrecorder bereit, und meine Gedanken sind beim nächsten Tag, bei der nächsten Konferenz, beim nächsten Geschäft. Wenn ich vom Kontakt zu Leuten, die mir sagen, wie toll ich alles mache, abgeschnitten bin und wenn ich kein gutes Feedback bekomme, ist die Versuchung groß, zur Gymnastik zu rennen oder zu irgendeinem anderen Ort, an dem Leute sind, die mich ein bißchen loben.«

Image

Da die Bestätigung von einer erfolgreichen Leistung abhängt, konzentrieren Dreier sich so auf die mechanischen Aspekte einer Tätigkeit, daß sie ihre Gefühle vergessen und ein Image zu vermitteln beginnen, das zu der jeweiligen Aufgabe paßt. Dreier verändern ihre äußere Präsentation mühelos; oft stellen sie fest, daß sie sich intuitiv angepaßt haben, um ein Image zu verkörpern, das ihre Botschaft vermittelt oder sie beruflich stärker in Erscheinung treten läßt.

In dem Maße, in dem Dreier sich bewußt sind, daß das von ihnen vermittelte Image nicht unbedingt ihre emotionale Haltung wiedergibt, können sie ihr Image ändern, ohne sich mit einer gut angesehenen Fassade zu identifizieren, die von anderen Aufmerksamkeit bekommt. Bewußte Dreier wissen, daß sie beim Arbeiten ihre Emotionen abstellen und sich selbst aufgeben, um so zu werden, wie andere sie haben wollen. Sie sagen auch, daß sie auf ihre Fähigkeit aufpassen müssen, andere durch die Vermittlung eines Glaubwürdigkeit ausstrahlenden Images zu täuschen.

Wenn Dreier sich ihrer Gewohnheit, persönliche Gefühle während der Arbeit abzustellen, nicht bewußt sind, glauben sie gern, daß sie und das von ihnen vermittelte Image dasselbe sind. Wenn sie dann erkennen, daß ihre Bedürfnisse einem stark profilierten, die Effektivität einer Rolle maximierenden Image zuwiderlaufen, ist dies oft mit Schmerzen verbunden.

»Es verändert sich, je nachdem, in welcher Gruppe ich mich befinde. Es ist wie bei einem Verwandlungskünstler; ich spüre, wie ich in das hineingehe, was die Gruppe von mir will. Materiell gesehen hat man drei oder vier verschiedene Kostüme in seiner Garderobe, so daß man überall hinpaßt, wo man hingehen muß. Ungefähr zehn Jahre lang wechselte ich im Verlauf eines einzigen Tages vom dreiteiligen Anzug zur vollständigen Motorrad-Lederausstattung und dann zum Abendanzug; innerlich änderte ich mich genausooft, je nach der Gruppe, innerhalb deren ich mich aufhielt.

Ich weiß sofort, wie ich bei anderen ankomme. Ich spüre ein Prickeln in meinem Körper, als ob ich lebendig wäre, wenn ich den Draht zu anderen finde. Wenn dies nicht passiert, wenn ich also gewissermaßen keine Punkte gemacht habe, spüre ich dies als Nicht-Energie, als ob nichts da wäre. Ich weiß, wann ich akzeptiert werde, denn ich kann in meinem Körper fühlen, daß ich den Erwartungen entspreche und Eindruck mache.«

Werbeagenturen verkörpern klassische Dreier-Qualitäten. Werbeleute sind in Kontakt mit den von anderen geschätzten Bildern und können sie in ansprechender Weise verpacken und fördern. Dreier übernehmen geschickt das Bild, das von ihrer sozialen Gruppe am meisten geschätzt wird; sie werden zu ihm – dem kompetenten Profi, dem idealen Vereinsmeier, dem perfekten Partner. Arbeit ist das bevorzugte Interessengebiet, aber wenn ein geruhsamerer Lebensstil akzeptiert wird, übernimmt eine Drei wahrscheinlich diesen Stil und kann Jahre damit verbringen, ein Image auszuleben, anstatt mit ihren tatsächlichen emotionalen Präferenzen in Kontakt zu kommen.

»Ich lebe mit meinen zwei Söhnen und meiner Teilzeit-Therapiepraxis in einem Vorort, in einem idealen Rahmen mit allem, was ich immer im Leben wollte. Ich kann jedoch nur schwer sagen, was ich die meiste Zeit fühle. Am meisten bewußt ist mir das Äußere von Dingen. Sind meine Kinder sauber, sehen sie glücklich aus? Es ist schwierig, einfach mit ihnen zusammenzusein, ohne alles in irgendeine Aktivität zu verwandeln. Mir ist klargeworden, daß ich das Image einer perfekten alternativen New-Age-Therapeutin kultiviere, die mit ihren Söhnen in einem Vorort lebt.«

Ein Dynamiker paßt sich an, um zum Prototyp der kulturellen Norm zu werden, die geschätzt wird. Ein Surfer hat ein tolles Brett und die perfekte Sonnenbräune, ein Manager zeigt einen charismatischen Führungsstil. Die Aufmerksamkeit ist nach außen gerichtet, auf alle Hinweise, die positive Aufmerksamkeit von anderen signalisieren; dies geht so weit, daß Dreier das Bewußtsein von persönlichen Gefühlen abziehen und hart arbeiten, um einen beeindruckenden persönlichen Stil zu vermitteln. Die Selbsttäuschung ist komplett, wenn tatsächliche Gefühle im Untergrund verschwinden und durch ein Pseudoselbst ersetzt werden, das durch das Überstülpen eines vertrauenerweckenden Präsentationsstils Führungspositionen übernimmt.

»Die großen Entscheidungen meines Lebens wurden unter dem Aspekt des Images getroffen. Ich entschied mich für eine bestimmte Beziehung wegen des Images, das die Frau hatte. Ich wählte das College, die Art Arbeit, die ich tun wollte, die Studentenverbindung, der ich angehören wollte, alles auf der Grundlage des Prestiges.

Diese Entscheidungen wurden auch gegen ein Image getroffen, denn ich wollte nicht als Außenseiter gesehen werden, als Angehöriger der Gegenkultur, ich möchte dieses Image nicht ausleben. Es kann daher zu einem Zwang werden, mit der attraktivsten Frau beim Tanzen zu sein oder die meisten Auszeichnungen in der Gruppe zu haben.«

Das Ersetzen wirklicher Gefühle durch ein akzeptables, leistungsfähiges Selbst kann besonders schmerzhaft sein, wenn Dreier bemerken, daß sie sich vertrauten Menschen ehrlich und dauerhaft, mit den passenden Nuancen und einer gewinnenden Präsentation verpflichten können, ohne mit den Gefühlen, die sie sich beschreiben hören, wirklich in Kontakt zu sein. Eine persönliche Krise entwickelt sich, wenn eine Drei sich der Diskrepanz zwischen tatsächlichen Gefühlen und der Tatsache, daß sie andere durch eine gefällige Fassade zum Narren gehalten hat, bewußt wird. Sie fühlt sich dann wie ein Schwindler, wie jemand, der mit einer betrügerischen Geschichte davongekommen ist. Die Erkenntnis, daß echte Gefühle nicht immer zu den von anderen geschätzten Rollen passen, kann mit wirklicher Wut einhergehen. Dreier sind wütend über die Tatsache, daß andere so leicht auf eine schöne Fassade hereinfallen und sie nicht um ihrer selbst willen geschätzt werden.

»Wenn man in einer Situation ist, in der man sich nicht wohl fühlt, kann man Gefühle zeigen, aber man zeigt sie nicht, weil man sie wirklich fühlt, sondern weil angenommen wird, daß man sie fühlt. Wenn zum Beispiel jemand sagt, daß ihm etwas an dir liegt, erwiderst du dasselbe, weil deine Freunde es genauso machen – es wird einfach getan, ob du es wirklich fühlst oder nicht. Du kannst dir das Image geben, gefühlvoll zu sein, obwohl dein Kopf in Wirklichkeit hunderttausend Kilometer weit weg ist und etwas anderes tut. Man könnte an der Schwelle des Todes stehen und immer noch ganz ruhig aussehen. Wenn ich am Verhungern wäre und man mir einen Napf mit Essen hinstellt, wäre es fraglich, ob ich zugreifen würde, während jemand anders zuschaut; so sicher ist man, daß man sofort abgelehnt würde, wenn man in den Augen eines Menschen, den man achtet, schlecht aussieht.«

Dreier identifizieren sich mit den Images, die sie vermitteln: wunderschönen Bildern von Jugend, Intelligenz und Produktivität. Es kann eine schockierende Erkenntnis sein, wenn eine junge

Drei entdeckt, daß Außenstehende zwischen ihrem wahren Wesen und dem Pseudoselbst, von dem die Drei glaubt, daß es ein bißchen Liebe gewinnen wird, unterscheiden können. Da in ihrer Kindheit nur die Erfolgreichen geachtet wurden, stehen erwachsene Dreier unter dem Zwang, der Erste zu sein, der Gewinner zu sein, der es wert ist, geliebt zu werden. Außenstehende empfinden Dreier auch als gehetzte, im Existenzkampf stehende Menschen, die sich um des persönlichen Gewinns willen verkauft haben.

Die Aufmerksamkeit von Dynamikern ist auf den Vergleich mit anderen und den Erwerb von Statussymbolen als greifbarer Beweis des Erfolgs gerichtet. Sie bilden sich etwas ein auf ihre Leistungen, ihre Auszeichnungen, den Sieg über ihre Konkurrenten. Sie bemühen sich, in Positionen zu kommen, in denen sie Macht über das Leben anderer Menschen haben. Sie sind narzißtisch in dem Sinn, daß sie von ihrer Kompetenz und ihrer Überlegenheit überzeugt sind, und konzentrieren sich selbstbezogen auf die Projekte, die ihnen in ihren Augen Wert verleihen. Ihre Eitelkeit beruht jedoch auf ihrer Fähigkeit, zu leisten und zu verdienen, und nicht auf dem vorgetäuschten Gefühl eines angeborenen natürlichen Werts. Dreier arbeiten für das, was sie bekommen; ihre Stärke liegt darin, den Wettbewerb zu überleben und das Projekt zu beenden. Anders als echte Narzißten sind Dreier sich jedoch bewußt, daß die Welt ihnen nicht den Unterhalt schuldet, und sie bekommen große Angst, wenn sie nicht in der Lage sind, sich Status und Respekt zu verschaffen. Sie vertrauen ihren Fähigkeiten, glauben aber nicht, daß sie ihren Lebensunterhalt nicht verdienen müssen.

Dreier investieren so viel in den Erfolg, daß sie einen objektiven Fehlschlag als Teilerfolg verbuchen oder anderen die Verantwortung für ihn anlasten. Sie haben das Bedürfnis, einem unsicheren Projekt oder einer problematischen Beziehung den Rücken zu kehren und sich schnell besseren Dingen zuzuwenden.

Das Gefühl des Versagens entsteht nicht, wenn eine andere

vielversprechende Gelegenheit schnell genug mobilisiert werden kann. Dreier wechseln Tätigkeiten und Identitäten, ohne ihren Rhythmus zu verlieren, und solange genug Aktivität und genug Hoffnung auf eine bessere Zukunft bestehen, werden negative Gefühle niedergehalten. Ihre extreme Anpassungsfähigkeit ist Segen und Last zugleich; ein Segen, weil sie sich unter Druck schnell und effizient bewegen können, eine Last, weil tatsächliche Gefühle im Interesse der Erledigung der Arbeit abgestellt werden. Als Folge ihrer Fähigkeit, neue Gelegenheiten wahrzunehmen und sich das Image ihrer neuen Rolle überzustülpen, werden Dreier auch als Menschen empfunden, die aus Eigennutz ihr Mäntelchen nach dem Wind hängen.

Täuschung und Selbsttäuschung

Beispiele für die Macht eines nützlichen Images finden sich in der Politik, etwa in der Berufung von Ronald Reagan und der Beruhigung der USA, von einem Mann beschützt und geführt zu werden, der Aufrichtigkeit und guten Willen ausstrahlt. Erfahrene Dynamiker können rollenspezifische Charakteristika annehmen und die gewählte Identität tatsächlich werden. Arnold Schwarzenegger, der vielmalige Weltmeister im Bodybuilding und wahrscheinlich eine Drei, beschrieb einmal seinen Wettbewerbsvorteil als eine Technik, bei der er die anderen psychologisch fertigmacht: Er vermittelt den übrigen Bewerbern den Eindruck eines unschlagbaren Gewinners, bevor sie alle zusammen auf der Bühne posieren.

Dreier berichten im allgemeinen, daß sie sich der manipulativen Möglichkeiten eines willentlich produzierten, vertrauenerweckenden Images bewußt sind. Sie sagen auch, daß sie sich so in ihre Rolle versenken, daß sie sich selbst täuschen; denn sie achten selektiv auf Unterstützung und rangieren negatives Feedback als mißgünstige Kritik armer Verlierer aus. Solange die Bedürfnisse des Images befriedigt werden, drängen Dreier aufgeregt auf einen Sieg.

»Ich suche nach dem Menschen, der das darstellt, das mich interessiert. Es könnte alles sein, von lateinamerikanischer Politik über ein akademisches Thema bis zu etwas in den schönen Künsten. Menschen mit viel Profil, die wirklich Koryphäen sind. Erfolgreiche Leute, die alle äußeren Probleme gelöst haben. Geld, soziale Stellung und Macht sind sehr attraktiv. Es ist herrlich, sich seinem idealen Image anzunähern, und sehr schmerzlich, die Falschheit des Images zu durchschauen, zu sehen, daß man hart gearbeitet hat, um die Fassade aufrechtzuerhalten, und daß es vielleicht am Ende den idealen Job für einen nicht gibt oder daß nicht jeder einen Sieger liebt. Wenn einem bewußt wird, daß man aufs Image konzentriert ist, hat man ein Gefühl des Selbstbetrugs. Man betrügt sich selbst, wenn man jongliert, um in jeder Gruppe hervorragend zu sein. Es ist sehr schmerzlich, sich klarzumachen, bis zu welchem Grad man sich anpaßt, um die perfekteste Frau zu sein, die jemand je getroffen hat, oder um die eine zu sein, die führt und zu der die Menge aufschaut. Jetzt ist es für mich wichtiger, mit einem alten Liebhaber befreundet zu sein und zu wissen, daß er mich um meinetwillen mag, als zu versuchen, mit Hilfe des Phantasiebildes, das ich zur Zeit unserer Beziehung zu sein glaubte, etwas aus ihm herauszuholen.«

Intime Beziehungen

Die aus der Kindheit stammende Spaltung zwischen dem wahren und dem leistenden Selbst wird in intimen Beziehungen besonders deutlich.

»Gefühle schienen immer unvereinbar mit der Erledigung der Arbeit: Man kann entweder herumsitzen und emotional sein, oder man kann die Sache anpacken. Das Ergebnis war, daß viele Leute mir sagten, ich trete ihnen auf die Füße, ich kümmere mich nur um ihre Arbeitsleistung und nicht um ihre Gefühle. In gewisser Weise stimmt das, weil ich auf sie denselben Maßstab anwende wie auf mich. Für mich war es zum Beispiel schwer, anzuerkennen, daß andere Leute unter Druck langsam werden oder desorientiert sind, wenn ihr Privatleben gestört ist.

Wenn ich versuche, bei meinen Gefühlen zu bleiben, bin ich echt verwirrt. Habe ich das richtige? Wie soll ich zwischen meinen eigenen Gefühlen und denen unterscheiden, die mein Image für richtig hält? Wenn man sich sein Leben lang den Erwartungen anderer angepaßt hat und plötzlich mit der eigenen Erfahrung konfrontiert wird, kann das beängstigend sein. Wirkliche Neigungen und Abneigungen kommen hoch. Man versucht, ein anderes Barometer zu entwickeln, um zu messen, wie Dinge sich anfühlen, nicht wie sie aussehen. Es erschreckt einen, sich auf sich selbst und nicht auf andere zu konzentrieren, weil man nicht weiß, was man über sich selbst herausfindet oder ob überhaupt jemand ›zu Hause‹ ist.«

Dreier können das Image vermitteln, ein intimer Partner zu sein, während sie gleichzeitig wissen, daß sie eine Rolle spielen. Wenn Sensibilität verlangt wird, wird Sensibilität präsentiert, aber nicht unbedingt gefühlt. Es fällt ihnen leicht, intime Partnerschaften zu spielen und das zu werden, was ihrer Meinung nach ein starker oder perfekter Partner ist. Wenn echte Emotionen hochkommen, fühlen sie sich unerfahren: »Ich habe nur ein oder zwei klare Gefühle. Wo ist der Rest?« Oder sie haben das Gefühl, sich zu blockieren: »Wenn ich irgendwelche Gefühle hochkommen lasse, werde ich überwältigt und bewegungsunfähig.« Die häufigsten Fragen von arbeitssüchtigen Dynamikern, die sich zum erstenmal für Gefühle öffnen, sind: »Habe ich das richtige?« Und: »Bleibe ich in meinen Gefühlen stecken, und kann ich dann nicht mehr produktiv sein?«

»Am schwierigsten ist es, mit Zorn umzugehen. Ich war monatelang untergetaucht und habe hinterher erkannt, daß der Grund meine Wut war, und es dauerte so lange, sie in den Griff zu bekommen. Sie zerstört das Image und entfremdet mir jeden, und anstatt sich mit ihr zu beschäftigen, ist es einfacher, die Tätigkeiten zu wechseln, das Image zu wechseln und eine neue Welt zu schaffen, die mich vor dieser Art Situation in Zukunft schützt.

An diesem Punkt meiner Arbeit an mir selbst schätze ich jemanden, der mich auf meine Gefühle stößt. Rückblickend sehe ich viele Situationen, die anders ausgegangen wären, wenn ich mich mit diesen Gefühlen in dem Moment beschäftigt hätte, in dem sie aktuell waren. Ich habe den Eindruck, daß ich in der Situation nicht auf das Gefühl kommen kann, daß ich Raum und Zeit brauche, es zu kapieren. Aber wenn ich dann zuviel Raum bekomme, weiß ich, daß ich Zeit habe, ein Drehbuch zu entwickeln, das sich auch für mich echt anhört. Die sicherste Strategie scheint mir, um Zeit zu bitten, um herauszubekommen, was ich fühle, und einer Diskussion zu einem festgelegten Zeitpunkt in der nahen Zukunft zuzustimmen.«

Auf der Plusseite unterstützen Dreier die Ziele und Ambitionen von Familienmitgliedern in außergewöhnlichem Umfang. Sie arbeiten hart, um die Familie zu versorgen, und freuen sich sehr über die Erfolge der Menschen, mit denen sie sich identifizieren. Sie sind sehr gut darin, andere aus Isolation oder negativen Gefühlen heraus- und in emotional konstruktive Aktivitäten hineinzuziehen. Wenn sie sich mit dem Familienleben identifizieren, widmen sie ihm Zeit und Energie. Wenn sie sich mit der Vorstellung von Intimität identifizieren, arbeiten sie hart, um ein Intimpartner zu sein. Wenn sie sich mit der Arbeit identifizieren, wird weder für die Familie noch für die Liebe viel Zeit übrig bleiben. Auf der Minusseite werden sie von Gefühlen leicht durch Projekte abgelenkt, die sie mit der Absicht unternehmen, für die Familie zu arbeiten, was sich für andere jedoch als Verlangen nach persönlichem Erfolg darstellt. Sie legen sehr viel Wert auf das körperliche Aussehen und die äußeren Leistungen eines Partners, was Gefühlstiefe ersetzen kann.

»Ich fühle, daß ich beim ersten Treffen toll bin, eine gute Partie, gegenseitige Bewunderung, ich bin am besten, wenn die Aufmerksamkeit voll auf mich gerichtet ist. Wenn die Beziehung fortschreitet, möchte ich mich mit der Arbeit beschäftigen, und mein Partner fühlt sich ignoriert. Ein großes Problem war, daß ich spät nach Hause kommen wollte, weil ich arbeite, um Geld zu verdienen und für uns erfolgreich zu sein, und verletzte Gefühle vorfand, wenn ich heimkam.

Wenn Gefühle hochkommen, die mir zuviel sind, schneide ich sie auf eine Art ab, die meinen Partner verrückt macht. Wenn die Emotionen sich aufheizen, gehe ich einfach zur Arbeit, oder ich gehe im Geiste ein Projekt durch, während unser ernstes Gespräch im Gang ist. Oder es fühlt sich einfach an, als ob es Zeit wäre, zu gehen.

Wenn ich sage: ›Laß mich in Ruhe‹, dann meine ich es, ich kann es nicht ertragen, angetrieben zu werden. Ich brauche Zeit, um irgendwelche schlechten Meinungen oder Gefühle des Versagens im Privatleben wegzustecken, und wenn ich weiß, daß ich darüber hinwegkomme und daß ich mir selbst immer noch ins Gesicht sehen kann, will ich zurückkommen.«

Beispiel einer Paarbeziehung:
Drei und Fünf, der Dynamiker und der Beobachter

Beide Typen haben Probleme mit emotionaler Intimität: die Drei, weil sie glaubt, nicht wegen ihres Selbst geliebt zu werden, sondern wegen ihrer Leistungen; die Fünf, weil Intimität Angst vor Bloßstellung und Erniedrigung erzeugt. Anfangs besteht eine begrenzte Kapazität für emotionalen Kontakt. Die Drei blockiert Intimität durch Überaktivität, die Fünf durch Rückzug. Das übliche Szenario plaziert die Drei als den Verfolger und die Fünf als

Verfolgten. Die Drei sorgt dafür, daß etwas geschieht, und die Fünf setzt dem nichts entgegen.

Ein Dynamiker bewegt sich auf Intimität zu, wenn diese Imagebedürfnisse befriedigt, und entfernt sich von ihr, wenn die Selbstachtung niedrig ist. Ein Beobachter bewegt sich in kurzen Ausbrüchen auf Intimität zu, wenn garantiert ist, daß er nicht zu tief verwickelt wird. Beide Typen reagieren auf plötzliche emotionale Begegnungen mit Verzögerung und müssen sich zurückziehen, um das Vorgefallene zu überdenken. Beide müssen auch sensibel dafür sein, wenn der andere verfügbar ist. Die Drei muß die Privatsphäre respektieren und sollte nicht managerhaft die Sache in die Hand nehmen. Die Fünf darf bei spontanem Kontakt nicht gleich die Flucht ergreifen, sondern sollte Toleranz üben.

Eine Drei sucht nach Dingen, die man machen kann, damit die Beziehung funktioniert, und daran wird sie von der Fünf nicht gehindert. Weil nicht um Kontrolle gekämpft zu werden braucht, organisiert die Drei oft ein Bilderbuchleben und beginnt dann, bestimmte Projekte zu übernehmen. Wenn sie eine häusliche Routine entwickelt, kommen Drei und Fünf oft zusammen, um ein ansonsten verschiedenes Leben zu führen. Der Beobachter segmentiert: Er hält Aktivitäten und Freunde voneinander getrennt, steckt die Intimität in eine seiner diversen »Schubladen« und zieht sich sofort danach zurück. Im Fall von Spannungen kann die Fünf lange hinter verschlossenen Türen sitzen und minimal kommunizieren. Wenn die Drei geschäftig genug ist, bemerkt sie es vielleicht nicht. Kollidieren die Projekte der Drei mit der häuslichen Routine und den Mahlzeiten, reagiert die Fünf mit Schmollen, und wenn sie sich sicher genug fühlt, mit heftiger Wut nach Art der Acht (Sicherheitspunkt). Der Zorn eines Intimpartners ist für eine Drei tödlich und wird einen schnellen Rückzug zur Folge haben.

Im gesellschaftlichen Leben möchte die Drei ein ansprechendes Image vermitteln; sie geht gerne aus und fühlt sich sicher und geliebt, wenn sie etwas leistet. Die Fünf ist zurückgezogener, möchte allein sein und wird die Drei nicht in öffentliche Situationen begleiten, die nicht vorhersehbar sind. Fünfer wollen wissen, wie das Konzertprogramm aussieht und wer was zu wem sagt. Die Drei wird organisieren, den Ball des gesellschaftlichen Lebens am Rollen halten und die Fünf bei öffentlichen Begegnungen oft decken. In einer projektbezogenen Partnerschaft ist die Fünf der unsichtbare Denker, der aus der Ferne die Drei dirigiert. Der Dynamiker übernimmt den öffentlichen Kontakt, handelt die Entscheidungen aus und gibt telefonisch Erfolgsberichte an den Beobachter durch, der das Haus nie verlassen hat.

Autoritätsbeziehungen

Dreier möchten die Autorität sein. Sie können Prioritäten setzen und gut kämpfen; sie genießen die Anerkennung, die ein Erfolg ihnen einbringt. Meist streiten sie für einen persönlichen Sieg und entwerfen etwa Strategien, um die Führung einer Gruppe zu übernehmen. Wenn sie sich mit der Teamleistung identifizieren, schweißen sie energisch die Gruppe zusammen und übernehmen eine inoffizielle Führungsrolle. Eine Drei im Team garantiert, daß es vorwärtsgeht.

Auf der Plusseite sind sie ein Beispiel einer persönlich engagierten Autorität und ein Sammelpunkt für andere. Sie verpflichten sich der Aufgabe uneingeschränkt und erwarten voller Optimismus den zukünftigen Erfolg. Sie bewegen sich direkt von der Idee zur Aktion und sind bereit, es mit den entgegengesetzten Ansichten anderer Autoritäten aufzunehmen. Dreier können sich durch schwierige Interaktionen mit der Haltung »Beim nächstenmal klappt's aber« durchbeißen und den Aufstieg anderer in exponierte, risikoreiche Positionen unterstützen, ohne durch die Angst vor Mißerfolg niedergedrückt zu werden.

Auf der Minusseite übernehmen sie Kontrolle, indem sie die bestehenden Autoritäten umgehen. Die Arbeit wird im Schnelldurchgang erledigt, wobei sehr viel Qualität verlorengeht. Wahrscheinlich wird die eigene Person übertrieben in den Vordergrund gestellt und im Umgang mit anderen die berufliche Rolle vorgekehrt, während Gefühle beiseite gelassen werden.

Beispiel einer Autoritätsbeziehung:
Drei und Sechs, der Dynamiker und der Advokat des Teufels
In einer guten Beziehung ist die Sechs für die Planung und das Aufspüren von Fehlern zuständig, die Drei für Förderung und Durchführung des Projekts. Wenn die Sechs die Idee vorgibt und den Plan verbessert, indem sie, ihrer Gewohnheit folgend, Dinge hinterfragt und verborgene Mängel ausfindig macht, verfügt die Drei über eine ausgezeichnete Ausgangsbasis, um ein ethisches und solide verankertes Werk zu fördern. Wenn die Sechs sich für ihre Ideen respektiert fühlt, ist die Drei fürs Rampenlicht und die öffentliche Präsentation willkommen.

Fühlt die Sechs sich jedoch vernachlässigt, wird sie eine Machtübernahme der Drei fürchten. Sie wird unterstellen, daß der Drei bewußt ist, wann die Präsentation trügerisch oder übertrieben ist, und sie wird sie verdächtigen, bewußt auf ihren persönlichen Vorteil hinzuarbeiten, anstatt fürs Allgemeinwohl zu handeln. Damit befindet sich die Sechs in der Underdog-Position, von wo aus sie vielleicht hinter dem Rücken der Drei nach Verbündeten sucht.

Die Drei wird sich darauf konzentrieren, mit allen Mitteln das Ziel zu erreichen, und die Besorgnis der Sechs nicht beachten. Eine auf ein Ziel konzentrierte Drei hat ihre Gefühle abgestellt, weshalb sie die von Mitarbeitern nicht mitbekommt. Sie identifiziert sich so mit einem aus den besten Charakteristika einer erfolgreichen Autorität bestehenden Image, daß ihr nicht bewußt ist, daß andere müde werden. Sie blendet negative Kommentare aus, interpretiert das Hinterfragen der Sechs als Einmischung und versucht, die Kontrolle zu übernehmen: »Paß bloß auf.«

Wenn ein Projekt in Schwierigkeiten ist, will die Drei härter arbeiten und die Sechs reden. Sieht das Projekt weiterhin wacklig aus, hat die Drei das Verlangen, zu einer Tätigkeit mit besseren Erfolgsaussichten abzudrehen. Die Sechs betrachtet dies als Verrat und möchte dabeibleiben, um das Projekt aus der Talsohle herauszureißen. Ist ein Projekt erfolgreich, möchte die Drei expandieren und Filialen gründen, während die Sechs dazu neigt, zu warnen und zu zögern. Die mögliche Bedrohung des Unternehmens durch eifersüchtige Neider beunruhigt sie; sie wirkt ihr entgegen, indem sie sich mit den Werten und der Moral des Erfolgs beschäftigt.

Wenn die Drei in der Lage ist, die Entscheidungsgewalt zu teilen und andere vor Aktionen umfassend zu informieren, geht die Paranoia der Sechs beträchtlich zurück. Hilfreich ist auch, wenn die Drei in Zeiten, in denen die Sechs in Zögern und Zweifel verfällt, eine langfristige Vision präsentiert. Die Autoritätsbeziehung wird wesentlich verbessert, wenn die Sechs lernt, offen zu fragen, anstatt Verdächtigungen Raum zu geben, die vielleicht auf falschen Informationen beruhen.

Vorzüge

Die Drei besitzt eine ansteckende Begeisterung für Projekte und Ziele. Da sie zudem sehr hart arbeiten kann, inspiriert sie auch andere zu großen Leistungen. Sie hat den Wunsch, ihr Leben lang zu lernen, und besitzt die antidepressive Fähigkeit, immer etwas Interessantes zu tun zu finden. Zudem kann sie sich und ihre Projekte effektiv präsentieren. Sie unterstützt soziale Programme, die Menschen helfen, durch eigene Anstrengungen materiell weiterzukommen und Führungsqualitäten zu entwickeln.

Attraktive und unattraktive Umgebungen

Attraktiv sind kleine Geschäfte, die durch Anstrengung und enormen Zeitaufwand aufgebaut werden. Dreier arbeiten vorzugsweise als Manager, Verkäufer, in den Medien, als Werbeleute und Imagepfleger. Sie verrichten Tätigkeiten, die bereits bekannte Ideen in operable Systeme verdichten, und beschäftigen sich mit Verpackung, Verkaufsförderung, Marketing und Verkauf.

Dreier werden zum Vorbild ihrer jeweiligen Umgebung, sei es als Linksradikaler oder Rechtskonservativer. Sie werden von Umgebungen angezogen, in denen sie sich hervortun können, und vermeiden solche, in denen sie nichts zu leisten vermögen. Hochprofilierte Tätigkeiten mit Aufstiegsmöglichkeiten sind ihr bevorzugtes Milieu: das Erklimmen der Hierarchieleiter in der Firma, die Person an der Spitze werden. Auch unter den Politikern, die aufgrund ihres Images in den Medien und ihres persönlichen Stils gewählt werden, findet man häufig Dreier.

Unattraktiv sind Tätigkeiten mit begrenzter Zukunft, Arbeit, die nicht angesehen ist, alles, was ein öffentliches Image mit sich bringt, das nicht in die soziale Sphäre einer Drei paßt, kreative Projekte, die Introspektion oder Versuchsphasen erfordern, bevor ein Ergebnis zum Vorschein kommt. Dreier sind eher Journalisten als Romanciers, eher Leiter von Kunstredaktionen als Maler, die Monate brauchen, um ein Bild fertigzustellen.

Berühmte Dreier

Zu den berühmten Dreiern gehört Werner Erhard, der »Superverkäufer des Bewußtseins«; er verpackte die Wachstumsbewegung unter dem Etikett »Est«. Weitere Dreier: Ronald Reagan, Walt Disney, Farrah Fawcett und John F. Kennedy.

Aufmerksamkeitsstil

Für einen Außenstehenden sieht eine Drei wie ein hochkonzentrierter Erfolgsmensch aus; Dreier berichten jedoch, daß sie nur versuchen mitzuhalten. Wenn ein anderer gut ist, muß die Drei besser sein, denn ihre Selbstachtung hängt vom Gewinnen ab. Aktivität ist eine Form der Kontrolle, und persönlicher Wert und Sicherheit werden daran gemessen, wieviel man geschafft bekommt. Eine Drei tut gewöhnlich mehrere Dinge gleichzeitig; dieser Aufmerksamkeitsstil wird als polyphasisches Denken bezeichnet.

»Ich bin im Auto und etwas spät dran. Während ich fahre, unterhalte ich mich mit der Person auf dem Rücksitz, schaue im Spiegel nach Polizisten, fahre mal schneller, mal langsamer, esse ein Sandwich und probiere die Radiosender durch. Es vermittelt mir ein Gefühl des Wohlbehagens, wenn alles gleichzeitig passiert; es ist, als hätte man alles im Griff.«

Der polyphasischen Aktivität entspricht ein Aufmerksamkeitsstil, der weitgehend auf Aufgaben konzentriert ist. Die Aufmerksamkeit bleibt selten beim aktuellen Projekt, sondern bewegt sich schnell zur nächsten anstehenden Sache. Zwischen den Gedanken bleibt praktisch kein Raum für Reflexion, für die Überprüfung der Prioritäten, für persönliche Gefühle zur Arbeit.

»Man muß der Beste sein, denn sonst existiert man nicht. Man hat das Gefühl, daß man ewig Nummer zwei ist, und versucht, Nummer eins zu sein. Es sind immer drei oder vier Projekte am Laufen, und man macht die physischen Bewegungen für eins und ist mit den Gedanken beim technischen Ablauf des nächsten. Wenn ich das erste Projekt fast beendet habe, bin ich bereits mit dem nächsten so stark beschäftigt, daß ich kaum bemerke, daß das erste vorbei ist. Es ist, als würde die Gegenwart nicht existieren, denn ich bin immer voraus bei dem, was als nächstes zu erledigen ist.«

Um diesen Aufmerksamkeitsstil zu verstehen, können Sie sich vorstellen, Sie ständen ständig unter Volldampf und würden von Streß und Konkurrenz als bevorzugter Lebensweise angezogen. Sie sind sensibel für alles in Ihrer Umgebung, das zu Ihrem gegenwärtigen Ziel beiträgt, und Sie beurteilen Menschen danach, ob sie etwas besitzen oder tun können, das zur Verwirklichung des Projekts beiträgt.

Wenn die Ziele klarer werden, wächst mit Ihrem Interesse auch die Geschwindigkeit, mit der Sie arbeiten wollen. Die Aufmerksamkeit verengt sich auf solche Hinweise aus Ihrer Umgebung, die die Realisierung des Ziels unterstützen, und die Leute beginnen, wie Roboter auszusehen, die die Vorwärtsbewegung entweder hemmen oder fördern. Wenn sie im Weg stehen, werden sie ignoriert oder umgangen; wenn sie dem Projekt dienlich sein können, untersuchen Sie, wie.

Bei Hindernissen verstärkt sich Ihre Aufmerksamkeit. Die Konzentration nimmt unter Druck zu, denn wenn Sie das Ziel nicht oder als Zweiter erreichen, haben Sie Angst, ein Versager zu sein. Versager sind nicht liebenswert. Sie nehmen entweder den ersten Platz ein oder überhaupt keinen.

Wenn die Hindernisse fortbestehen, gehen Sie in sich; Sie versuchen, sich an ähnliche Situationen in der Vergangenheit zu erinnern, und filtern auf den gegenwärtigen Fall anwendbare heraus. Die Verengung der Aufmerksamkeit auf Hinweise aus der Umgebung, alte Erinnerungen und wiederverwertbare Lösungen wird als konvergentes Denken bezeichnet. Dreier sind für diese geistige Verfassung besonders prädisponiert; sie hilft ihnen, kreative Antworten zu finden, wenn Routinelösungen versagt haben.

»Ich habe verschiedene Unternehmen bis zu dem Punkt geführt, an dem sie sehr profitabel wurden. Einige meiner besten Knüller waren, wenn ich wegen eines Termins meine Leistung steigerte, indem ich aus allen vergangenen Projekten jede einigermaßen machbare Idee herauszog. Ich habe meine Gewinne durch eine bizarre Kombination von Ideen erzielt, die in anderen Zusammenhängen erfolgreich waren.«

Identifikation

Wenn ein Projekt erfolgreich genug wird, um die Aufmerksamkeit einer Drei zu halten, konzentriert ihre gesamte geistige Arbeit sich auf das Ziel, und sie beginnt die der Tätigkeit eigenen Charakteristika zu verkörpern. Dieses Zusammentreffen von Image und Aufmerksamkeit wird Identifikation genannt; es ist ein Abwehrmechanismus, durch den wir wie die Menschen oder Vorbilder werden, denen wir als Kinder ausgesetzt waren. Für eine Drei bedeutet Identifikation, daß sie ein Modell dessen geworden ist, was sie tut. Wenn Identifikation stattfindet, hat eine Drei Schwierigkeiten, ihren persönlichen Wert vom Wert ihres Werks zu unterscheiden, und wenn das Werk in Frage gestellt wird, fühlt die Drei sich persönlich angegriffen.

Dreier haben die Gewohnheit, im Interesse der Effizienz und des von einer bestimmten Aufgabe verlangten Images ihre Aufmerksamkeit von wirklichen Gefühlen abzulenken. Sie sind besonders anfällig für Identifikation, weil sie bei anderen Bestätigung suchen und daher sehr viel Energie mobilisieren können, um sich in das zu verwandeln, was andere wollen. Oft hören sie nicht lange genug auf zu arbeiten, um sich zu fragen, welches Gefühl sie in bezug auf ihre Arbeit haben oder ob sie lieber etwas anderes täten.

Sobald die Identifikation stattfindet, ist eine Drei überzeugt, daß sie schon immer der ideale Macher war. Eine nur teilweise Selbsttäuschung ist es, wenn die Drei sich wie ein Betrüger fühlt, wie jemand, der sich hinter einer Maske verbirgt und eine Rolle spielt, um einen guten Eindruck zu hinterlassen. Die Identifikation kann jedoch so stark sein, daß die Drei eine Rolle voll übernimmt und jahrelang auslebt – vielleicht so lange, bis Krankheit oder die Midlife-crisis eine Ruhepause erzwingen, in der die Gefühle hochkommen können. Wenn Dreier einen Titel oder ein beeindruckendes Image haben oder viel Geld auf dem Spiel steht, funktionieren sie gut, bis sie »für die Firma« oder irgendeine Rolle, mit der sie sich identifiziert haben, umfallen – ohne sich je gefragt zu haben, ob ihr Leben erfüllend ist.

Identifikationsübung

Die folgende Übung soll Ihnen die Aufmerksamkeitsverlagerung von Dreiern, die mit einem Image verschmelzen, verständlich machen.

Setzen Sie sich einem Partner gegenüber. Legen Sie fest, daß einer von Ihnen der Beobachter ist und der andere die Drei. Wenn Sie die Drei sind, sind Sie der aktive Partner; schließen Sie die Augen, um von den Reaktionen des Beobachters nicht abgelenkt zu werden. Wählen Sie mit weiterhin geschlossenen Augen eine Eigenschaft, mit der Sie sich identifizieren wollen – am besten eine, die Sie Ihrer Meinung nach nicht besitzen. Sie können sich zum Beispiel für Schönheit, Stattlichkeit, Intelligenz, Mitleid oder Fröhlichkeit entscheiden, aber suchen Sie etwas aus, das fremd für Sie ist.

Stellen Sie sich vor, daß Sie diese Eigenschaft in sich fühlen. Vielleicht hilft es Ihnen, wenn Sie sich an eine Zeit erinnern, in der Sie sie tatsächlich hatten. Beachten Sie die Verlagerungen Ihrer Aufmerksamkeit beim Versuch, diese Eigenschaft aufzubauen. Bemerken Sie, daß die Eigenschaft kommt und geht. Wenn Sie die Eigenschaft präsent haben, fühlen Sie sich wie eine Drei, die sich mit dieser Eigenschaft identifiziert, und wenn Sie sich anstrengen müssen, um die Eigenschaft zu halten, wie eine Drei, die ein Image aufrechterhält.

Konzentrieren Sie sich bei weiterhin geschlossenen Augen voll auf die imaginierte Eigenschaft, und lassen Sie sie Ihren Körper durchdringen. Wenn Sie Ihre Aufmerksamkeit auf den Empfindungen oder Gefühlen stabilisieren können, die die Eigenschaft in Ihrem Körper erzeugt, erweitern Sie Ihre Aufmerksamkeit, und beziehen Sie den beobachtenden Partner mit ein; tun Sie so, als sei er eine wichtige Person in Ihrem Leben, etwa der Chef oder der Ehepartner; es sollte jemand sein, der die Macht hat, Sie zu beeinflussen, und von dem Sie annehmen, daß er für die von Ihnen verkörperte Eigenschaft empfänglich ist.

Öffnen Sie jetzt die Augen, und führen Sie, während Ihre Aufmerksamkeit innerlich bei der Eigenschaft ist, gleichzeitig ein einfaches Gespräch mit Ihrem Beobachter. Achten Sie auf die Aufmerksamkeitsverlagerungen beim Versuch, sich innerlich mit der Eigenschaft zu identifizieren, für die Ihr Partner empfänglich ist. Dreier würden diese inneren Aufmerksamkeitsschwankungen als Unterschied zwischen den Zeiten, in denen sie ein beeindruckendes Image simulieren, und den Zeiten, in denen sie so in ein Image versunken sind, daß sie die vom Partner geschätzte Eigenschaft tatsächlich verkörpern, identifizieren. Dreier verlagern ihre Aufmerksamkeit gewohnheitsmäßig, um sich mit gesellschaftlich geschätzten Images zu identifizieren, und vermitteln dieses Image als ihre Person, ohne den Unterschied zwischen einem übernommenen Image und ihren eigenen inneren Gefühlen in Frage zu stellen.

Wenn eine Drei ein Image erfolgreich personifizieren kann, ist sie sich der Reaktionen anderer voll bewußt. Ist das Image effektiv, behält die Drei es bei; wird es von der Öffentlichkeit nicht gebilligt, wird die Selbstpräsentation unbewußt verändert.

Intuitiver Stil

Die Sicherheit von Dreier-Kindern hing davon ab, daß sie bei von anderen geschätzten Aktivitäten die Besten waren. Ein Kind, dessen Wohlergehen mit Image und Leistung verknüpft ist, wird wahrscheinlich für Informationen, die seine emotionalen Bedürfnisse unterstützen, eine besondere Sensibilität entwickeln.

»Wenn ich eine neue Situation erlebe, bin ich mir sofort bewußt, wie ich bei anderen ankomme. Ich spüre, daß ich immer genau das treffe, was die Gruppe mir gegenüber fühlt. Es ist nicht so sehr ein Gefühl, ich spüre einfach, was die Gruppe akzeptiert, und beginne, mich entsprechend zu verhalten. Bei der Verkaufsarbeit war ich sehr darauf angewiesen. Ich ging mit derselben Produktpalette von Gruppe zu Gruppe, und jedesmal kam die Geschichte etwas anders heraus. Ich stand auf und hielt meinen Vortrag, und manchmal hörte ich mich selbst, wie ich mitten im Satz meinem Gerede eine andere Richtung gab, ohne genau zu wissen, weshalb. Oder ich fühlte, wie mein Körper eine eigene Vorstellung gab, die anders war als die, die ich geplant hatte.«

Wenn dieser Vertreter nicht wußte, daß seine wahre Haltung ersetzt wurde, wenn er in seinen Präsentationsstil schlüpfte, erlebte er wahrscheinlich beträchtliche Verwirrung zwischen den beiden. Wenn er lernt, zwischen den eigenen Gefühlen und den der Verkaufsförderung dienenden Anpassungen zu unterscheiden, sind verschiedene interessante Ergebnisse möglich. Auf emotionaler Ebene bekommt er vielleicht Angst, seine Zuhörerschaft anzulügen, oder er hat den Wunsch, sie effizienter zu täuschen und seine intuitive Fähigkeit weiterzuentwickeln, damit die Leute die Produkte mögen, die er verkauft.

Ein anderes Ergebnis könnte sein, daß er den Unterschied zwischen dem, was er für sich selbst will, und der gehetzten Aktivität erkennt, die seinen persönlichen Bedürfnissen nicht dient. Außerdem könnte er sich selbst dahin gehend trainieren, die geistige Verfassung der intuitiven Anpassung seiner Präsentation an die Wünsche einer Gruppe vorsätzlich herbeizuführen und herauszufinden, welche anderen Informationen in diesem Geisteszustand verfügbar sind.

Hoffnung als Eigenschaft des höheren Bewußtseins

Dynamiker bemessen ihren Wert daran, wie sehr sie andere beeindrucken. Sie bilden sich etwas auf ihre Leistungen ein, glauben aber, daß sie, abgesehen von dem, was sie tun, wenig Wert besitzen. Wenn Dreier zwanghaft zu arbeiten beginnen, wenn sie alle Hebel in Bewegung setzen, um ein Projekt zu verwirklichen, haben sie sich selbst vergessen und ihre Aufmerksamkeit in die neurotische Gewohnheit vertieft, Identität mit Hilfe einer Aufgabe zu finden.

Der positive Aspekt des zwanghaften Tuns ist, daß Dreier sich bei Aktivität lebendig fühlen und ein Geschick dafür entwickeln, die Energieanforderungen verschiedener Tätigkeiten zu erspüren. Sie erinnern sich an Zeiten, in denen sie von der gewohnheitsmäßigen Hetze erschöpft und ausgelaugt waren, beschreiben aber auch Phasen, in denen sie arbeiteten und mit dem Tempo und dem Fluß einer bestimmten Aufgabe im Einklang waren.

Dreier sagen, daß sie sich dann von einer unerschöpflichen Energie umgeben fühlen; sie sind sich bewußt, daß die Arbeit »von selbst läuft«, sie brauchen sie nicht zu dirigieren. Sie sagen, daß die Zeit sich verlangsamt, obwohl sie mit Höchstgeschwindigkeit arbeiten; daß die Besorgnis abfällt und sie in einen Zustand geraten, in dem das, was getan werden muß, sich ohne Gegengedanke oder Frage präsentiert. In dieser geistigen Verfassung scheint das positive Ergebnis eines Projekts sicher. Ängstlichkeit in bezug auf das Projekt fällt weg, weil sie sich bewußt sind, daß jede Phase der Arbeit unvermeidlich zum richtigen Abschluß führt.

Die folgende Aussage eines Restaurantleiters in San Francisco, der sich für einen eindeutigen Arbeitssüchtigen hält, beschreibt eine Erfahrung der Hoffnung.

»Ich arbeite oft mit Leuten, die halb so alt sind wie ich, und es macht mir immer noch Spaß, die Arbeit zu tun und sie gut zu tun.

Es gibt Zeiten in der Küche, die so hektisch und schnell sind, daß man buchstäblich Ellbogen an Ellbogen arbeitet; es ist wie eine rituelle Bewegung auf engem Raum, auf dem man verletzt werden oder ein ganzes Menü für den Abend versauen könnte. In solchen Zeiten kann ich nur denken: ›Gott, hoffentlich geht das gut.‹

Es gibt Zeiten, in denen ich die Arbeit hasse, und Zeiten, in denen sie so gut läuft, daß mein Verstand bei Hochgeschwindigkeit ruhig wird. Dann kann ich stundenlang am Arbeitsplatz stehen und mich großartig fühlen, weil ich weiß, daß es gut ausgeht.«

Die Tugend der Wahrhaftigkeit

Dreier werden in der westlichen, leistungsorientierten Gesellschaft sehr geschätzt – so sehr, daß sie einen neurotischen Lebensstil leicht mit echtem Wohlbefinden gleichsetzen: Sie stecken sich keine persönlichen Ziele, sondern halten die Ziele der Gesellschaft für die eigenen. Warum das Risiko der Ablehnung eingehen, wenn Anerkennung durch ein Respekt einbringendes Image erkauft werden kann? Warum ein Selbst haben, wenn es leiden wird? Ist es nicht gesünder, sich mit den gesellschaftlichen Maßstäben zu identifizieren, die Gefühle abzustellen und sich selbst aufzugeben?

Dreier sind oft von ihrer eigenen psychischen Gesundheit überzeugt. Emotionales Leid ist nach ihrer Auffassung etwas für Verlierer, für Menschen, die zuviel Zeit haben oder nicht Schritt halten können. Neurotische Dreier sind sich in keiner Weise bewußt, daß zwischen dem erfolgreichen Pseudoselbst und ihren echten emotionalen Wünschen ein Unterschied bestehen kann. Sie wissen wahrscheinlich, daß sie sentimentale Gefühle nicht mögen und emotionale Bedürfnisse nicht fühlen wollen; dabei übersehen sie leicht, daß ihre Gefühlspalette wenig umfangreich ist, denn sie sind voller Energie und müssen ein Image von Optimismus und Erfolg vermitteln.

Dynamiker begegnen ihren echten Gefühlen im allgemeinen während einer erzwungenen Ruhepause infolge einer Kündigung oder einer Krankheit oder aufgrund der Intervention des Ehepartners – und nicht aufgrund der freiwilligen Entscheidung zurückzustecken. Die erzwungene Inaktivität kann für einen Menschen, der gewohnt ist, sich durch Arbeit Verdienste zu erwerben, erschreckend sein; typisch sind auch Ängste bezüglich des Selbstwerts und die Erkenntnis, daß Gefühle unvermeidlich ins Bewußtsein kommen, sobald die Aufmerksamkeit von der Aktivität abgezogen wird.

»Wenn man nicht aktiv ist, hat man wirklich das Gefühl, nicht zu existieren. Wenn ich nicht weiß, was ich als nächstes tun soll, bekomme ich Angst, daß da niemand in mir ist. Letztes Jahr wurde ich durch einen klaren Fall von Überanstrengung ernstlich krank. Ich war erst vierzig und hatte einen Herzinfarkt; ich lag auf dem Krankenhausbett, starrte die Decke an und zählte die Tage, bis ich aufstehen und nach Hause gehen konnte.

Die erzwungene Ruhe war schlimmer als der Herzanfall. Ich dachte, ich würde in diesem Bett sterben, weil ich Angst hatte, körperlich nicht mehr fit zu sein. Ich konnte kaum verstehen, was mit mir geschah, als allmählich die Gefühle kamen. Manchmal war da einfach nichts, und dann flippte ich aus, weil zuviel da war, und dann stumpfte ich wieder ab.«

Dynamiker sind daran gewöhnt, zu handeln und nicht zu fühlen, und stellen im allgemeinen ihre Gefühle während einer Aktivität ab. Die Gefühle müssen langsam bewußtgemacht werden, denn ihre Anwesenheit wird als bedrohlich für einen Lebensstil empfunden, der davon abhängt, wie eine Maschine zu produzieren. Dreier, die echte Gefühle zeigen wollen, müssen die Diskrepanz zwischen den wirklichen Empfindungen ihres Körpers und der im Hinblick auf einen Sieg vorgenommenen gewohnheitsmäßigen Veränderung ihrer Präsentation erkennen lernen. Es wird dann für sie zu einer Existenzfrage, ob sie dem folgen, was sie fühlen, oder ob sie bei ihrer Gewohnheit bleiben, zu wissen, was zu tun ist. Wenn Dreier ihren Gefühlen folgen, besteht unvermeidlich das Risiko, daß sie die Anerkennung verlieren, die ihre Leistung ihnen garantierte; folgen sie ihnen nicht, ist ihr Leben möglicherweise ein einziger Betrug.

Die Bewußtseinsverlagerung von der Täuschung zur Ehrlichkeit (Wahrhaftigkeit) ergibt sich als stufenweise auftauchender Nebeneffekt, wenn zwischen echten Gefühlen und dem Bedürfnis, es in den Augen anderer gut zu machen, unterschieden wird. Im Verlauf dieser Verlagerung werden Dreier wahrscheinlich eine Zeit freiwilligen Leidens erleben, in der die in der Kindheit entwickelte Schutzgewohnheit aufgegeben wird, um psychisch frei zu werden. Die folgende Aussage stammt von einer sehr erfolgreichen Karrierefrau.

»Zu Beginn meiner Therapie dachte ich, ich sei in Ordnung. Es war mein Mann, der das Problem hatte, weil er nicht so interessiert daran war wie ich, im Leben vorwärtszukommen. Der erste Impuls war, wegzurennen, nichts zu fühlen, denn sobald ich eine Menge Freizeit hatte, war das einzige, was ich fühlte, Angst. Die Sonntage waren am schlimmsten: den ganzen Tag nichts zu tun. Ich bügelte, telefonierte und bereitete mich auf die Woche vor, aber die ganze Zeit dazwischen hatte ich Angst.

Ich mußte meine ›Gefühlslektionen‹ in einen Zeitplan bringen. Ich mußte mich daran erinnern, mitten in einer Arbeit innezuhalten und mich zu fragen, was ich wollte und was ich nicht wollte; und ich mußte herausfinden, ob ich überhaupt etwas fühlte. Der schwierigste Teil der Übung war, bei einem Gefühl zu bleiben, wenn ich wieder an die Arbeit ging, denn sobald ich eine Aktivität anfing, waren meine Gefühle völlig weg.

Mit der Zeit baute ich mir ein Repertoire echter Gefühle auf, auf das ich sehr stolz bin. Ich kann von Leuten emotional berührt werden, und meine eigenen Reaktionen sind mir wichtig. Ich kann sagen, ob ich glücklich bin und ob ich mag, was ich tue, und ich lebe in einer Dimension des Lebens, dir mir völlig verborgen war.«

Subtypen

Die Untertypen greifen Themen auf, die in der Kindheit entwickelt wurden, um die Ängstlichkeit zu reduzieren. Für junge Dreier verringerte jede Situation, die Geld, Besitztümer (Sicherheit), Prestige oder ein vorteilhaftes weibliches oder männliches Image zur Verfügung stellte, die Angst, in den Augen anderer wertlos zu sein. Erfahrung und Selbstbeobachtung zeigen dann, daß diese Themen der Herstellung eines Images dienen und nicht die Gefühle des wahren Selbst spiegeln.

Wenn Dreier sich der Tatsache bewußt werden, daß ihre wahren Gefühle von gesellschaftlich geschätzten Normen abweichen, kann es zu einer Krise kommen, in der Entscheidungen getroffen werden müssen. Welchen Weg gehe ich? Den zum Erfolg oder den zum Selbst? Dreier erkennen dieses Dilemma oft, wenn sie mit Zurückgezogenheit konfrontiert werden, wenn eine Krankheit sie zur Ruhe zwingt oder sie sich mit dem beschäftigen, was wie »viel zuviel Freizeit« aussieht. Die bewußte Entscheidung, ein Image, soziales Prestige oder eine sichere finanzielle Basis aufzugeben, kann sich lebensbedrohlich anfühlen, weil zwischen dem Selbst und seinen »Krücken« kein Unterschied zu bestehen scheint.

Männliches/weibliches Image in Zweierbeziehungen

Dreier tendieren dazu, ein sexuell ansprechendes Image anzunehmen; oft wissen sie, daß sie eine Rolle spielen. Sie empfinden es als Zeichen persönlichen Werts, als körperlich anziehend oder sexuell potent zu gelten, und wetteifern darum, in den Augen anderer attraktiv zu sein. Einige Dreier berichten, daß das Bedürfnis, ein gewinnendes sexuelles Image zu vermitteln, eine tiefe Verwirrung zwischen männlichen und weiblichen Aspekten verbirgt: Die Gefühle sind gespalten zwischen einem männlich bestimmten Selbst und einem mehr weiblichen »anderen« Selbst. Ein übertrieben feminines Image kann daher als Maske dafür dienen, daß die Betreffende genauso konkurrenzorientiert handelt wie jeder Mann. Keiner der über eine geschlechtliche Verwirrung berichtenden Dreier ist homosexuell, und keiner glaubt, daß seine Sorge um Attraktivität sexuelle Ambivalenz kaschiert.

»Meine größten Selbsttäuschungen erlebte ich durch die Intimität. Am Ende einer zehnjährigen Ehe wurde mir klar, daß ich die Eigenschaften fühlte, von denen ich glaubte, daß eine perfekte Frau sie verkörpern würde; aber ich konnte nicht sagen, ob es meine eigenen waren. Wenn mein Mann sich in ein Fotomodell verliebt hätte, hätte ich ihr Styling und ihre Gewohnheiten übernommen.«

Prestige in sozialen Gruppen

Dreier möchten ein gutes gesellschaftliches Image präsentieren. Ihre persönliche Darstellung paßt sich den von der Gruppe geschätzten Charakteristika an. Sie möchten die Herde anführen.

»Früher war es wichtig, daß unter meinem Bild im Jahresbericht der High-School die meisten Mitgliedschaften in Clubs und dergleichen eingetragen waren. Später wurde ich Klinikarzt, und ich weiß immer, wer in meinem Teil des Landes Workshops veranstaltet und wie gut angesehen sie sind, auch wenn ich keine Vorstellung davon habe, um was es geht.

Mir ist auch klargeworden, daß der Grund für mein Streben nach Bekanntheit das Gefühl ist, daß ich als Person ausradiert bin, wenn jemand, den ich für einflußreich und wertvoll halte, mit meiner Auffassung nicht übereinstimmt.«

Sicherheit im Bereich der Selbsterhaltung

Dreier beschäftigen sich mit Geld und materiellem Besitz, um die Angst in bezug auf das persönliche Überleben zu verringern. Sie arbeiten hart, um das Geld und den Status hervorzubringen, die ihnen Sicherheit geben.

»Es ist die Art von Entsetzen, die noch nicht einmal verschwindet, wenn man arbeitet, um soviel wie möglich zu verdienen. Man kann fünfzigtausend Dollar auf der Bank haben und immer noch Angst haben, es würde nicht genug sein – oder man müßte sich um einen besser bezahlten Job bemühen oder ein paar Reserven in der Hinterhand haben. Du hast das Gefühl, daß dein Leben bedroht ist, wenn jemand deine Arbeitsleistung kritisiert.«

Was Dreiern hilft, sich zu entfalten

Eine Drei beginnt eine Therapie oder eine Meditationspraxis oft, weil ein körperlicher Zusammenbruch oder ein persönlicher Verlust es unmöglich gemacht hat, den Rhythmus beizubehalten, der die Gefühle auf Distanz hielt. Die als Ergebnis dieses erzwungenen Langsamtretens auftauchenden Gefühle können zunächst als bedrohlich erlebt werden. Wahre Gefühle beeinträchtigen oft die Leistungsfähigkeit und können einen Menschen, der die breite Skala seiner inneren Signale nie zur Kenntnis genommen hat, verwirren. Der Kontakt mit physischen und emotionalen Reaktionen sollte ermutigt werden, insbesondere mit denen, die Dreier verleugnen, wie etwa Müdigkeit, Angst, Unsicherheit hinsichtlich des nächsten Schritts. Dynamiker müssen jene Zeiten erkennen, in denen Verpflichtungen und Aufgaben die Gefühle zu kontrollieren beginnen, und auf das Hochkommen wahrer Reaktionen warten lernen. Dreiern kann geholfen werden, indem sie:
– lernen innezuhalten, Zeit übrig lassen, damit Gefühle und wahre Meinungen hochkommen können,

- Verbindung aufnehmen zu jener Angst vor Gefühlen, die den Wunsch nach beständiger Aktivität erzeugt,
- bemerken, wann Handlungen mechanisch werden, wann sie wie ein Roboter produzieren, während die Gefühle abgestellt sind,
- erkennen, wann echte Fähigkeiten durch Phantasien über den persönlichen Erfolg ersetzt werden,
- vor Problemen nicht dadurch weglaufen, daß sie neue Projekte anfangen, ein Versagen in einen Erfolg ummünzen oder Quellen der Kritik in Mißkredit bringen,
- erkennen, daß sie emotionales Glück hintangesetzt haben (»Nach der nächsten Beförderung werde ich glücklich sein«),
- den großen Unterschied zwischen dem auftauchenden persönlichen und dem öffentlichen, leistenden Selbst erkennen, das Gefühl, vom Image getrennt zu sein,
- das Gefühl bemerken, ein Schwindler zu sein, eine Schau abzuziehen (»Niemand sieht hinter die Maske, mich sieht man nicht, man sieht nur, was ich tue«),
- ihre Mitwirkung an ihrer Überbeschäftigung und dem Gefühl, von inkompetenten und faulen Leuten umgeben zu sein, erkennen,
- den Wunsch bemerken, der perfekte Therapieklient zu sein, bemerken, daß sie Freudsche Träume für den Analytiker produzieren, für den Gestalttherapeuten aufs Kissen einschlagen, dem Guru von Energieerfahrungen berichten, die Therapie zu einem Job wird, den es zu meistern gilt, Meditation zur Aufgabe wird (»Wie viele Minuten habe ich völlig still gesessen? Wie viele Mantras habe ich heute rezitiert?«),
- das Vorhandensein von Gefühlen erkennen, indem die den Gefühlen zugrunde liegenden Empfindungen zuerst gefunden und dann benannt werden,
- wenn es schwierig ist, ein Gefühl zu identifizieren, damit beginnen, alle physischen Empfindungen zu benennen, die

man in seinem Körper spürt (»Mein Gesicht ist heiß« oder: »Mein Bauch fühlt sich hart an«, das Benennen körperlicher Empfindungen hilft Ihnen, zu erkennen, was Sie fühlen),

- lernen, den Unterschied zwischen Handeln und Fühlen zu erkennen, und daran denken, die Aufmerksamkeit von der Aufgabe zu Gefühlen über die Aufgabe zu verlagern,
- mit Meditation und Aufmerksamkeitsübungen auf der Basis eines Plans mit bestimmtem Zeitlimit beginnen, 45 Minuten sitzen und dann wieder an die Arbeit gehen (das »Nichthandeln« der Meditation erzeugt einen Widerstand, der in der Therapie bearbeitet werden muß, drängen Sie nicht auf Meditationsergebnisse, außer auf gesundheitliches Wohlbefinden),
- bemerken, wann Meditation zu einer Aktivität wird, bei der nur über die Atemzüge Buch geführt wird, wann die Kontrolle der Meditationspraxis verhindert, sich auf den von der Meditation hervorgerufenen Geisteszustand zu konzentrieren,
- lernen, bewegt zu sein, betroffen zu sein, beeinflußt zu werden,
- sich selbst unterstützen, indem sie sich für Gefühle und nicht für Status entscheiden.

Mögliche Reaktionen in Zeiten der Veränderung

Wenn die Aufmerksamkeit vom Image und einem arbeitssüchtigen Leben abgezogen wird, können die folgenden Reaktionen auftreten:

- Verwirrung in bezug auf die Gefühle (»Habe ich das richtige? Welches ist das wahre?«),
- Verwirrung zwischen der Vorstellung über ein Gefühl und dem tatsächlichen Gefühl,
- überaktives Phantasieleben, sich Erfolg vorstellen, wenn direktes Handeln blockiert ist oder Negativität hochkommt,
- Herstellung eines Phantasiebildes von Erleuchtetsein oder »ein

entwickeltes Beispiel einer Drei« zu sein, das Fühlen übergehen, weil man glaubt, daß diese Eigenschaften schon vorhanden sind (»Ich bin schon dort«),

- Wunsch nach schnellen Ergebnissen, sich besser fühlen, wenn
  Gefühle durch Arbeit ersetzt werden, die Therapie aufgeben
  wollen, bevor eine wirkliche Veränderung stattfinden kann,
- Bedürfnis nach Beweisen des Erfolgs, möchte der Lehrer
  werden, um sich wie ein Meditierender zu fühlen,
- Gewohnheit, sich von Gefühlen zu lösen, wenn über persönliche Probleme gesprochen wird, oder Hochkommen dieser
  Probleme in der Meditation, Überzeugung, daß diese Probleme
  gelöst sind, sobald sie benannt und besprochen wurden, ohne
  Gefühle erleben zu müssen,
- Tendenz, einen allmächtigen Therapeuten oder spirituellen
  Lehrer zu wählen, der die äußeren Werte verkörpert, die für
  eine Drei anziehend sind, sich mit den Werten des Therapeuten
  identifizieren, ohne die eigenen zu finden,
- beim Meditieren Angst, daß »niemand zu Hause ist«, daß das
  wahre Selbst nicht existiert,
- sich wie ein Heiliger fühlen, wenn andere Kritik üben (»Ich
  habe so viel erreicht, daß ich nicht zuzuhören brauche«).

9. Punkt Vier: der tragische Romantiker

	Erworbene Persönlichkeit	Wesenskern
Kopf	Haupteigenschaft:	Höheres Bewußtsein:
	Melancholie	die ursprüngliche Quelle
Herz	Leidenschaft: Neid	Tugend: Gleichmut
		(Gleichgewicht)

Subtypen
Sexuell: Konkurrenz/Haß
Sozial: fühlt Scham
Selbsterhaltung: unerschrocken/unbekümmert

Das Dilemma

Vierer erinnern sich daran, als Kinder verlassen worden zu sein, und leiden infolgedessen unter einem Gefühl des Mangels und des Verlusts. Ihre innere Situation spiegelt sich im literarischen Modell des tragischen Romantikers, der Anerkennung und materiellen Erfolg erreicht hat und unerschütterlich auf die verlorene, die unerreichbare oder die zukünftige Liebe und ein Bild des Glücks konzentriert ist, das nur die Liebe bringt. Um diese Weltsicht zu verstehen, müssen Sie sich in einen Geisteszustand versetzen, in dem Entscheidungen genauso auf der veränderlichen Chemie von Stimmungen wie auf der Wahrnehmung tatsächlicher Fakten beruhen und in dem bei Gesprächen die Gefühlslage und die versteckten Andeutungen genauso wichtig sind wie die tatsächlich gewechselten Worte.

Depression ist eine bei Vierern häufige Stimmung. Sie kann das Leben zu jener Art Stillstand bringen, in dem die Tage im Bett verbracht werden und der Geist bedauernd an einem nicht mehr änderbaren vergangenen Fehler hängt: »Wenn doch nur dieses oder jenes anders gelaufen wäre…« Die Aufmerksamkeit ist blockiert wie die Nadel eines Plattenspielers, die in einer Rille der Erinnerung festhängt. »Wenn ich nur anders gehandelt hätte. Wenn es nur noch eine Chance gäbe.«

Vierer berichten durchweg von der schwarzen Stimmung der Depression. Einige akzeptieren sie fatalistisch und isolieren sich längere Zeit. Andere bekämpfen sie mit Hyperaktivität und sind ständig in Hetze. Wieder andere kanalisieren ihre Gefühle mit Hilfe einer künstlerischen Erforschung der Schattenseite der menschlichen Existenz. Die in diesem Buch zitierten Vierer haben Depressionen erlebt, beschreiben aber auch eine Melancholie genannte Stimmung, die sie anzieht wie eine entstellte, Verlust und Schmerz entstammende emotionale Zuflucht.

Melancholie schafft eine Atmosphäre bittersüßen Bedauerns. Wie die Depression entspringt sie der Wahrnehmung eines Verlusts, aber hier verwandelt die Trauer sich in eine verschwommen-düstere Stimmung. Vierer fühlen sich in den wechselnden emotionalen Nebeln intensiv lebendig; nichts ist von Dauer, denn die Stimmung kann sich morgen ändern. Hauptproblem der Vierer ist ein Verlust und die daraus folgende verminderte Selbstachtung. »Wäre ich verlassen worden, wenn ich mehr wert gewesen wäre?« Vierer sind überzeugt, daß es eine ursprüngliche Quelle der Liebe gab, die ihnen genommen wurde. »Einst wurde ich geliebt, wo ist die Liebe hin?« Oft sind sie tatsächlich verlassen worden und grämen sich um einen frühen Verlust; als Erwachsene erschaffen sie die schmerzlichen Gefühle des Verlassenwerdens wieder, indem sie zwanghaft vom Unerreichbaren angezogen werden und die (im allgemeinen nicht erkannte) Gewohnheit entwickeln, alles leicht Erreichbare zu verwerfen.

Vierer richten ihre Aufmerksamkeit unbewußt auf die kleinen Dinge, die fehlen, so daß es dem Verfügbaren im Vergleich dazu an Anziehung mangelt. Vor allem sehnen sie sich nach einer leidenschaftlichen, erfüllenden Beziehung; sie nehmen die Haltung des Liebhabers an, der sich nach der Geliebten verzehrt. Eine der süßesten Schattierungen der Melancholie ist die Verbindung von Trauer über den Verlust der Liebe mit der romantischen Erwartung eines idealen zukünftigen Partners. Vierer haben das Gefühl, daß die Gegenwart nur eine Probe für die Zukunft ist, in der »mein authentisches Selbst durch die Liebe wiedererweckt wird«.

Wenn – zuweilen nach Jahren der Hoffnung und der Mühen – die Vorteile des realen Lebens sich zu materialisieren beginnen, verlagert die Aufmerksamkeit sich auf das, was fehlt. Wenn eine Vier den Job bekommt, will sie den Mann. Wenn sie den Mann bekommt, will sie allein sein. Wenn sie allein ist, will sie wieder den Job und den Mann. Die Aufmerksamkeit kreist um das Beste, das fehlt; das Vorhandene erscheint im Vergleich dazu langweilig und wertlos.

Reale Vorteile werden wahrscheinlich sabotiert. Wenn die Aufmerksamkeit sich mit den alltäglichen Ereignissen einer konkreten Liebesgeschichte beschäftigen muß, können Vierer schrecklich enttäuscht sein, die Socken des Partners einsammeln und die Eigenarten eines anderen Menschen ertragen zu müssen. Das Bild einer durch die Liebe bewirkten glänzenden Zukunft wird durch die Tatsache bedroht, daß eine reale Beziehung auch sehr langweilige Momente enthält. Kleine Eigenarten des Partners verwandeln sich in größere Ärgernisse. »Sie ist politisch ungebildet. Er hat kein Ohr für Musik. Wie gefühllos, eine Zahnbürste in einem Glas herumstehen zu lassen!« Vierer sind wütend darüber, sich der Geschmacklosigkeit anderer anpassen zu müssen, und haben das starke Bedürfnis, sich für die zukünftige Wiedererweckung durch Liebe zu schützen.

Wenn sich herausstellt, daß Intimität den Verzicht auf ihre elitären Maßstäbe erfordert, möchten Vierer ihre Partner wegschikken, sie zwingen, zu gehen, bevor das Bild einer wertvollen, zuverlässigen Beziehung durch einen negativen Einfluß untergraben wird. Natürlich ist der Partner an allem schuld. Die Vier fühlt sich bitterlich enttäuscht und möchte das Schlimmste sagen, um ganz klar zu machen, wie sehr sie im Stich gelassen wurde.

Sobald die Beziehung auf eine sichere Distanz zurückgeschraubt wurde, beginnt der Romantiker, sie wieder zu vermissen. Er folgt dabei einem »Drücken-ziehen-Beziehungsmuster«: Das Verfügbare wird weggedrängt, das schwer zu Bekommende angezogen. Aus der Entfernung, wenn die Aufmerksamkeit sich auf die Höhepunkte einer nicht bestehenden Partnerschaft verlagert, wird sie wieder attraktiver.

Vierer halten das Leben in sicherer Armlänge von sich fern. Nicht zu weit weg, damit das vertraute Sehnen sich nicht in schwarze Verzweiflung verwandelt; aber auch nicht zu nah. Denn obwohl sie sich nach Intimität heftig sehnen, löst konkrete Intimität die Angst aus, für mangelhaft befunden und verlassen zu werden. Wenn der Partner es leid ist, auf Armeslänge entfernt gehalten zu werden, und zu gehen droht, können eine plötzliche Krankheit oder intensive Beschuldigungen die Folge sein, da der Vier jetzt wieder an der Beziehung liegt. Alle emotionalen Notbremsen werden gezogen, wenn Verlassenwerden droht: Mit theatralischen Szenen und wilden Beschuldigungen, Selbstmordgesten und tiefer Verzweiflung wird der ursprüngliche Verlust neu inszeniert.

Vierer sagen, daß die Höhen und Tiefen ihres Gefühlslebens ihnen eine intensivere Existenzebene erschließen, die über gewöhnliches Glück hinausgeht und sehr viel reicher ist als die, mit der andere Leute sich zufriedenzugeben scheinen. Sie haben das Gefühl, ein Fremdling in der gewöhnlichen Realität oder einzigartig und merkwürdig verschieden zu sein, ein Schauspieler, der sich durch die Szenen seines eigenen Lebens bewegt. Das Leiden eines intensivierten Gefühlslebens aufgeben würde bedeuten, das durch das Drama erzeugte Gefühl der Besonderheit aufzugeben. Die Aussicht, glücklich zu werden, versperrt den Zugang zur intensiven Gefühlswelt und beinhaltet zudem das Risiko, sich mit einer Jedermann-Weltanschauung und einem gewöhnlichen Leben zufriedenzugeben.

Hauptthemen

– Das Gefühl, daß etwas im Leben fehlt. »Andere haben, was ich vermisse.«
– Das Angezogensein vom Entfernten und Unerreichbaren. Idealisierung des abwesenden Liebhabers.
– Stimmung, Verhalten, Luxus und guter Geschmack als äußere Stützen der Selbstachtung.
– Das Festhalten an der Melancholie. Ziel ist eher Gefühlstiefe als bloßes Glück.
– Ungeduld mit der »Seichtheit gewöhnlicher Gefühle«. Bedürfnis, Gefühle durch Verlust, verstärkte Phantasie und dramatische Akte zu intensivieren.
– Die Suche nach Authentizität. Das Gefühl, daß die Gegenwart nicht wirklich ist, daß das wahre Selbst durch die Erfahrung, innig geliebt zu werden, in der Zukunft zum Vorschein kommen wird.
– Eine Neigung zu dem, was real und intensiv im Leben ist: Geburt, Sex, Verlassenwerden, Tod, umwälzende Ereignisse.
– Ein »Drücken-ziehen-Aufmerksamkeitsstil«. Die Konzentration schwankt zwischen den negativen Charakterzügen eines Menschen und den positiven Zügen dessen, was fern und schwer zu bekommen ist. Dieser Aufmerksamkeitsstil verstärkt Gefühle des Verlassenwerdens und des Verlusts, eignet

sich aber auch für Sensibilität für die Gefühle und den Schmerz anderer, die Fähigkeit, andere in Krisen zu unterstützen.

Familiengeschichte

Das der Einstellung von Punkt Vier zugrunde liegende Thema ist ein Verlust in der Kindheit. Vierer beschreiben in vielen Variationen, daß sie als Kind von einer für sie wichtigen Person im Stich gelassen wurden. Oft schildern sie, daß sie real verlassen wurden, etwa wenn bei einer Scheidung der geliebte Elternteil wegging. Oder sie wurden in eine schwierige Familiensituation hineingeboren, in der das Kind geschätzt wurde, weil es sich mit dem Leid eines ihm nahestehenden Erwachsenen identifizierte. Die folgende Aussage stammt von einer talentierten Tänzerin, die den größten Teil ihres Erwachsenenlebens ohne Beziehung verbrachte und sich ganz ihrer Kunst widmete.

»Ich war ein Brutkastenkind und so schwach, daß meinen Eltern gesagt wurde, ich würde wahrscheinlich nicht überleben. Ich glaube, daß sie sich von mir zurückzogen, um ihre eigenen Gefühle zu schützen, so daß ich zwar nicht buchstäblich verlassen wurde, dieses Bild sich für mich aber richtig anfühlt. Als ich ein Baby war, bekam mein Vater eine tödliche Krankheit. Wenn ich über mich nachdenke, sehe ich immer einen Sarg im Vorderzimmer und duftende Blumen im Haus. Ich fühle mich von Menschen angezogen, die sich in Krisen und in Todesnähe befinden, weil sie sehr viel mehr mit ihrem tiefen Selbst in Kontakt und bereit sind, auf der seelischen Ebene ehrlich zu sein.«

Eine andere Kindheitssituation wird von Vierern beschrieben, die sich im Stich gelassen fühlten, weil ein Elternteil kam und ging oder abwechselnd grausam und freundlich war. Das Kind hing an der Verheißung von Zuneigung und Liebe und wurde wütend, wenn sie genommen wurde.

»Als ich geboren wurde, nahm mein Vater meine Mutter auf eine Weltreise mit, um meine glückliche Geburt zu feiern, und ließ mich mit einem Kindermädchen zurück. Ich bewunderte ihn und tat alles, um ihm zu gefallen. Er war schneidig, beliebt und unerreichbar, außer wenn Mutter auch da war. Er machte lange Reisen, und bevor er wieder fuhr, versuchte ich verzweifelt, ihn zum Bleiben zu bewegen. Ich hatte das Gefühl, als wäre dies meine einzige Chance, ihn zu halten. Er brachte mir Geschenke mit und erzählte Geschichten, und dann war er wieder weg, oder, noch schlimmer, er nahm sie mit, und dann war ich wieder allein und bereitete mich auf das nächste Mal vor.«

Es gibt verschiedene Theorien über Depression, die alle in der Vorstellung verankert sind, daß die kindliche Wut nach innen gegen das Selbst gerichtet wurde. Romantiker beschreiben im allgemeinen frühe Gefühle des Verlusts, die im Erwachsenenleben zu wiederholten Depressionen geführt haben.

Die folgende Aussage stammt von einem Mann, der auf der Suche nach der perfekten Partnerin zehn Jahre um die Welt reiste. An verschiedenen Punkten seiner Reise idealisierte er ganz verschiedene Frauentypen, sowohl in bezug auf die körperliche Attraktivität als auch hinsichtlich bestimmter Wesenszüge, die er der jeweiligen Kultur zuschrieb. Sobald er sich in eine dieser Frauen verliebte, vermißte er die Qualitäten der übrigen Frauen. Zur Zeit seiner Aussage hatte er als Importeur Millionen Dollar verdient und war völlig mit seiner fortdauernden Suche nach einer Frau beschäftigt.

»Ich fragte meine Mutter, ob sie mich gestillt hatte, und sie sagte, ja, eine Zeitlang. Ich vermute, daß ich als Baby Zufriedenheit erlebte und dann eines Tages nicht mehr; das ist zufälligerweise genauso, wie ich mich von ihr behandelt fühlte: Sie ist für mich da, und dann ist sie es nicht. Es ist zu einer Lebenshaltung geworden: ›Früher war ich glücklich, wo ist das Glück hin?‹ Mein ganzes Leben habe ich danach gesucht – wo ist es hin?

Aber wenn Leute mich fragen, was ich im Leben vermisse und was ich meiner Meinung nach suche, ist die Antwort nicht ›dieses Ding‹, ›diesen Menschen‹ oder ›jenes Geld‹. Ich suche jenes Gefühl der Verbundenheit mit etwas Wundervollem, das immer verborgen und stets unerreichbar ist.«

Wut, Depression und Melancholie

Vierer berichten oft von Wut darüber, etwas entbehrt zu haben, von Zorn auf den verlassenden Elternteil, der ihnen solches Leid verursachte, während andere mehr bekommen haben. Diese Wut äußert sich als beißender Sarkasmus, als Bedürfnis, andere verbal niederzumachen, als Wunsch, die Rechnung zu begleichen, weil man so schlimm verletzt wurde. Meist besteht praktisch keine Möglichkeit, auf jemanden wütend zu sein, der entweder verschwunden ist oder sich bei einem Angriff zurückzieht. Die Wut des Romantikers richtet sich daher im allgemeinen nach innen und äußert sich als die intensive Selbstkritik, nicht wertvoll genug zu sein, um Liebe zu verdienen.

Die nach innen gerichtete Kritik vermittelt Vierern ein Gefühl der Hilflosigkeit und führt zu langen Zeiten der Untätigkeit, in denen Handlungen in Richtung Glück unmöglich erscheinen. Die Depression beruht auf Gefühlen der Trauer über den Verlust einer elementaren und wertvollen menschlichen Beziehung. Es ist die Haltung des von seiner Liebsten getrennten Liebhabers, der sich nach einer Möglichkeit sehnt, wieder mit ihr zusammenzukommen.

Vierer vergleichen die Depression mit dem Gefangensein in einem schwarzen Loch. Sie ziehen sich in sich selbst zurück, begeben sich in einen einsamen Teil des Hauses und stellen nach und nach den äußeren Kontakt ein. Sie haben das Gefühl, das Leben sei noch nie zuvor so schrecklich gewesen, und glauben, die Situation werde sich nicht ändern. Wenn die Depression tiefer wird, klingen Hilfsangebote angesichts der Schwierigkeit absurd. Hilfe wird verweigert, und die Vier ist machtlos, für sich zu handeln. Die Aktivität wird eingestellt, und möglicherweise geht die Hoffnung verloren, daß irgend jemand die eigene innere Situation versteht.

Romantiker sind nicht die einzigen, die trauern. Wir alle beklagen unsere Mißerfolge oder grämen uns, wenn etwas Wertvolles verloren wurde. Depression heißt nicht, daß es bei der Annahme des Leids Stufen gibt, auf denen der Schmerz schließlich nachläßt und die Aufmerksamkeit auf die Wiederherstellung eines funktionierenden Lebens gerichtet werden kann. Bei einer schweren Depression wird alles Lohnende im Leben durch eine überwältigende Traurigkeit ersetzt; die Bewegung durch die Stufen des Akzeptierens ist ungewöhnlich langsam.

»Ich bin immer noch bei der Scheidung, die vor achtzehn Jahren stattfand, denn mein Denken ist von der Vorstellung beherrscht, daß ich einen nicht wiedergutzumachenden Fehler begangen habe, der den Lauf meines Lebens verändert hat. Man hat das Gefühl, als hätte man seine einzige Chance zum Glücklichsein vertan, und verzweifelt sucht man nach einem Faden des Verständnisses, um einen Weg zurück zu finden.

Also geht man die Geschichte wieder und wieder durch und versucht, die Implikationen aller Phasen zu verstehen, die man durchgemacht hat, wodurch ich so mit vergangenen Fehlern beschäftigt bin, daß ich ein paar wirklich vielversprechende Liebesaffären einfach nicht beachtet habe.«

Die Stimmung der Melancholie stammt von demselben Gefühl des Verlusts, das eine schlimme Depression erzeugt. Sie entspricht einer Sensibilität, die die Überzeugung des Beraubt-worden-Seins in die bittersüße Sehnsucht nach dem Unmöglichen verwandelt. Vierer sagen, daß sie den Reichtum der Melancholie allem vorziehen, was andere als Glücklichsein beschreiben. Sie empfinden Melancholie als eine Traurigkeit, die Bilder und Metaphern weckt, als ein Gefühl, mit entfernten Dingen verbunden zu sein. Die Melancholie erhebt das Leben eines verlassenen Außenseiters zu einer Pose einzigartiger Sensibilität.

»Es ist, als wäre man eine Figur in einer Geschichte, die mit widrigen Umständen konfrontiert wird. Ich bin in dieser Welt ein Fremdling, und niemand versteht, wer ich bin, weshalb ich mich anders und unverstanden fühle. Ich fühle auch eine Art zurückgehaltener Verzweiflung. Niemand versteht mich, ich bin ein Außenseiter, und daher quält es mich, nirgendwohin zu gehören, aber ich bin auch ganz intensiv in mir selbst, weil ich mich quäle. Ich lebe an der äußeren Grenze dessen, was Menschen in puncto Gefühle aushalten können. Ich bin mir selbst ein Rätsel, und ich bin völlig verschieden von allen anderen.«

Es ist sehr leicht, eine depressiv gewordene Vier zu erkennen. Ständig bejammert sie all das, was im Leben fehlt. Das Klagen beschäftigt das Selbst so, daß es unmöglich ist, die Aufmerksamkeit auf produktivere Dinge zu lenken.

Auch die Melancholie beruht auf der Sehnsucht, versetzt jedoch gewöhnliche Ereignisse in die Dimension des Ästhetischen. Das Sehnen nimmt die Qualität einer Suche an, und Depression verwandelt sich in die poetische Anerkennung des Menschseins.

»Melancholie weckt das Gefühl, jung zu sein und sich in einen Mantel unsichtbaren Dramas zu hüllen. Man geht nicht einfach so, man geht, und dabei raschelt der Mantel. Man geht nicht zum Vergnügen, sondern wegen des mit dem Kostüm zusammenhängenden Gefühls, wegen des Knisterns in der Luft und wegen des Fremden, der auf einen zukommen und das Leben für immer verändern könnte. Zu Hause fühlte ich mich wie ein Opfer, aber das Gefühl, mißbraucht zu werden, wurde mit einer erdichteten dramatischen Rolle verbrämt: Sie legte ihren Mantel und ihre Magie an und war nicht an Spaß oder Glück interessiert, weil sie das Außergewöhnliche suchte.

Ich erinnere mich an Spaziergänge, bei denen das Bild eines fliegenden Vogels kilometerlang in mir blieb, oder eine nasse Blume zum Grund wurde, einen Tag weiterzuleben. Melancholie ist der Ort, den ich mir ausgesucht habe, der Ort, an dem man aus seinem Leben ein Kunstwerk macht, und obwohl es sich um die Suche nach etwas noch Kommendem dreht, ist es die Suche, die mich glücklich macht.«

Schmerz und Kreativität

Zwischen einem Leben als künstlerischer Ausdruck und einem Versenken in den Schmerz zur Förderung eines ästhetischen Selbstbilds liegt nur ein schmaler Grat. Die Verbindung zwischen Entbehrung und künstlerischem Ausdruck ist so alt wie das Bild eines solchen Künstlers, der lieber in einer Dachstube verhungert, als die Kreativität durch den Verkauf an ein lukratives Auskommen zu kompromittieren. Kunst und Schmerz sind oft miteinander verflochten, denn Leid sensibilisiert für die wesentlichsten Dinge im Leben und mobilisiert eine Atmosphäre innerer Spannung, die einen Sinn bekommen kann, wenn sie durch einen kreativen Akt ausgedrückt wird.

Die folgende Aussage stammt von einer ehrgeizigen jungen Malerin, die sich selbst als Vier erkannte, als sie der Eröffnung ihrer eigenen Galerie nicht beiwohnen konnte, weil die Liebe sie handlungsunfähig machte.

»Wenn eine Depression kommt, ersetzt sie alles, was bei mir so am Laufen ist. Das Leben hört einfach auf. Es gibt keinen Sinn mehr, keinen Zweck, keine Hoffnung. Ich halte mich an das Vergehen der Zeit. Alles geht irgendwann vorüber, und mit der Zeit werde ich erlöst werden, scheinbar nur durch Abwarten. Wenn man so von Kummer beschränkt war wie ich, fühlt der ganze Körper sich an, als wäre er ein Spielball für den, um den man trauert. Man überantwortet sich, damit eine andere Person einen benutzt. Nach einer solchen Erfahrung fühlt man sich, als würde man von einer langen Krankheit genesen. Man schätzt kleine Dinge, etwa das Wetter und die Farben, die man tragen möchte. Man fühlt sich privilegiert, soviel ausgelebt zu haben. Die Tragödie macht einen zu etwas Besonderem, in gewisser Weise hebt sie einen hervor, denn man hat quasi den Tod geschaut und ihn überlebt.«

Der Verlust hebt die Vier aus der gewöhnlichen Masse heraus. Er gibt ihr vorübergehend den Anstrich des Tragischen und Andersartigen, des Besonderen in dem Sinne, daß man tiefer fühlt als andere Menschen. Die Erfahrung des eigenen Selbst als ungewöhnlich sensibel kann auch zu einem zähen Festhalten an der persönlichen Stimmungslage werden, vor allem wenn geliebte Personen von intensiven Zurschaustellungen des Gefühls angezogen werden oder wenn in Zeiten emotional belasteter Sensibilität echte kreative Äußerungen hochkommen.

Das Dilemma einer durch Schmerz angefachten Kreativität wird durch das Leben des Dichters Rilke illustriert, der tiefes psychisches Leid erlebte, aber nicht bereit war, eine Psychoanalyse zu machen. Er war sicher, daß auch seine Engel einen Schock erhalten würden, wenn seine Teufel ausgetrieben würden.

Die Vier ist im Enneagramm der Ort des Künstlers, was zum einen bedeutet, daß viele Künstler Vierer sind, sich aber auch auf eine anlagebedingte Vorliebe für bedeutungsträchtige Gefühlszustände bezieht.

Anfälle von Sehnsucht und Verzweiflung sollen das gewöhnliche emotionale Klima verstärken. Diese Intensität und das von ihr erzeugte Gefühl eines speziellen Zwecks macht die veränderlichen Stimmungen der Melancholie sehr viel attraktiver als die Palette der üblichen Gefühle.

Stimmungsschwankungen und dramatisiertes Gefühlsleben

Romantiker leben an den äußeren Polen des Gefühlslebens. Sie tendieren dazu, zwischen Depression und Hyperaktivität zu pendeln. Vierer sagen von sich, daß sie von dem einen oder von dem anderen emotionalen Pol angezogen werden oder daß sie ihr Leben lang zwischen den beiden Extremen geschwankt haben. Es gibt drei Arten von Vierern: depressive, hyperaktive und zwischen diesen beiden Extremen hin und her wandernde. Alle drei haben das Gefühl, daß ihnen etwas Wesentliches im Leben genommen wurde und daß sie versuchen, das Verlorene wiederzubekommen; wie sie dabei vorgehen, unterscheidet sich jedoch grundlegend.

Depressive Vierer neigen dazu, sich bei der Suche nach dem Sinn in sich selbst zu vertiefen. Hyperaktive Vierer sehen bei oberflächlicher Betrachtung keineswegs depressiv aus; sie bewegen sich ziemlich schnell durch Aktivitäten und Liebesaffären und versuchen, denselben äußeren Quellen Sinn abzugewinnen, die auch andere Leute glücklich zu machen scheinen. Zwischen den beiden Polen schwankende Vierer zeigen die von allen Romantikern beschriebene Intensität am stärksten. Die Gefühle wechseln radikal. Liebe verwandelt sich in Haß, Leidenschaft wird zu Apathie. Das Angezogensein von unerreichbaren oder destruktiven Intimpartnern geht mit dramatischen Ausbrüchen und Selbstmordphantasien einher.

»Normale« Vierer sagen, daß Selbstmord ihnen als Alternative in den Sinn kommt, wenn das Leben beginnt, zu schlimm zu werden. Sie tendieren zu einem beißenden, sarkastischen schwarzen Humor, der ihre innere Wut offenbart. Sie beschreiben den Selbstmord als »ein gewisses Etwas, auf das man zählen kann, wenn das Leben zu hart wird«. Sie meinen damit, daß sie an das endgültige »Aussteigen« als eine Option denken, genauso wie Zweier daran denken, jemanden zu verführen, oder Achter, jemanden aus dem Weg zu räumen, ohne daß dahinter die tiefsitzende Absicht steht, dies tatsächlich zu tun.

Vierer sagen, daß andere sie als zu intensiv empfinden, da sie ihre Gefühle zurückhalten müssen, weil ihre Leidenschaften so stark sind. Sie sind sehr verletzt, wenn man sie übersieht: Ein vergessener Geburtstag stürzt sie in tiefste Enttäuschung, beiläufige Bemerkungen führen zur Entfremdung von Freunden.

»Ein einziger überfälliger Telefonanruf kann sich in sehr dramatischer Weise mit dem Gefühl des Verlassenwerdens verbinden, und ich reagiere, indem ich zu stark aufdrehe und mir die Leute entfremde, mit denen ich am meisten zusammensein möchte. Es ist, als würde der Schmerz sich mit all meinen vergangenen Schmerzen verbinden, und es ist einfach nicht mehr auszuhalten. Ein zu spät erfolgter Telefonanruf kann in ein tiefes Gefühl des Verlassenwerdens umschlagen, was dazu führt, daß ich meinen Freund hasse, wenn der Anruf endlich kommt, weil ich so schrecklich verletzt worden bin.«

Unter *Intensität* versteht eine Vier, an den äußeren Grenzen der emotionalen Reaktion zu leben. Das eine Extrem ist Leiden, das andere die Phantasie von totaler Erfüllung. Die Palette der Gefühle dazwischen ist weitgehend unbekannt.

Ein Gedanke wie »Liebe ich ihn?« kann sich so schnell mit der Vorstellung verbinden, wie es sich anfühlen würde, innig geliebt zu werden, daß die Zeit fehlt, um die wirkliche Reaktion auf die Frage mitzubekommen. Eine Romantikerin kann in ihren Träumereien darüber, »wie es sich anfühlte, als er mich verletzte«, oder »wie es sein wird, wenn er mich liebt«, so gefangen sein, daß sie die Verbindung zu ihrem gegenwärtigen Gefühl für »ihn« verliert.

Vierer stehen mit ihrer Tendenz, ihre Gefühle auszuschmücken, nicht allein. Wir alle neigen zum Beispiel dazu, uns das Schlimmste vorzustellen, wenn wir Schmerzen haben. Bei der natürlichen Geburt oder einem Training zur Schmerzkontrolle lernen Patienten, ihre Aufmerksamkeit ausschließlich auf die aktuelle körperliche Empfindung zu lenken, anstatt sich vorzustellen, wie schlimm der nächste oder der heftigste Schmerzanfall sich anfühlen könnte. Jeder tatsächlich im Körper gefühlte Schmerz kann unerträglich werden, wenn er durch Erinnerungen oder Vorstellungen überlagert wird.

Die folgende Aussage eines Mannes, der diese geistige Verfassung während eines schlimmen Unfalls hatte, beschreibt seine Reaktionsweise in der Krise. Sein Verhalten zeigt nicht unbedingt, daß er eine Vier ist. Romantiker sind jedoch auch im täglichen Leben für die von ihm beschriebene unbewußte Verlagerung der Aufmerksamkeit besonders anfällig.

»Seit meiner Teenagerzeit war ich ein Skiprofi, und ich hatte nie einen richtigen Unfall, bis ich eines Tages auf einer mir völlig vertrauten Piste stürzte und mir ein Bein brach. Bis ich ins Krankenhaus kam, war mein Verstand ausgeklinkt, ohne daß ich es wußte. Ich hatte ziemliche Schmerzen, und ich dachte, ich könnte sie aushalten, aber als jemand mein Bein berühren wollte, tat es so weh, daß ich ihn vertrieb.

Ich habe tatsächlich eine Krankenschwester gebissen, die versuchte, mir ein Beruhigungsmittel zu geben. Ich sah nur diese Nadel in ihrer Hand, und ich war ganz bei dem Gefühl, wie weh es tun würde, wenn sie zustach. Als mein Chef kam, lag ich im Clinch mit den Ärzten im Notfallraum. Das Bein mußte chirurgisch versorgt werden, sie standen bereit, aber ich ließ sie nicht. Mein Chef tat mir einen großen Gefallen, als er mich am Haar packte und drohte, mich zu schlagen, wenn ich die Medikamente nicht nähme.

Ich glaube, daß diese ›Schockbehandlung‹ mich wieder zu mir brachte. Es zählte nicht, daß er die Faust erhoben, aber nicht zugeschlagen hatte, oder daß die Nadel, die in meine Hüfte gesteckt werden sollte, in der anderen Ecke des Raums war. Ich fühlte den Luftzug im Gesicht, obwohl ich nicht getroffen wurde, und spürte die Nadel, obwohl ich nicht berührt worden war. Ich fühlte sie tatsächlich stark genug, um den wirklichen Schmerz in meinem Bein zu vergessen, als ich meinte, diese Dinge würden mir angetan. Als ich dahin zurückkam, wo ich wirklich war, nämlich in dem Notfallraum, fühlte es sich an, als würde ich aus dem Zustand, in dem jede Berührung reiner Schmerz war, ausrasten und wieder in mich selbst zurückkehren, in meinen Kopf, und ich spürte einen höllischen Schmerz, der unten in meinem Bein lokalisiert war.«

Vierer neigen dazu, ihre Gefühle genauso zu intensivieren, wie dieser junge Skifahrer seinen körperlichen Schmerz ausweitete. Die Gewohnheit, reale Gefühle unbewußt zu übertreiben, wirft de facto ein echtes Gefühlsleben zugunsten emotionaler Intensität über Bord. Der Zugang zu wirklichen Gefühlen ist so blockiert, daß eine Vier sich mit den übertriebenen Empfindungen identifiziert, die von einer Reizung des Gemüts herrühren.

Die Augenblicke, in denen Vierer den Kontakt zu tatsächlichen Gefühlen verlieren, lassen sich zuweilen an den Veränderungen in ihrem Gesicht beobachten, wenn sie emotional werden. Wenn man eine Vier etwa fragt: »Wie geht's?«, wird die erste – und wahrscheinlich authentischste – Reaktion übergangen, weil die Vier innerlich überlegt, wie sie sich eigentlich fühlt. Die Antwort ist das Ergebnis einer Reihe von erinnerten Vorstellungen über verschiedene Gefühlsqualitäten, die die echte Reaktion überlagern. Diese Gewohnheit kann eine einfache Reaktion wie »Es geht mir gut« in »Na ja... ich bin durch eine Reihe schwieriger Veränderungen gegangen« verwandeln.

Intime Beziehungen

Der Großteil der inneren Aufmerksamkeit ist darauf gerichtet, die Ankunft des/der Geliebten vorzubereiten. Die Gegenwart existiert nur als die Zeit, in der man sich bereit macht für die zukünftige Erweckung durch die Liebe. Wenn keine Beziehung besteht, wird die zukünftige Begegnung mit viel Gefühl imaginiert. Lebt sie dagegen in einer Beziehung, muß die Vier sich zurückziehen, um die Vorstellung des Wiedersehens mit dem/der Geliebten zu genießen. Die folgende Aussage stammt von einer New Yorker Lehrerin.

»Meine besten Beziehungen waren Romanzen auf Entfernung. New York–Boston und New York–San Francisco hatte ich mehrmals, außerdem ein paar längere Affären ein paar Fahrstunden entfernt von der Stadt. Am besten ist die Zeit zwischen den einzelnen Besuchen, wenn man sein eigenes Leben hat und sich nur darauf freut, seinen Freund zu sehen, und fühlt, wie toll es sein wird, wenn man sich schließlich wieder begegnet.

In den Tagen vorher baut sich das auf, als würde man sich für seine Hochzeit ankleiden. Als könnte man davon zerbersten, wie romantisch die Stunden vor einem Anruf sich anfühlen. Schließlich trifft man sich, tauscht Neuigkeiten aus, veranstaltet ein nettes Abendessen und lebt ein paar Tage zusammen.

Am seltsamsten ist, daß ich zwar von unserer Begegnung geträumt habe, aber nicht wirklich da bin, wenn sie stattfindet. Mein Verstand scheint abzudriften, wenn wir zusammen sind, weil ich ihn mir wieder vorstellen will; ich kann also mit ihm im Bett sein und vollkommen ausblenden, daß ich da bin.

Nach kurzer Zeit fühle ich mich angespannt. Kleine Dinge an ihm beginnen mich zu stören. Wenn er die Schubladen im Schlafzimmer offenstehen läßt, sehe ich seine Nachlässigkeit. Die offene Schublade bleibt mir als Symbol für all die anderen Punkte im Gedächtnis, in denen er möglicherweise nachlässig ist. Ich denke dann: Wie könnte ich mit einem nachlässigen Mann zusammenleben?

Aber um ihn wieder zu lieben, brauche ich mir nur vorzustellen, daß er gegangen ist, oder daran zu denken, daß wir bald wieder getrennt sein werden, und dann kann ich wieder mit ihm zusammensein.«

Die Beziehungen leiden unter der Gewohnheit der Vier, die Aufmerksamkeit auf die negativen Aspekte des Vorhandenen zu konzentrieren. Wenn die Aufmerksamkeit auf eine gegenwärtige Situation gerichtet ist, stechen die nicht erwarteten negativen Aspekte hervor – jene weniger schönen Charakterzüge der geliebten Person, die einfach nicht existierten, als sie romantisch weit entfernt war.

»Ich bin seit einigen Jahren mit einer Frau verheiratet, die etwas außer Reichweite und immer leicht unverbindlich scheint. Das Zusammensein mit ihr ist, als würde ich einem herrlichen Sonnenuntergang zuschauen und die ganze Zeit wissen, wie sehr ich ihn vermissen würde, wenn er vorüber wäre. Ich habe das Gefühl, daß sie mein Seelenpartner ist, daß mir durch sie etwas Grundlegendes widerfährt. Aber wenn sie mir nah sein will, beginnen kleine Dinge sichtbar zu werden, die vorher nicht offenbar waren. Ihre Eigenheiten beim Reden beginnen mich zu irritieren, und ihre Züge erscheinen weit weniger faszinierend. Alles scheint weniger bedeutungsvoll, in gewisser Weise verkleinert. Ich habe den Drang, alles klarzustellen, es nicht unter den Teppich zu kehren; so kommt es natürlich zu einem Streit, und sie zieht sich zurück, und dann wird mir schmerzlich bewußt, wie sehr ich sie vermisse und wieder bei mir haben möchte.«

Vierer glauben, daß das wahre Selbst auftauchen wird, wenn sie geliebt werden, daß das innere Drama dann vermindert wird und ein sehr einfacher, zufriedener Mensch zum Vorschein kommt, der sich ganz und vollständig fühlt und nicht das Bedürfnis hat, sich nach mehr zu sehnen. Damit ein solches Gefühl der Ganzheit sich entwickeln kann, muß die Aufmerksamkeit sich zunächst auf die Gegenwart konzentrieren. Die Vier muß das Gute im Vorhandenen finden und es als ausreichend akzeptieren.

»Letzte Woche kam mehrmals eine attraktive Vertreterin ins

Büro. Mein Phantasiedrehbuch lief sofort los, die Schwingungen waren toll, ich kam in Schwung, aber Gott sei Dank bin ich alt genug, um zu wissen, daß ich einer Phantasie hinterherlief, und nicht meine Zukunft in sie investierte.

Vor zehn Jahren hätte ich den Schwingungen geglaubt, ich hätte geglaubt, daß es gegenseitig wäre, daß sie *die* Frau meines Lebens wäre. Ihre Werbesprüche hätten sich wie doppeldeutige Versprechungen angehört. Es hätte mich verrückt gemacht, bis ich sie gehabt hätte. Leben oder Tod, wichtiger als alles andere.

Jetzt weiß ich genug, um genau vorherzusagen, wie ich mich gefühlt hätte, wenn ich sie bekommen hätte. Sie hätte Mängel, sie hätte sich nicht richtig angezogen, sie wäre nicht intelligent genug gewesen, es wäre ein echter Schock gewesen, zu sehen, was für einen Fehler ich gemacht habe. Die Phantasie hätte sich in Luft aufgelöst, und ich würde mich an die tollen Sachen mit anderen Frauen erinnern, die ich bei einer Bindung an sie für immer verloren hätte.

Jetzt bin ich mir klar genug darüber, um zu erkennen, daß ich vor zwei Dingen Angst habe, wenn ich beginne, an einer Geliebten herumzunörgeln. Ganz bestimmt habe ich Angst davor, bei einer Frau hängenzubleiben, die nicht meinen Erwartungen entspricht, und ich hasse es, daß sie die *Einzige* in meinem Leben sein könnte, aber ich erkenne auch, daß ich Angst habe, näher in die Sache hineinzugeraten, weil sie dann sieht, was mit mir nicht stimmt, und mir vielleicht zuerst den Laufpaß gibt.

Also drehe ich durch und breche die Beziehung ab. Ich ruiniere die ganze Sache, und dann ist sie wieder auf Distanz und sieht wundervoll aus, und ich muß sie zurückhaben. Die ganze Sache ist wie ein Gummiband, sie geht zurück und ich vorwärts.«

Das »Gummiband«-Beziehungsmuster sorgt dafür, daß der Romantiker immer wieder verlassen wird, aber jetzt hat er die Kontrolle darüber. Wenn die Intimität zu beängstigend wird, beginnt der Partner, nicht mehr so gut auszusehen, was einen

Streit und den Rückzug in den vertrauten Zustand der Trennung rechtfertigt. Mit der Entfernung fallen dann wieder die angenehmeren Züge des Partners ins Auge, und die Vier wird wieder von der Beziehung angezogen. Geliebt- und Verlassenwerden sind so eng miteinander verbunden, daß es sicherer ist, jemanden abzuweisen, als das Risiko eines weiteren Verlustes einzugehen.

Intimität auf einer sicheren Distanz zu halten ist für Vierer eine Form der Kunst. Nicht zu weit und nicht zu nah. Weit genug, um sich selektiv mit den besseren Charakterzügen des Partners zu befassen, und nah genug, um sich nach mehr zu sehnen. Eine sichere »Halb-Distanz« also, in der es möglich ist, das Interesse und gleichzeitig die Hoffnung aufrechtzuerhalten, daß mit der Zeit etwas Echtes zum Vorschein kommt, aber ohne den Druck, sich der Gegenwart verpflichten zu müssen.

Auf der Plusseite möchten Vierer, daß die Beziehung intensiv bleibt. Sie sind ideal geeignet, anderen über Krisen hinwegzuhelfen, und brechen angesichts von wilder Emotionalität oder dem Schmerz anderer nicht zusammen. Sie verstehen die Ästhetik einer Beziehung: Schönheit, Andeutungen, Rahmen, Präsentation. Sie wissen, daß Menschen sich mit der Zeit ändern, und können einer Beziehung erlauben, sich durch viele Stufen zu entwickeln. Sie können immer wieder von vorn anfangen und sind in der Lage, eine negative Vergangenheit zu vergessen.

Auf der Minusseite kommt es zu neidischen Vergleichen zwischen der eigenen Person und dem, was andere aus ihren Beziehungen herauszuziehen scheinen. Vierer glauben, daß sie traurig sind, weil andere sie vernachlässigen. Sie warten darauf, sich für seelische Verletzungen zu rächen.

Beispiel einer Paarbeziehung:
Vier und Drei, der tragische Romantiker und der Dynamiker

Beide Typen legen Wert aufs Image, weshalb das Paar sich in der Öffentlichkeit gut darstellen wird; die Vier als dramatische, die

Drei als erfolgreiche Figur. Wenn die Drei sich stark auf ein konformistisches Image stützt, wird die Vier dieses Image wahrscheinlich stören, indem sie öffentlich eine umstrittene oder extreme Position vertritt oder indem sie angesichts der von der Drei erwünschten glatten öffentlichen Fassade zutiefst emotional wird. Dreier werden die Abneigung der Vier, von der öffentlichen Meinung kontrolliert zu werden, wahrscheinlich respektieren, und die emotionale Präsentation der Vier eher tolerieren, wenn andere dadurch beeindruckt zu sein scheinen.

Vierer möchten im Gefühlsleben ihrer Kinder und Partner eine zentrale Rolle spielen, über Erfahrungen und Gefühle sprechen und in familiären Angelegenheiten konsultiert werden. Der Dreier-Partner konzentriert sich eher auf Aufgaben; er möchte eher bei einem Projekt eine zentrale Stellung einnehmen, als durch emotionale Bedürfnisse gefesselt zu werden.

Die Beschäftigung der Drei mit weltlichem Erfolg kann entweder dazu führen, daß der Vierer-Partner sich zugunsten des Berufs des Partners im Stich gelassen fühlt, oder aber die für das fortdauernde Interesse der Vier notwendige Distanz schaffen. Die Diskrepanz zwischen Gefühlen und Styling ist kompatibel, wenn die Drei bereit ist, sich zeitweilig von Verpflichtungen zu befreien, um mit der Vier ein wenig »in privat zu machen«. Auf diese Weise bekommt die Drei eine Menge Arbeit geschafft, und die Vier kann die intime Zeit zu zweit vorwegnehmen und den Partner in netten kleinen Episoden gern haben, die nicht lange genug andauern, um Ablehnung zu stimulieren.

Wenn die arbeitssüchtige Drei zu geschäftig oder gefühlsmäßig zu weit weg ist, wird die Vier entweder für lange Zeit depressiv, oder sie wird dramatisch wütend. Der Vierer-Partner könnte leicht auf sich aufmerksam machen, wenn er in einem Bereich produktiv wird, den die Drei für wertvoll hält, vor allem wenn die Drei als sachkundiger Berater und Beschützer eingesetzt wird. Wenn die Drei verdächtigt wird, die Vier fallenzulassen, und die

Geschäfte als Entschuldigung benutzt, wird die Vier versuchen, durch theatralische Szenen, Drohungen und Selbstmordgesten den Partner zurückzugewinnen. Schlagen diese Taktiken fehl, kann die Vier jahrelang depressiv und nachtragend sein, während der Dreier-Partner sich wahrscheinlich schnell in eine andere Beziehung begibt.

Die Kinder des Paares werden den Dreier-Elternteil vermutlich als den Draufgänger sehen, der auf die Erfolge der Kinder stolz ist, für die Familie aber nur begrenzt Zeit hat. Wenn der Vierer-Elternteil umgänglich ist, betrachten die Kinder ihn als emotional aufopfernd und glauben, daß er bereit ist, Zeit zu investieren. Verhält der Vierer-Elternteil sich neurotisch, fühlen die Kinder sich durch die Forderung der Vier, gefühlsmäßig verstanden zu werden, erschöpft; sie werden dann wahrscheinlich sagen, daß der Vierer-Elternteil mit ihnen um die Aufmerksamkeit der schwer erreichbaren Drei konkurriert.

Die Beziehung zur Autorität

Vierer tendieren dazu, unbedeutende Autoritäten zu ignorieren und großen sehr viel Respekt entgegenzubringen. Kleine Autoritäten – die Polizei oder der Ladenbesitzer, bei dem man warten muß, bis man an der Reihe ist – werden ignoriert und umgangen; große Autoritäten jedoch, etwa Könige und Königinnen oder sehr bekannte Leute, müssen mit Respekt betrachtet werden. Vierer neigen zu der Überzeugung, daß gewöhnliche Regeln und Vorschriften für sie nicht gelten. Sie sind rebellisch in dem Sinn, daß sie nicht gehorchen, aber eher aufgrund eines verächtlichen Vergessens der Regeln und Vorschriften als aufgrund des Bedürfnisses, die Autorität zu stürzen. Angesichts einer strafenden Autorität wird die Vier wahrscheinlich alle Verhaltensregeln brechen und sich so gut wie möglich aus der Affäre ziehen.

Große Autoritäten dagegen werden sehr bewundert, vor allem wenn die Situation das Image der Vier von Besonderheit und elitärer Präsentation stärkt. Vierer möchten ausgewählt werden, weil sie einzigartige Fähigkeiten besitzen, und von den besten Leuten in ihrer Umgebung beraten und gefördert werden. Sie sind Patienten von Weltklasse-Analytikern und Vertraute exzentrischer Genies. Sie möchten von berühmten Leuten anerkannt und von jenen geliebt werden, die ihrer Meinung nach authentische Tiefe verkörpern.

Auf der Plusseite sind Vierer in der Lage, echte Talente und Gefühlsqualitäten in anderen zu spüren. Sie sehen durch eine nachahmende oder unechte Präsentation hindurch und verstehen den Unterschied zwischen »dem Besten« und »dem Bestbekannten«. Sie verwandeln eine schäbige Präsentation in etwas Wundervolles und Einzigartiges und sehen die außerordentlichen Möglichkeiten einer normalen geschäftlichen Situation. Sie gehen nach außen, um ihre Kräfte mit denen der besten Leute im jeweiligen Gebiet zu vereinigen.

Auf der Minusseite konkurrieren Vierer mit Gleichrangigen um den Respekt großer Autoritäten. Sie werden boshaft, wenn die Anerkennung ausbleibt, und arbeiten nicht gern in einer unterwürfigen Situation oder einem gewöhnlichen Rahmen – es sei denn, dies geschieht im Dienst von »meiner wahren Arbeit als Künstler« oder »meiner wahren Berufung als Mystiker«.

Eine typische Autoritätsbeziehung:
Vier und Zwei, der tragische Romantiker und der Geber

Wenn die Vier der Chef ist, wird sie mit Hilfe eines auffallenden äußerlichen Erscheinungsbildes und der Gestaltung und Atmosphäre des Büros ein Beispiel für einen distinktiven persönlichen Stil geben. Der Zweier-Angestellte, der sich den Imagebedürfnissen des Chefs anpaßt, wird dies unterstützen. Die Zwei wird zu gefallen versuchen, herausbekommen, was gewünscht wird, und sich entsprechend anpassen. Die Vier wird einerseits die Unterstützung schätzen, andererseits aber mit einer subtilen Sabotage beginnen, wenn das Unternehmen glattläuft. Die Zwei wird zurückgelassen, um die Geschäfte weiterzuführen, da die Aufmerksamkeit des Chefs sich vom erfolgreichen Bereich des Lebens auf das verlagert, was fehlt. Der Chef wird möglicherweise emotional in etwas verwickelt, was mit dem Geschäft überhaupt nichts zu tun hat, wodurch die Zwei ohne den persönlichen Kontakt ist, den sie braucht, um gut zu funktionieren.

Wenn die Zwei den Chef persönlich mag oder an seine Programme glaubt, wird sie als Macht hinter dem Thron die Lücke in der Entscheidungsfindung füllen. Solange die Zwei aufgrund von Zuneigung oder ihrer Überzeugung von der Wichtigkeit der Arbeit an der Situation persönlich interessiert ist, wird der Chef gedeckt und beschützt. Die Zwei kann aus der zweiten Reihe besser delegieren und organisieren, als säße sie als Erster auf einem Posten.

Wenn der Zweier-Angestellte den persönlichen Kontakt zum Chef verliert oder wenn der Chef den Angestellten zu kritisieren beginnt, fühlt die Zwei sich nicht genügend geachtet, was sich wahrscheinlich zu einem harten Machtkampf entwickelt. Die Zwei wird zum Beispiel die Stelle des Chefs übernehmen wollen, oder sie unterstützt jemand anders dabei, der neue Chef des Unternehmens zu werden, woraufhin die Vier sich betrogen fühlt. Die Situation wird weitgehend entspannt, wenn einer der beiden zugeben kann, daß die Verletzung des anderen eine emotionale Ursache hat. Sowohl die Zwei als auch die Vier öffnen sich, wenn sie die emotionale Verletzung verstehen, die einem defensiven Verhalten zugrunde liegt.

Wenn die Vier in der untergeordneten Position ist, geht die Situation so lange gut, wie der Zweier-Chef spezielle Anerkennung gewährt. Der Chef sollte nicht auf den guten Willen eines Vierer-Untergebenen zählen, der meint, er würde etwas entbehren. Wenn tragische Romantiker das Gefühl haben, in eine servile Rolle gesteckt zu werden, oder sich in einer Arbeitssituation wiederfinden, in der andere mehr Vorteile genießen, können sie versuchen, den anderen zu übertrumpfen; es kann auch sein, daß sie Pläne schmieden, um den anderen öffentlich zu erniedrigen, oder sie kämpfen um die Gunst eines Außenseiters, der potentiell Macht über die Situation hat.

Einem solchen Grabenkrieg kann abgeholfen werden, wenn jede Partei der anderen Anerkennung zollt. Ein Zweier-Vierer-Konkurrenzkampf kann als Debatte über geschäftliche Vorgehensweisen ausagiert werden, hat aber wahrscheinlich seinen Ursprung in verletzten Gefühlen. Jeder muß sich von dem anderen respektiert fühlen. Beide Typen gedeihen, wenn sie im Leben anderer Menschen wichtig sind; und wenn jeder besondere Pflichten und Aufmerksamkeiten erhält, werden sie sich in ihren jeweiligen Fachgebieten wahrscheinlich eher unterstützen.

Elitäre Maßstäbe und Nonkonformismus

Das Gefühl, durch einen Verlust benachteiligt zu sein, führt zu verminderter Selbstachtung. Es ist wie bei verlassenen kleinen Kindern, die meinen, sie wären nicht im Stich gelassen worden, wenn sie gewonnen hätten oder wertvoller gewesen wären. Sie haben das Gefühl, daß irgendein fataler Mangel in der Persönlichkeit sie weniger wertvoll macht als Menschen, die Liebe erhalten haben, und daß sie deshalb im Leben verloren haben. Die kindliche Haltung, sich als ungeliebten Außenseiter der Familie einzuschätzen, verwandelt sich in den Nimbus, der Außenseiter überhaupt zu sein, anders zu sein, einen einzigartigen persönlichen Stil zu zeigen.

Vierer entwickeln ein dramatisiertes persönliches Image oft, um das Gefühl der niedrigen Selbstachtung zu kompensieren. In der persönlichen Präsentation zeigen sie einzigartige Eleganz und betonen ihr Anderssein durch ihre Kleidung und dadurch, daß sie dem aktuellen Stil immer voraus sind.

»Wenn ich bei einem Freund bin, dekoriere ich im Geist die Räume neu und ändere Aufmachung und Kleidung der Leute im Hinblick auf mehr Individualität. Die ersten zwei oder drei Wochen nach einem Umzug tue ich fast nichts anderes, als das richtige Arrangement der Dinge im Raum herauszufinden. Soll die Vase hierhin oder dorthin? Es ist sehr wichtig, den Raum zu ritualisieren; er ist wie ein Rahmen, in dem ich für die kommenden Ereignisse probe. Der Grund ist, daß ich meine Kräfte für die Zukunft aufbaue und ansammle; die physischen Stützen und die passende Stimmung für ein großes Ereignis meines Lebens. Die ganze Sache beginnt sich wie die magische Vorbereitung auf die besonderen Begegnungen mit Leuten anzufühlen, was durch die höchst wichtige Anordnung der Beleuchtung, der Sofas und der Sessel symbolisiert wird.«

Die Seiten der Modemagazine sind voll von bühnengerechten modischen Vierern, die elegant und schlank in exklusiven Kreationen stecken, die nie für die gewöhnliche Masse bestimmt waren. Das von ihnen präsentierte äußere Image steht dabei dem inneren Gefühl der Scham, in der Vergangenheit nicht geliebt und verlassen worden zu sein, diametral entgegen.

Vierer möchten einen Stil finden, der einzigartig genug ist, um den abgelehnten Außenseiter in eine berühmte Person zu verwandeln, die den gewöhnlichen Regeln nicht unterworfen ist. Geschmacksfragen können fürs Überleben entscheidend werden. Vierer würden eher Selbstmord begehen, als in rosa Polyesterhosen zu erscheinen. Wenn sie eine Seidenbluse besitzen, wird sie zur Uniform, bis sie sich eine andere leisten können. Handelsübliche Fabrikate sind inakzeptabel, was immer in großen Massen auf den Markt kommt, wird nicht angezogen. Der Zwang zum Außergewöhnlichen wird leicht als vornehmer Geschmack und ästhetische Sensibilität mißverstanden, und die Angst vor dem Verlassenwerden wird durch die Abwertung von Menschen mit weniger feinem Geschmack umgangen. Eine extreme Version der Beschäftigung mit dem ästhetischen Image bilden die Magersucht und andere psychische Störungen, bei denen versucht wird, den eigenen Körper gnadenlos einem elitären Standard anzupassen.

»Ich habe ein Talent, dem Gewöhnlichen zu entfliehen. In gewisser Weise habe ich es zu meiner Lebensaufgabe gemacht. Ich hatte mein ganzes Leben lang noch keine langweiligen Jobs, hauptsächlich, weil ich sie so weit verschönere, daß sie nicht mehr gewöhnlich sind. Als ich zum Beispiel Bücher verkaufte, nahm ich viele mit. Damit war ich kein Angestellter mehr, sondern ein Krimineller, was sehr viel interessanter war. Es gab immer Kunstbücher, die keinen besonderen Wert darstellten, für die ein Risiko einzugehen aber wundervoll war. Ich entwickelte eine so idiotensichere Methode, daß ich mich sehr freute, als sie mir bei meiner Abschiedsparty ein Buch schenkten, das ich schon mit nach Hause genommen hatte.«

Eine Art Immoralität entwickelt sich, wenn das Selbstbild der Vier sich vom abgewiesenen Außenseiter zu einer abseits und leicht über der gewöhnlichen Masse stehenden Persönlichkeit verlagert. Dann werden auch gern soziale Regeln gebrochen, was entsprechend der Vorliebe der Vier für elitäre Maßstäbe als wählerische Kriminalität ausagiert werden kann, wie etwa nur weiße Angorapullover zu stehlen.

Vierer machen sich ein Vergnügen daraus »davonzukommen«. Sie lieben den Kitzel heimlichen Unfugs und das Spiel am Rande des Skandals. Es reizt sie, das Unheil zu umwerben, exzentrisch oder schwierig zu sein und deshalb eine besondere Behandlung zu genießen. Das Schwierigsein befriedigt auch eine Art masochistisches Bedürfnis, als das fehlerhafte und verabscheuungswürdige Kind erkannt zu werden, das es immer noch nicht wert ist, geliebt zu werden. Die Gefühle der Wertlosigkeit gehen mit dem wütend-schmerzhaften Wunsch einher, mit den Leuten gleichzuziehen, die mehr aus dem Leben herauszuholen scheinen. Die Verbindung von Masochismus und Wut zeigt sich zum Beispiel im Bild einer Gastgeberin aus der feinen Gesellschaft, die ein perfekt arrangiertes Dinner serviert und auf den richtigen Moment lauert, um anzukündigen, daß sie eine umstrittene Sache unterstützt, die von den meisten ihrer Gäste verachtet wird.

Die folgende Aussage stammt von einer Angehörigen der oberen Zehntausend von San Francisco, die feststellte, daß sie zwar ganz von der Aufgabe in Anspruch genommen war, die besten Leute auf ihren Partys zu haben, sich aber sofort angewidert fühlte, wenn ihre Um-Antwort-wird-gebeten-Einladung mit der Bemerkung »Wir kommen« zurückkam.

»Ich kann es nicht vertragen, ignoriert zu werden. Es erzeugt schreckliche Gefühle des Übergangenwerdens, die sich schnell in Haß verwandeln. Im Fall einer öffentlichen Herabsetzung möchte man die Schande auslöschen, indem man eine Möglichkeit findet, sich zu rächen. Entweder leugne ich die Bedeutung der Leute und gehe, oder ich stelle fest, daß ich sarkastisch werde und im Grunde schrecklich wütend bin, weil die Aufmerksamkeit mir entzogen wurde.

Es ist auch gefährlich für mich, wenn eine Situation zu vorhersehbar oder ruhig wird. Ich möchte diese Stimmung unterbrechen, indem ich etwas Schockierendes sage, das meine Botschaft vermitteln soll, daß ich die Unterhaltung langweilig finde; ich möchte damit auch versuchen, einen Unbekannten aus der Reserve zu locken, der instinktiv erkennt, daß ich nur versuche, das Niveau einer schwachen Unterhaltung zu heben.«

Neid

Der Neid wird durch die Überzeugung angeheizt, daß andere eine emotionale Zufriedenheit genießen, die der Vier versagt ist. Unbewußte Vierer versuchen, den Gefühlen der Entbehrung durch einen Wechsel der Szene, durch Glanz abzuhelfen – oder indem sie sich mit hübschen Dingen umgeben. Vierer wetteifern auch um die Aufmerksamkeit von beliebten Menschen, denn sie hoffen, sich wertvoller zu fühlen, wenn sie das besitzen, was andere glücklich gemacht zu haben scheint.

»Es ist das ständige Gefühl, daß etwas fehlt. ›Ist das alles, was da ist?‹ Es fängt an mit ›Wenn ich nur diesen Liebhaber hätte… oder jene Wohnung… oder dieses Kunstwerk‹, und man verbringt eine Menge Zeit mit der Jagd nach diesen Dingen, doch sobald man sie hat, ist man schon bei der nächsten Sache.

Wenn man älter wird, betrachtet man sich die Realität und findet sie ausgesprochen mangelhaft. Aber was fehlt? Und wie können andere Leute Händchen halten und ununterbrochen lächeln? ›Was finden sie aneinander, das ich nicht habe?‹ Man geht auf die Suche nach dem Heiligen Gral, um dieses Etwas zu finden; man greift nach etwas, das Freunde befriedigt, einem selbst aber völlig fehlt. Ich spüre die guten Gefühle, die andere Leute füreinander haben, und das macht mir klar, daß sie mir selbst fehlen.

Der Tiefpunkt meiner Depression ist erreicht, wenn ich die Hoffnung auf dieses Etwas verloren habe. Es war unglaublich hart, den Wunsch nach mehr aufzugeben und mich mit ›Das ist genug‹ zufriedenzugeben.«

Vierer werden durch Neid stark motiviert. Sie beschreiben ihre Gefühle der Verzweiflung, das Gefühl, daß ihnen etwas fehlt, das Glück zu verheißen scheint, als zwischen »Ich kann es nicht haben« und »Ich muß es haben« in der Klemme zu sitzen. Der Druck des Neids kann Verzweiflung in die Art von Handlung verwandeln, in der jedes Hindernis beseitigt wird, um das Glück zu erlangen. Mit viel Energie bewegt man sich vorwärts, bis der Erfolg sich zu realisieren beginnt. Wenn die Ergebnisse sich schließlich zeigen, verlagert die Aufmerksamkeit sich paradoxerweise auf andere Interessen.

»Ich spiele in einer Band, die über die letzten Jahre hinweg erfolgreich geworden ist. Am Anfang, bevor wir unsere erste Schallplatte machten, hörte ich andere Bands im Radio und wurde wütend, weil man uns nicht hörte. Ich setzte Himmel und Erde in Bewegung, damit diese erste Schallplatte zustande kam. Sobald sie aufgenommen war, begann Musik unwichtig zu erscheinen. Ich verlor das Interesse und kehrte zu einer alten Beziehung zurück. Mehrmals trennten wir uns und kamen wieder zusammen, bis die Band auseinanderzubrechen begann, und dann sorgte ich dafür, daß eine weitere Schallplatte aufgenommen wurde. Es ist, als wäre die Handlung immer da, wo ich nicht bin. Wenn die Band funktioniert, möchte ich einen Mann. Wenn ich ihn habe, frage ich mich, ob ich einen Fehler mache.«

Vorzüge

Die lebenslange Vertrautheit mit dem Leid macht Romantiker besonders geeignet für die Arbeit mit Menschen, die durch Krisen oder Kummer gehen. Sie besitzen eine ungewöhnliche Kraft, anderen durch intensive emotionale Ereignisse hindurchzuhelfen, und bleiben auch während der langen Zeit der Genesung bei einem Freund. Vierer sagen oft, daß die Konzentration auf die Bedürfnisse anderer sie von ihren eigenen ablenkt.

»Trauer und Verlassenwerden sind die Schlüsselworte meines Lebens, aber für mich sind das keine deprimierenden Erfahrungen. Die düsteren Stimmungen interessieren mich am meisten und haben mir ein wirkliches Gespür verliehen, die Schatten im Geiste anderer Leute zu erkennen. Wenn etwas Dramatisches,

Gefährliches oder stark Beunruhigendes geschieht, bin ich sofort da. Mein Mann hatte mehrere Jahre eine Assistentin, und ich war herzlich zu ihr, aber es hat mich nie interessiert, sie näher kennenzulernen. Ihre Ehe wurde plötzlich geschieden, als sie im fünften Monat schwanger war, und damit wurde sie in meinem Denken zu einer zentralen Figur. Ich bin eher beunruhigt, wenn das Leben zu vorhersehbar wird, als wenn ein beunruhigendes Ereignis geschieht.«

Die Suche nach Sinntiefe verleitet Vierer oft zu der Überzeugung, daß unbeschwerte Beziehungen oberflächlich und daher unbedeutend sind. Sie werden von Leuten angezogen, die in die intensivsten menschlichen Erfahrungen verwickelt sind, wie Geburt und Tod, und von Begegnungen mit dem dunklen Unbewußten. In Momenten, in denen Geburt und Tod nahe beieinanderliegen, fühlen sie sich sehr viel wirklicher, denn solche Ereignisse beanspruchen sie so, daß ihre ganze Aufmerksamkeit in den gegenwärtigen Augenblick verlagert wird. Die folgende Aussage stammt vom Organisator eines Telefonnotdienstes für Selbstmordgefährdete.

»Glück ist zufällig. Wird eine Motte durch die Flamme glücklich? Ich bin selbst Berater und war jahrelang in Analyse. Ich habe aufrichtig versucht, mich selbst auf diese Weise zu sehen, aber ich bin meinen Einsichten gegenüber mißtrauisch geworden und habe den Impuls entwickelt, mich gegen das zu wehren, was andere in mir sehen. Ich fühle, daß Leidenschaft eine größere Möglichkeit beinhaltet, daß ich wirklich nur im Zentrum meiner tiefsten Gefühle existiere.

Als Berater zieht Krisenarbeit mich an: die Arbeit mit geschlagenen Frauen und Menschen an der Grenze der geistigen Gesundheit. Ich habe für unseren Bezirk einen Telefondienst eingerichtet und finde am Telefon sofort eine Beziehung zu einem Unbekannten, der mit einem Revolver oder einer Schachtel Tabletten in der Hand am Rande seiner Existenz steht.«

Attraktive und unattraktive Umgebungen

Vierer haben oft zwei Berufe: »meinen Job zum Geldverdienen und meinen wahren Beruf als Künstler«. Sie werden von Umgebungen angezogen, in denen sie sich durch körperliche Disziplin besonderen Maßstäben anpassen müssen: Tänzer, Sängerin, Fotomodell. Sie sind Atelierbesitzer, Innenausstatter, Antiquitätensammler und Inhaber exklusiver Secondhandshops.

Sie sind Metaphysiker und Tiefenpsyschologen und suchen nach einer Verbindung zu höheren Bewußtseinsebenen. Sie sind Kummerkastenberater, Feministinnen, Aktivisten für die Rechte der Tiere. Religion, Ritual und Kunst ziehen sie an.

Unattraktiv sind weltlich orientierte Jobs in gewöhnlichen Umgebungen. »Ich arbeite in einem Büro, aber da bin ich nicht ich.« Vierer verabscheuen die enge Zusammenarbeit mit Menschen, die mehr verdienen oder mehr haben, Dienstleistungsberufe, Anonymität sowie eine Tätigkeit, bei der spezielle Talente nicht auffallen.

Berühmte Vierer

Martha Graham, der berühmteste Name des modernen Tanzes in Amerika, ist eine Vier. Sie widmete sich dem Ausdruck mythischer Themen und des menschlichen Unbewußten in großangelegten Vorstellungen. Sie gründete eine Tanzschule, die durch den Körper das innere Drama sichtbar machen wollte. Weitere Vierer: John Keats, Percy Bysshe Shelley, Alan Watts, Joni Mitchell, Orson Welles, Bette Davis, Joan Baez und Marlon Brando.

Aufmerksamkeitsstil

Vierer leben selten in der Gegenwart. Ihre Aufmerksamkeit driftet ab: in die Vergangenheit, in die Zukunft, zum Abwesenden, zum schwer Erreichbaren. Romantiker beschäftigen sich im Hinterkopf mit allem, was zu fehlen scheint: dem abwesenden Freund bei der Party, dem vermißten Verständnis in einer intimen Unterhaltung.

Die Beschäftigung mit dem Abwesenden geht mit der selektiven Erinnerung an seine positiven Aspekte einher. »Der Abend wäre vollkommen gewesen, wenn nur John dagewesen wäre.« Die besseren Aspekte Johns kommen in Erinnerung, wenn er weit weg ist, und die sich aufbauende Sehnsucht zieht die Aufmerksamkeit der Vier vom Geschehen in der Gegenwart ab. Wenn John da wäre und wahrgenommen werden könnte, würden seine weniger interessanten Aspekte an die Oberfläche kommen, und die Aufmerksamkeit der Vier würde zu einem der anderen Dinge abschweifen, die zu fehlen scheinen.

Romantiker sagen, daß sie sich abwesenden Freunden eng verbunden fühlen und daß ihre Zuneigung bei einer erzwungenen Trennung stärker wird. Ihrer Meinung nach muß es in jeder Beziehung Zeiten des Alleinseins geben, um das wahre Gefühl der Verbundenheit wieder zu erwecken, das nur mit Entfernung und Trennung auftaucht.

Wenn eine Vier gezwungen ist, sich auf die tatsächlichen Ereignisse in der Gegenwart zu konzentrieren, hat sie das Gefühl, im Stich gelassen zu werden und vielleicht zum erstenmal die negativen Aspekte der Situation zu sehen. Es ist wie ein Schlag ins Gesicht, denn die Enttäuschungen kommen dann alle gleichzeitig; das Leuchten verschwindet vom Gesicht des Geliebten, und außer einer Ansammlung schlecht zusammenpassender Züge bleibt nichts zurück.

Vierer lenken ihre Phantasie unabsichtlich so, daß die fehlenden positiven Aspekte enorm begehrenswert werden; mit Hilfe derselben Aufmerksamkeitsverlagerung werden die vorhandenen negativen Aspekte so vergrößert, daß sie weniger ansprechend scheinen, als sie tatsächlich sind.

Die Aufmerksamkeitsverlagerung kann anhand des falschen Selbstbilds illustriert werden, das Menschen von ihrem eigenen Gesicht haben. Je nachdem, wie sie sich beim Blick in den Spiegel fühlen, sieht dasselbe Gesicht ganz anders aus, da die Aufmerksamkeit selektiv auf die Härte oder Weichheit der Züge gerichtet wird und die Vorstellung die tatsächlichen Gegebenheiten mehr oder weniger ausschmückt. Ein durchschnittliches Gesicht wird strahlend, wenn wir in der Vorstellung den Augen Glanz verleihen und die harte Kinnlinie weicher machen; dasselbe Gesicht erscheint verzerrt, wenn wir uns auf seine reizlosen Aspekte konzentrieren und diese in der Vorstellung betonen.

Die Berichte von Vierern, die zu Magersucht neigen, sind ein trauriges Beispiel einer negativen Verstärkung. Sehr viele von ihnen behaupten, sie hätten ein sogenanntes magersüchtiges Selbstbild: Wenn sie in den Spiegel schauen, erscheint ihr Körper ihnen unförmig und dick, obwohl er in Wirklichkeit ziemlich dünn ist. Einige Vierer berichten auch von einer Abneigung gegenüber dem eigenen Körper; ihr objektiv attraktives Äußeres ist im Geist besorgniserregend und abstoßend geworden.

Dieselbe unbewußte Aufmerksamkeitsverlagerung, die das körperliche Erscheinungsbild in der Vorstellung verändert, kann auch emotionale Reaktionen verstärken. Die authentischen emotionalen Reaktionen einer Vier werden dabei nach demselben Modell übertrieben, wie die visuelle Vorstellung ein effektiv vorhandenes Spiegelbild überlagert und verstärkt.

Der Gedanke an einen fernen Freund zum Beispiel ruft schnell wundervolle Gefühle hervor, ein emotionales Pendant des Gedankens, wieder zusammenzusein. Wenn die Aufmerksamkeit sich dann von der wirklichen Reaktion auf die Vorstellung größtmöglicher Herzlichkeit verlagert, ist die authentische Reaktion in der phantasierten, unrealistischen Überlagerung durch falsche Gefühle untergegangen. Ähnlich kann eine kleine Nachlässigkeit desselben Freundes mächtige Gefühle der Ablehnung und des Hasses stimulieren, die schnell die authentische, kleine Reaktion überlagern, zu der das Versehen tatsächlich berechtigte.

Damit wahre Gefühle hochkommen können, müssen Vierer als erstes die Aufmerksamkeit auf einem neutralen Bezugspunkt stabilisieren und lernen, die tatsächlichen körperlichen Empfindungen des Augenblicks zu beachten.

Intuitiver Stil

Auf der neurotischen Seite tendieren Vierer dazu, ihr emotionales Klima zu übertreiben; die Gewohnheit, die Aufmerksamkeit auf eine ferne Person zu konzentrieren und sich nach Gefühlen der Verbundenheit zu sehnen, kann jedoch auch ein paar bemerkenswerte Nebeneffekte haben. Vierer sagen, daß sie sich einem abwesenden Menschen genauso nah fühlen, als wäre er körperlich im Raum anwesend. Sie glauben auch, daß ihre eigene Stimmung sich den Gefühlen der abwesenden Person anpaßt.

Sie berichten, daß sie die Gefühle anderer übernehmen und sich aufgrund ihrer großen Erfahrung mit wechselnden Stimmungen dem Gefühlsniveau anderer Menschen angleichen können, um mit ihnen in Verbindung zu bleiben. Viele Vierer erinnern sich daran, daß sie mit einem abwesenden Elternteil zusammensein wollten und überzeugt waren, daß sie trotz der Entfernung spüren konnten, was Vater oder Mutter ihnen gegenüber empfanden. Da Vierer-Kinder Angst hatten, verlassen zu werden, und es haßten, ignoriert zu werden, lernten sie, die gespürte Verbindung zu geliebten Menschen zu verinnerlichen.

Als das Kind heranwuchs, entwickelte sich so etwas wie ein

Abtastmechanismus für Gefühle, durch den es sich den Stimmungen wichtiger Menschen anpassen konnte, um mit ihnen verbunden zu bleiben und nie verlassen zu werden. Vierer, die glauben, daß sie die Gefühle anderer genau registrieren können, müßten lernen, den Unterschied zwischen einer auf der neurotischen Angst vor dem Verlassenwerden beruhenden Projektion und einer echten Abstimmung zu erkennen.

Zur Intuition neigende Vierer fühlen sich oft durch die Gewohnheit belastet, die Gefühle anderer Menschen zu übernehmen. Sie sagen, daß sie anfällig dafür sind, Schmerz und Depression aufzunehmen, ohne es zu bemerken, und daß ein ganzer Tag vergehen kann, bevor sie realisieren, daß die Stimmung, in der sie sich befinden, vielleicht gar nicht ihre eigene ist. Sie berichten, daß sie nicht sagen können, ob die Stimmung ihren Ursprung im anderen oder in ihnen selbst hat, sobald die gefühlsmäßige Beziehung hergestellt ist.

Auf der Plusseite dieses Aufmerksamkeitsstils schlägt zu Buche, daß Vierer für die Gefühlslage von Patienten, Familienmitgliedern und Freunden ein untrügliches Gespür besitzen. Darunter ist jedoch nicht nur eine Vorstellung oder eine Annahme dessen zu verstehen, was dieser Mensch vielleicht fühlen könnte; Vierer folgen den Stimmungsschwankungen des anderen vielmehr im eigenen Körper. Besonders intuitive Vierer können sich in den Gefühlszustand anderer Menschen so weit einschwingen, daß sie wissen, wann der andere mit sich reden läßt oder offen ist für Liebe oder wann es ungefährlich ist, Negatives auszudrücken und Dinge auszudiskutieren. Die folgende Aussage stammt von einer Vier, die ihr intuitives Talent in der Psychiatrie einsetzt.

»Mein ganzes Leben lang hat die Intensität in anderen Leuten mich angezogen. Es war, als fühlte ich meine eigenen Emotionen vorbrechen, wenn jemand tief bewegt oder betroffen oder irgendwie verzweifelt war. Ich nenne es den Sprung meines Herzens, und ich habe gelernt, ihn willkommen zu heißen, obwohl er mir zuerst irrational vorkam – wie in einen Raum hineinzugehen und eine Stimmung zu spüren und plötzlich zu bemerken, daß ich anders fühlte, obwohl ich mir nicht vorstellen konnte, warum mir das passierte. Ich konnte auch von dem, was ich für meine eigene Emotionalität hielt, gepackt sein, nur um dann herauszufinden, daß jemand in der Klinik oder in der Familientherapiesitzung gerade denselben Stimmungswechsel gespürt hatte. Ich fand schließlich heraus, daß meine Signale manchmal Projektionen und manchmal direkte Treffer waren. Ich lag oft richtig, wenn der Herzenssprung sich ereignete. Dann wieder lag ich völlig daneben, weil meine Empfindungen nur etwas bestätigten, was ich verstandesgemäß für die Gefühle von jemand anders hielt.«

Die ursprüngliche Verbindung zum höheren Bewußtsein

Wie bei jedem der neun Typen weist das dominante neurotische Thema auf die Suche nach einem besonderen Aspekt des Wesenskerns hin. Aus rein psychologischer Perspektive ist die Rückkehr eines depressiven Menschen zum Wesenskern so etwas wie die Vervollständigung seines Leidens und ein Hineinreifen in ein glückliches Leben. Vom Standpunkt eines psychologisch-spirituellen Systems wie dem Enneagramm beinhaltet die Rückkehr der Vier zum Wesenskern etwas, das von emotionaler Zufriedenheit ganz verschieden ist.

Das Gefühl eines in der Kindheit erlittenen Verlusts setzt sich ins Erwachsenenleben als ein im Hintergrund wirksames Bewußtsein fort, dem ein entscheidender Faktor zum Glücklichsein fehlt. Die ursprüngliche Milch ist verlorengegangen und gegen einen schäbigen Ersatz eingetauscht worden. Die Belohnungen des materiellen Lebens können für eine Vier die ursprüngliche Verbindung nicht wiedererschaffen. Der Romantiker kann alles haben und wissen, daß etwas fehlt.

Weil das objektive Leben keine Befriedigung erzeugt, haben Vierer oft das Gefühl von zwei Realitäten: der objektiven und der Welt hinter den Kulissen. Die konkrete Realität hält ihr Versprechen der Erfüllung nicht, aber Vierer verfügen über Hinweise, daß gelegentlich eine Koexistenz von objektiver Welt und anderen Realitäten der Erfahrung besteht. Sie spüren eine Ebene der Existenz jenseits der gewöhnlichen Realität, die sich besonders an den intensiven Übereinstimmungen des Gefühlslebens bemerkbar macht: an jenen Verbindungsstellen, an denen die Tragödie ein Aufsteigen unbewußten Empfindens erzwingt, oder in Herzensangelegenheiten, in denen Liebe gewonnen oder verloren wird. Vierer berichten, daß sie in solchen Momenten eine Verbindung zu einer ewigen Quelle des Beistands fühlen.

Neurotische Vierer sind wild entschlossen, an der dunklen Seite des Gefühls festzuhalten. Sie möchten einzigartig bleiben und widersetzen sich der Verwandlung in einen normalen ausgeglichenen Menschen. Reife Vierer spüren genau, daß ihr Wesen nicht nur psychologisch begreifbar ist; und durch ihren zähen Widerstand gegen die Anpassung ans gewöhnliche Leben erinnern sie Nicht-Vierer an die Verbindung zu ihrem eigenen höheren Bewußtsein.

Ein chronisch unter dem Gefühl der Entbehrung leidender Mensch wird die Verbindung zum Wesenskern zunächst vielleicht als Augenblick vollkommener Zugehörigkeit spüren, als einen Moment, der an die Sicherheit von Mutters Arm oder die Hoffnung auf eine beständige Liebe erinnert. Die Verbindung zu dem, was Vierer als »mein wahres Selbst« beschreiben würden, wird oft in den stillen Augenblicken einer künstlerischen Träumerei, der Meditation oder der Verliebtheit gespürt, das heißt ebenjenen Kontakten, zu denen Vierer sich gewohnheitsgemäß hingezogen fühlen.

Die Tugend des Gleichmuts (Gleichgewicht)

Neid bedeutet, zwanghaft vom Unerreichbaren angezogen zu sein. Vierer können sehr viel Zeit und Energie für den Versuch aufwenden, etwas Anziehendes zu erhalten, nur um einen Fehler zu entdecken, wenn es in Reichweite kommt. Bei stark fixierten Romantikern treten der Wunsch, etwas zu besitzen, und das Bedürfnis, es zu verwerfen, fast gleichzeitig auf. Sie berichten, daß sie von unerreichbaren Menschen angezogen werden, von denen sie sofort wissen, daß sie nicht gut für sie sind, oder von Menschen, die nicht bereit sind, sich in einer Beziehung zu binden. Damit geht der Tanz weiter. »Du gehst zurück, ich vor. Wenn du vorwärts gehst, gehe ich zurück.«

Die Lösung des Leids, das dadurch entsteht, daß Vierer von dem angezogen sind, was sie nicht haben können, und das zurückweisen, was erreichbar ist, heißt Gleichgewicht – die Erkenntnis, daß sie genug von dem haben, was sie wirklich brauchen. Wie alle höheren Impulse ist Gleichgewicht eher die Verkörperung als die Vorstellung davon, wie es wäre, ganz zufrieden zu sein. Es hängt von der Fähigkeit ab, die Aufmerksamkeit in der Gegenwart zu halten und die Befriedigung zu fühlen, genug zu haben.

Um die Tugend des Gleichmuts zu verkörpern, muß zunächst die Fähigkeit der Selbstbeobachtung so weit gestärkt werden, daß die Vier erkennt, wann die Aufmerksamkeit in die Vergangenheit, die Zukunft, zum Entfernten oder schwer Erreichbaren abdriftet. Vierer erfahren Gleichmut, wenn sie ihr Bewußtsein sanft in die Gegenwart zurücklenken und ihre Aufmerksamkeit auf die körperliche Befriedigung richten, die jetzt existent ist.

Subtypen

Wettbewerb in Zweierbeziehungen

Vierer konkurrieren oft, weil sie das Bedürfnis haben, in den Augen eines begehrenswerten Partners wertvoll zu sein. In einer heterosexuellen Zweierbeziehung konkurriert daher oft eine Frau mit einer anderen Frau um einen Mann; oder ein Mann mit einem Mann um eine Frau. In nichtsexuellen Beziehungen geht es um »den Respekt der besten Leute«.

»Ich war sechs Jahre Rechtsanwalt bei Prozessen, bevor meine Karriere richtig in Gang kam. Ausgangspunkt dafür war eine hinter meinem Rücken gemachte Bemerkung, die ich eines Tages im Foyer aufschnappte. Jemand sagte, ich sei ein mittelmäßiger Verteidiger, und das machte mich so wütend, daß ich mich ins Zeug legte. Was vorher lediglich Fälle waren, wurde zu einem Männlichkeitstest. Ich lauerte diesem Jemand monatelang auf, und schließlich konnte ich ihm im Gericht eins auswischen.«

Scham in sozialen Beziehungen

Vierer werden Scham darüber empfinden, wenn sie merken, daß sie dem Gruppenstandard nicht genügen.

»Alle Augen sind auf einen gerichtet, wenn man einen Raum betritt. Es sind keine bewundernden Augen. Man tut nichts Unpassendes, sie sehen einfach, daß innerlich bei einem etwas nicht stimmt.«

Unerschrockenheit (Unbekümmertheit) in bezug auf das persönliche Überleben

Vierer werden die Möglichkeit des Verlusts durch unbekümmerte Handlungen wiedererschaffen. Sie empfinden es als Reiz, sich am Rande des Abgrunds zu bewegen.

»Ich war mit meinem Mann jahrelang im Immobiliengeschäft. Meine Einstellung war, bis zum äußersten auf alles, was wir besaßen, Kredite aufzunehmen und ein Risiko einzugehen, um unseren Machtbereich auszudehnen. Seine Einstellung war vorsichtig, und wenn er auf Sicherheit aus war, wollte ich die Papiere durcheinanderbringen und ohne ihn weitermachen, denn ich hatte das Gefühl, als würden unsere besten Chancen zum Teufel gehen und daß, wenn etwas schiefging, die Sache es wert war und wir damit umgehen könnten, wenn es soweit wäre.«

Was Vierern hilft, sich zu entfalten

Vierer beginnen eine Therapie oder eine Meditationspraxis oft, um eine Depression zu überwinden oder starke Stimmungsschwankungen in den Griff zu bekommen. Meist ist die primäre Beziehung problematisch. Tragische Romantiker müssen erkennen, wann die Aufmerksamkeit sich von tatsächlichen Empfindungen auf die Idealisierung des Unerreichbaren oder das Schlechtmachen des Erreichbaren verlagert. Sie können sich selbst helfen, indem sie:

– die Tatsache akzeptieren, daß der frühe Verlust real war, daß er betrauert und schließlich geistig ad acta gelegt werden muß,
– die Selbstversunkenheit erkennen, die mit intensiven Stimmungswechseln einhergeht, und sie durch das Zugehen auf andere und die Konzentration auf das, was für jemand anders wichtig ist, durchbrechen,
– die Gewohnheit annehmen, Projekte zu beenden, sehen, wann sie vorteilhafte Projekte sabotieren oder nicht beenden,
– sehen, wie das Gefühl, ein Opfer zu sein, durch die Verwerfung des leicht Erreichbaren verewigt wird,
– eine Version der Eigenschaften, um die sie andere beneiden, in sich selbst finden,
– versuchen, sich der Gewohnheit bewußt zu bleiben, andere in dramatische Ausbrüche hineinzuziehen, und erkennen, daß sie

insgeheim von Menschen angezogen sind, die sich nicht hineinziehen lassen,

- eher Trauer akzeptieren, als zu versuchen, das Glück zu erzwingen, und sich bewußt sind, daß die Stimmung sich ändern wird,
- andere informieren, daß Intimität einen wütenden Angriff provoziert, der wahrscheinlich auf einem Mißverständnis beruht,
- andere bitten, im Falle eines Angriffs bei einer konsequenten Haltung zu bleiben,
- wissen, daß ständige Präsenz eine Sicherheit dafür ist, damit andere bei einem Angriff nicht die Flucht ergreifen,
- die Fähigkeit achten, sich in den Schmerz anderer Menschen einzufühlen, aber lernen, die Aufmerksamkeit von ihm lösen zu können,
- die Aufmerksamkeit auf die aktuelle Situation zurücklenken, bemerken, wann die Aufmerksamkeit abdriftet und den negativen Aspekten der aktuellen Situation selektiv Aufmerksamkeit geschenkt wird,
- zahlreiche Interessen und Freundschaften als Mittel gegen Depression aufbauen,
- sich an körperliche Übungen als Möglichkeit gewöhnen, die Stimmung zu verändern,
- bemerken, wann tatsächliche Empfindungen aufgrund der Gewohnheit, Gefühle zu dramatisieren, vergessen werden, insbesondere bemerken, wenn ein aktuelles Gefühl sich zu der Tendenz »Jetzt wird es wieder schrecklich« verlagert.

Mögliche Reaktionen in Zeiten der Veränderung

Der Fortschritt zum Glück wird wahrscheinlich langsam sein. Das Zufriedensein mit einer realen Beziehung in der Gegenwart bedeutet, die durch den Verlust lebendig gehaltene Verbindung zu der ursprünglich geliebten Person aufzugeben. Vierer sollten versuchen, mit dem Leben in der Gegenwart zufrieden zu sein, und besonders den Unterschied zwischen tatsächlichen Empfindungen und dramatisierten Gefühlen beachten. Wenn die Verhaltensmuster sich ändern, können die folgenden Reaktionen auftreten:

- der Wunsch, dasselbe Problem aus tausend Aspekten und Einstellungen abzuhandeln, um sich nicht vorwärtsbewegen zu müssen,
- nicht eingeordnet werden wollen, nicht so aussehen, als hätte man ein gewöhnliches Problem,
- das Gefühl, daß andere die Einzigartigkeit und Härte der psychischen Situation nicht verstehen,
- Angst, daß man durch Therapie in die »falsche« Richtung verändert wird,
- der Wunsch nach einer magischen Heilung, der Wunsch, durch die Meditation »irgendwohin getragen« zu werden,
- Ungeduld mit der Flachheit gewöhnlicher Gefühle, der Wunsch, Gefühle durch Verlust, Phantasie und dramatische Handlungen zu intensivieren,
- Bedauern (»Es ist zu spät, mich zu ändern« oder »Wenn ich nur anders gehandelt hätte«),
- Selbstmordgedanken und Gesten, die solche Gedanken erkennen lassen: ein Schrei nach Hilfe (»Wenn sie wüßten, was ich fühle« oder »Sie werden sehen, wie ich gelitten habe, wenn ich weg bin« [diese Reaktion muß sorgfältig auf Anzeichen eines potentiellen Versuchs hin beobachtet werden]),
- ein Wunsch nach Luxus (»Wäschewaschen ist unter meiner Würde«),
- neidische Vergleiche zwischen sich selbst und anderen (»Sie ist hübscher« oder »Er ist gut gekleidet«),
- verführen und verwerfen, an anderen etwas auszusetzen haben, bevor sie einen ablehnen,

– starke Selbstkritik, falsche Selbstwahrnehmung des eigenen
  Körpers als irgendwie abstoßend, zuweilen ein magersüchtiges
  Selbstbild der eigenen Person als dick, obwohl dies objektiv
  nicht der Fall ist, Anorexie und Bulimie als Symptome,
– beißender Sarkasmus, andere fertigmachen, weil sie vermeintlich schuld daran sind, daß man leidet,
– um einen Rat bitten und ihn dann verwerfen. Unfähigkeit, die
  Intensität des Leidens aufzugeben.

10. Punkt Fünf: der Beobachter

	Erworbene Persönlichkeit	Wesenskern
Kopf	Haupteigenschaft: Geiz	Höheres Bewußtsein: Allwissenheit
Herz	Leidenschaft: Habsucht	Tugend: Nichtanhaften

Subtypen
Sexuell: Vertraulichkeit
Sozial: sucht Totems
Selbsterhaltung: sucht die Burg (Heim)

Das Dilemma

Das Ego des Beobachters gleicht einer Burg, einem hohen, uneinnehmbaren Bauwerk mit winzigen Fenstern im oberen Bereich. Der Bewohner verläßt seine Mauern nur selten, beobachtet, wer an die Tür kommt, vermeidet es aber, gesehen zu werden.

Fünfer sind sehr zurückgezogene Menschen. Sie wohnen gern an abgeschiedenen Orten, weit weg von emotionaler Spannung. Wenn sie zu Hause sind, haben sie oft das Telefon abgestellt; sie beobachten das Geschehen vom Rand der Menge aus und machen versuchsweise Anstrengungen, sich anzuschließen.

Als Kinder hatten sie das Gefühl, daß man sich ihnen aufdrängte; in die Burgmauern wurde eine Bresche geschlagen und ihre Privatsphäre gestohlen. Sie verteidigen sich, indem sie sich zurückziehen, den Kontakt verringern, ihre Bedürfnisse reduzieren und alles in ihren Kräften Stehende tun, um den privaten Raum zu schützen. Beobachter sagen, daß sie kunstvolle Verfahren erfinden, um einen sicheren Abstand zu schaffen, denn sobald jemand ihnen zu nahe kommt, haben sie ihre Hauptabwehr verloren. Die äußere Welt fühlt sich zudringlich und gefährlich an. Daher nehmen sie lieber das wenige, das ihrer Wege kommt, als das Risiko einzugehen, die sicheren heimischen Mauern zu verlassen.

Sie können als Einsiedler ein zurückgezogenes und im allgemeinen geistiges Leben führen, eingeschlossen in die Grenzen eines kleinen Hauses, und sich nur bis zur Bücherei und zum Lebensmittelladen vorwagen. Sie können auch in der Öffentlichkeit stehen, agieren dann jedoch aus dem Hintergrund heraus und lassen die Interaktionen an der Front von anderen erledigen, die höchstwahrscheinlich telefonisch Bericht erstatten. Wenn Beobachter in der Öffentlichkeit erscheinen, verstecken sie sich meist hinter einer Pose, was bedeutet, daß sie ihre Gefühle auf ein Minimum reduziert haben und mit der gesamten Szene sozusagen verschmelzen.

Fünfer möchten am liebsten in nichts hineingezogen werden. Finanzielle Geschäfte fühlen sich gefährlich an. Verpflichtungen sind ein Zwang. Wut und Wettbewerb müssen kontrolliert werden, gefühlsmäßige Bindungen sind eine Belastung. Auch die positiven Erwartungen anderer setzen sie unter Druck. Sichere Distanz bedeutet, nicht in etwas verwickelt zu werden, und wenn Intimität und Zuneigung nicht mit Garantien fortgesetzter Unabhängigkeit verbunden sind, finden Fünfer Wege, sich zu verstecken oder den intimen Kontakt auf einen geregelten Bereich ihres Lebens zu beschränken.

Sie reagieren besonders empfindlich auf Interaktionen, bei denen sie anderen sichtbar werden. Lob, Wettbewerb und Demonstrationen von Liebe oder Haß vermitteln Fünfern das Gefühl, sich anderen in die Hand zu geben. Sie halten sich von Interaktionen fern, in denen sie beurteilt werden könnten – ein Selbstschutz, der oft durch Gefühle der Überlegenheit über Menschen, die nach Anerkennung und Erfolg trachten, kaschiert wird. Sie glauben, daß Wünsche und starke Emotionalität einen Mangel an Kontrolle anzeigen und daß schmerzliche Gefühle losgelassen werden sollten. Die Fähigkeit, sich so leicht von den Bedürfnissen zu lösen, die das Leben anderer Menschen beherrschen, gibt ihnen ein Gefühl der Kultiviertheit.

Fünfer sind unabhängige Menschen. Sie leben glücklich allein, haben sehr bescheidende Bedürfnisse, freuen sich über ihr eigenes Phantasieleben und lassen sich nicht dadurch ablenken, daß sie Zeit und Energie mit Trivialitäten verschwenden. Ihre Unabhängigkeit beruht auf der Fähigkeit, die Aufmerksamkeit von Gefühlen und Instinkten abziehen zu können, was jedoch den Nebeneffekt hat, daß sie in ihrem Kopf leben müssen.

Die Liebe zur Privatsphäre verwandelt sich in Einsamkeit, wenn eine Fünf sich so weit isoliert, daß sie nicht mehr in der Lage ist, Kontakte aufzunehmen. Ist das Verlangen nach Kontakt erst einmal entstanden, erkennen Fünfer, wie schwierig es für sie ist, auf Menschen zuzugehen, und wie oft sie beobachtend danebenstehen, während ihr eigenes Leben vorübergeht. Sie leben in einer Atmosphäre der Knappheit, ziehen »Unabhängigkeit« der Befriedigung vor und sind darauf bedacht, sich nicht durch Wünsche an andere zu binden. Innerlich leer und unfähig, um mehr zu bitten, hängen sie extrem an dem wenigen, das sie besitzen: ein paar Erinnerungen, um den leeren Raum zu füllen, und ein paar unermeßlich wertvolle Ideen, um den hungrigen Verstand zu füttern.

»Wenn ich nach außen gehen möchte, ist es, wie bei einem Festmahl zu verhungern. Ich sehne mich nach den Gefühlen, die ich bei anderen sehe. Ich kann nicht nach außen gehen, ich kann mich nicht zurückziehen. Meine Hand fühlt sich an, als wäre sie zwischen dem Tisch und meinem Schoß festgefroren.«

Von Gefühlen abgetrennt und nach persönlichen Beziehungen

hungernd, verbringen Fünfer viel Zeit und Mühe damit, ein intellektuelles Band zurück zum eigenen Menschsein zu finden. Da sie den Verstand in den Mittelpunkt ihres Daseins gerückt haben, versuchen sie, die Verbindung durch spezielles Wissen herzustellen.

Modelle und Systeme, die allgemeingültige, universelle Prinzipien der Interaktion und insbesondere das menschliche Verhalten erklären, ziehen Beobachter infolgedessen stark an. Wenn sie ein System wie Mathematik, Psychoanalyse oder das Enneagramm beherrschen, haben sie ein geistiges Konzept für den Ablauf von Interaktionen und können sich selbst ohne emotionale Beteiligung innerhalb dieses Systems einordnen. Ihr Interesse gilt selten Reichtum oder materiellen Dingen. Geld ist nur wegen der Privatsphäre wichtig, die man mit ihm erkaufen kann, und wegen der Unabhängigkeit, freie Zeit zum Studieren und zur Verfolgung der eigentlichen Interessen zu haben. Fünfer verwenden ihre begrenzte Energie nicht für den Erwerb weltlicher Güter. Wenn sie Geld erben, werden sie es wegen der von ihm garantierten Unabhängigkeit wahrscheinlich horten und wie bisher in bescheidenem Komfort weiterleben. Wenn sie keine reichen Eltern haben, arbeiten sie nicht, um Geld anzuhäufen. Statt dessen verbringen sie sehr viel Zeit und Mühe mit dem Studieren und anderen geistigen Beschäftigungen.

Fünfer sagen, daß ihre Gefühle ihnen eher zur Verfügung stehen, wenn niemand um sie herum ist. Sie berichten, daß es ihnen schwerfällt, das wahre Selbst herauszulassen, wenn andere Menschen anwesend sind, und daß Einsamkeit ihre Bühne für ein privates Phantasieleben ist. Sie sagen, daß sie den größten Teil des Tages von ihren Gefühlen abgetrennt sind, daß sie die Zeit allein brauchen, um »sich Klarheit zu verschaffen und herausfinden, was ich wirklich fühle«. Sie sagen, daß sie sich Menschen verbundener fühlen, wenn sie allein sind und sich an das Gesagte erinnern, als während des tatsächlichen Gesprächs. Auch ihre

Lebensfreude stellt sich leichter ein, wenn sie allein sind und in der Rückschau das kosten, was tagsüber nicht gefühlt wurde. Eine kurze Begegnung kann einer Fünf, die die Interaktion später, in der Privatheit ihres Heims, genießen wird, viel bedeuten. Fünfer teilen mit jedem ihrer verschiedenen Freunde gern ein spezielles Interesse oder ein spezielles Band des Verständnisses. Obwohl die Freunde möglicherweise einander nie vorgestellt oder darüber informiert werden, was sonst noch im Leben des Beobachters passiert, wird ihre Gegenwart innerhalb des besonderen Vertrauensbandes geschätzt. Fünfer können sich auf nonverbale Weise eng verbunden fühlen und benötigen nur minimalen Kontakt, um die Beziehung lebendig zu halten. Die kleinen Rituale einer Freundschaft werden respektiert, und wenn die Freunde klug sind, machen sie die Fünf eher zu ihrem Beobachter und Berater, anstatt von ihr zu erwarten, daß sie ihre Gefühle zeigt, oder zu hoffen, daß sie in der Beziehung die Initiative ergreift.

Hauptthemen

– Die Privatsphäre.
– Sich nicht in etwas hineinziehen lassen; sich zurückziehen und den Gürtel enger schnallen als erste Abwehrtaktik.
– Angstpunkt. Angst vor dem Fühlen.
– Überbewertung der Selbstkontrolle. Lösen der Aufmerksamkeit von Gefühlen. »Dramatik ist für niedrigere Wesen.«
– Verzögerte Emotionen. Gefühle werden zurückgehalten, wenn andere Menschen zugegen sind. Die Gefühle kommen später, wenn die Fünf allein und also in Sicherheit ist.
– Segmentierung. Die Verpflichtungen im Leben bleiben voneinander getrennt. Eine Schublade pro Bindung. Zeitlimit für jede Schublade.

– Möchte Kalkulierbarkeit. Möchte wissen, was in der Zukunft geschieht.

– Interesse für Spezialwissen und analytische Systeme, die erklären, wie Menschen funktionieren. Möchte Gefühle anhand eines Systems erklären. Psychoanalyse. Das Enneagramm.

– Verwirrung zwischen spirituellem Nichtanhaften und vorzeitigem Abstellen der Gefühle, um Schmerz fernzuhalten. Der nicht erleuchtete Buddha.

– Ein Aufmerksamkeitsstil, bei dem man das Leben und die eigene Person von außen betrachtet, was zu zweierlei führen kann: einer Abschottung von Gefühlen und Ereignissen des eigenen Lebens und der Fähigkeit, einen Standpunkt einzunehmen, der frei ist von emotionalen Vorurteilen.

Familiengeschichte

Zwei familiäre Muster wecken in Kindern den Wunsch, sich zurückzuziehen. Das erste wird von den Menschen beschrieben, die sich so völlig verlassen fühlten, daß sie ihr Schicksal akzeptierten, aber lernten, sich von Gefühlen zu lösen, um zu überleben. Bei der zweiten, häufiger berichteten Kindheitsgeschichte war die Familie psychisch so aufdringlich, daß das Kind emotional dichtmachte, um damit zurechtzukommen.

Die folgende Aussage stammt von einem Mann mit klassischem Fünfer-Profil. Er hat mit einer obskuren unternehmerischen Aktivität, in der er der einzige Experte ist, sehr viel Geld verdient, zieht es aber vor, in einem heruntergekommenen Viertel von San Francisco zu leben, weil die Miete billig und das chinesische Restaurant, in dem er alle Mahlzeiten einnimmt, nur einen halben Block weit entfernt ist.

»Ich erinnere mich vor allem an die Stille – und daß ich gerne allein war. Es war, als würden fünf Leute sich auf verschiedenen

Umlaufbahnen in verschiedenen Räumen des Hauses bewegen. Nicht viel Worte und bestimmt keine Berührungen. Unsere Eltern sind beide taub geboren, und wie alle Tauben konnten sie ihre Stimme nicht modulieren. Wenn man also mit ihnen in der Öffentlichkeit war, kam es zu diesem verrückten Geschrei, das viel Aufmerksamkeit auf uns lenkte und einen dazu brachte, in einer Erbse auf dem Teller verschwinden zu wollen.

Das Hauptgefühl war der Wunsch, nicht gesehen zu werden, deshalb wurde ich ein Experte darin, mit der Topfpalme zu verschmelzen und mich abzulenken, indem ich mich in den Bildern an der Wand auflöste, wenn ich mit ihnen aus war; ich versuchte einfach, mein Bestes zu tun, um von dort zu verschwinden.«

Das Beispiel für das zweite Kindheitsmuster stammt von einem Computerfachmann, der gerne nachts arbeitet, wenn niemand im Büro ist, außer gelegentlich das Reinigungspersonal und mehr als hundert stumme Maschinen.

»Ich bin mit sieben Leuten aufgewachsen, die in drei Räumen lebten. Es gab keine Möglichkeit, allein zu sein, außer man war draußen oder im Badezimmer. Deshalb erfand ich meinen eigenen Platz auf einer Plattform auf einem Baum. Dort ging ich hin, um abzuschalten, zu lesen und alle anderen auszuspionieren. Wenn meine Brüder meinen Platz entdeckten, wechselte ich den Baum. Ich wollte unbedingt allein sein, denn es war für mich die einzige Zeit, in der ich bei mir sein konnte, anstatt versuchen zu müssen, von Leuten wegzukommen, die wollten, daß ich tat, was für sie gut war.

Dann wurde ich erwachsen, und mein Horror waren Partys und alles, bei dem ich Leute treffen und mich herrichten mußte. Ich ging einfach nie rechtzeitig hin, um das Stadium der Small talks zu erleben und vorhersehbare Dinge zu sagen. Beim Reinkommen suchte ich als erstes die Ausgänge, und ich sorgte dafür, daß ich mich von der Eingangstür in der Nähe eines Ausgangs bewegte. Das Schlimmste war, in eine Unterhaltung hineingezogen zu werden, vor allem von jemandem, der etwas aus mir herausbekommen wollte.«

Emotionale Distanz

Kinder, die meinen, entkommen zu müssen, finden Möglichkeiten zur Distanzierung. Sie können zum Beispiel in ihrem Zimmer bleiben und die Tür schließen. Oder sie bauen eine Mauer emotionaler Distanz auf, indem sie sich von ihren Gefühlen entfernen. Schließlich lernen sie, gegenüber der Zudringlichkeit von Menschen, die sich in ihr Leben einzumischen versuchen, keine Reaktion mehr zu spüren. Wie ein Interviewpartner sagte: »Sie konnten kontrollieren, was ich tat, aber sie konnten nie an mich herankommen.«

»Wir waren im Restaurant, und meine Mutter begann, uns laut die Speisekarte vorzulesen: ›Sie haben Rindfleisch mit Erbsen, und pikante Auberginen, etc.‹ Sie tat das jedesmal, und es war immer eine Qual. Ich entscheide mich für ein Gericht, indem ich den entsprechenden Punkt in der Speisekarte lese und das Gericht auf meine innere Reaktion hin überprüfe, den Geschmack, das Gefühl; aber wenn ich von Mutter mit den verschiedenen Möglichkeiten in einer Weise bombardiert werde, die meinem inneren Tempo nicht entspricht, habe ich dazu keine Zeit.

Ich muß mich innerlich enorm konzentrieren, um die Distanz zu schaffen, die Mauer, hinter der ich die Speisekarte lese und meine Entscheidung treffen kann. Währenddessen habe ich das Gefühl der Vereinnahmung, der Ohnmacht. Später im Zoo und im Rosengarten beschreibt und interpretiert Mutter alles: ›Sieh dir das an. Oh, das ist hübsch. Schau, da ist eine Josephsrose. Sie wird Pink Peace genannt.‹ Wieder ist da kein Raum, um die Rosen zu fühlen, ohne dirigiert zu werden.

Mir wurde klar, daß ich wie in der Grundschule reagierte, ich fiel zurück oder ging vorneweg und versuchte, Distanz zwischen uns zu legen, und trotzdem hatte ich keine, denn ich beobachtete, wie sie reagierte, und wartete darauf, daß meine Konzentration unterbrochen würde. Soll ich eine Szene machen? Wird sie das als Grobheit interpretieren? Ich bin mit ihr so stark verbunden, daß ich nicht im Garten bin, und ich fühle, daß ich allein sein muß, um die Rosen richtig zu würdigen.«

Die Unabhängigkeit von einem zwingenden Einfluß wird am besten gewahrt, wenn starke Gefühlsbeziehungen fehlen. Die Fünf kontrolliert eine Situation, indem sie aufhört, auf sie zu reagieren, und nicht, indem sie versucht, die Sache in die Hand zu nehmen oder die anderen Betroffenen zu überwachen. Die Kontrolle persönlicher Reaktionen bedeutet im allgemeinen, daß die Gefühle für die Zeit der Interaktion abgestellt und später, wenn die Fünf ungestört zu Hause ist, eingeordnet werden.

»Als ich jünger war, war ich ein solcher Einzelgänger, daß ich, wenn ich mit Leuten zusammensein mußte, ihre Gesichter und ihre Verhaltensweisen nachmachte, um in ihre Szene hineinzupassen. Ich war gern allein und fand nichts in mir, das Gesellschaft wünschte; für das Zusammensein mit Leuten entwickelte ich daher ein System: Ich beobachtete, wie sie handelten, und versuchte dann, mich genauso zu benehmen. Ich sah Pärchen sich auf der Straße knutschen, und manchmal machte mich das einsam, und ich überlegte, was in ihrem Inneren geschah.

Später begann ich, die Isolation zu hassen. Ich wollte etwas von dem mitteilen, was ich herausgefunden hatte, als ich allein war, aber die wahre Freude über das Zusammensein mit jemand kam erst hinterher, wenn ich wieder allein war. Es war, als sei die Erinnerung an die Begegnung sehr viel lebhafter als das tatsächliche Zusammensein. Ich versuchte, die Gefühle wiederzufinden, die mit der Erinnerung kamen, um herauszufinden, welche paßten.

Es hat Jahre gedauert, bis ich fähig war, bei einem intensiven Erlebnis sofort etwas zu fühlen, anstatt von einem Fleck an der Wand fasziniert zu sein und in ihm zu verschwinden.«

Fünfer berichten im allgemeinen von einer Wahrnehmungsverlagerung, die Leute auf Distanz hält. Sie haben das Gefühl, andere zu beobachten, das Gefühl, als läge ein weiter leerer Raum zwischen ihnen und den anderen Menschen im Zimmer oder als befänden sie sich in einer Unterhaltung auf der unsichtbaren Seite eines Einwegspiegels. Weil sie unsichtbar sind, können sie leidenschaftslos beobachten, ohne sich in die Unterhaltung einbringen oder angemessen reagieren zu müssen. Fünfer berichten gelegentlich, daß sie, wenn sie in ein Gespräch gedrängt werden, die anderen nicht nur als körperlich weit weg sehen, sondern auch als »Karikaturen, als Wesen aus einer anderen Welt«.

»Es geschieht unter dem Druck, nicht gesehen werden zu wollen. Wenn ich nicht wegkommen oder mich mit Kunstbüchern auf dem Kaffeetisch ablenken kann, bleibt mir immer noch das Verschmelzen mit dem Zimmer, um meine Gegenwart auszulöschen, damit niemand weiß, daß ich da bin. Ich bin in der Lage, so gut ›in die Wand zu gehen‹, daß ein guter Freund, der vielleicht nach mir sucht, an mir vorbeigeht, ohne mich zu bemerken.

Das In-die-Wand-Gehen funktioniert am besten, wenn man einen Drink oder einen Cracker in der Hand hat und mit der allgemeinen Atmosphäre verschmilzt. Aber die Hauptsache ist, die ganze Aufmerksamkeit von sich abzulenken, bis man weiß, daß man nicht gesehen wird.

Aus dieser Perspektive sehen die Dinge sehr viel interessanter aus. Man beobachtet einen Raum voll von umherwandernden grotesken Partybesuchern – wie in der Barszene im *Krieg der Sterne* oder wie in irgendeinem anderen verrückten Sciencefiction-Film mit Außerirdischen.«

Die Defensivtaktik, sich nicht auf emotionale Verwicklungen einzulassen, erstreckt sich sowohl auf positive als auch auf negative Gefühle. Etwas wollen heißt, dem Verlust die Tür zu öffnen, und etwas unbedingt wollen bedeutet, die Folgen der Anhänglichkeit an andere – und das heißt der Abhängigkeit von ihnen – ertragen zu müssen.

»Meine Vorstellung von Sicherheit war, meine Gefühle abzustellen, bevor sie von mir Besitz ergriffen. Ich bin immer allein zurechtgekommen, warum sollte ich die Dinge dann bis zu Eifersucht und Betrug kommen lassen? Die Grundidee war also, nie genug Karten aufzunehmen, um ins Spiel verwickelt werden zu können.

Vor vier Jahren, nachdem wir uns fast zehn Jahre dreimal in der Woche getroffen hatten, verkündete meine Freundin mir, daß ihre biologische Uhr ablief und sie mich verlassen und jemand anders finden müßte, wenn wir nicht heiraten und eine Familie gründen würden.

Ich begann sie zu vermissen, auch wenn ich allein war. Ich konnte sie nicht heiraten, und ich konnte sie nicht gehen lassen. Ich stimmte schließlich zu, weil es so aussah, als würde ich auf jeden Fall etwas verlieren. In den Monaten, bevor das Baby kam, geriet ich in Panik. Ich wußte nicht, ob ich die ständigen Unterbrechungen und die Zeitanforderungen ertragen würde.

Ungefähr einen Monat nach der Geburt wurde mir klar, daß ich mich verändert hatte. Das Baby schrie, und ich ging einfach hin und nahm es auf, anstatt mit mir selbst zu hadern, weil ich es zum Kuckuck wünschte. Und meine Gefühle ließen sich nicht mehr abstellen. Ich brachte es fertig, alles sofort zu fühlen, anstatt mich abzukoppeln und durchzuhalten, bis ich allein sein konnte.«

Vor- und Nachbereitung von Gefühlen

Fünfer berichten im allgemeinen, daß sie versuchen, sich über ein zukünftiges Ereignis umfassend zu informieren, damit sie auf alle

Eventualitäten vorbereitet sind. Bei schlecht vorhersehbar verlaufenden oder potentiell unangenehmen Begegnungen möchten sie vorgewarnt sein. Unerwartete oder nachdrückliche Anforderungen von seiten anderer versetzen sie in Panik, weil sie dann in einer Situation fühlen müssen, in der sie nicht fühlen wollen.

Die Gewohnheit, Interaktionen in der Vorschau Revue passieren zu lassen, erlaubt Fünfern, während des tatsächlichen Ereignisses relativ objektiv zu bleiben. Ihre Strategie besteht darin, ein Ereignis im voraus in der privaten Sphäre zu prüfen, sich vorzustellen, wie man sich am besten verhalten würde, und sich dann während des Ereignisses von den Gefühlen zu lösen, oft mit der Empfindung: »Das habe ich doch schon durchgemacht.« Wenn die Fünf später wieder sicher allein ist, bringt sie das Ereignis und die Gefühle wieder zusammen, um ihre emotionale Einstellung herauszufinden.

»Nicht vorbereitet sein ist erschreckend. Ich informiere mich immer über die Einzelheiten einer Einladung zum Abendessen und darüber, wer dasein wird. Dann sehe ich mich selbst, wie ich meinen Part durchgehe, was auf der Speisekarte steht, und den Hintergrund der anderen Gäste. Meistens bekomme ich es so gut hin, daß ich nicht in mir bin, wenn das Ereignis tatsächlich stattfindet.

Ich lehre alte Sprachen an der örtlichen Universität. Das war anfangs aufregend und beängstigend zugleich, aber sobald ich an den Stoff und die Klassen gewöhnt war, koppelte ich mich geistig ab, oft so weit, daß man mich irgendwo über oder hinter mir hätte lokalisieren können, wie ich mich bei meinem Vortrag beobachtete.

Es müßte schon etwas völlig Unerwartetes passieren, etwa daß ein Student plötzlich ›Feuer!‹ schreit, um wieder zu wissen, daß ich wirklich von zwanzig Leuten in der Klasse gesehen werde. Wenn ich abdrifte, habe ich das Gefühl, daß mein wahres Selbst außerhalb und über allem steht und beobachtet, wie mein korrektes, professorenhaftes Selbst amüsant, intelligent oder irgend etwas anderes ist, das ich ihm einstudiert habe.

Ich bin regelrecht irritiert über die Vorhersehbarkeit von dem allen und wünsche fast, daß jemand bemerkt, daß ich nicht da bin, wo ich zu sein scheine, oder daß jemand mir eine schlaue Frage stellt, die die Monotonie meines beobachtenden Selbst, das wie ein Zuschauer das Leben von jemand anders betrachtet, unterbricht.«

Beobachter sind emotional zugänglicher, wenn die Grenzen einer Interaktion klar sind. Wenn sie wissen, was auf der Tagesordnung steht und wie lange die Besprechung dauert, fühlen sie sich frei, sich vollständig und leidenschaftlich innerhalb des Themas und des Zeitrahmens zu äußern. Selbst wenn sie gut geprobt haben, sind sie eher in Kontakt mit ihren unmittelbaren Gefühlen, wenn sie die Tagesordnung kennen; kommt etwas Unvorhergesehenes zur Sprache, schalten sie um und beobachten. Wenn die Tagesordnung abgehakt und die Zeit für ein Schwätzchen gekommen ist, gehen sie nach Hause.

Viele Fünfer berichten, daß sie viel extravertierter sind und aktiver auf andere zugehen, wenn sie reisen. Sie haben dann das Gefühl, Beobachter einer anderen Kultur zu sein, und können selbst bestimmen, wie lange sie bleiben. In dieser für sie idealen Lage können sie eine Situation voll genießen, in kurzer Zeit viel erleben und Erinnerungen sammeln, an denen sie sich später freuen.

»Ich war Botaniker und lehrte mehrere Jahre in diesem Bereich. Eines Tages warf ich alles hin und bin seitdem ständig auf Reisen. Ich habe den Drang, mit minimalen Mitteln zu existieren; es reizt mich einfach, mit begrenzten Sprachkenntnissen und ungefähr zwanzig Dollar zum Überleben in ein fremdes Land zu kommen. Ich habe es immer wieder getan und das Schicksal gezwungen, mir etwas zu geben. Ich muß mich total verausgaben, um den Tag zu überstehen.

Sobald ich Freunde, eine Geliebte und eine Lebensbasis habe, plane ich den Abschied. Eine intensive Zeitspanne lang ist es kolossal intim, und dann bin ich wieder weg. Sobald ich genau weiß, wie ich mit Leuten stehe, bin ich unzufrieden darüber, daß ich weiß, was sie von mir erwarten. Wenn ich mich absetze, verschwindet all dies, und mir bleibt eine Art Wehmut nach meinen Erlebnissen dort, die mein Gedächtnis nicht verläßt und immer in mir bleibt.«

Segmentierung

Die erste Abwehrtaktik bei dem wohldurchdachten Versuch zur Schaffung einer sicheren Distanz besteht darin, sich körperlich zurückzuziehen, das Telefon abzustellen und sich von der Außenwelt zu isolieren. Eine mehr innere Möglichkeit zur Aufrechterhaltung der Distanz ist, potentiell belastende Erfahrungen voneinander zu trennen. Fünfer bringen die Bereiche ihres Lebens in verschiedenen Schubladen unter; sie haben für die diversen Bereiche verschiedene Freunde, die nie miteinander bekannt gemacht werden und die über die anderen Menschen im Leben des Beobachters nichts erfahren. Fünfer können innerhalb der Grenzen einer speziellen Zeit und eines speziellen Ortes leidenschaftliche Interessen entwickeln, die dann beiseite gestellt werden, bis es wieder »diese Zeit« ist. Die Segmentierung des Lebens in voneinander getrennte Bereiche versteht der Beobachter als Privatsphäre und nicht als Abneigung gegen vollständiges Bekanntsein. Es ist, als hätten Fünfer bei Verhandlungen oder Konflikten anderen so wenig Abwehr entgegenzusetzen, daß ihre bevorzugte Verteidigung darin besteht, nicht aufzufallen.

»Ich habe das Gefühl, daß jemand, der bei mir zur Tür hereinkommt, mein Hemd bekommen kann. Es ist die Abwehr einer Katze, die keine Krallen mehr hat: Du mußt abhauen und allem die Tür verschließen, weil du nicht die Mittel für einen Kampf hast. Ich gehe eher, als daß ich kämpfe, was bedeutet, daß sie alles bekommen und ich wieder ohne etwas zurechtkommen muß.

Die andere Sache dabei, daß sie mein Hemd bekommen, ist, daß ich so wenig habe, daß es mein einziges sein kann. Aber ich würde eher das Hemd weggeben, das ich auf dem Rücken trage, als mit jemand darüber zu streiten, wem es gehört.«

Eine sichere Distanz wird auch geschaffen, wenn Erinnerungen voneinander getrennt werden, wodurch das, was man heute morgen getan hat, mit dem, was man heute nachmittag unternehmen wird, nichts zu tun zu haben scheint. Eine unzusammenhängende Erinnerung bedeutet nicht, daß man sich an das, was man heute morgen gesagt hat, nicht erinnern kann; es ist eher so, als geschähen die Ereignisse des Lebens ohne irgendeinen kontinuierlichen, sie alle zusammenhaltenden Gefühlszustand, sozusagen Stück für Stück.

»Ich habe einen Sack voll mit Erinnerungsstücken, und ich behalte diese kleinen Dinge, weil sie eine Menge Erinnerungen in ein Objekt verdichten, das mir einen ganzen Zeitraum meines Lebens zurückbringt. Ich habe eine Schachtel mit ein paar Fäden des Pullovers, den ich vier Jahre an der Uni getragen habe. Ich habe die Spitze des Billardstocks, den ich benutzte, um mir durch diese Schule durchzuhelfen; und ich habe die Nabelschnüre von den Geburten meiner zwei Söhne. Ich habe auch ein paar Andenken an meine Reisen; sie helfen mir, die Erinnerung an diese herrlichen Zeiten zurückzubringen.

Ich sammle auch Tatsachen. Ich nenne es ein Fliegenpapierdenken: eine erstaunliche Menge zusammenhangloser Fakten über alles, an dem ich interessiert bin. Sie stapeln sich auf wie Speckfladen, und ich hungere immer nach mehr, aber ich kann den Faden verlieren, der mir anzeigt, wie sie alle zusammenhängen.«

Die Freuden der Privatsphäre

Fünfer werden lebendig, wenn sie allein sind. Sie müssen sich oft von Menschen absondern, um ihre Batterien wieder aufzuladen und die Gefühle herauszulassen, die in Gegenwart anderer Menschen abgestellt waren. Ihre private Zeit ist mit Träumereien und dem Denken an interessante Dinge ausgefüllt. Sie lieben die Gesellschaft ihres eigenen Geistes, und solange die Zurückgezogenheit sich nicht zu dem Gefühl der Isolation verdichtet, sind sie selten depressiv oder gelangweilt, weil sie nichts zu tun haben.

Obwohl Beobachter aus der Sicht mehr extravertierter Typen einsam und gesellschaftlich isoliert erscheinen, ziehen sie selbst das Alleinsein vor. Tatsächlich sind sie bemerkenswert unabhängig. Sie suchen nicht bei anderen nach Bestätigung, sind am liebsten wirtschaftlich autark, bestehen darauf, zu kommen und zu gehen, wie es ihnen gefällt, und wollen von den emotionalen Belastungen abhängiger Beziehungen frei bleiben. Weil Fünfer keine Anerkennung suchen, können sie sich ein völlig autonomes Leben bei sich zu Hause aufbauen, in dem sie in Gesellschaft ihrer Pläne und Phantasien glücklich sind. Die folgende Aussage stammt von einem jungen Filmemacher, der ursprünglich mit der Fotografie angefangen hatte, weil er sich in der Öffentlichkeit hinter einer Linse am wohlsten fühlte.

»Ich bin als extravertierter und geselliger Mensch bekannt, was meinem innersten Gefühl total widerspricht. Die Extravertiertheit kommt daher, weil ich völlig in mein Script verliebt bin, wenn ich drehe, und ich weiß genau, was jeder in der Szene tun muß, damit meine Vision auf Zelluloid gebannt wird. Weil alles vorher bedacht und so streng wie möglich kontrolliert wird, sind die kleinen Improvisationen der Schauspieler oder die unerwarteten visuellen Improvisationen, die sich bei der Entwicklung der Filmrolle zeigen, für mich sehr wertvoll. Die glücklichsten Zeiten meines Lebens sind die Stunden, wenn ich allein im Vorführraum sitze und beobachte, wie meine Phantasie lebendig wird.«

Sich in der Öffentlichkeit verstecken

Menschen, die gern allein sind, es aber notwendig finden, in der Öffentlichkeit zu erscheinen, entwickeln raffinierte Möglichkeiten, die Aufmerksamkeit von sich abzulenken. Sie verlagern zum Beispiel eine Unterhaltung auf ein Thema von beiderseitigem Interesse oder rücken die Geschichte von jemand anderem in den Mittelpunkt. Fünfer sind hilfsbereite Freunde, solange sie bei Menschen, die sich unabhängig durchs Leben bewegen und nicht auf eine emotionale Beziehung zur Fünf hoffen, die Beraterrolle spielen.

Auch durch die Vertrautheit mit einer Methode, die das komplexe menschliche Verhalten in ein verständliches intellektuelles System preßt, können Fünfer die Aufmerksamkeit von sich ablenken. Das Studium eines Systems wie Psychoanalyse oder Astrologie erlaubt ihnen, zu anderen intensive Beziehungen zu unterhalten und einen emotionalen Aufruhr rein vom Kopf her zu verstehen. Wenn sie lernen, wie Menschen gefühlsmäßig funktionieren, können sie über die entsprechenden Muster reden, ohne persönlich verwickelt zu sein. Ein Außenstehender kann die Beschäftigung der Fünf mit systematischer Abstraktion als Möglichkeit sehen, sich vor persönlichen Beziehungen zu verstecken, indem Gefühle durch Vorstellungen über das, was »man« fühlen sollte, ersetzt werden.

Fünfer sind auch Spezialisten in einer weiteren Form des öffentlichen Versteckens: Sie verschwinden in einer angemessenen, das heißt den Umständen angepaßten Pose. Ein Fünfer zum Beispiel, der ein ausgezeichneter Rockmusiker war, spielte in verschiedenen bekannten Bands, indem er seine Aufmerksamkeit leicht außerhalb von sich selbst plazierte und eine gut einstudierte Routine einhielt. Zu seiner Pose bei einer Cocktailparty gehörten ein Bühnenkostüm, ein Drink und die richtige Stellung des Knies, wenn er die Beine übereinanderschlug. Er hoffte, genügend Aufmerksamkeit auf sein Äußeres zu lenken, um die Schale während der Party nicht bewohnen zu müssen.

Intime Beziehungen

Das Hauptproblem für Fünfer ist die Angst vor dem Fühlen. Intimität nun gefährdet die elementare Abwehr, die Aufmerksamkeit von starken Gefühlen zu lösen; dies bedeutet, daß ein verliebter Beobachter zwischen starken positiven Gefühlen und der Gewohnheit, nicht fühlen zu wollen, in der Zwickmühle sitzt. Fünfer kämpfen mit der Tatsache, daß sie mehr Gefühle für andere haben, wenn sie allein sind und eine Begegnung wiedererschaffen, als wenn die betreffenden Menschen körperlich anwesend sind. Sie sagen, daß sie während einer persönlichen Begegnung oft erstarrt sind und allein sein müssen, um herauszufinden, was sie fühlen. Die Tatsache, daß Fünfer mehr in der Rückschau fühlen können, wenn sie vor Störungen sicher sind, wird besonders deutlich, wenn sie sich direkt nach einer intimen Begegnung zurückziehen. Da intensiver oder fortgesetzter Kontakt sie leicht ermüdet, ziehen sie sich zurück, um herauszufinden, wo sie stehen. Der sofortige Rückzug von der Intimität wird einen Partner, der nicht über diese Fähigkeit zur Ablösung verfügt, wahrscheinlich betroffen machen. Da Fünfer selten darüber sprechen, ist ihren Freunden im allgemeinen nicht bewußt, wie stark sie sich in der allein verbrachten Zeit auf die wichtigen Leute in ihrem Leben konzentrieren oder wieviel Zeit mit der Vor- und Nachschau dieser Begegnungen verbracht wird. Die Fünf kann eine starke geistige Verbindung aufbauen, ohne daß die andere betroffene Partei weiß, wie zentral sie im Innenleben der Fünf geworden ist.

Wenn eine Beziehung intellektualisiert wurde, kann sie häppchenweise und abstrakt genossen werden. Beobachter versuchen, während des Alleinseins ihre Gefühle mit ihren Gedanken in Übereinstimmung zu bringen, so daß sie schließlich mit ihren wahren Gefühlen wieder in Kontakt kommen. Weil sie die Aufmerksamkeit von intensiven Gefühlen lösen und ihre Affekte in den Kopf verlagern, werden Fünfer von ihren Partnern oft als permanent in sich gekehrt und daher emotional kalt betrachtet.

Auf der Plusseite intimer Verbindungen schätzen Fünfer Menschen auf vielen abstrakten Beziehungsebenen. Sie verpflichten sich zuerst mit dem Kopf und dann mit dem Gefühl. Eine einmal eingegangene Bindung kann dauerhaft sein, wird aber immer klare Grenzen in bezug auf Zeit und Energie haben.

Auf der Minusseite wird die Spaltung zwischen Fühlen- und Sich-absondern-Wollen in der Intimität extrem. Situationen, in denen spontane Gefühle hochkommen könnten, insbesondere Konfrontationen, werden möglichst vermieden. Schließlich wird jeder Partner das Gefühl haben, in der Rolle des aktiv Handelnden zu sein: der, der Dinge initiieren und auf die Fünf zugehen muß.

Beispiel einer Paarbeziehung:
Fünf und Neun, der Beobachter und der Vermittler

Beiden Typen ist die nonverbale Kommunikation vertraut. An vielen Abenden zu Hause werden die Partner sich sicher und verstanden fühlen, ohne dies direkt sagen zu müssen. Jeder gibt dem anderen instinktiv den privaten Raum, der für die Entscheidungsfindung und einen authentischen persönlichen Standpunkt notwendig ist.

Die Sexualität kann sich zu einer wichtigen nonverbalen Kommunikation für das Paar entwickeln, wobei die Neun wahrscheinlich unbewußt mit dem sexuellen Stil der Fünf verschmilzt. Im

Versuch, mit den Wünschen des Partners konform zu gehen, wird die Neun der Fünf entgegenkommen, was (in einer interessanten Verflechtung der Energien) die unausgesprochenen Wünsche der von Natur aus nach innen gekehrten Fünf zu einem Brennpunkt der Aktion macht. Auch die häusliche Routine stellt einen Bereich nonverbalen Kontakts her, bei dem jeder die täglichen Begegnungen in der Küche oder beim Abendessen als sicheren, vertrauten Weg schätzt, Zeit miteinander zu verbringen.

Es ist unwahrscheinlich, daß ein Partner die Interessen des anderen behindert. Wenn die Neun ihre Energie auf vielfältige Aktivitäten lenken will, stört das die Fünf nicht, solange die häusliche Routine nicht durcheinandergerät. Wenn der Fünfer-Partner seine Aktivitäten vom anderen abtrennt, wird dies ebenfalls akzeptiert, solange die Fünf nicht geheimnisvoll tut und das Band des Vertrauens zerstört. Solange jeder Partner dem anderen erzählt, was in seinem Leben los ist, kann das Paar sich bei minimaler gegenseitiger Beeinträchtigung sehr viel Raum geben. Beide Typen tendieren jedoch dazu, aus Gründen der Selbstverteidigung Informationen zurückzuhalten, und beide können extrem eifersüchtig werden. Schwierigkeiten entstehen, wenn ein Partner Distanz schafft, indem er dem anderen Sex oder persönliche Informationen vorenthält.

Wenn die Neun Energie in persönliche Projekte steckt, wird der Fünfer-Partner, der die Aktivitäten der Neun als interessante Brücke zur äußeren Welt sieht, zum Berater. Wenn die Neun jedoch beginnt, von der Unterstützung der Fünf abhängig zu werden, oder versucht, sie zur Teilnahme an den Aktivitäten zu bewegen, kann sich ein ernster Bruch entwickeln, bei dem die Fünf sich von der Abhängigkeit des Partners erdrückt und die Neun sich durch den Rückzug des Beobachters im Stich gelassen fühlt. Neuner können von Bestätigung und Beweisen der Zuneigung abhängig werden, woraufhin die Fünf eisern behaupten wird, daß der Partner wissen sollte, daß er wichtig ist, auch wenn man es ihm nicht ständig sagt, und der mit einem emotional bedürftigen Partner verbrachten Zeit Grenzen setzen. Die Neun fühlt sich doppelt verlassen, wenn die Fünf beginnt, nicht nur die Versicherungen der Zuneigung zurückzuhalten, sondern auch Sex. Der Ausweg für die Neun besteht darin, sich auf äußere Interessen zu konzentrieren, um wieder Leben in die Beziehung zu bringen. Sobald die direkte Aufmerksamkeit von dem Beobachter abgezogen wird, fühlt er sich weniger bedrängt und konzentriert sich wieder auf die Interessen des Paares.

Auch Langeweile kann eine Falle für das Paar sein. Jeder erwartet Anregung vom anderen, und jeder ist über den Mangel an Anregung betroffen. Mit der Langeweile kommt die Kritik: Die Neun kritisiert, weil sie mit den Wünschen des Partners verschmolzen ist und trotzdem keine Inspiration findet; und die Fünf kritisiert, weil ihr Unwille zum Vorschein kommt, wenn die häusliche Umgebung sich sicher genug anfühlt, um negative Emotionen auszudrücken. Der Ärger äußert sich gewöhnlich durch Schmollen oder ein eisiges Schweigen, bei dem die Neun sich sehr unbehaglich fühlt.

Wenn ein Partner mit dem Abbruch der Beziehung droht oder eine Affäre beginnt, kommt es zu sehr viel unvermuteter Eifersucht. Wenn die Fünf an dem Partner hängt, auch wenn sie dies intellektuell leugnet, fühlt der Verlust der Partnerschaft sich wie der Verlust des eigenen Lebens an. Ähnlich hat die Neun das Gefühl, daß die mit dem Partner verschmolzenen Aspekte des Selbst abgeschnitten werden und für immer verloren sind. Streit oder Eifersucht reißen das Paar aus der Langeweile heraus und machen ihm klar, wie wichtig die Beziehung geworden ist.

Für beide kann es schmerzlich sein, sich wirklich zu verpflichten. Wenn eine Neun sich für eine Bindung entscheidet und eine Fünf ein kontinuierliches Gefühl für jemand anders entwickelt, kann die Beziehung durch kleine Beweise der Zuneigung – oder auch nur schon die Erinnerung an sie – gefestigt werden. Die Neun möchte emotional und erotisch verschmelzen, und die Fünf braucht Sicherheit, wenn Gefühle auftreten.

Die Beziehung zur Autorität

Fünfer stellen ihre Zeit und ihre Energie nicht gern anderen Leuten zur Verfügung. Sie haben das Gefühl, daß ihre Energieressourcen begrenzt sind und persönliche Interaktionen sie leicht erschöpfen. Sie fühlen sich besonders ausgelaugt, wenn sie nicht wissen, was andere von ihnen erwarten, oder wenn ihre Pflichten bei der Arbeit sich kurzfristig ändern.

Beobachter widerstehen der Verwendung ihrer begrenzten Energie durch andere, indem sie sich von autoritativer Kontrolle fernhalten. Sie ziehen eine minimale Beaufsichtigung vor und verabscheuen insbesondere die Überwachung durch einen Chef, der unerwartet erscheint oder ständig informiert werden möchte. Den Kontakt zu Fremden empfinden sie als Störung, wenn die Grenzen des Diskussionsthemas nicht im voraus klar festgelegt wurden. Belohnungen, etwa Titel und Entgelt, betrachten sie im allgemeinen als von der Autorität benutzte Fallen zur Verführung der Arbeitnehmer, die so den Entzug an Zeit und Energie widerstandslos hinnehmen. Wenn Anerkennung beinhaltet, daß die Arbeitsbedingungen ihnen genau vorgeschrieben werden, kommen Fünfer lieber ohne sie aus.

Sie sind jedoch bereit, in einem autoritativen System, in dem sie ihre Zeit selbst einteilen und die Bedingungen ihrer Interaktion mit anderen frei wählen können, hart zu arbeiten. Sie können mitteilsam und freundlich sein, wenn sie im vorhinein über das informiert werden, was von ihnen erwartet wird. Beobachter möchten im allgemeinen etwas über die Menschen wissen, die eine Versammlung besuchen, und die voraussichtlichen Themen kennen, damit sie vorbereitet sind.

Unbedeutende Autoritäten werden wahrscheinlich als ein »verlängerter Arm« der Kontrollinstanzen betrachtet, die Beobachter gern vermeiden möchten. Ihr Reaktionsniveau auf die potentielle Verletzung der Privatsphäre durch äußere Quellen kann von der neurotischen Abneigung, ans Telefon zu gehen, bis zu komplizierten und zeitaufwendigen Anstrengungen reichen, Interaktionen mit Nachbarn, Vermietern und öffentlichen Institutionen wie dem Finanzamt zu vermeiden.

Fünfer verhalten sich so, weil sie im Fall einer Konfrontation über praktisch keinen Schutz verfügen. Sobald eine Autorität ihnen einen Brief schicken oder, schlimmer noch, ein persönliches Gespräch verlangen kann, fühlen Fünfer sich gedrängt, gegen alle potentiellen Forderungen der Autorität anzugehen. Die bevorzugte Abwehrtaktik besteht darin, sich der Einflußsphäre der Autorität zu entziehen und auf jene Reichtümer zu verzichten, die zu Verwicklungen mit dem System der Zahlungen, Hypotheken und Schulden führen.

Auf der Plusseite von Autoritätsbeziehungen sind Fünfer oft in der Lage, sich klar auf schwierige Entscheidungen zu konzentrieren, weil sie die Aufmerksamkeit von störenden Ängsten und Wünschen lösen können. Oft sind sie das Gehirn hinter der Bühne, das ruhig bleibt, während die anderen sich Sorgen machen. Sie besitzen eine natürliche Neigung zu objektiver Planung und langfristigen Projekten, die einen breitangelegten theoretischen Überblick verlangen. Sie sind bereit, wichtige, aber obskure Vorhaben in Gang zu setzen und hinter der Bühne an Projekten zu arbeiten, die nie zu öffentlicher Anerkennung führen. Sie sind sehr viel effizienter, wenn sie vor Konfrontationen geschützt werden und als Gehirn des Ganzen fungieren, als wenn sie für die Durchführung oder die Bereinigung von Fehlern verantwortlich sind.

Auf der Minusseite weichen sie aus, wenn sie sich erdrückt fühlen, und sind dann physisch unerreichbar. Plötzlich und gerade dann, wenn das Projekt in die heiße Phase geht, verkünden Fünfer, daß sie ein paar Tage Urlaub nehmen, oder sie schieben zwischen sich und die heiße Phase Zeit und Menschen.

Eine typische Autoritätsbeziehung:
Fünf und Vier, der Beobachter und der tragische Romantiker

Wenn die Fünf der Chef ist, wird sie sich am wohlsten fühlen, wenn sie in einem privaten Raum mit klarer Zeitbegrenzung für alle zwischenmenschlichen Interaktionen arbeitet: die Fünfzig-Minuten-Stunde, die Besprechung mit feststehender Tagesordnung, die planmäßige Telefonkonferenz. Vom Vierer-Angestellten wird erwartet, daß er alle unnötigen Störungen herausfiltert und wann immer möglich direkt mit Kunden oder Auftraggebern verhandelt. Solange die Vier Termine macht und als effiziente Schnittstelle fungiert, hat der Chef nicht den Wunsch nach Kontrolle. Der Betrieb läuft glatt, wenn die Vier gern Verantwortung übernimmt und nur im Notfall Rücksprache nimmt. Der Chef ist glücklich, daß der Angestellte sich unentbehrlich macht, solange kein Konflikt entsteht.

Wenn Probleme auftreten und die Fünf von ihnen erfährt, tendiert sie eher zum Rückzug als zur Konfrontation. Die Vier kann dies als Mangel an persönlicher Aufmerksamkeit mißdeuten, vor allem dann, wenn der Chef Aktennotizen oder Mittelsmänner benutzt, um sich mit dem Angestellten auseinanderzusetzen, anstatt das Problem persönlich anzugehen. Eine schwierige Situation entsteht, wenn der Vierer-Angestellte sich ignoriert fühlt und der Chef sich zurückzieht; die Vier wird dabei entweder depressiv und nachlässig, oder sie verstärkt ihr störendes Verhalten, um eine Reaktion zu erzwingen. Der Chef wird den Angestellten eher entlassen, als zu verhandeln, woraufhin die Vier sich in die Sache hineinsteigert und gegen das ankämpft, was sie als ungerechte Kündigung betrachtet.

Eine solche Situation kann verhütet werden, wenn beide Seiten

Interesse zeigen. Die Vier möchte Anerkennung von einer speziellen Quelle, und die Fünf möchte das Gehirn hinter einem glattlaufenden Betrieb sein, der nicht von ihrer persönlichen Präsenz abhängt. Wenn der Chef Interesse zeigt, indem er die Gründe der Unstimmigkeit untersucht, wird die Vier kooperativer. Und macht der Angestellte realisierbare Vorschläge zur Bereinigung der Situation, die weder eine Konfrontation noch emotionale Begegnungen erfordern, weiß die Fünf dies zu schätzen. Der Angestellte muß sich von einer hauptsächlich emotionalen Haltung zu einer mehr logischen bewegen, der Chef von seinem in erster Linie kopforientierten Standpunkt zu einer Haltung, die die Gefühle des Angestellten zur Arbeit in Rechnung stellt.

Ist die Fünf in der abhängigen Position, wird die Zusammenarbeit mit den Kollegen ihr schwerer fallen als die anstehenden Aufgaben. Für manche Fünfer ist es schwierig, in einem nicht abgeteilten Raum in Gegenwart anderer Menschen am Schreibtisch zu arbeiten, und alle Fünfer haben Schwierigkeiten, mit ihren Gefühlen in Kontakt zu bleiben, wenn sie nicht durch eine Privatsphäre geschützt sind. Viele Beobachter berichten, daß sie sich hinter der Pose einer fleißigen Arbeitskraft verstecken, während sie sich innerlich von ihren Emotionen abgetrennt fühlen. Ein direkter Draht zum Chef wäre hilfreich, damit Anweisungen nicht durch äußere Quellen gestört werden.

Fünfer-Arbeitnehmer können eine angemessene Pose entwickkeln, die ihnen erlaubt, Tätigkeiten wie Empfangschef oder Entertainer zu übernehmen, bei denen sie mit Publikum zu tun haben. Der Schlüssel liegt hier darin, daß diese Pose einstudiert ist und von der Fünf angenommen wird, um an öffentlichen Orten ein sicheres Versteck zu haben. Die Pose ist nur insofern sicher, als die Fünf zuverlässig vorhersagen kann, wie andere auf sie reagieren. Tätigkeiten, die wirklich Fähigkeiten im Umgang mit Publikum erfordern (Verkäufer oder Politiker), das heißt von spontanen Begegnungen und Änderungen der persönlichen Präsentation abhängen, ziehen eine Fünf nicht an; sie begegnet neuen Situationen lieber aus der Sicherheit einer festgelegten Pose heraus.

Wenn der Vierer-Chef den Fähigkeiten der Fünf vertraut, sollte er eine mehr private Beziehung entwickeln, die der Fünf eine beratende Funktion zuweist. Fünfer genießen die private Beziehung zu einem Menschen, dessen Fachkenntnis sie respektieren, und bringen sich uneingeschränkt ein, wenn die Aufmerksamkeit nicht ihnen, sondern einem objektiven Projekt gilt. Der tragische Romantiker wäre gut beraten, wenn er die Verantwortung für die öffentliche Präsentation und die Durchführung übernimmt und dem Fünfer-Arbeitnehmer die Beratung und das Entwerfen von Strategien überläßt. Eine vor direkter Konfrontation geschützte Fünf ist in der Lage, in den schwierigen Phasen eines Projekts klar zu denken und einem Vierer-Chef zu helfen, bei dem Perioden der Depression, der Hochstimmung und der Destruktivität in bezug auf persönliche Projekte miteinander abwechseln.

Aufmerksamkeitsstil

Eine Fünf isoliert sich nicht nur durch den Rückzug in die Privatsphäre oder die Errichtung emotionaler Mauern. Die psychische Isolation kann als die Gewohnheit beschrieben werden, sich von Gefühlen zu lösen, um zu beobachten. Sie wird besonders bei Streß, Intimität oder unvorhersehbaren, eine spontane Reaktion verlangenden Situationen deutlich. In extremen Fällen der Distanzierung versucht eine Fünf zu verschwinden, indem sie die Aufmerksamkeit auf einem Ort außerhalb des physischen Körpers einfriert.

»Von zwanzig bis dreißig war ich fast ständig ein echter Einsiedler. Kein Telefon, nur wenige Freunde, und eine lange Anfahrt über eine schlechte Landstraße. Als ich beschloß, Fotografie zu studieren, wußte ich nicht mehr, wie ich eine Unterhaltung in Gang halten sollte. Im ersten Ausbildungsjahr ging ich in Therapie. Sie empfahlen Körperarbeit. Während der Atemübungen machte ich dermaßen dicht, daß ich meinen Körper überhaupt nicht mehr fühlen konnte.

In einer Sitzung bekam ich totale Krämpfe und stellte fest, daß ich mich abgekoppelt hatte und mich selbst beobachtete, wie ich ohne irgendein Gefühl in meinem Körper das Ganze durchmachte. Seitdem bin ich mir regelmäßig bewußt, außerhalb zu sein und zu beobachten. Es geschieht, wenn ich im Rampenlicht stehe. Sogar wenn ich geprobt habe, merke ich plötzlich, daß ich abgetrennt bin und meinen Körper beobachte, wie er die Bewegungen macht, die von ihm erwartet werden.«

Die Gewohnheit, sich von Gefühlen zu lösen, um zu beobachten, ist nicht nur ein Puffer für die unmittelbare Erfahrung intensiver Gefühle, sondern kann auch eine aufregende Erfahrung herbeiführen, die von Meditierenden als die Trennung zwischen dem Gegenstand der Aufmerksamkeit und dem inneren Beobachter beschrieben wird.

»Ich fühle mich manchmal wie eine meiner alten Papierpuppen, der man mit kleinen Aufhängern an den Schultern ein hübsches Kleid auf die Vorderseite gehängt hat. Niemand sieht mich, nur die Vorderseite des Kleides und mein Papierpuppengesicht. Ich selbst stehe hinter mir, wie ein Dritter, der meinen Unterhaltungen zuhört, ich beobachte das Gesicht meines Gesprächspartners und mich selbst und stehe da in dem Kleid.

Als ich siebzehn war und zum erstenmal mit Sex zu tun hatte, flippte mein Verstand aus, und ich war außerhalb meiner selbst und beobachtete mich. Die sexuelle Vereinigung ist das klarste Beispiel dafür, wie ich mich verhalte, wenn ich unter Druck stehe. Im Grunde möchte ich Druck vermeiden, aber wenn ich ihn konfrontieren muß, löse ich mich von dem Gefühl. Je härter mein eigenes Leben wird, desto mehr fasziniert es mich, mich selbst zu beobachten. Ich frage mich, was ich als nächstes tun werde. Ich habe geheiratet, weil ich sehen wollte, was ich tun würde, und ich habe den Wolf wirklich nah an die Tür herangelassen, denn ich will sehen, wie ich aus der Sache herauskommen kann.«

Fünfer lernten das Sichablösen und die Beobachtung eines Gegenstands der inneren Aufmerksamkeit in der Kindheit, um sich in bedrohlichen Situationen sicher zu fühlen. Zwischen der Gewohnheit der Fünf, die Aufmerksamkeit von angsteinflößenden Objekten – etwa aufdringlichen Menschen oder starken sexuellen Gefühlen – zu lösen, und dem Bewußtsein eines Meditierenden von der Trennung zwischen dem beobachtenden Selbst und dem kontemplierten Objekt bestehen Unterschiede. Ein signifikanter Unterschied ist, daß die Fünf in der distanzierten Haltung gleichsam einfriert; die Gewohnheit zwingt sie, ein beängstigendes Ereignis zu beobachten und die Aufmerksamkeit von den mit dem Gesehenen verbundenen Gefühlen abzuspalten. Würden Fünfer mit den durch das erschreckende Ereignis erzeugten Gefühlen verschmelzen, verlören sie ihren Abwehrmechanismus, der darin besteht, Verstand und Gefühle getrennt zu halten. Die Fünf wäre dann offen dafür, von anderen seelisch berührt zu werden und ihre eigenen Wünsche zu fühlen.

Im Gegensatz zum eingefrorenen Beobachten einer das Fühlen vermeidenden Fünf kann der innere Beobachter eines Meditierenden mit inneren Objekten der Aufmerksamkeit – Körperempfindungen, dem Widerhall von Gesängen, Bildern, reinen Gefühlen – verschmelzen und mit ihnen eins werden.

Um einen Eindruck von der Aufmerksamkeitsplazierung bei Fünfern zu bekommen, können Sie sich einmal vorstellen, Sie stünden jemandem gegenüber, der in Ihr Leben einzudringen versucht. Es kann die Mutter sein, die Ihre Schubladen durchsuchte, als Sie nicht zu Hause waren, oder der Bruder, der Ihr Tagebuch fand und es monatelang las, bevor Sie dahinterkamen.

Entwickeln Sie in Ihrem Körper eine Empfindung dafür, wie Sie sich dabei fühlten, in einer Weise »vergewaltigt« zu werden, die Sie nicht kontrollieren konnten, und stellen Sie sich auch vor, wie es wäre, mit diesem Menschen Tag für Tag im selben Haus zu leben.

Finden Sie jetzt eine Möglichkeit, sich von der Betroffenheit über das Tun der anderen Person zu lösen. Die Betonung liegt hier darauf, daß Sie sich durch die Isolierung von dem Eindringling vor dem Fühlenmüssen schützen, und nicht darauf, die Gefühle zurückzuhalten. Fünfer berichten von einem Gefühl der Kontrolle und sogar der Freude über ihre Fähigkeit, sich von der Betroffenheit über einen äußeren Einfluß lösen zu können.

Einige Fünfer sagen, daß sie tief in sich hineingehen, dorthin, wo es keine Gefühle mehr gibt. Andere sagen, daß sie sich von einem Eindringling trennen, indem sie sich hinter eine Mauer oder einen Einwegspiegel begeben, oder daß sie die Aufmerksamkeit auf einen sicheren Ort außerhalb der Interaktion verlagern. Von diesem günstigen Punkt aus können sie das Geschehen beobachten, ohne gefühlsmäßig darin verwickelt zu werden.

Intuitiver Stil

Wenn Fünfer von der Meditation angezogen werden, neigen sie von Natur aus fast immer zu einer Ablösepraxis wie etwa Vipassana oder Zen, die beide die innere Beobachtung stärken, indem Gedanken und andere Störungen an einem leeren Geist vorüberziehen. Unglücklicherweise hat die Fünf oft den Wunsch, ein Meister des Nichtanhaftens zu werden und nie mehr die Ängste und Begierden des gewöhnlichen Lebens fühlen zu müssen. Wegen dieses Wunsches nach einer vorzeitigen mentalen Ablösung wurde die Fünf auch der »unerleuchtete Buddha« genannt. Beachten Sie den Unterschied zwischen der vorzeitigen Ablösung einer Fünf, die meditiert, um gegen Gefühle immuner zu werden, und dem folgenden Bericht einer Fünf, die den losgelösten Geisteszustand immer als Möglichkeit benutzt hat, sich ihre Gefühle bewußtzumachen.

»Ich war immer ein Läufer, und jahrelang habe ich das Laufen als Metapher für meinen Wunsch betrachtet, so weit von zu Hause wegzukommen, wie meine Beine mich tragen konnten. Egal, was zu Hause los war, ich konnte sicher sein, es herunterzuspülen, sobald ich einen knappen Kilometer weg war. Meine Gedanken gingen weg, und ich war frei von allem außer der Natur, die an mir vorüberzog, und meinem Körper, der sich vorwärts zu bewegen schien, ohne daß ich etwas dazu beitrug. Ich stehe auf Distanz. Auf einen Achtzig-Kilometer-Lauf hinzuarbeiten und ihn jedes Jahr mitzumachen zählt zu den Höhepunkten meines Lebens.

Ich benutze das Laufen auch, um an meine Gefühle heranzukommen. Ich kann sicher sein, daß ein Lauf alles vertreibt, was mich blockiert, und wenn ich es los bin, versuche ich, mir meines Problems bewußt zu werden und die Gefühle kommen und gehen zu lassen. Ich nenne es ›mit einem Problem laufen‹, und ich habe auf diese Weise eine Menge über mich gelernt.

Ich hatte verschiedentlich echte intuitive Eingebungen zu einer Entscheidung, mit der ich herumlief; so sprintete ich einmal einen Canyon herunter und einem potentiellen Partner in meiner Firma entgegen, weg von zwei anderen starken Konkurrenten, obwohl natürlich außer mir niemand im Canyon war. Ein andermal glaubte ich, daß mein Knöchel schmerzen würde, aber ich wußte, daß ein Kumpel helfen würde, mich zurückzutragen, was eine ziemlich genaue Beschreibung dessen war, was später in der Verhandlung geschah, mit der ich lief.«

Dieser Läufer hat eine Möglichkeit gefunden, während des losgelösten Geisteszustands seine Gefühle und Eindrücke hochkommen zu lassen. Bei ihm besteht keine Gefahr, daß er von seinen

Emotionen so gepackt wird, daß er sie nicht mehr loslassen kann. Unüblich für einen Fünfer ist, daß er sich zu fühlen erlaubt und seine Reaktionen spontan kommen läßt, bevor er sich auf sie vorbereitet hat.

Beim Laufen stellt seine Aufmerksamkeit sich auf den inneren Beobachter ein, und da er bereit ist, sich mit seinen Problemen zu beschäftigen, anstatt sie beiseite zu stellen, konzentriert er sich auf sie, anstatt sich während des Laufens von ihnen zu lösen.

Habsucht

In schwierigen Zeiten kommt ein Beobachter lieber mit weniger aus, als daß er auf andere zugeht, um mehr zu bekommen. Seine bevorzugten Reaktionen sind Rückzug, die Einleitung einer ökonomischen Maßnahme, die Reduzierung persönlicher Bedürfnisse auf das Notwendigste und die Verringerung der Abhängigkeit von anderen. Er hat das Gefühl der Unabhängigkeit, wenn er intellektuell feststellen kann: »Ich brauche das nicht, ich komme ohne das zurecht.«

»Es macht viel mehr Spaß, mit wenig auszukommen, als eine Menge Schrott anzusammeln, für den man keine Verwendung hat. Meine transportablen Besitztümer sind ein Feldbett, eine Katze, ein paar sehr wichtige Bücher und ein paar Kleider zum Wechseln. Das Frühstück ist immer dasselbe: ein Müsliriegel und eine Tasse Tee. Ich genieße das bißchen, das ich zu mir nehme, und schätze es total, genug Luft, genug Nahrung und genug Zeit für mich zu haben.

Ich habe nicht das Gefühl, etwas entbehren zu müssen, wenn ich mit sehr wenig lebe. Ich bin aus der Tretmühle heraus, die das Leben meiner Freunde beherrscht. Mehr Geld bedeutet mehr Steuern, ein großes Haus heißt, wie ein Sklave angebunden zu sein. Für mich besteht Luxus aus einem Nachtisch beim Abendessen, aber bei Nachtisch jeden Abend hätte ich das Gefühl, von dem Nachtisch beherrscht zu werden, und ich würde ihn aufgeben und zu fasten anfangen.«

Auch wohlhabende Fünfer kommen am liebsten mit wenig aus. Sie haben oft das Gefühl zu verarmen; eine innere Atmosphäre der Leere, in der alles, was ihnen angeboten wird, nicht nährend und überflüssig erscheint, begleitet sie. Reiche Fünfer führen dasselbe auf das Elementarste reduzierte Leben wie ihre ärmeren Typgenossen und leiden unter dem gleichen Gefühl der inneren Verarmung; die Weigerung, ihre Energie anderen Leuten zur Verfügung zu stellen oder Anstrengungen zu unternehmen, um Geld für Extras zu verdienen, ist jedoch nicht so augenfällig wie bei der Fünf mit ihren wertvollen Büchern und dem Feldbett.

Der Milliardär Howard Hughes, der sehr bescheiden lebte und sich schließlich von den meisten menschlichen Kontakten zurückzog, ist ein Beispiel für eine Fünf mit pathologischen schizoiden Zügen. Er dirigierte sein Imperium aus der Ferne, durch Mittelsmänner und das Telefon. Es gelang ihm, Kontakte und Konflikte zu vermeiden, aber er genoß seinen Reichtum nicht. Er hatte die Gewohnheit, am Tisch zu sitzen, aber nicht die Hand auszustrecken, um zu essen.

Wieso können Beobachter dann von Habsucht geplagt sein? Wenn das »Nichtsbrauchen« ihnen Freude macht und sie sich seinetwegen sogar jenen, die sich für materiellen Reichtum abstrampeln, überlegen fühlen, wie können sie mit ihren minimalen physischen Wünschen dann je die Qualen der Habgier fühlen? Tatsache ist, daß die Distanzierung von Fünfern zwanghaft und nicht freiwillig ist. Sie basiert auf der Furcht, das wenige zu verlieren, das sie besitzen, die Unabhängigkeit aufzugeben, wenn sie sich mit jenen einlassen, die den Nachschub beherrschen, und wie in der Vergangenheit von Leuten vereinnahmt zu werden.

Es ist, als bestünde die Unabhängigkeit einer Fünf in der verstandesmäßigen Feststellung: »Ich kann ohne das auskommen.« Die

Situation wird fatal, wenn eine Fünf sich in etwas verbeißt, ohne das sie nicht auskommen kann. Wenn etwas so wertvoll wird, daß es den privaten Raum einer Fünf überschwemmt, wenn der Wunsch, einen Menschen oder ein Ding zu besitzen, die Fünf gepackt hat, wird die innere Armut durch das Eindringen des Begehrens verstärkt.

Weil Fünfer, um sich zu schützen, so sehr auf das Vorherwissen angewiesen sind, ist Wissen ihnen wichtiger als Menschen oder Dinge. Sie berichten, daß das innere Gefühl der Isolation zurückgeht, wenn sie nahe daran sind, zu wissen, wie das Universum funktioniert, oder menschliches Verhalten zu verstehen. Es ist, als befänden sie sich im Räderwerk der Welt, ohne gefühlsmäßig darin verwickelt zu sein, und als verließe das Gefühl des Ausgeschlossenseins sie, wenn sie die Schlüssel zur »Maschine« erwerben und beobachten können, wie andere in den Risiken von Liebe und Haß gefangen sind.

»Von zwanzig bis dreißig folgte ich einem Guru und widmete mich dem Studium des Yoga. Der Asketismus zog mich sehr an. Ich stand um vier Uhr morgens auf, ernährte mich vegetarisch, fastete regelmäßig und lebte sieben Jahre zölibatär. Ich glaube, während der ganzen Zeit im Ashram habe ich einen einzigen Film gesehen. Der Zeitplan sagte mir zu, und ich fand in mir die Kraft, um glücklich zu überleben und zu verzichten.

Dann sagte mein Lehrer mir, ich sollte wieder in die Welt gehen und mindestens zwei Jahre nicht zurückkommen. Ich verließ den Ashram mit ungefähr fünfhundert Dollar, sah mich nach einer Arbeit um und lebte allein. Ich muß sagen, mein Lehrer hatte recht: Der Waschsalon, meine Rechnungen und die Gespräche mit Unbekannten bei der Jobsuche brachten in mir genug Reaktionen in Gang, daß ich mich in den Yoga stürzte, um zu überleben.«

Die Tugend des Nichtanhaftens

Nichtanhaften ist offensichtlich das Gegenteil von Anhaften, und Anhaften ergibt sich aus einem vereitelten Wunsch. Wenn wir von etwas soviel bekommen können, wie wir brauchen, können wir es loslassen, denn wir wissen, daß wir es im Bedarfsfall wieder haben können. Das falsche Nichtanhaften der Fünf basiert eher auf einer Abneigung gegen das Fühlen möglicher Wünsche als auf dem Gefühl der Fülle, genug zu haben. Beobachter werden ganz richtig darauf hinweisen, daß die meisten von uns süchtig danach sind, mehr zu haben, als wir zu einem angenehmen Überleben brauchen, und daß wir enorme Energie mit der Jagd nach Status und materiellem Reichtum verbrauchen, weil wir uns in unseren eigenen Sehnsüchten und Begierden verstrickt haben. Das zwanghafte Bedürfnis, nicht in etwas hineingezogen zu werden, sich nicht verbunden zu fühlen, nicht gezwungen zu werden, kann Fünfer zwar dazu bringen, an ihre eigene Überlegenheit zu glauben, vermittelt ihnen aber kein Gefühl der Befriedigung, wenn sie bekommen, was sie wollen. Echtes Nichtanhaften erfordert dagegen, daß Ihnen eine ganze Reihe von Gefühlen zur Verfügung stehen und daß Sie alle Eindrücke, die ins Bewußtsein aufsteigen müssen, akzeptieren können, bevor sie sie loslassen. Auch Buddha durchlebte viele verschiedene Erfahrungen, bevor er meditierte und seine Erkenntnis von der wesensmäßigen Leere des Geistes hatte. Er begann die Praxis des Nichtanhaftens erst zu lehren, als er Freude und Leid erlebt hatte und ein paar wunderbare Wünsche in Erfüllung gegangen waren.

Allwissenheit als Qualität des höheren Bewußtseins

Was könnte die Angst eines Menschen vor dem Fühlen besänftigen? Was könnte dem Bedürfnis, vorgewarnt zu werden und sich vor einer potentiell vereinnahmenden Welt zu retten, Genüge tun? Für einen Persönlichkeitstyp, der sich vom Körper in den Verstand zurückgezogen hat, stellt Wissen die beste Verteidigung dar.

Wie bei allen anderen im Enneagramm aufgezeigten höheren Fähigkeiten wird der Zugang zur Allwissenheit durch einen nicht denkenden Geisteszustand erreicht. Es geht nicht darum, alle Fakten zu einem bestimmten Thema zu kennen oder einen brillanten begrifflichen Rahmen zu entwickeln, in den diese Fakten eingeordnet werden können. Eher ist die Fähigkeit gefragt, den inneren Beobachter so einzusetzen, daß das Bewußtsein mit Eindrücken aus Vergangenheit, Gegenwart und Zukunft aller möglichen Ereignisse verschmilzt.

Vorzüge

Beobachter können persönliche Interessen ohne Unterstützung durch andere verfolgen. Aufgrund ihrer Fähigkeit, den Kontakt mit den Gefühlen auf ein Minimum zu reduzieren, können sie anderen in Streßzeiten beistehen. Dieselbe Eigenschaft macht sie auch zu guten Entscheidungsträgern, da sie unter Druck gut klar denken können. Fünfer sind Freunde für ein ganzes Leben, wenn ihnen völlige Unabhängigkeit und die Freiheit, sich bei Bedarf zurückzuziehen, zugestanden wird. Sie drücken sehr viel Zuneigung nonverbal aus und schätzen andere auf vielen abstrakten und nonverbalen Ebenen der Verbundenheit.

Attraktive und unattraktive Umgebungen

Fünfer sind oft Gelehrte in obskuren, aber wichtigen Bereichen. Sie gehören zum inneren Zirkel derer, die wissen: der Psychologe des Psychologen, der Schamane des Schamanen. Ein dünnes Buch mit Daten, für deren Zusammenstellung ein ganzes Leben notwendig war, ist ihr Werk – oder etwa ein endgültiges Lexikon abgelegener Stammessprachen. Fünfer sind oft Akademiker, die im Institut übernachten, oder Computerprogrammierer, die vorzugsweise in Nachtschicht arbeiten, Leute, die den Lagerraum ganz hinten im Laden verwalten bzw. sich am liebsten zwischen den Regalen der Bücherei aufhalten.

Zu den unattraktiven Betätigungsfeldern zählen alle Tätigkeiten, die offenen Wettbewerb oder direkte Konfrontation verlangen: Verkäufer, öffentlicher Redner, lächelnde politische Kandidaten.

Berühmte Fünfer

Der Milliardär J. Paul Getty war dafür berühmt, seinen Reichtum eher zu vervielfachen, als ihn zum Vergnügen auszugeben. Er hatte bei sich zu Hause ein Telefon mit Gebührenzähler und war dafür bekannt, lieber eine Stunde auf eine Mitfahrgelegenheit im Auto eines anderen zu warten, als Geld für ein Taxi auszugeben. Augenzeugen sagen, daß er nach dem Mittagessen gewohnheitsmäßig seine Hand in die Tasche steckte und sie erst wieder herauszog, wenn die Rechnung bezahlt war. Weitere Fünfer: Emily Dickinson, Jeremy Irons, der Buddha, Meryl Streep und Franz Kafka.

Subtypen

Die Themen der Sub- bzw. Untertypen entwickelten sich aus dem Bedürfnis, die persönliche Privatsphäre vor äußerem Einfluß zu schützen.

Vertrauen in der Zweierbeziehung

In der Zweierbeziehung erleben Fünfer persönliche Bindung durch den Austausch von Vertraulichkeiten. Der sexuelle Untertyp erlebt mehr Vertrauen in nonverbalen sexuellen Kommunikationen als in mehr öffentlichen Arten des Umgangs miteinander. Er fühlt die Intensität eines geheimen Bandes.

»Sexualität war der freieste Teil meines Lebens. Man braucht nicht zu reden, niemand sonst braucht es zu wissen, es besteht eine unmittelbare Vertrautheit, und das Schlafzimmer war der einzige Ort, an dem meine Mutter mich nicht behelligte.«

Totems im sozialen Bereich

Fünfer fühlen das Bedürfnis, sich den führenden Leuten des »Stammes« anzuschließen, den inneren Zirkel zu beraten und von ihm beraten zu werden. Totems können sich auch darauf erstrecken, das in Leitsymbolen (wissenschaftlichen Formeln, esoterischen Paradigmen) enthaltene Wissen anzustreben.

»Ich unterrichte Mathematik an einer Ingenieurschule und hätte vor Jahren aufgehört, wenn der Job nicht mein wahres Interesse unterstützen würde, nämlich eine wissenschaftliche Zeitschrift herauszugeben. Wir haben in der ganzen Welt weniger als hundert Leser, alles theoretische Mathematiker. Die meisten von uns sind sich nie begegnet, aber durch unsere gemeinsame Leidenschaft bin ich ihnen persönlich verbunden.«

Burg (Heim) im Bereich der Selbsterhaltung

Fünfer betrachten das Heim als sicheren Zufluchtsort vor einer zudringlichen Welt. Sie beschäftigen sich mit der Kontrolle des privaten, persönlichen Raums.

»Ich kann mich nicht in mich selbst zurückziehen, wenn ein Freund im Zimmer ist. Ich bin mir so bewußt, was er tut, daß, selbst wenn er leise ein Buch liest, es sich so laut anhört, als würde eine Band Polka spielen. Meine einzige Hoffnung auf Konzentration besteht darin, ihn loszuwerden, oder ich gehe selbst in ein Café, wo niemand mich kennt und wo ich nicht gestört werde.«

Was Fünfern hilft, sich zu entfalten

Fünfer beginnen eine Therapie oder eine Meditationspraxis oft, weil sie sich isoliert und einsam fühlen. Da sie selbst von Gefühlen abgeschnitten sind, sich jedoch bewußt sind, daß andere fühlen können, bringen sie sich in Situationen, aus denen sie herausgeholt werden können. Typisch sind Schwierigkeiten in sozialen Beziehungen, der Verlust eines Menschen oder eines Gegenstands, an dem die Fünf gehangen hat, und Phobien, die die Bewegungsfreiheit einschränken. Fünfer müssen lernen, ihre Gefühle zu tolerieren, ohne sich abzukoppeln. Sie können sich selbst helfen, indem sie:

- den Wunsch bemerken, sich zurückzuhalten, wenn andere eine Reaktion erwarten, Rückzug und strategisches Geben als Manipulationen aufgeben (»Ich schaffe es, wenn ich es will, aber nicht, wenn du es erwartest«),
- bemerken, wann Gefühle mittels Analysen und Erfahrungen durch intellektuelle Konstruktionen ersetzt werden,
- sich klarmachen, daß der Zugriff zu Gefühlen nicht bedeutet, immer verletzt zu werden,
- den Wunsch bemerken, anerkannt zu werden, ohne sich anzustrengen,
- bemerken, wie einfach es ist aufzugeben (»Ich habe es einmal versucht, und es hat nicht geklappt«),
- an Verschwiegenheit, Überlegenheit und Isoliertheit arbeiten,
- lernen, spontane Ereignisse zu tolerieren. Persönliche Träume wagen, anstreben, aktivieren,
- die Diskrepanz zwischen dem, was in Gegenwart anderer, und

dem, was allein im sicheren Zuhause gefühlt werden kann, erkennen,

– das intensive Bedürfnis nach Kontrolle des persönlichen Raums und der mit nahestehenden Menschen verbrachten Zeit erkennen,

– lernen, wichtige Projekte abzuschließen und der Öffentlichkeit zu übergeben, zulassen, daß sie gesehen werden,

– erkennen, daß Gefühle und Sichoffenbaren tatsächlich eine Veränderung bewerkstelligen können,

– erkennen, wie wenig sie bereit sind, sich einzulassen,

– den auf die Befriedigung elementarer Bedürfnisse reduzierten Lebensstil in Frage stellen,

– sehen, auf welche Weise andere zu den aktiv Handelnden gemacht werden, wie Nichthandeln andere zwingt, den ersten Schritt zu tun,

– lernen, aus der Suche nach speziellem Wissen und symbolischem Denken Nutzen zu ziehen,

– lernen, die Bedürfnisse und Gefühle anderer Menschen zu tolerieren,

– bereit sind, mit Methoden wie Gestalttherapie, Körperarbeit und einer künstlerischen Tätigkeit Gefühle in die Gegenwart zu bringen, sich aber nicht gleichzeitig auf eine verfrühte kathartische Erlösung einstellen, sich Zeit geben, damit emotionale Reaktionen sich mit der Einsicht verbinden können.

Mögliche Reaktionen in Zeiten der Veränderung

Fünfer sollten sich in Zeiten der Veränderung der folgenden Verhaltensweisen bewußt sein:

– Verlassen des Körpers und Rückzug in den Geist,

– Wunsch, Zeit und Energie zu horten, eher einsparen als ausgeben,

- Schwierigkeiten mit der Offenbarung der eigenen Person, innere Zensur von Unterhaltungen, die das Selbst enthüllen, Zurückhalten von Informationen,
- nicht geben, sich von den Bedürfnissen anderer gedrängt fühlen,
- Intensivierung des Bedürfnisses nach Autarkie (»Ich kann ohne dich auskommen«), gerichtet an Therapeuten, Freunde, Familie,
- sich durch Verpflichtungen erschöpft fühlen, andere nur ein bißchen von sich haben lassen.
- Rückzug durch das Intellektualisieren von Erfahrungen, Verstärkung der Einzelgängerhaltung, Menschen ins Phantasieleben bringen, anstatt sich mit ihnen im realen Leben zu befassen,
- Phantasie, besonders auserwählt zu sein, erkannt zu werden, ohne sich hervorzutun (»Wenn Gott mich will, wird er zu mir kommen«),
- Verstecken hinter einer Pose, der Praxis des Therapeuten angepaßtes Verhalten als Maske, um zu vermeiden, daß den unmittelbaren Gefühlen Aufmerksamkeit geschenkt wird,
- die Überzeugung, daß man schon so weit ist, daß man nicht mehr zu fühlen braucht (»Wut ist für niedrigere Wesen. Warum können sie sich nicht beherrschen?«),
- Handlungslähmung, wenn Wünsche auftauchen, nicht aus sich herausgehen können, sich nicht zurückziehen können,
- Segmentierung des Gefühlslebens, Heimlichkeiten, niemandem alles geben,
- Verwirrung zwischen spirituellem Nichtanhaften und dem Bedürfnis, sich von emotionalem Schmerz zurückzuziehen.

11. Punkt Sechs: der Advokat des Teufels

	Erworbene Persönlichkeit	Wesenskern
Kopf	Haupteigenschaft: Feigheit	Höheres Bewußtsein: Glaube
Herz	Leidenschaft: Angst/Zweifel	Tugend: Mut

Subtypen
Sexuell: stark/schön
Sozial: pflichtbewußt
Selbsterhaltung: warm/herzlich

Das Dilemma

Sechser haben als Kinder den Glauben an Autoritäten verloren. Sie erinnern sich daran, daß sie vor denen, die Macht über sie ausübten, Angst hatten und daß sie unfähig waren, für sich selbst zu handeln. Diese Reminiszenzen sind als Argwohn gegenüber den Motiven anderer ins Erwachsenenleben übernommen worden; Sechser versuchen, ihrer Unsicherheit abzuhelfen, indem sie entweder einen starken Beschützer suchen oder Autoritäten gegenüber den Standpunkt des Advocatus Diaboli[42] einnehmen. Einerseits möchten sie einen Führer finden und ihre Loyalität einer beschützenden Organisation – der Kirche, der Firma, der Universität – zur Verfügung stellen, andererseits mißtrauen sie autoritären Hierarchien. Sowohl die pflichtbewußte als auch die rebellische Haltung haben ihren Ursprung im Argwohn gegenüber Autoritäten.

Weil Sechser Angst haben, für sich selbst zu handeln, bereitet ihnen die Durchführung Schwierigkeiten. Das Denken ersetzt das Tun, weil die Aufmerksamkeit sich von dem Impuls, eine gute Idee in die Tat umzusetzen, zu einer intensiven Infragestellung dieser Idee vom Standpunkt möglicher Kritiker aus verlagert. Hinter dem alles beherrschenden Zweifel steht das der Kindheit entstammende Bedürfnis, die Einmischung mächtiger Leute abzuwehren. Der Zweifel führt zum Zögern, was der Angst vor Bestrafung, die das gegen die Autorität handelnde Sechser-Kind erlebte, einen Riegel vorschiebt.

Weil sie ihren eigenen Gedanken gegenüber eine geistige »Ja-aber«-Haltung einnehmen, bewegen Sechser sich mit vielen Unterbrechungen in Richtung Erfolg. In ihrer Lebensgeschichte finden sich häufig Änderungen der beruflichen Tätigkeit und unvollendete Projekte. Die Angst ist am größten, wenn die Ziele Gestalt anzunehmen beginnen, was bedeutet, daß Selbstzweifel und Zögern sich verstärken, wenn Advokaten des Teufels sich Exponiertheit und Erfolg nähern. Ihre Unschlüssigkeit resultiert nicht aus einer Unklarheit über ihre Aufgabe, sondern aus dem Zweifel an ihren Fähigkeiten; sie glauben, ein offener Erfolg würde die Aufmerksamkeit feindlicher Autoritäten anziehen und diese würden dann versuchen, ihre Bemühungen zu stoppen.

Aufgrund ihrer antiautoritären Haltung setzen Sechser sich gern für Benachteiligte ein. Sie tun sich hervor, wenn es darum geht, gegen jede Aussicht auf Erfolg zu kämpfen, und können sich heroisch für eine Sache oder einen Freund in Not aufopfern. In einer Wir-gegen-sie-Situation sind sie extrem loyal, weil die Pflicht eindeutiges Handeln erfordert, und sobald sie einmal Partei ergriffen haben, sind ihnen die Absichten der Autorität völlig klar.

Advokaten des Teufels sind überzeugt, daß sie ein Hochglanzimage und falsche Präsentationen durchschauen. Da sie Angst haben, von anderen benachteiligt zu werden, achten sie darauf, nicht durch Komplimente oder berechnendes Lob geködert zu werden. Ihre Wachsamkeit nimmt zu, wenn sie herzlich behandelt werden, denn wenn sie in der Vergangenheit jemandem vertrauten und ihre Aufmerksamkeit nachließ, wurden sie verletzt. Ihr Aufmerksamkeitsstil besteht darin, die Umgebung nach Hinweisen auf ihnen Schadendes abzusuchen und Menschen daraufhin zu beobachten, was in ihrem Kopf vorgeht. Sechser möchten vorgewarnt und vorbereitet sein und daher herausfinden, was hinter einem Image steckt und durch ein freundliches Lächeln verborgen wird. Oft entdecken sie die schwachen Punkte einer Beweisführung und erkennen ein verstecktes Machtspiel.

Wenn Sechser beunruhigt werden oder sich innerlich bedroht fühlen, verstärkt sich die Gewohnheit, nach außen zu schauen. Je größer die innere Not wird, desto mehr neigen sie dazu, sich zu vertun, was zur Folge hat, daß sie den Ursprung ihrer Besorgnis leicht verkennen. Es gibt immer Dinge, vor denen man Angst haben kann; Menschen, die zu der Überzeugung tendieren, daß die bösen Absichten anderer an ihrem Unbehagen schuld sind, entdecken schnell versteckte Andeutungen in unschuldigen Unterhaltungen oder glauben, daß sie die wahren Absichten anderer kennen, egal, was diese sagen.

Die folgende Aussage einer extrem ängstlichen Sechs beschreibt den üblichen Aufmerksamkeitsstil, der die Sorgen einer Paranoikerin verewigt.

»Es ist schwierig für mich, in der Umgebung von Leuten zu arbeiten, die ich nicht kenne. Ich kellnere seit der High-School, und immer noch quält mich das Gefühl, daß Augen sich in meinen Rücken bohren. Am schlimmsten ist es, wenn ich an der Bar Bier zapfen muß. Die Kunden gehen einer nach dem anderen vorbei, und ich überlege, was sie von mir denken.

Wenn ich meinen Kopf hebe und in die Gesichter schaue, bin ich geliefert. Jeder von ihnen scheint etwas zu denken oder das zurückzuhalten, was er sagen will. Ich muß mir selbst einreden, daß alles in Ordnung ist, daß diese Leute nichts gegen mich haben, daß sie nicht wirklich schlecht von mir denken. Aber das, was ich in ihnen sehe, hat mich so aus der Fassung gebracht, daß ich aus den Augen verloren habe, was ich gerade tue, und das Bier läuft über, oder ich vergesse, das Glas unter den Hahn zu stellen.« Diese Kellnerin unterstellt ihren Kunden Motive, die wahrscheinlich falsch sind. Ihr Interesse gilt nicht der physischen Realität des Restaurants mit seinen Unterhaltungen und seinem Bier; sie befaßt sich mehr mit der Realität der Gedanken und den inneren Absichten der Leute und glaubt, diese innere Realität an dem, was sie im Gesicht eines Kunden sieht, zu erkennen. Aufgrund ihres ängstlichen Geisteszustands wird sie die Absichten anderer höchstwahrscheinlich mißdeuten, sie kann aber auch eine sehr feine Sensibilität für die wenigen Informationen entwickelt haben, die ihre neurotische Besorgnis unterstützen. Da sie ihr Leben lang nach den versteckten negativen Absichten anderer gesucht hat, kann sie tatsächlich Möglichkeiten gefunden haben, innerhalb dieses kleinen Ausschnitts der Realität Unstimmigkeiten zwischen dem von Leuten vermittelten Image und ihren wirklichen Gefühlen zu erkennen. Verhängnisvollerweise konzentriert sie sich so auf diese kleine Diskrepanz, daß diese ihre Wahrnehmungen wie eine feststehende Tatsache beherrscht.

Es gibt zwei Arten von Sechsern bzw. paranoiden Weltanschauungen, die phobische und die kontraphobische. Die phobische Sechs sieht verstohlen und verängstigt auf das Leben. Wie Woody Allen, der in seinen Filmen hauptsächlich sich selbst charakterisiert, ist der phobische Typ unschlüssig, voller Widersprüche und Selbstzweifel, und ersetzt die Aktion durch Analysen. Die Kellnerin ist eine phobische Sechs, weil sie sich mit den Nebensächlichkeiten beschäftigt, anstatt ihre Ängste zu bekämpfen. Wäre sie kontraphobisch, würde sie die Kunden in ein Gespräch verwickeln, sie auskundschaften und ihre Angst reduzieren, indem sie sie dazu bringt, sie zu mögen.

Eine kontraphobische Sechs könnte dem Kunden auch ein Gefühl des Unbehagens einflößen, wenn sie seinen wahren Absichten auf den Grund geht. Menschen fühlen sich oft mißverstanden, wenn sie paranoider Aufmerksamkeit ausgesetzt sind, und wenn sie sich dann ärgern, »weiß« die Sechs, daß sie schon die ganze Zeit nicht vertrauenswürdig waren.

Wenn die Kellnerin ihre Aufmerksamkeit zwischen ihrem Job und ihren Ängsten aufspaltet, macht sie zuweilen Fehler. Als phobischer Typ fragt sie sich wahrscheinlich weiterhin, was die Kunden von ihr denken, aber sie wagt nicht, es herauszufinden. Ein eigentlich genauso ängstlicher kontraphobischer Sechser berichtet, daß er direkt in die Höhle des Löwen ging: Er wurde ein ausgezeichneter Fallschirmspringer, um seine Höhenangst zu überwinden. Der kontraphobische Stil hat dieselben psychischen Ursachen wie der phobische.

Hauptthemen

– Verzögern der Aktion. Denken ersetzt Tun.
– Probleme mit der Arbeit und dem Zuendeführen von Projekten.
– Gedächtnisschwund in bezug auf Erfolg und Vergnügen.
– Autoritätsprobleme: sich der Autorität entweder unterwerfen oder gegen sie rebellieren.
– Argwohn gegenüber den Motiven anderer im allgemeinen und von Autoritäten im besonderen.
– Identifikation mit der Sache von sozial Schwächeren, benachteiligten Minderheiten, zu Unrecht Verfolgten – den sogenannten Underdogs.
– Loyalität und Pflichtbewußtsein gegenüber der Sache, dem Underdog, dem starken Führer.
– Angst vor direkter Wut. Eigene Wut anderen zuschreiben.
– Skeptik und Zweifel.
– Die Aufmerksamkeit tastet die Umgebung nach Hinweisen ab,

um eine Erklärung für das innere Gefühl der Bedrohung zu finden.

– Ein intuitiver Stil, der auf starke Phantasie und eine auf einen Punkt gerichtete Aufmerksamkeit angewiesen ist, die beide dem ängstlichen Verstand eigen sind.

Familiengeschichte

Sechser berichten, von nicht vertrauenswürdigen Autoritäten großgezogen worden zu sein. Grund für den Mangel an Vertrauen war meist die Bestrafung oder Erniedrigung durch die Eltern, vor allem wenn deren Verhalten dem Kind gegenüber unberechenbar war. Gelegentlich mußte innerhalb der Familie ein Geheimnis gehütet werden. Das Kind mußte das Verhalten der Erwachsenen vorhersagen, weil diese ohne einen klaren Hinweis darauf, was das Kind verbrochen hatte, wütend wurden.

Besonders wachsame Sechser berichten, daß sie oft bestraft wurden, weil ihre Eltern sich persönlich belästigt fühlten, und nicht, weil sie tatsächlich etwas Falsches getan hatten. Sie sagen, daß sie andere sorgfältig beobachten mußten, weil sie mal so, mal so behandelt wurden, und daß sie überrumpelt werden konnten, wenn sie die Bedrohung nicht rechtzeitig merkten. Sechser haben gelernt, zu zögern, nach Gefahrensignalen zu suchen und die Position der Autorität herauszufinden, bevor sie selbst eine Bewegung machen. Aufgrund ihrer Angst vor Verletzung oder Beschämung mußten sie als Kind die Absichten anderer kennen, bevor sie selbst Stellung beziehen konnten. Die nach außen gerichtete Aufmerksamkeit und das kindliche Gefühl, sich nicht verteidigen zu können, verewigen den neurotischen Stil des Advocatus Diaboli.

»Mein Vater war die Art Mann, bei der man nie weiß, ob man lachen oder kuschen sollte. Wenn man lachte, wenn man eigentlich hätte kuschen sollen, hat man das nur einmal gemacht. Ich lernte, in ihm zu lesen, als ich klein war; ein Auge war auf meinen Hausaufgaben, das andere auf seiner Stimmung hinter der Tür. Wenn es hinter der Tür schlechtging, hatte ich eine Fluchtmöglichkeit. Ich stieg aus meinem Fenster und über die Feuerleiter zum Dach des nächsten Appartementgebäudes. Ich machte meine Hausaufgaben auf dem Dach und fragte mich, ob er eingeschlafen sein würde, wenn ich nach Hause kam.«

Im allgemeinen fühlte das Kind sich schutzlos und hatte keinen sicheren Ort, an den es sich zurückziehen konnte. Die bei erwachsenen Sechsern immer vorhandenen Befürchtungen stammen direkt von diesem Gefühl, auf der Verliererseite zu stehen und keinen starken Menschen zu haben, der sie beschützte.

»Meine Eltern waren beide Alkoholiker und hielten sich für Versager. Es wurde viel wegen Alkohol herumgeschnüffelt, es gab versteckte Flaschen und diesbezügliche Lügen. Ich dachte, ich müßte schlechte Nachrichten für mich behalten, weil es sie nur belasten würde und sie sowieso nicht helfen konnten.

Wir lebten in Wohngebieten für Randgruppen, und ich war oft der Neuling, weil wir häufig umzogen. Ich ging aus dem Haus, und plötzlich lauerte mir jemand wegen des Milchgelds auf, oder mein Mittagessen wurde mir von jemandem weggenommen, der viel größer war als ich. Jedesmal wenn ich das Haus verließ, hielt ich Ausschau, wo sich jemand versteckt haben könnte. Ich konnte mich auf der Straße oder in der Schule nicht entspannen, weil ich immer wissen mußte, was um mich vorging.«

Das Sechser-Kind begann, Autoritätspersonen zu mißtrauen. Dies führte entweder zu einer Abhängigkeit von der Autorität, die »sich um mich kümmert, weil ich schwach und ängstlich bin«, oder zu einer Rebellion gegen die Autorität, »die versucht, meine Schwäche auszunutzen, indem sie mir angst macht«.

»Ich hatte drei Schwestern und war der erste Junge. Meine Eltern waren beide sehr ehrgeizige, starke Persönlichkeiten, die für ihren ersten Sohn große Erwartungen hatten. Ich war der Liebling meiner Mutter, und wenn irgend jemand irgend etwas tat, das ihren Erwartungen nicht entsprach, ging eine Menge Wut ihren Blitzableiter runter, und das war ich. Ich besuchte dann eine der Eliteuniversitäten, und ich brauche nicht zu sagen, daß ich bei der US-Regierung einige derselben Bestrafungsmethoden sah wie bei meinen Eltern.

Wie die meisten jüdischen Immigranten der zweiten Generation war meine Familie sehr konservativ, und meine Mutter war entsetzt, als sie entdeckte, daß ich mich auf dem Campus als erstes der sexuellen Befreiungsbewegung angeschlossen hatte. Wenn mir damals jemand gesagt hätte, daß ich nur versuchte, meine Eltern auf die Palme zu bringen, hätte ich das natürlich geleugnet, aber mit ein bißchen Reife sehe ich, daß da was dran war.

Seit kurzem bin ich wieder an der Universität für Wirtschaft eingeschrieben, und ich muß sagen, ich habe immer noch meine radikalen Ansichten, aber ich hoffe, daß ein Großteil des automatischen Rebellierens aus meinem Verhalten verschwunden ist.«

Autoritätsprobleme

Weil Sechser sich als Kinder machtlos fühlten, haben sie als Erwachsene Schwierigkeiten, zur Aktion überzugehen. In ihrer Angst, von mächtigen Leuten übervorteilt zu werden, überschätzen sie gern jene, die handeln, Erfolg haben und im Leben vorwärtskommen. Sie suchen daher entweder nach einem starken Führer, dem sie folgen können, oder sie betrachten Menschen, die Führungsrollen übernehmen, mit Argwohn.

Da Sechser sich des potentiellen Mißbrauchs der Macht bewußt sind, suchen sie nach den unausgesprochenen Absichten und den manipulativen Plänen eines Führers. Sie möchten unbedingt »das

Schlimmste wissen«, setzen ihre Aufmerksamkeit dazu aber oft voreingenommen ein, das heißt, sie fahnden nach den negativen Eigenschaften der Mächtigen und den erlösenden Eigenschaften der Benachteiligten. Beide werden genau beobachtet, aber von den Habenichtsen, mit denen Sechser sich identifizieren, wird angenommen, daß sie vom Leben geschädigt wurden, weshalb sie in einem freundlicheren Licht betrachtet werden.

Da Sechser an ihrer eigenen Handlungsfähigkeit zweifeln, projizieren sie einen Großteil ihrer Macht auf Führungsfiguren. Wer immer die Rolle einer Autorität übernimmt – er wird unrealistisch aufgewertet und erscheint unverhältnismäßig stark. Offene Wut verängstigt Sechser besonders, weshalb Menschen, die ihren Zorn leicht äußern, ihnen sehr viel bedrohlicher erscheinen, als sie in Wirklichkeit vielleicht sind.

Die Tendenz, Autoritäten zuviel Macht zuzuschreiben, kann die folgenden Konsequenzen haben: Ein starker Beschützer wird idealisiert, und man folgt ihm (»Mein Guru/Lehrer/Führer«), man schließt sich einer Gruppe Gleichgesinnter an (»Wir gegen sie«), oder die Autorität wird in Frage gestellt (Rebellion).

Die Sechs folgt einem beschützenden Führer jedoch nur so lange, wie sie an dessen Fairneß und die Richtigkeit seines Kurses glaubt. Wenn der Führer auf seinem Thron zu wackeln beginnt, wird die Sechs mißtrauisch; sie reagiert dann wahrscheinlich übertrieben stark, indem sie eine antiautoritäre Haltung einnimmt und sich vom Führer abwendet.

Der Anschluß an eine Gruppe Gleichgesinnter vermindert den Druck der Paranoia. Eine nicht konkurrierende Gruppe von Freunden hilft der Sechs, eine geistige Atmosphäre des Argwohns aufzulösen, weil sie weiß, wo jeder steht. Wenn Sie keine Sechs sind, können Sie das Sicherheitsgefühl einer »Wir-gegen-sie«-Gruppe nachempfinden, wenn Sie sich vorstellen, Sie würden mit anderen für die Rechte Unterprivilegierter arbeiten und leidenschaftlich an Ihre Sache glauben.

Die Rebellenhaltung steht natürlich mit dem Gefühl der Unterdrückung in Zusammenhang. Wenn sie zwanghaft wird, das heißt die Sechs gewohnheitsmäßig nach einer äußeren Ursache sucht, um die innere Angst vor dem Handeln zu erklären, kann das Gefühl der Machtlosigkeit nur zunehmen. Viele Sechser glauben jedoch, eine Art persönlicher Macht zu gewinnen, wenn sie sich in eine strategisch aussichtslose Position gegen das System, gegen den leichten Weg begeben.

Sechser können Kraft daraus gewinnen, mit dem Rücken zur Wand zu stehen, weil sie dann zum Handeln gezwungen sind. Sie werden daher oft von gefährlichen oder stark wettbewerbsorientierten Sportarten angezogen, die eine unmittelbare Reaktion erfordern. In Krisenzeiten muß das Tun das Denken ersetzen. Auch Verliererangelegenheiten oder unsichere Unternehmen, in denen ihr Widerstand gegen Unterdrückung ein natürliches und konstruktives Ventil findet, ziehen Sechser an.

»Ich hatte Angst vor meinem Vater, und um meine Furcht vor ihm zu verringern, provozierte ich ihn; ich veranlaßte ihn, das Schlimmste zu tun, so daß er schlecht aussah und die ganze Sache vorbei war, und dann fühlte ich mich eine Weile sicher.

Ich kann mich nicht entsinnen, daß die Autorität je auf meiner Seite war. Wenn ich mich an die Schule erinnere, denke ich daran, daß ich den Unterricht schwänzte, meine Zeugnisse selbst unterschrieb und ein geheimes Leben führte, in dem ich tun konnte, was mir gefiel. Ich habe nie gedacht, daß das System gerecht ist, und deshalb hatte ich mit zwanzig oder dreißig keine Lust, in die Tretmühle einzusteigen und um einen Status zu kämpfen, den ich als verlogen ansah und den ich nicht respektierte.

Statt dessen begann ich mit dem Autorennen, um meinen Lebensunterhalt zu verdienen. Ich fing damit an, als ich jung war. Verliebte mich regelrecht in die Sache. Es gibt nichts Schöneres auf der Welt, als aus einer Geraden zu kommen und dann sechs Autos zusammengedrängt in einer Ecke zu erleben, die bei 270

Stundenkilometern nur ein paar Zentimeter voneinander entfernt sind. Man könnte an Ort und Stelle sterben. Es war herrlich, diesen Abgrund in meinem Körper zu spüren, zu spüren, daß mein Leben in meiner Hand war; es schien ungeheuer lebendig, so nah an den Tod heranzukommen. Ich hatte keine Angst bei den Rennen, auch nicht zu bestimmten anderen Zeiten, wenn ich gegen das Gesetz verstieß. Ich wurde ängstlich, wenn die Dinge ruhig wurden.«

Die antiautoritären Sechser werden von beiden Seiten des Gesetzes angezogen. Die folgende Aussage stammt von einem Sechser, der als Detektiv für die Polizei arbeitet. Er sagt, daß er in Chicago in einer Umgebung aufwuchs, die von jugendlichen Banden beherrscht wurde, und daß er systematisch genötigt wurde, sich einer bestimmten Gruppe anzuschließen. Er hält es für seine Aufgabe, »Schurken der Gerechtigkeit zuzuführen«, und wird von genau denselben Sorgen motiviert, die viele Sechser zur Rebellion gegen das Gesetz veranlassen.

»Ich habe den Mißbrauch der Macht immer gehaßt. Meine eigenen Erfahrungen mit gesetzlosen Menschen haben mir bewußtgemacht, wie weit Leute gehen können, um sich gegenseitig in die Pfanne zu hauen. Ich hatte oft Angst vor Vergeltung, wenn ich jemanden verhaften ließ und als Zeuge aussagen mußte. Auch wenn der Verteidiger nicht auf Rache aus ist, bleibt immer noch die Tatsache bestehen, daß ich angeheuert bin, um in einen Gerichtssaal zu gehen und als Zeuge auszusagen, wo ich von tückischen Rechtsanwälten, die meine Glaubwürdigkeit in Frage stellen wollen, ins Kreuzverhör genommen werde. Ich habe vorher sehr viel Angst, als ob ich selbst der Angeklagte wäre, aber in dem Moment, in dem ich vereidigt werde, erlebe ich einen kristallklaren Moment, in dem die seelische Erschütterung verschwindet, und dann kann ich loslegen.«

Sechser arbeiten gut, wenn die Befehlskette eindeutig feststeht. Das Delegieren von Verantwortung vermindert ihre Paranoia. Sie sind ausgezeichnete, loyale Führer der Opposition, sabotieren sich aber wahrscheinlich selbst, wenn ihre Bemühungen von der Mehrheit an der Macht akzeptiert werden. Sie stehen loyal zur Gruppe, solange diese unter Druck steht, und können heroische Opfer für die Sache bringen. Wenn es keine Opposition gibt, gegen die sie mobil machen können, oder wenn eine Krise vorüber ist, baut sich leicht Spannung auf, und die paranoide Aufmerksamkeit wendet sich den Gruppenmitgliedern zu.

Es ist schwierig, Sechser zu loben. Sie bemühen sich sehr um eine anerkannte Underdog-Position, haben aber Schwierigkeiten, Beifall zu akzeptieren, wenn sie ihn verdient haben. Bei positiver Aufmerksamkeit stellen sie sich gern zweifelnde Fragen, etwa: »Ist das eine Schiebung?« Oder: »Was erwarten sie noch?« Sechser erspähen schnell die Unfähigkeit oder die Machtspielchen eines Führers und nehmen an, daß sie genauso streng überprüft werden, wenn sie eine auffallende Rolle einnehmen.

Auf der Plusseite von Autoritätsbeziehungen können dieselben Verhaltensweisen, die Sechser behindern – Argwohn, Zögern und die Suche nach verborgenen Motiven –, sich in nützliche Werkzeuge verwandeln. Argwohn gegenüber der Autorität kann zu konstruktiver Kritik werden; Zögern erlaubt, Ideen neu zu formulieren und zu überprüfen; das Sichvorstellen des Schlimmsten kann so glaubwürdig werden, daß es die Realität ersetzt, aber auch zu originellen Lösungen führen.

Auf der Minusseite sind Sechser extrem vorsichtig, besonders in Gewinnersituationen: Sie zögern und suchen in den Handlungen anderer nach verborgenen Motiven. Außerdem haben sie Probleme mit der Durchführung und dem Zu-Ende-Führen von Projekten, auch wenn der Sieg garantiert ist. Das Mißtrauen gegenüber anderen und das Gefühl der Bedrohung nehmen bei Erfolg und öffentlicher Anerkennung sogar noch zu.

Beispiel einer Autoritätsbeziehung: Sechs und Eins, der Advokat des Teufels und der Perfektionist

Wenn die Eins der Chef ist, wird sie ihre Kontrollfunktion gut erfüllen, wenn die Richtlinien klar sind, und delegieren und organisieren, solange das Risiko des Irrtums gering ist. Die Sechs in der abhängigen Position wird die Fairneß der Eins respektieren und sich bei bekannten Prozeduren sicher fühlen, insgeheim aber gegen die zwanghafte Detailkrämerei des Chefs rebellieren – sie läßt fünf gerade sein, bricht die Regeln und ermutigt andere, dasselbe zu tun. Wenn jedoch eine riskante Entscheidung ansteht, fühlt ein Einser-Chef sich oft von der Verantwortung erdrückt und beginnt zu glauben, daß andere an seinen Managementfähigkeiten etwas auszusetzen haben. Er delegiert dann weniger, verteilt seine Aufmerksamkeit auf zweitrangige Aufgaben und verlagert seine Wut, indem er mit Angestellten über Probleme debattiert, die mit der anstehenden Entscheidung nichts zu tun haben. Diese muß oft unter Zeitdruck getroffen werden, weil die Eins sehr viel Zeit mit Details vertrödelt hat.

Am stressigsten wird es, wenn der Advokat des Teufels glaubt, daß der verlagerte Ärger des Perfektionisten in Wirklichkeit ihm gilt, und mangels weiterer Informationen das Schlimmste annimmt. Die Sechs beginnt dann, Verbündete zu sammeln und gegen die angeblichen Manipulationen der Eins ein Dossier zusammenzustellen. Um die geheimen Absichten der Eins aufzudecken, wird die Sechs wahrscheinlich bei der Arbeit Fehler machen, was die Eins ärgert und die Sechs in ihrem Verdacht bestärkt. In einer solchen von gegenseitigem Mißtrauen gekennzeichneten Phase ist es für beide Partner extrem hilfreich, die Realität zu überprüfen; dies setzt voraus, daß der Perfektionist bewußt genug ist, Fehler zugeben zu können, und der Advokat des Teufels darauf vertraut, daß keine böse Absicht vorliegt.

Wenn die Sechs der Chef ist, kommt ebenfalls das Problem der Verzögerung ins Spiel, aber aus anderen Gründen. Mit einer schwierigen Entscheidung konfrontierte Sechser schalten einen Gang zurück und lassen den Details ihren Lauf. Der Einser-Angestellte betrachtet dies als Unfähigkeit; er deckt die Sechs nicht und drosselt aufgrund der fehlenden strukturierten Beaufsichtigung ebenfalls sein Arbeitstempo. Er beurteilt die Leistung der Sechs und fühlt sich dem sich abstrampelnden Chef möglicherweise überlegen. Wenn die Sechs von diesem Urteil erfährt, verlagert ihre Aufmerksamkeit sich von der anstehenden Entscheidung auf die Bedrohung durch die Eins. Eine reife Sechs wird die Realität überprüfen und die Eins um ihre Meinung bitten, anstatt das gewohnheitsmäßige Beurteilen der Eins zum Dreh- und Angelpunkt einer paranoiden Phantasie werden zu lassen, in der die Eins im Zentrum einer Verschwörung zum Sturz des Chefs steht.

Weder die Eins noch die Sechs haben in die guten Absichten anderer viel Vertrauen: Die Eins fürchtet Kritik, die Sechs, angegriffen oder verletzt zu werden. Wenn potentielle Kritik entschärft wird, öffnet sich die Eins; wenn die Angst vor einem Angriff widerlegt wird, öffnet sich die Sechs. Eine positive Interaktion beginnt, wenn die Sechs zugibt, daß sie Fehler gemacht hat; da sie kein großes Image zu verteidigen hat, fällt ihr dies eher leicht. Sobald der Fehler zugegeben wurde, ist die Eins weniger defensiv eingestellt und eher bereit, eigene Unzulänglichkeiten zu offenbaren. Es würde der Sechs auch helfen, etwas anzufangen und durchzuführen, wenn die Eins ihre Angst und ihre Verwirrung zugibt. Die Sechs würde dann denken, daß sie für jemand anders handelt, der Angst hat. Sechser können leichter für andere als für sich selbst tätig werden. Sobald die Aufgabe in Angriff genommen wurde, kann die Eins sie durchziehen und einen Zeitplan aufstellen, der der Sechs hilft, sie zu beenden.

Das Schlimmste annehmen

Die starke Phantasie von Sechsern ist Segen und Fluch zugleich.
Sie ist mit der paranoiden Weltsicht untrennbar verbunden, da in
der Kindheit die Verhaltensweisen anderer vorhergesagt und
zukünftige Ergebnisse imaginiert werden mußten, um Schaden
abzuwehren. Sechser besitzen für schlimmstmögliche Ergebnisse
eine besondere Sensibilität und tendieren daher dazu, sich diese
vorzustellen; sie machen sich nicht klar, daß sie der Vorstellung
des Besten nicht genausoviel Aufmerksamkeit schenken. Sie
tasten ihre Umgebung so gewohnheitsmäßig nach Hinweisen ab,
die ihr inneres Gefühl der Bedrohung erklären können, daß sie
das Sichvorstellen des Besten oft als eine naive, auf kindischen
Wünschen beruhende Form der Phantasie betrachten.

Die Reaktion der phobischen Sechs auf angsteinflößende Vorstellungen ist leichter zu verstehen als die des kontraphobischen
Typs. Der phobische Typ stellt sich Gefahr vor oder denkt, daß
Gefahr nahe ist, und läuft weg. Der kontraphobische Typ dagegen
geht der Gefahr entgegen und gleicht insofern einer Acht (dem
Boß), als er in einer Situation, in der er mit dem Rücken zur Wand
eine Bedrohung konfrontieren muß, sehr aggressiv sein kann.
Kontraphobische Sechser sagen, daß sie auf das zugehen müssen,
was sie fürchten, weil sie sich sonst das Problem immer wieder
vorstellen.

Auf sie paßt das Sprichwort, daß der Feige tausend Tode stirbt.
Nehmen wir einmal an, ein bedrohlicher Tiger würde auf der
Straße erscheinen. Eine phobische Sechs läuft davon oder klettert
auf einen Baum, der kontraphobische Typ geht wahrscheinlich
eher dem Tiger an die Kehle, als sich auf einen Baum zu hocken
und eine möglicherweise gespenstische Nacht zu erleben.

»Ich erinnere mich, daß ich meiner Freundin nach einem Monat
Gefecht in Vietnam schrieb, daß mich die Dunkelheit bei Nacht,
wenn sie mich rausschickten, am meisten erschreckte. Ich hatte

einfach Angst vor der Dunkelheit. Wenn jemand vorgesprungen wäre und herumgeballert hätte, hätte ich mich besser gefühlt. Meine Phantasie ging einfach mit mir durch. Ich sah Monster, ich sah Leute, die nicht da waren, und je mehr ich sie sah, desto mehr suchte ich sie, bis ich schließlich mit dem Gewehr im Anschlag auf dem Boden herumkroch und nicht wußte, ob ich tatsächlich beobachtet wurde oder nicht.«

Dies ist der ängstliche Soldat, der auf Schatten schießt. Als bewußter Sechser konnte er beobachten, wie sein eigener Verstand unter Druck funktioniert. Er feuert in die Dunkelheit, weil die Schatten ihn bedrohen. Da er immer das Schlimmste wissen will, um sich vorbereiten zu können, stellt er sich vor, was in der Dunkelheit warten könnte, und seine Bilder erscheinen ihm so glaubwürdig, daß sie die Umrisse von Felsen und Bäumen überlagern.

»Der Krieg brachte meine Paranoia zum Vorschein. Bevor ich eingezogen wurde, wußte ich nicht, daß ich unterschwellig Angst hatte. Ich kniff nicht unter Feuerbeschuß, und ich nahm an, daß jeder mehr oder weniger dasselbe fühlte wie ich. Aber als ich zurückkam, bekam ich Angstanfälle, und ich konnte nicht unter die Dusche gehen, ohne mein Messer mit in die Kabine zu nehmen.

Wegen des Wassergeräuschs konnte ich die Geräusche im Haus nicht hören, und dann stand ich da mit meinem Gesicht voll Seife und hörte etwas. Ich dachte, jemand wäre im Bad, und ich öffnete die Tür der Duschkabine, sah hinaus, ich bin sogar pitschnaß aus der Dusche gestiegen und zur Haustür gegangen, um nachzuschauen.

Ich hatte vor nichts Bestimmtem Angst, nicht vor bekannten Feinden, und die Türen waren abgeschlossen, aber manchmal mußte ich das Messer zum Schutz dabeihaben.«

Um seine Dusche ungestört zu beenden, müßte dieser zurückgekehrte Veteran erkennen, daß die Konzentration auf heißes Wasser und Seife sein gewohnheitsmäßiges Absuchen der Umgebung momentan unterbricht, weshalb er sich schnell das Schlimmste vorstellt, das sich während dieser Zeit der »Unbewußtheit« vielleicht herangeschlichen haben könnte.

Wahrscheinlich ist er sich seiner Gewohnheit, sich das Schlimmste vorzustellen und das Beste auszublenden, nicht bewußt. Würde er auf seine einseitige Wahrnehmung hingewiesen, sähe er die Vorstellung eines bestmöglichen Ergebnisses wahrscheinlich als naiven Ersatz der Realität an. Sechser sind immer auf der Hut – wie Kinder, die Angst haben, ihre Augen von jemandem abzuwenden, der größer ist als sie, weil sie eine »drüberkriegen« könnten, wenn sie wegsehen.

Sechser können sich so in ein Szenario vertiefen, das ihnen den schlimmstmöglichen Fall vor Augen führt, daß die geistigen Bilder ihnen real erscheinen. Sie sind süchtig danach, sich mögliche Ergebnisse vorzustellen, und dies erscheint ihnen als legitime Quelle für korrekte Informationen. Wenn sie aufhören, sich Möglichkeiten und Konsequenzen vorzustellen, haben sie Angst, überrumpelt zu werden. Phantasie ist für Sechser ein Teil ihrer Abwehr. Sie aufgeben würde bedeuten, das Visier hochzuklappen und dem Leben unvorbereitet entgegenzutreten.

Auf der Plusseite macht die Gewohnheit, sich die verborgenen Möglichkeiten alltäglicher Situationen vorzustellen, Sechser zu ausgezeichneten Troubleshootern, also erfolgreich im Aufdecken von Fehlern, und effizienten Advokaten des Teufels.

Projektion

Das Manko im Aufmerksamkeitsstil einer Sechs besteht darin, daß eine Vorstellung erst in ihrem Denken aufgetaucht sein muß, damit sie nach unterstützenden Beweisen und Zeichen sucht. Es fällt ihr sehr schwer, zwischen dem gewohnheitsmäßigen Absuchen der Umgebung aus Sicherheitsgründen und dem Abtasten derselben Umgebung nach Hinweisen auf eine bestimmte Vorstellung zu unterscheiden. Wenn eine Sechs zum Beispiel glaubt, John möge sie, wird sie in Johns Selbstdarstellung nach Zeichen suchen, daß dies tatsächlich so ist. John merkt unter Umständen, Opfer einer Projektion geworden zu sein, weil die Sechs ihm möglicherweise sagt, er denke etwas, was nicht zutrifft. Sie kann etwa sagen, sie schätze seine zärtlichen Gefühle, obwohl er in Wirklichkeit gar nicht solche Gefühle hegt. Oder sie kann sagen, daß er ärgerlich aussieht, wenn er sich in Wirklichkeit wohl fühlt.

»Als ich über zehn Jahre verheiratet war, glaubte ich in regelmäßigen Abständen, mein Mann würde eine Affäre verbergen und eine Entschuldigung suchen, um mich zu verlassen. Ich war allmählich davon überzeugt und klagte ihn an, und dann fand ich heraus, daß mein Verdacht nicht begründet war. Es machte mich verrückt, so sicher gewesen zu sein und so schief gelegen zu haben.

Dann durchlebte ich selbst eine Phase, in der jemand außerhalb der Ehe mich anzog. Ich wußte, daß ich von jemandem angezogen war, weil ich Angst hatte, daß mein Mann gehen würde, und ich baute im Kopf eine ganze Geschichte auf, wie es am besten für uns wäre, wenn er ginge. Jetzt bin ich fünfzehn Jahre verheiratet und mir ziemlich klar darüber, daß jemand anders mir gefällt, wenn ich denke, daß ich verlassen werde.«

Die folgende Aussage zur Projektion stammt von einem Geschäftsführer, der erkannt hat, daß er seine eigene nicht erkannte und nicht akzeptierte Wut anderen zuschreibt.

»Meine Mutter mißhandelte Kinder. Sie schlug mich vier Jahre lang fast täglich, und die schreckliche Erinnerung daran ist immer noch in mir lebendig. Als ich wegen der Uni von zu Hause wegging, hatte ich eine schreckliche Wut auf Frauen, die ich nicht erkannte, die aber direkt unter der Oberfläche schwelte. So kam ich nach Berkeley. Die frühen siebziger Jahre. Frauenbefreiungsbewegung. Ich war die ganze Zeit total wütend. Frauen sprachen über ihre Unterdrückung, und ich fühlte mich von Frauen unterdrückt.

Ich ließ mich in die Wohngemeinschaften der siebziger Jahre ein, und früher oder später bekam ich immer Ärger mit den Frauen. Erst fiel eine über mich her, dann alle; sie nannten mich einen Chauvinisten, und das verletzte mich, und dann konnte ich zu Recht wütend auf sie sein; das war die ganze Zeit über der Fall gewesen, aber ich hatte es nicht erkannt. Ich hatte Angst, meine eigene Wut zu spüren, und schrieb sie anderen zu, und um die ganze Hypothese zu beweisen, tat ich kleine Dinge, um die Frauen wütend zu machen. Wie etwa mit allen gleichzeitig zu flirten, was im übrigen toll funktioniert. Und da war ich wieder bei meiner Mutter, von der ich glaubte, daß sie im Grunde darauf aus war, mich in den Gehorsam zu prügeln.«

Aufmerksamkeitsstil

Wenn Sie keine Sechs sind, kann die folgende Übung Ihnen helfen, die unbewußten Aufmerksamkeitsverlagerungen zu verstehen, die der Weltsicht einer Sechs zugrunde liegen. Für diese Übung brauchen Sie ein Buch. Setzen Sie sich hin, und halten Sie es geschlossen auf ihrem Schoß.

Nun erinnern Sie sich an jemanden, der Ihnen angst machte, als Sie klein waren. Stellen Sie sich vor, wie diese Person vor Ihnen steht, ihr Gesicht, die Körperhaltung, die Kleidung, und erinnern Sie sich vor allem daran, wie sie Sie ansah, wenn Sie sich eingeschüchtert fühlten.

Stellen Sie sich nun vor, daß Sie mit dieser Person lange Zeit in einem kleinen Haus zusammenleben mußten. Ihr Bangemacher hat Zugang zu allem im Haus und kann jederzeit auftauchen.

Nun öffnen Sie das Buch, und beginnen Sie zu lesen, während

Sie sich gleichzeitig der Person im Haus bewußt bleiben. Teilen Sie Ihre Aufmerksamkeit zwischen dem Lesen der Zeilen und der Beobachtung des potentiellen Störenfrieds. Sie werden entweder in der Lage sein, beiden Aufgaben gleichzeitig Aufmerksamkeit zu schenken, oder Ihre Aufmerksamkeit wird zwischen dem Lesen und dem Bewußtsein der Bewegungen des anderen schwanken. In jedem Fall haben Sie den Geisteszustand eines Menschen eingenommen, der gewohnheitsmäßig ängstlich ist.

Bei der nächsten Übung sehen Sie einen Freund an, der so freundlich ist, Sie in sein Gesicht starren zu lassen, während Sie die Aufmerksamkeit verlagern.

Bilden Sie sich nun etwas ein, das dieser Freund von Ihnen denken könnte, aber nie ausgedrückt hat. Es kann eine positive oder eine negative Meinung sein, aber Sie sollten glauben, daß Ihr Freund tatsächlich diese Meinung hat, und nach bestätigenden Zeichen Ausschau halten.

Sprechen Sie dann laut mit Ihrem Freund über irgendein alltägliches Thema, und suchen Sie gleichzeitig sein Gesicht nach Hinweisen auf den verborgenen Standpunkt ab. Jetzt sind alle Elemente des paranoiden Stils vorhanden: eine (in diesem Fall fabrizierte) innere Hypothese und eine Spaltung der Aufmerksamkeit zwischen der Unterhaltung und dem Bedürfnis, nach bestätigenden Zeichen für die verborgene Meinung zu suchen. Für einen echten Paranoiker ist die innere Hypothese eine Überzeugung. Er weiß, daß die schmerzliche Meinung wahr ist, und sucht im Verhalten und in den Gesichtszügen des Partners nach bestätigenden Spuren.

Verzögerung des Handelns

Sechser zögern damit, zur Aktion überzugehen, weil die mit ihr verbundenen Risiken sehr viel realer erscheinen als die Verheißung des Erfolgs. Die Befürchtung »Was könnte nicht alles schiefgehen« sieht wie eine solide Tatsache aus, während die Perspektive »Wäre es nicht schön, wenn wir gewinnen würden« die Angst hochbringt, sich offen Eifersucht und bösem Willen aussetzen zu müssen. Die gewohnheitsmäßige Vorsicht ist am deutlichsten bei den phobischen Typen, bei denen das Handeln immer wieder innerlich in Frage gestellt wird: »Ich zweifle daran, daß es klappt.« – »Ja, aber ...« – »Das hört sich riskant an; wir müssen warten, bis wir Genaueres wissen.« Sogar die aggressiv erscheinenden kontraphobischen Typen stellen sich gern den schlimmsten Fall vor und sagen, daß sie zögern, bis die Paranoia sie drängt, ihre Ängste zu konfrontieren, um nicht mit dem »geistigen Film« all dessen leben zu müssen, was ihnen je angst gemacht hat.

Das Zögern wird unterstützt durch die weitgehend unerkannte Gewohnheit, innerlich zu zweifeln. Die Aufmerksamkeit verlagert sich von einer guten Idee und dem Impuls, entsprechend zu handeln, zu ebenso starken Gegengedanken, die die Richtigkeit des geplanten Tuns anzweifeln. Das Nachdenken über das Tun zögert den Moment hinaus, in dem die Handlung die Sechs an die Öffentlichkeit zerrt und sie dem Angriff der Mächtigen aussetzt. In der Lebensgeschichte von Sechsern findet sich oft Unvollendetes: ein nicht abgeschlossenes Studium, ein größeres Projekt, das nicht realisiert wurde. Immer haben sie Probleme damit, sich direkt von der Idee zum Tun zu bewegen, was sich aus ihrer Sicht nicht als Zögern darstellt, sondern als logischer Versuch, vorbereitet zu sein.

»Es hat zehn Jahre gedauert, bis ich meine Doktorarbeit fertig hatte. Ich ließ sie fallen, fing wieder an, und dann änderte ich mehrmals das Thema. Jedes Thema präsentierte sich in Form der unbeantworteten Fragen, die es aufwarf. Ich konnte immer vom Gegenstandpunkt aus argumentieren.

Der Gipfel war, als ich eines Nachts vor meiner Schreibmaschine saß und meine Argumentation von mindestens einem halben Dutzend Perspektiven aus eröffnete; ich mußte jedesmal von vorn anfangen, weil ich meine eigene Behauptung aus der Sicht irgendeiner Autorität in dem Bereich widerlegt hatte.«

Einer Sechs erscheinen diese schwächenden Verlagerungen der Aufmerksamkeit als legitimes Datensammeln. Der Standpunkt jeder Autorität muß ernst genommen, potentielle Einwände müssen berücksichtigt werden, bevor es mit der Doktorarbeit weitergehen kann. Dies bedeutet, daß Sechser ihre eigene Position mehr in Frage stellen, als daß sie sie verteidigen, was garantiert, daß der Fortschritt langsam ist. Ursache des allgegenwärtigen Zweifels ist das vertraute Bedürfnis, potentielle Einwände und damit Schaden abzuwehren.

Wenn der Erfolg der Dissertation plötzlich garantiert und alle legitimen Einwände guten Gewissens ausgeschaltet wären, würde die akute Leistungsangst paradoxerweise stärker als in den Zeiten, in denen das Projekt auf der Kippe stand. Denn Erfolg und eine exponierte Lage bringen die Angst mit sich, Opfer einer nicht provozierten Attacke zu werden; eine langsame, zögerliche Bewegung schwächt diese Angst ab.

Andere interpretieren das Zögern der Sechs in alle möglichen Richtungen von Faulheit bis Unfähigkeit; besonders bei Arbeitsprojekten oder anstehenden Entscheidungen wird es genau die Gefühle der Ungeduld und des Ärgers erzeugen, die Sechser mit soviel Zeitaufwand zu vermeiden suchten.

Sechser bringen eine gute Leistung, wenn die Pflichten klar definiert sind oder sie in der Position des Advocatus Diaboli einem würdigen Gegner gegenüberstehen. Die geistige Gewohnheit, sich das Schlimmste vorzustellen, hört sofort auf, wenn ein realer Gegner auf der Bildfläche erscheint. Da ängstliche Menschen ihre Aufmerksamkeit bei einem Angriff auf die Aufgabe konzentrieren, entwickeln sie in unterprivilegierten Positionen und in Fällen, in denen sie gegen jede Aussicht auf Erfolg kämpfen, paradoxerweise Klarsicht und Mut. Der Kampf ums Überleben ist für Sechser etwas ganz anderes als das Wetteifern um den Erfolg. Unter Druck erbringen sie oft brillante Leistungen, während sie unter optimalen Arbeitsbedingungen weniger produktiv sind.

Angst vor Erfolg

»Meine Eltern erwarteten, daß ich Naturwissenschaftler würde wie mein Vater, und deshalb war es mein Ziel, ein etwas anderer Chemiker zu werden. Ich beschloß, mich bei einer Umweltschutzgruppe anstellen zu lassen, weil ich dort für eine objektiv wertvolle Sache arbeiten und gleichzeitig rebellieren konnte, indem ich die große Industrie und die Regierung kritisierte.

Den ersten Erfolg hatte ich, als ich ein populäres Buch schrieb und wirklich ins Rampenlicht geriet. Die Sache war fast sofort zu Ende. Ich hatte mein Ziel erreicht, ich war in meinen eigenen Augen erfolgreich, es gab keinen Widerstand mehr, gegen den ich vorgehen konnte.

Meine Auflehnung und meine Arbeit waren miteinander verbunden, und als ich obenauf war, freute ich mich darüber, aber ich spürte auch, daß ich mich selbst verloren hatte. Ich hatte keinen Schwung mehr. Die Leute waren hinter mir her und wollten, daß ich Vorträge hielt, aber ich hatte keinerlei Interesse daran. Ich ließ den Erfolg Erfolg sein und ging in ein anderes Land. Ich fühlte mich wie ein Held. Ich zeigte meinen Freunden, wie man mit Berühmtheit umgeht: Man setzt sich von ihr ab. Keiner von ihnen wäre dazu in der Lage gewesen.

Letztendlich bedaure ich es. Ich bedaure es nicht, gegangen zu sein, weil ich wieder in einer anderen populären Sache tätig wurde. Ich bedaure, daß ich nie die Möglichkeiten realisiert habe, die sich präsentiert hätten, wenn ich geblieben wäre.«

»Gegen das System angehen« definiert eine Identität. Wenn Sie im Sinne des westlichen Ideals von Leistung und gesellschaftlicher Popularität ein Außenseiter sind, besitzen Sie eine Identität, und Ihre Aufgabe besteht darin, gegen massiven Widerstand anzukämpfen, um gehört zu werden. Wenn Sie in der Underdog-Position sind, spricht die Wahrscheinlichkeit gegen den Erfolg. Sie empören sich gegen einen würdigen Gegner, der die Energie freisetzt, zu kämpfen und zu gewinnen.

Wenn der Erfolg sich zu realisieren beginnt, nimmt dieser massive Widerstand ab, und eine echte Paranoia setzt ein: »Wem soll ich jetzt vertrauen, da ich an der Spitze bin?« Und: »Wo werden sich höchstwahrscheinlich Störungen einschleichen?« Antiautoritäre Sechser können nur annehmen, daß andere sie als Unterdrücker betrachten und an ihren guten Absichten zweifeln, sobald sie ins Rampenlicht geraten. Der Argwohn gegenüber den guten Absichten anderer wächst, wenn erfreuliche Ziele sich realisieren, und die alten Gewohnheiten des Zögerns und des Selbstzweifels kehren mit Macht zurück, wenn Wünsche geweckt werden.

»Ich habe in meinem Leben eine Reihe von Fächern unterrichtet: Tanzen, Englisch, Psychologie und seit neuestem Englisch an einer ausländischen Universität. Mein Muster sieht so aus, daß ich ein bestimmtes Niveau im System erreiche und dann die politische Struktur des Ortes, an dem ich arbeite, in Frage stelle – oder ob ich überhaupt dort sein möchte. Fast gleichzeitig entwickle ich ein neues Interesse, das mich wirklich begeistert, und dann steige ich wieder aus und verfolge meine neue Richtung.

Es ist auch schmerzlich, zu sehen, daß Erfolgsgefühle nicht von einer Lehrtätigkeit zur anderen übertragbar sind. Es ist eine Art Gedächtnisschwund in bezug auf den Erfolg, so daß man sein eigenes Konzept vergißt, und man vergißt den Stoff, als ob man zum erstenmal vor der Klasse stünde. Ich vergesse leicht, daß ich am Tag zuvor eine gute Leistung gebracht habe, und wenn ein

Schüler gähnt, macht mich seine Langeweile so nervös, daß ich vergesse, was ich sagen wollte.«

Sechser sind geschickt darin, Erfolg zu umgehen. Häufig berichten sie, daß sie das Interesse verlieren, den Sieg jemand anders hinwerfen, der ihn mehr zu brauchen scheint, plötzlich einen fatalen Fehler in der ganzen Sache entdecken, krank werden oder für eine schon fallengelassene Aufgabe auf einmal wieder Energie haben. Die Liste kreativer Lösungen zur Verzögerung des mit dem Erfolg verbundenen Konflikts ist endlos und reicht von echt kreativen Beiträgen aus der Sicht des Advocatus Diaboli bis zu dem Gefühl, ein Versager zu sein, obwohl man in Wirklichkeit erfolgreich ist.

Eine der schwierigsten psychologischen Aufgaben für Sechser besteht darin, eine bescheidene Ebene sichtbaren Erfolgs zu erreichen und dann zu lernen, wie sie sich mit dem Erreichten sicher fühlen können.

»Ich bin Anwalt und habe mehrere Jahre als öffentlicher Verteidiger gearbeitet. Der Druck gefiel mir, solange ich für meine Klienten gegen das System vorging, und die Sache interessierte mich, bis der finanzielle Druck mich dazu brachte, für große Firmen zu arbeiten. Die Kleidung, der gesellschaftliche Umgang, die ganze Szene und das Abwimmeln der ärmeren Klienten waren schrecklich. Ich konnte es nicht ertragen, wie die Leute mich meiner Meinung nach sahen. In mir setzte sich die Vorstellung fest, daß ich wie ein Verräter aussah, und ich war allmählich überzeugt, daß bestimmte Leute mich am liebsten absägen würden. Am Ende verursachte die Angst mir ein Magengeschwür, und ich war weg vom Fenster. Der Augenblick der Wahrheit kam, als ich, um mich zu retten, in Therapie ging und mir geraten wurde, mit Hilfe von Freunden, die ich wirklich schätzte, eine Überprüfung der Realität vorzunehmen. Es stellte sich heraus, daß sie entweder nicht bemerkt hatten, was ich fühlte, oder daß sie die Veränderung, die ich vorgenommen hatte, gut fanden.«

Sechser vermeiden außerdem, ihren eigenen Erfolg zu erkennen, indem sie übermenschliche Anforderungen an sich stellen. Angemessene Erfolge sind so von vornherein ausgeschlossen, und indem sie von sich selbst einen Beitrag verlangen, der den Lauf der Geschichte verändert, können sie ihre eigenen Fähigkeiten nicht vernünftig messen. Der Größenwahn von Sechsern entstammt dem Wunsch, einen fruchtbaren Beitrag zu leisten, die universellen Gesetze zu handhaben, den Code zu knacken, der die Welt in Bewegung hält. Die Beschäftigung mit Macht und Kraft verbirgt eine innere Schwäche. Aufgrund des Bedürfnisses, einen entscheidenden, aufsehenerregenden Beitrag zu leisten, ist es schwer, Erfolg aufrichtig zu schätzen.

Intime Beziehungen

Sechser haben oft lang dauernde Ehen, weil sie bereit sind, »das Problem in der Ehe« auf sich zu nehmen, und sich verpflichtet fühlen, »das Problem durchzustehen«. Loyalität wird durch Verpflichtungen ausgedrückt, die an Bedingungen geknüpft sind: »Ich bleibe, bis mein Mann/meine Frau mit der Uni fertig ist.« Oder: »Ich bleibe, bis die Kinder erwachsen sind.«

In einer festen Beziehung kann Vertrauen sich über einen längeren Zeitraum entwickeln, was den Argwohn der Sechs vermindert, benachteiligt zu werden, wenn sie zu verfügbar oder sexuell bedürftig erscheint. Wegen ihrer Anfälligkeit für den Zweifel baut Vertrauen sich nur langsam auf. Ein kleines Problem stellt die ganze Beziehung in Frage. Die grundsätzliche Verpflichtung des Partners wird angezweifelt und muß nach einem Streit wiederhergestellt werden. Eine Sechs hinterfragt grundlegende Prämissen wieder und wieder. Nichts ist von Dauer. Vertraue ich meinem Partner wirklich? Die Frage bleibt offen.

Advokaten des Teufels können Glück und sexuelle Lust leichter akzeptieren, wenn sie überzeugt sind, das Paar kämpfe gemeinsam gegen eine bedrohliche Umwelt. Sie sind loyale Partner, wenn das Paar sich gegen einen äußeren Stressor in einer »Wir-gegen-sie«-Haltung zusammenschließt. Eine Sechs plant gern eine glückliche Zukunft, aber es fällt ihr nicht leicht, Muße und Vergnügen zu akzeptieren, wenn die Gelegenheit sich bietet. Die angenehme Zukunft findet dann statt, wenn die familiären Pflichten erfüllt oder die Hypothek endlich bezahlt ist.

Vertrauen ist ein Schlüsselthema, und Sechser fühlen sich oft mehr geliebt, wenn sie in der Rolle des Gebers sind. Aufgrund ihrer Ängstlichkeit finden sie ihren Platz in der Beziehung, indem sie die Ziele des Partners unterstützen oder ihn sexuell anziehen. Der Partner wird als vertrauenswürdig angesehen, weil die Sechs weiß, welche Hilfe sie ihm geben kann, und weil sie dem Partner Lust verschaffen kann. Ihr Geben ist nicht manipulativ, das heißt, sie gibt nicht, um etwas zurückzubekommen. Sie möchte sich sicher fühlen und kann ein extrem neurotisches Verhalten dulden, ohne zu versuchen, den Partner zu ändern. Zu einer anderen Reaktion kommt es, wenn die Sechs merkt, daß sie vom Partner beeinflußt werden kann. Das Wissen, daß sie verletzt werden kann, daß sie hinsichtlich der Befriedigung ihrer sexuellen Wünsche vom Partner abhängig ist, macht sie wütend. Sie neigt dann dazu, das Vergnügen abzustellen, in der Angst vor dem Verlassenwerden zu versinken, die Partnerschaft zu verlassen oder Kopf, Herz und Bauch auf verschiedene Beziehungen aufzuteilen.

Sechser brauchen sehr lange, bis sie Vertrauen entwickeln. Im allgemeinen sind sie sich der Charakterschwächen des Partners bewußt, was eine nicht mit Bedingungen verknüpfte Verpflichtung verhindert. Schmeichelei gegenüber sind sie mißtrauisch; sie fragen sich dann, ob sie in eine Falle gelockt werden und ihre Abservierung vorbereitet wird; oder sie fürchten, daß der Partner zuviel von ihnen erwartet. Ihr Selbstzweifel wird leicht projiziert, so daß Sechser – wie im folgenden Beispiel – glauben, daß der Partner an ihnen zweifelt.

»Komplimente sind schwierig. Man kann ihnen nie richtig trauen, weil man auch auf das unausgesprochene Negative achtet. Es ist wirklich eine seltsame Erfahrung, wenn man beobachtet, wie ein ziemlich intelligentes Gesicht leicht dümmlich auszusehen beginnt, weil sie einem gerade ein Kompliment gemacht haben, an das man nicht glaubt. Was mir am meisten geholfen hat zu glauben, daß ich gute Arbeit mache, ist das, was ich den minimalen intelligenten Gegensatz nenne. Das bedeutet, daß Komplimente mit konstruktiven Verbesserungsvorschlägen gewürzt sein müssen, so daß ich wirklich an die Integrität dessen, was jemand sagt, glauben kann.«

Die Sechs braucht Mut, um sich weiter auf angenehme Ziele zuzubewegen, denn Zweifel und Furcht nehmen zu, wenn eine Sechs zu vertrauen beginnt. Wenn sie geliebt wird, mißtraut sie leicht der Verpflichtung des Partners und argwöhnt, daß er sich unbewußt gebunden hat und seine Motive nicht wirklich kennt. Sie konstruiert eine komplizierte Hypothese über die angeblichen Vorgänge im Unbewußten des Partners und entwickelt ein kunstvolles System von Überzeugungen, ohne je die Realität zu überprüfen. Eine einmal zusammengesponnene Hypothese ist für eine Sechs genauso glaubwürdig wie eine feststehende Tatsache; es kommt zu einem Streit, in dem der Partner mit Anschuldigungen konfrontiert wird, die eine minimale Grundlage in der Realität haben, weitgehend jedoch ein Produkt der nicht erkannten Angst der Sechs vor Intimität sind.

Es ist für die Beziehung enorm hilfreich, wenn der Partner seine Loyalität und seine Zuneigung wiederholt äußert und die Basis seiner Bindung an die Sechs des öfteren klarstellt.

Vielleicht kann der Partner auch herauszufinden versuchen, wo die Fakten ausgeblendet wurden und die Hypothese der Sechs die Oberhand gewann. Dies kann ein gefährlicher Kurs sein, wenn der Partner nicht in der Lage ist, »um die Ecke« bzw. in Symbolen zu denken. Eine Sechs denkt abstrakt und geht über die ehrliche Aussage eines Partners leicht hinweg, weil »der Partner nicht mit seinen wirklichen Motiven in Kontakt ist«. Sie neigt dazu, eine komplizierte Hypothese über seine wahren Intentionen aufzubauen, wenn die Intimität beginnt und sie sich von ihren sexuellen Impulsen bedroht fühlt.

In bezug auf Erfolg und Vergnügen leidet die Sechs unter Gedächtnisschwund und hat die ärgerliche Angewohnheit, an Versprechungen und Pläne nicht zu glauben. Verpflichtungen werden eingegangen und dann angezweifelt, die Absichten anderer in Frage gestellt. »Vertraue ich ihm?« – »Wo sind ihre Schwachstellen?« – »Ist er fähig zu lieben?« Die Fragen bleiben ohne Antwort, und die Bindung erfolgt unter Vorbehalt. »Mal abwarten, was geschieht, wenn die Kinder aus dem Haus sind.«

Im Umgang mit Sechsern ist es immer heilsam, die eigene Person zu offenbaren. Advokaten des Teufels identifizieren sich mit dem menschlichen Kampf und der Sache von Benachteiligten und verstehen infolgedessen einen menschlichen Irrtum. Sie glauben im allgemeinen, die inneren Absichten anderer sehen zu können, und wenn sie einen nicht eingestandenen Schwachpunkt erspähen, sollten sie sich sicher genug fühlen, das Problem durchzusprechen, denn sonst wird jede Handlung des Partners im Licht dieses einen Charakterfehlers gesehen.

Das gute Beispiel des Partners, vor allem in Bereichen, in denen gehandelt wird, etwa im Berufsleben oder bei kreativen Projekten, wird auf jeden Fall Respekt erzeugen. Wichtig ist dabei, daß die Versprechungen des Partners mit seinem tatsächlichen Tun übereinstimmen.

Auf der Plusseite haben Sechser viele emotionale Facetten und können zutiefst berührt werden. Sie sind psychisch komplizierte Menschen und besitzen das Potential für eine starke Reaktion. Sie haben es nicht darauf abgesehen, einen Partner zu manipulieren oder ihn auszunehmen, und sind in harten Zeiten extrem loyal. Sie setzen das Wohlergehen anderer an die erste Stelle und empfinden deren Erfolge als ihre eigenen.

Auf der Minusseite tendieren sie dazu, ihre eigenen Gefühle einem Partner zuzuschreiben. Wenn Sechser lieben, glauben sie, daß sie wiedergeliebt werden. Sind sie wütend oder von jemand anders angezogen, wird der Partner beschuldigt, unbewußt wütend zu sein oder eine Affäre zu haben.

Beispiel einer Paarbeziehung:
Sechs und Acht, der Advokat des Teufels und der Boß

Beide Typen sind antiautoritär und finden wahrscheinlich eine gemeinsame Sache, die sie zusammenhält. Zu Beginn der Beziehung nimmt die Sechs gewöhnlich die Position des Underdogs und die Acht die des Beschützers ein. Sechser möchten, daß die Acht die Führung übernimmt, aber in Wirklichkeit steht dahinter: »Du handelst für mich, weil ich Angst habe.« Bei Unstimmigkeiten über den Standpunkt der Sechs wendet diese sich gegen die Acht. Wenn die Sechs ihre Unzufriedenheit äußert und in der Lage ist, diversen beängstigenden Konfrontationen standzuhalten, wird die Acht ihre Position respektieren und sie wahrscheinlich um Rat bitten. Bezieht die Sechs nicht offen Stellung, wird die Acht sich verraten fühlen und die Beziehung wahrscheinlich verlassen.

Beide Partner haben Probleme mit dem Vertrauen. Sechser haben Angst, daß der Partner sich gegen sie wendet, und Achter fürchten Verrat. Wenn die Sechs für Konfrontationen zu entnervt ist, wird sie die Situation wahrscheinlich so »hinbiegen«, daß die Acht nichts hat, auf das sie wütend sein kann. Aber eben dieses Gefühl, hintergangen zu werden, macht die Acht garantiert wütend. Nur eine offene Erörterung fühlt sich ehrlich an, und jeder Versuch, Wut zu vermeiden, wird als schwacher und hinterlistiger Versuch angesehen, das Vertrauen zu täuschen. Es ist von entscheidender

Bedeutung für das Paar, daß die Sechs versucht, in einem Streit standzuhalten, und ehrlich sagt, um was es geht, auch wenn dies die Acht momentan wütend macht. Wenn die Sechs den Mut aufbringt, die volle Wahrheit zu sagen und ihren Standpunkt zu verteidigen, wird die Acht sich öffnen und vertrauen. Wenn der Boß dem Standpunkt des Advocatus Diaboli zuhören kann, ohne ihn vorzeitig zu diskreditieren oder zu mißbrauchen, wird die Sechs ihrerseits Vertrauen fassen.

Die Sechs sollte auch erkennen, daß der Achter-Partner relativ unkompliziert ist. Sie möchte sich auf das konzentrieren, was in den Tiefen seines Unbewußten tatsächlich vorgeht, um möglichen Schaden für sich abzuwehren; Achter dagegen sind relativ unkompliziert und auf einfache Vergnügungen aus. Die Sechs entwickelt eine komplizierte Hypothese über die wahren Absichten des Partners immer dann, wenn Intimität am Entstehen ist. Sie unterdrückt die neue physische Offenheit, bis sie die Beziehung durchschaut, während die Acht sich in die Sexualität hineinstürzt und nicht über Tiefenpsychologie diskutieren möchte. Achter lügen im allgemeinen nicht, und sie verfälschen auch nicht ihre Intentionen. Eben weil es so einfach ist, erscheint dies Sechsern unglaubwürdig.

Beiden Typen ist ein öffentliches Image relativ gleichgültig, was bedeutet, daß sie sich in der Öffentlichkeit genauso zueinander verhalten wie im privaten Bereich. Die Acht fühlt sich mit Sex wohl, was die Sechs möglicherweise bedroht. Denn für die Acht mag ein monogames Leben schwierig sein, während die Sechs, zu deren Themen es gehört, Vergnügen zurückzustellen, leichter monogam sein kann. Wenn sie sich durch eine Affäre des Partners bedroht fühlt, wird sie wahrscheinlich nicht offen kämpfen, um den Partner zurückzugewinnen. Eher trennt sie sich, oder sie konkurriert, indem sie selbst eine Affäre beginnt, durch die sie sich wieder sexuell mächtig fühlen kann.

Sobald eine vorhersehbare Routine sich entwickelt hat, neigt die

Acht weniger dazu, die Beziehung zu beherrschen. Die Grenze zwischen bequemer Routine und Langeweile ist jedoch schnell überschritten. Für die Beziehung zwischen dem Advokaten des Teufels und dem Boß beginnt eine schwierige Phase, wenn die Acht die Verhaltensregeln festgelegt hat, die Sechs sich fügt und die Acht dann beginnt, alle Regeln zu brechen. Wenn eine Acht sich langweilt oder überschüssige Energie zu verbrennen hat, macht sie Schwierigkeiten, das heißt, sie bricht die Regeln, beginnt zu streiten, möchte Details kontrollieren oder mischt sich in das Leben von Freunden ein. Die Sechs hat Angst vor unfreundlichen Menschen und wird sich der Bereitschaft der Acht, Menschen, mit denen die Sechs gern Umgang pflegen würde, zu vergraulen oder zu beleidigen, widersetzen. Wenn die Sechs sich wegen der aus Langeweile hervorgerufenen Reaktion der Acht sorgt und die Angelegenheit ernst nimmt, wird sie sich mißbraucht fühlen, Angst vor einer Strafaktion der Acht bekommen und möglicherweise die Beziehung verlassen. Die Trennung wird oft von der Sechs eingefädelt, die halbbewußt einen Vorfall schafft, der die Acht wütend macht. Die Situation wird dadurch erschwert, daß die Sechs das tatsächliche Motiv der Acht für den Streit nicht anhand der Realität überprüfen kann, weil eine gelangweilte Acht sich um alles streitet.

Die Wut einer gelangweilten Acht kann zerstreut werden, wenn das Paar sich für etwas Neues interessiert oder beide sich in persönliche Projekte stürzen, bei denen sie sich gegenseitig beraten und unterstützen können. Trotz ihres Selbstbewußtseins fällt es Achtern sehr schwer, mit der Realisierung ihrer Ziele zu beginnen. Sie streiten sich, damit das Interesse lebendig bleibt, aber wenn dieses von außen an sie herangetragen wird, sind sie gern bereit, die Realisierung dieser Ziele zu überwachen. Die Partnerschaft zwischen Sechs und Acht funktioniert mit am besten, wenn die Sechs kreative Möglichkeiten entwirft und die Acht Druck macht, damit die Pläne Gestalt annehmen.

Vorzüge

Advokaten des Teufels identifizieren sich mit Underdog-Angelegenheiten und können sich loyal und ohne Erwartung einer
Belohnung für eine Sache oder ein kreatives Ideal einsetzen. Sie
sind auch in der Lage, sich im Namen der Pflicht oder der
Verantwortung für andere aufzuopfern. Da sie an unmittelbarem
Erfolg nicht hängen, brauchen sie die Belohnung öffentlicher
Anerkennung nicht. Sie sind bereit, für ein lohnendes Unternehmen gegen alle Aussicht auf Erfolg und gegen den Status quo
vorzugehen, vor allem zusammen mit Verbündeten.

Sechser haben tiefe Einsichten in psychologische Prozesse. Sie
sind bereit, zu leiden, Opfer zu bringen und sich immer wieder
mit einer Sache zu beschäftigen.

Attraktive und unattraktive Umgebungen

Advokaten des Teufels fühlen sich am wohlsten in hierarchischen
Umgebungen mit klar definierten Autoritäts- und Problembere-
chen, zum Beispiel bei der Polizei. Bevorzugt werden genau
vorgeschriebene Studiengänge an der Universität. Die Sechs wird
sich den Vorschriften entweder rigoros anpassen oder vom antiautoritären Standpunkt aus gegen sie vorgehen. Man findet Sechser auch in selbständigen Positionen, bei denen es keinen Chef
gibt.

Bei phobischen Tätigkeiten mit vermindertem Wettbewerb kann
die Sechs hinter einem starken Führer arbeiten. Kontraphobische
Tätigkeiten sind mit körperlicher Gefahr oder dem Einsatz für
Underdog-Angelegenheiten verbunden. Aus den Reihen der
Sechser stammen Leute, die Brücken reparieren, Troubleshooter,
der brillante Managementtaktiker, der die Firma rettet und dann
geht.

Zu den unattraktiven Umgebungen gehören Tätigkeiten, auf die man sich nicht vorbereiten kann, bei denen unter Hochdruck gearbeitet wird und bei denen schnelle Entscheidungen getroffen werden müssen, außerdem hochprofilierte, wettbewerbsorientierte Tätigkeiten mit unklaren Richtlinien und viel Kulissenschieberei.

Berühmte Sechser

Woody Allen, der sich selbst als die klassische phobische Sechs spielt, ist ein bekannter Advokat des Teufels. Ein anderer ist Gordon Liddy, der kontraphobische Watergate-»Klempner« der Nixon-Administration, der sich zwang, eine Ratte zu essen, weil er Angst vor ihnen hatte. Weitere Sechser: Jiddu Krishnamurti, Jane Fonda, Jim Jones, Sherlock Holmes, Adolf Hitler (kontraphobisch) und Hamlet (phobisch).

Intuitiver Stil

Erschreckte Kinder entwickeln Strategien, um emotional zu überleben; ein Teil dieses Überlebenssystems hängt davon ab, Quellen potentiellen Schadens zu erkennen. Der von Sechsern beschriebene Aufmerksamkeitsstil macht sie sensibel für die nicht ausgedrückten Absichten anderer. Sie sagen, daß sie sich von den uneingestandenen Gefühlen anderer bedroht fühlen und der Richtigkeit dessen vertrauen, was sie sehen.

Bewußte Sechser wissen auch, daß sie ihre eigene Feindseligkeit gern anderen Leuten zuschreiben und jede intuitive Genauigkeit vom Erkennen des Unterschieds zwischen einer Projektion und einem objektiv richtigen, nicht auf physische Hinweise angewiesenen Eindruck abhängt.

Die folgende Aussage stammt von einem Mann, der den größten Teil seines Erwachsenenlebens in der Gewerkschaft aktiv war und gelernt hat, bei Entscheidungen seiner Intuition zu vertrauen. »Ich habe eine feine Antenne für die bösen Absichten der Leute. Ich hatte Chefs, die aus eigenem Bedürfnis heraus gerissen und tyrannisch waren, und ich spürte es. Wenn ich bei meiner organisatorischen Arbeit mit ihnen zu tun hatte, brachen oft Angst und Wut aus mir heraus, vielleicht unverhältnismäßig stark, was vielleicht mit meiner speziellen falschen Vorstellung von ihrem genauen Tun in Zusammenhang stand. Auch wenn ich da vielleicht völlig falsch lag, hatte ich in gewisser Weise richtig gespürt, daß sie nicht im guten Glauben handelten.

Andere Leute, auch Autoritäten, würden so etwas nicht in mir hervorrufen. Ich begann also, mich nach einer solchen Reaktion zu fragen: Ist es etwas in mir? Wird da in mir ein Knopf gedrückt oder eine alte Wunde angerührt? Oder ist es etwas, das der andere tut?«

Dieser Mann verfügt über eine gut entwickelte Fähigkeit zur Selbstbeobachtung. Wenn er sich seines Bedürfnisses, zwischen Projektionen und anderen, intuitiveren Eindrücken zu unterscheiden, weniger bewußt wäre, könnte er gut einer jener Ratsuchenden sein, die in die Praxis des Therapeuten kommen und sich beklagen, von Chefs und anderen Autoritätspersonen in ihrem Leben verfolgt zu werden. Der paranoide Standpunkt enthält gewöhnlich ein Körnchen Wahrheit, aber die objektiv richtige Einsicht einer Sechs wird oft durch eine Fehlinterpretation verwässert. Auch wenn die zitierte Sechs die Negativität des Chefs psychisch richtig spürt, kann sie sie drastisch übertreiben. Sie wird sich gegen die bösen Absichten des Chefs verteidigen und macht ihn auf diese Weise wütend, was der Sechs beweist, daß er schon die ganze Zeit über ein Gegner war.

Sechser berichten auch von einem zweiten intuitiven Stil; er scheint aus dem Kindheitsbedürfnis zu stammen, Erwachsenen gegenüber die Haltung eines Beobachters einzunehmen und vorherzusagen, was sie tun werden. Diese faszinierende Überlebensstrategie eines ängstlichen Kindes setzt sich als unerkannter Faktor im Aufmerksamkeitsstil von Sechsern ins Erwachsenenleben fort. Die klinische Psychologin, die in der folgenden Aussage zu Wort kommt, beschreibt ihre Wachsamkeit in der Kindheit.

»Es war meine Spezialität, herauszufinden, wie Leute funktionieren. Wenn ich ein Kind in der Klasse studierte, sah ich ihm jedesmal, wenn jemand mit ihm sprach, genau ins Gesicht. Ich sah einen Schimmer in seinen Augen, wenn jemand im Klassenzimmer irgend etwas von sich gab, oder ich bildete mir ein, daß ich Gefühle über das Gesicht huschen sah, obwohl ich auch wußte, daß das Gesicht sich in Wirklichkeit nicht veränderte. Ich dachte, daß ich herausfinden könnte, was dieses Kind von jedem anderen in der Klasse denkt, wenn ich sein Gesicht lange genug beobachtete.

Wenn ich wissen wollte, was sie dachten, sah ich in ihr Gesicht und stellte mir vor, wie es unter bestimmten Bedingungen aussähe. Würde es hart oder weich werden, wenn ich ihnen sagte, daß ich sie mochte? Würde es lächeln oder ganz grau werden, wenn ich sagen würde, daß ich mich als Klassensprecher bewerben würde?

Ich war überzeugt, daß ich vollkommen richtig lag, weil ich es so genau studierte, und was ich tat, richtete sich nach dem, was ich in den Gesichtern zu sehen glaubte, obwohl ich damals die Information nicht überprüfte, außer indirekt durch den Vergleich mit den Beobachtungen besonderer Freunde.

Jetzt, in meiner Therapiepraxis, sehe ich im Umgangsstil von Familien sehr viele Schichten. Ich sehe das, was ich das innere Gesicht nenne, das mir seine eigenen Gefühle zeigt. Manchmal stelle ich mir zwischen den einzelnen Familienmitgliedern farbige Muster in der Luft vor, und ich versuche, anhand der verschie-

denen Farben und Energiebeziehungen herauszufinden, wie diese
Leute in ihrem Leben interagieren.«

Diese Ärztin beherrscht die Fähigkeit, die Aufmerksamkeit vom
Nachdenken über ihre Klienten auf die Vorstellung ihrer inneren
Situation zu verlagern. Sie ist sich auch bewußt, daß sie ihren
Klienten möglicherweise zu Unrecht Eigenschaften zuschreibt,
die in Wirklichkeit ihre eigenen Projektionen sind, aber sie hat
gute Chancen, die Richtigkeit ihrer Vorstellungen mit den Klienten zu überprüfen.

Wenn das, was die Ärztin sieht, nur auf der Projektion ihrer
eigenen unbewußten Gefühle ihrer Klienten gegenüber beruht,
hat dies nichts mit Intuition zu tun. Sie sollte vielmehr in der Lage
sein, zwischen der aus ihrer Träumerei aufsteigenden Einsicht
und den Projektionen ihres Verstands zu unterscheiden.

Wenn sie lernt, diesen Unterschied zu erkennen, ergeben sich
zwei sehr wichtige Effekte. Zum einen kann die Ärztin vom
Zyklus der von der Projektion verewigten falschen Information
wegkommen; zum anderen kann sie die Fähigkeit entwickeln,
zwischen von ihr selbst gelenkten Bildern und zutreffenden visuellen Eindrücken, die spontan in einem hellsichtigen Geisteszustand erscheinen, zu unterscheiden. Ihre Aufgabe besteht darin,
den inneren Beobachter so weit zu entwickeln, daß sie die inneren
Verlagerungen der Aufmerksamkeit erkennt, die sie schon vornimmt, wenn sie die Beziehungen der Familie als Farben und
Muster in der Luft sieht.

Die Tugend des Muts

Wie alle Menschen sind Sechser sich oft der zentralen Themen
nicht bewußt, die ihr Leben beherrschen. Sie glauben vielleicht,
daß sie nicht mehr Angst haben als andere Menschen, und vergessen die Tatsache, daß persönliche Gewohnheiten des Denkens

und Fühlens sie chronisch ängstlich machen können. Wie Menschen, die in einer Kriegszone leben, in der plötzlich Frieden geschlossen wird, erkennen Advokaten des Teufels oft erst dann, wenn die Angst zu weichen beginnt, wie groß sie eigentlich war. Sechser entwickeln ihre höheren Fähigkeiten schneller, wenn sie neben einer Therapie oder einer Meditationspraxis ein Programm körperlicher Übungen absolvieren. Ängstliche Menschen sind im Kopf zu Hause. Sie tasten die Umgebung ab und denken darüber nach, wie sie aus Situationen herauskommen, in denen sie handeln müssen. Ein ängstlicher Mensch strebt vor allem eine intellektuell korrekte Haltung an, von der aus er möglichen Widerstand abwehren kann; er meint, eine brillante Analyse könne das Handeln ersetzen. Viele Sechser beginnen mit einer spirituellen Praxis, die speziell das Vertrauen in die Fähigkeiten des Körpers zur intuitiven Bewegung aufbaut, wie Tantra-Yoga oder die asiatischen Kampfsportarten.

Mut hängt von der Fähigkeit des Körpers an, in einem nicht denkenden Geisteszustand angemessen zu agieren. Er bedeutet, zu handeln, bevor man denkt – der Körper agiert, bevor die erworbene Persönlichkeit eingreifen kann.

»Vor ungefähr einem Jahr fing ich an, täglich zu laufen, und ich genoß es so lange, wie ich gedanklich noch etwas aufnehmen konnte. Es war toll mit einem Partner, wenn wir joggten und redeten, oder allein, solange ich noch denken konnte, wenn ich lief. Auf der Strecke, die wir liefen, gab es einen Hügel, und ich fand, daß ich gut dran war, solange ich genug Puste hatte, um im Vorbeilaufen die Leute zu studieren. An der Stelle, an der der Hügel an der Spitze abschüssig wird, hatte ich gerade noch genug Puste, um meine Aufmerksamkeit entweder auf die Passanten zu lenken und zu wissen, wer sie waren, oder einfach zu laufen. Ich stellte fest, daß ich, wenn ich nicht mit einem Partner unterwegs war, jedesmal anhielt, um wieder zu Atem zu kommen und immer noch zu wissen, wer um mich herum war.«

Für eine Sechs, die noch daran gewöhnt ist, erst du denken und dann zu handeln, kann sogar die Tatsache, auf der Straße hinter Leuten herzulaufen und nicht die Energie zu haben, zu schauen, wer sie sind, bedrückend sein. Die zitierte Sechser-Läuferin wird nicht mutig werden, wenn sie tapfere Gedanken denkt oder sich zwingt, blind zu rennen. Für sie wäre es nützlich, wenn sie lernen würde, den Ort ihrer Aufmerksamkeit vom Kopf in den Körper zu lenken und zu unterscheiden, ob ihre Gedanken ihr Laufen beherrschen oder ob sie im Vertrauen darauf, daß ihr Körper sie schützt, ihre Gedanken loslassen kann. Beachten Sie den Unterschied zwischen der Läuferin, die sich schützt, indem sie die Umgebung beobachtet, und der folgenden Erfahrung einer Benutzerin der New Yorker U-Bahn.

»Ich besuchte die City University in Manhattan und benutzte gewöhnlich die U-Bahn, um zur Uni zu kommen. Tagsüber, wenn Massen unterwegs waren, war ich nie nervös, und ich konnte ab der Haltestelle Delancey-Street meine Texte lesen. Wenn ich spät Unterricht hatte und allein auf einem leeren Bahnsteig stehen mußte, war ich oft besorgt und verabredete mit meinem Freund, daß er mich an der Delancey-Haltestelle abholte und wir zu Fuß nach Hause gingen.

Eines Nachts stieg ein verrückter Mann in den Wagen. Er schnitt Grimassen und ballte die Fäuste, und man hörte ihn durch den ganzen Gang fluchen. Es waren nur ein paar Leute in der Bahn, und niemand sah ihm ins Gesicht.

Er entdeckte jemanden auf dem Sitz hinter mir, zeigte auf ihn, fluchte und wollte auf ihn losgehen, als ich feststellte, daß ich ihn im Gang am Weitergehen hinderte. Mein Körper war aufgestanden, und ich hörte, wie meine Stimme mit ihm sprach, ohne zu wissen, was ich sagte. Ich kann mich immer noch nicht erinnern, was ich zu ihm sagte, aber ich erinnere mich, daß ich keine Angst hatte, als ich eine Pistole in seiner Hand sah.

Es war, als würde ich etwas durchexerzieren, das schon geschehen war. Ich war nicht überrascht, als ich sah, daß zwei Arme ihn von hinten in den Würgegriff nahmen, oder als ich ihm die Waffe aus der Hand schlug, da er sie auf mein Gesicht richtete. Als ich meinen Freund an der Delancey-Haltestelle traf und ihm erzählte, was passiert war, war ich so wenig aufgeregt, daß er kaum glauben konnte, daß die Geschichte tatsächlich passiert war.«

Glaube als Eigenschaft des höheren Bewußtseins

Zweifel ist die eine Hälfte der Entscheidungsfindung. Wir lassen uns eine Idee einfallen, und dann denken wir uns die »Ja-aber«-Einschränkungen aus, die der Idee eine klare Gestalt geben, und sortieren alle Vermutungen und Irrtümer aus. Entscheidungen werden getroffen, indem eine Idee erst vorgestellt und dann mit Einwänden konfrontiert wird, die den ursprünglichen Standpunkt modifizieren.

Im intellektuellen Bereich produziert ein gesunder Skeptizismus gute Wissenschaft, überprüfbare Verfahren und klar definierte Grundprinzipien. Menschen, die dem Skeptizismus zu stark verhaftet sind, können jedoch echte innere Erfahrungen zerstören, wenn sie sie anzweifeln, sobald die Aufmerksamkeit sich wieder auf das Denken verlagert.

Der zweifelnde Apostel Thomas illustriert die geistige Haltung der Sechs. Thomas glaubte, solange er in der physischen Gegenwart des Meisters war und die Unterstützung gleichgesinnter Jünger besaß. Als Christus starb, verlor Thomas den Glauben und zweifelte an der Realität seiner Erfahrungen mit dem Meister.

Nach der Kreuzigung kam die Auferstehung, und Christus erschien verschiedenen seiner Anhänger, unter anderem auch dem zweifelnden Thomas; als er erkannte, daß Thomas unter dem Verlust seines Glaubens litt, ließ er ihn seine durchbohrte Hand berühren, damit Thomas an die Rematerialisierung glauben konnte. Thomas erhielt den greifbarsten Beweis der Mysterien von allen zwölf Aposteln, aber sein Verstand konnte nicht akzeptieren, was seine Sinne ihm bewiesen.

Für eine Sechs kann ein Anfall von Zweifel ein ganzes Glaubenssystem in Frage stellen. Ein Rückschlag für ein Projekt, eine Auseinandersetzung in einer Beziehung, und ein über Monate allmählich aufgebautes Vertrauen ist wie weggewischt. Es ist, als würden die Grundmauern eines soliden Gebäudes in Frage gestellt und neu errichtet, wenn das Dach eine undichte Stelle aufweist. Sechser haben das Bedürfnis, sich die Bindung wieder und wieder zu bestätigen: »Liebe ich ihn?« – »Ja, ich denke schon.« Geistige Strukturen werden geschaffen, um die Kontinuität sicherzustellen: »bis ich meinen Doktor habe«, »bis die Kinder groß sind«. Nichts ist von Dauer. Ein kleiner Verdacht, und schon wuchert der Zweifel.

Die buddhistische Praxis nennt diese Gewohnheit den zweifelnden Verstand. In einem gewissen Ausmaß sind alle beginnenden Meditierenden geneigt, ihrer eigenen Erfahrung zu widersprechen und sich zu fragen, ob sie wirklich irgend etwas vollbracht haben. Wenn jedoch das geistige »Ja, aber …« zu einem Zwang geworden ist, erzeugen die Aufmerksamkeitsverlagerungen, durch die ein Meditierender das Bewußtsein in einem nicht denkenden Geisteszustand stabilisiert, häufig eine Barriere von glaubwürdigen zweifelnden Gedanken, die zum denkenden Zustand zurückführen.

An den zweifelnden Verstand gewöhnte Sechser benötigen einen starken Glauben, um ihre Meditationspraxis, ein Liebesverhältnis oder ein hoffnungsvolles Projekt fortzusetzen, wenn die Anzeichen des Erfolgs durch gleichermaßen glaubwürdige Gedanken des Zweifels weggewischt werden. Aus der Sicht der Aufmerksamkeitspraxis geht es beim Glauben jedoch nicht darum, sich auf falsche Versprechungen zu verlassen oder den Willen einzusetzen, damit der Glaube stark bleibt. Glaube ist einfach die

Fähigkeit, die Aufmerksamkeit auf einer echten positiven Erfahrung zu stabilisieren, anstatt in einen voreingenommenen Aufmerksamkeitsstil zu verfallen, bei dem das Infragestellen positiver Erfahrungen realer erscheint.

Subtypen

Die von den Sub- bzw. Untertypen präsentierten Themen entwickelten sich in der Kindheit, um in einem von einer nicht vertrauenswürdigen Autorität beherrschten Leben sicher zu sein.

Kraft/Schönheit in der Zweierbeziehung

Die Beschäftigung mit Kraft entstammt dem Bedürfnis, als Kompensation für die Angst persönliche Macht zu entwickeln. Bei kontraphobischen Männern kann daraus eine vorgetäuschte Machopräsentation werden, während kontraphobische Frauen die Macht kultivieren, Männer sexuell zu erregen.

Schönheit ist die Beschäftigung mit Ästhetik, insbesondere in der physischen Umwelt und der körperlichen Erscheinung. Die Konzentration auf objektive physische Schönheit vermindert die Gewohnheit, die Umgebung nach »dem Schlimmsten« abzusuchen. Schönheit ist für Männer und Frauen ein Thema.

»Man hat ein richtiges Mißtrauen gegen Menschen, sobald man sich zu nahe kommt, und ständig hat man Angst, daß der Partner einem etwas antut. Einerseits hat man Angst vor dem Verlassenwerden, und andererseits kritisiert man seinen Liebhaber, wenn es zu nah wird, deshalb schützt man sich, indem man ›stark‹ und irgendwie kalt ist.«

Wärme im Bereich der Selbsterhaltung

Potentielle Feindseligkeit kann auch abgewehrt werden, indem man sich die Zuneigung anderer Menschen erhält. Wenn die

Leute einen mögen, braucht man keine Angst vor ihnen zu haben.

»Wenn ich einen Klienten therapiere, bin ich stark in Versuchung, mich mit ihm gegen seine Situation zu verbünden. Das Band ›Wir gegen sie‹ hat so lange Bestand, bis ich Möglichkeiten finden muß, die dunklen Stellen in der Argumentation meines Klienten aufzuzeigen. In dieser Phase muß ich mich davor hüten, daß ich mich nicht distanziere und allzu empfindlich werde und kleine Zeichen des Rückzugs meines Klienten übertreibe.«

Pflicht im sozialen Bereich

Die Einhaltung von Regeln und Verpflichtungen ist eine Möglichkeit, die Loyalität sicherzustellen.

»In meiner Collegezeit war ich politisch in der zionistischen Jugendgruppe aktiv. Wir hatten uns verpflichtet, zu studieren und unsere Fähigkeiten als Kibbuznik in Israel einzusetzen. Als mein Interesse sich von der Idee des Emigrierens abwandte, erkannte ich mit Schrecken, daß ich mich so auf unsere Sache konzentriert hatte, daß ich noch nicht einmal sicher war, die Leute zu kennen, mit denen ich seit über drei Jahren zusammenarbeitete.«

Was Sechsern hilft, sich zu entfalten

Sechser beginnen eine Therapie oder eine Meditationspraxis oft deshalb, weil sie viele Dinge nicht abgeschlossen haben. Das Zögern nimmt viele Formen an, konzentriert sich aber besonders auf die Beendigung von Projekten. Typisch sind ein ständiger Wechsel der Tätigkeitsbereiche, Probleme mit dem Vertrauen zu Autoritäten und Mitarbeitern und das rational begründete »Aussteigen« vor der erfolgreichen Vollendung eines Projekts.

Sechser suchen Hilfe, weil sie Angst haben; ihre oft vorhandenen sexuellen Probleme setzen sie mit der ungelösten Angst gleich, Macht zu übernehmen.

Die subjektiven Ängste von Sechsern sollten ernst genommen werden, auch wenn sie nach falschem Alarm aussehen. Eine sorgfältige Prüfung dieser Ängste wäre wichtig, weil die Sechs nicht unterscheiden kann, welche Ängste pure Einbildung sind und welche auf Tatsachen beruhen. Ein Großteil des argwöhnischen Denkens löst sich auf, wenn das Problem genau und neutral geprüft wird. Advokaten des Teufels brauchen Hilfe, um ihre Aufmerksamkeit gleichmäßig auf ein positives Ziel zu konzentrieren, ohne ins Zweifeln zu geraten. Das Weitermachen ist für eine Sechs genauso schwierig wie für eine Drei das Aufhören.

Sechser müssen Schritt für Schritt auf realistische Ziele zugehen und sollten nicht in falschen Heroismus verfallen, um die Angst zu verdecken. Sie sollten auch aufpassen, nicht in gleichermaßen falsche Verlierer-Vorstellungen zu verfallen, die sie aus ihren negativen Erfahrungen in der Vergangenheit ableiten. Es ist hilfreich, die folgenden Bedürfnisse zu erkennen, wenn sie auftauchen:

– das Bedürfnis, ohne reellen Grund Ängste zu entwickeln, das Gefühl, nicht alle Fakten zur Verfügung zu haben, anzunehmen, daß die Chancen schlechter stehen, als sie in Wirklichkeit sind (es hilft, die Ängste laut einem Freund aufzuzählen, der ein zuverlässiges Feedback liefert, und die sich aus den Tatsachen ergebenden Schlußfolgerungen anhand einer neutralen Meinung zu überprüfen),

– Verlangen, nach der versteckten Meinung im Verhalten anderer zu suchen (Hilfe: eigene Gefühle der Aggression überprüfen, wenn andere unfreundlich auszusehen beginnen),

– Zweifel, daß einem überhaupt geholfen werden kann, wechselhaftes Vertrauen in Beziehungen (»Ist der andere vertrauenswürdig?« Hilfe: im Geiste die Stärken oder Schwächen anderer abwägen),

– das Bedürfnis nach klar festgelegten Positionen (Hilfe: »Wo stehen die anderen?« Vereinbarung von Richtlinien, beobachten, ob die Handlungen anderer mit dem übereinstimmen, was sie laut eigener Aussage tun wollen, erkennen, wann das Denken Gefühle und Impulse ersetzt),

– Wunsch, sich mit Menschen zusammenzutun, die nicht kompetent oder vertrauenswürdig sind, wodurch Fortschritte verhindert werden,

– Bedürfnis, in Kontakt zu bleiben, sich aus Angst zurückzuziehen und dann zu projizieren, andere seien aus Wut gegangen,

– Tendenz, sich körperlich zusammenzuziehen und Spielerisches zu eliminieren, um angespannt und wachsam zu bleiben, sich körperlich zu versteifen, als würde man angegriffen,

– Zwang, Zuneigung und Komplimente mit Argwohn zu betrachten, vor allem wenn die Wachsamkeit nachläßt (»Wenn ich nicht vorbereitet bin, wird man mich fertigmachen«),

– Neigung, den guten Reaktionen nicht zu vertrauen, die Zustimmung von Autoritäten haben zu wollen, bevor man etwas tut,

– Tendenz, eher die Führung in Frage zu stellen, als Bereiche der Verständigung zu finden,

– Prädisposition, daß negative Erinnerungen eher zur Verfügung stehen als positive (Hilfe: daran denken, sich positive Erinnerungen ins Gedächtnis zurückzurufen, die lebhafte Phantasie benutzen, um sich positive Ergebnisse vorzustellen, und über sie sprechen, Ängste und positive Ergebnisse voneinander abkoppeln, und wenn die Aufmerksamkeit sich auf »das Schlimmste« konzentriert, in der Vorstellung mögliche negative Folgen übertreiben, um einen Ausweg zu finden).

Mögliche Reaktionen in Zeiten der Veränderung

Wenn die Aufmerksamkeit von den üblichen Beschäftigungen abgezogen wird, sind die folgenden Reaktionen möglich:

- Argwohn gegenüber den Quellen potentieller Hilfe, woraus der Wunsch erwächst, es allein zu schaffen,
- Auftauchen von Erfolgsängsten, Angst, die Eltern zu übertreffen,
- das Gefühl, passiv zu werden, wenn die Ängste verschwinden, seinen Schneid zu verlieren, nie mehr konkurrieren zu wollen, wenn man meditieren lernt,
- die Gewohnheit, sich in einer im großen und ganzen guten Situation auf ein negatives Detail zu konzentrieren,
- bei der persönlichen Entwicklung behilflichen Menschen geistig überlegen sein wollen, den Therapeuten abwechselnd für brillant und unfähig halten,
- endloses Reden (der Kopf übernimmt die Funktion des Herzens, Gespräch und Analyse ersetzen ein Handeln, das auf Eindrücken aus Bauch und Herz beruht),
- ein aufsteigendes Gefühl des Selbstzweifels, das leicht projiziert wird (»Nicht ich, andere scheinen an meinen Fähigkeiten zu zweifeln«),
- Größenwahn, die geplante Veränderung zu schwierig machen (die Vorstellung beeindruckender Leistungen blockiert logische Schritte in Richtung auf realistische Ziele).

12. Punkt Sieben: der Epikureer

	Erworbene Persönlichkeit	Wesenskern
Kopf	Haupteigenschaft: Planung	Höheres Bewußtsein: Arbeit
Herz	Leidenschaft: Unersättlich-keit	Tugend: Nüchternheit

Subtypen
Sexuell: beeinflußbar
Sozial: aufopferungsvoll
Selbsterhaltung: Verteidigung der Familie

Das Dilemma

Die auf der linken Seite des Enneagramms befindlichen Punkte Fünf, Sechs und Sieben repräsentieren drei verschiedene Strategien, mit Kindheitsängsten umzugehen. Die Sechs, der zentrale Angstpunkt, wappnet sich, indem sie die Umgebung absucht; Fünfer ziehen sich von allem zurück, was ihnen angst macht; Siebener, die a priori keineswegs besorgt erscheinen, bewegen sich auf Menschen zu, um sie durch Schmeichelei zu bezaubern und zu entwaffnen. Siebener-Kinder zerstreuten ihre Angst, indem sie sich in die grenzenlosen Möglichkeiten der Phantasie flüchteten.

Epikureer wirken nicht ängstlich. Sie neigen dazu, fröhlich und heiter zu sein, Pläne zu machen und Dinge spielerisch anzugehen. Ihre Paranoia zeigt sich nicht, solange das Denken auf visionäre Pläne eines zukünftigen Erfolgs gelenkt werden kann.

Peter Pan ist hier zu Hause, der *puer aeternus* (bzw. die *puella aeterna*), das ewige Kind. Und auch Nárkissos, Narziß, der Jüngling, der sich in sein Spiegelbild verliebte, als er sein Gesicht in einem Teich betrachtete. Nárkissos wurde von einer Nymphe namens Echó geliebt, aber der in seine eigene Schönheit Vertiefte hörte nicht, wie sie seinen Namen rief. Er gab keine Antwort, und vor Gram verzehrte sie sich so sehr, daß nur ihre Stimme erhalten blieb.

Ein wenig gesunden Narzißmus braucht jeder. Wir alle müssen unseren einzigartigen Wert erkennen. Schwierigkeiten entstehen nur dann, wenn wir von unserem eigenen Wert so überzeugt sind, daß wir die Anregungen von Menschen, die die objektive Wahrheit widerspiegeln, nicht mehr hören. Epikureer sind von ihrer eigenen Vortrefflichkeit überzeugt und suchen Umgebungen und Menschen, die ihren Wert unterstützen. Sie haben einen erlesenen Geschmack, möchten das Beste kosten, was das Leben zu bieten hat, und immer in Hochstimmung sein. Sie wollen Abenteuer, haben hochgesteckte Erwartungen und lieben Gipfelerlebnisse, gleichsam als ob Champagner, nicht Blut, durch ihre Adern fließen würde.

Vom soziologischen Standpunkt aus war die Weltanschauung der Sieben in der Gegenkultur der sechziger Jahre besonders auffällig. Zur Zeit der Blumenkinder entfalteten ihre Ideale sich in ihrer reinsten Form. Die mit Krieg und sinnloser Arbeit konfrontierten *flower children* stiegen aus; sie kehrten zu Einfachheit und zu sich selbst zurück und schufen ein idealisiertes Konzept der Gesellschaft.

Mit dem Fortschreiten der Revolution zeigte sich die Schattenseite dieser Weltanschauung. Angesichts des Beharrens auf einer idealisierten Realität und der Unfähigkeit, ihr Gestalt zu geben, veränderte die Haltung sich von einer radikalen Subjektivität, die das im Menschen Einzigartige schätzte, zu einer narzißtischen Beschäftigung mit der eigenen Person. Die innere Welt der

Drogen ersetzte das Bedürfnis nach äußerer Veränderung. Die psychische Nabelschau und attraktive Zerstreuungen nahmen die Stelle realer Anstrengungen und echter Arbeit ein.

Siebener glauben, das Leben sei unbegrenzt. Es gibt immer etwas Interessantes zu tun. Wenn das Leben nicht aufregend wäre, warum es dann leben? Warum sich gleich aufhängen, wo man doch weitermachen kann? Der Glaube an die Möglichkeiten des Lebens wird wesentlich verstärkt durch die Gewohnheit, sich zahlreiche Optionen offenzuhalten und Verpflichtungen nur mit diversen anderen Plänen in der Hinterhand einzugehen.

Verpflichtungen werden mit einem Ersatz abgepolstert. Grundlage einer Abmachung ist das, »was sich gerade richtig anfühlt«. Wenn Plan A ins Wasser fällt, hat die Sieben Plan B in Reserve. Wenn B sich unangenehm anfühlt, hat sie immer noch C. Wenn A ins Wasser fällt und C zu langweilig wird, gibt es immer noch B, das vielleicht zu D führt. Das Gebot der 60er Jahre, »seiner Energie zu folgen«, hat sich zu einem Aufmerksamkeitsstil entwickelt, bei dem negative Möglichkeiten einfach wegfallen.

Das Planen für die Zukunft mit Hilfe von Möglichkeiten soll die Freuden des Lebens steigern, indem Langeweile und Schmerz ausgeschaltet werden. Eine Sieben zum Beispiel, die in einem Schuhgeschäft arbeitet, wird im Geist überlegen, ob sie sich nicht für denselben Job im Konkurrenzgeschäft auf der anderen Straßenseite bewerben soll. Sie wird sich dabei eher auf die Ähnlichkeit der beiden Tätigkeiten konzentrieren als darauf, ob die beiden Firmen vielleicht miteinander im Streit liegen.

Auf der positiven Seite führt dieser Aufmerksamkeitsstil zu einem besonders kreativen Problemlöseverfahren, bei dem scheinbar gegensätzliche Standpunkte ideal zusammengebracht werden. Siebener haben die optimistischste Weltsicht aller Enneagramm-Typen, weil für sie – irgendwann in der Zukunft – ein großer Plan zum Tragen kommt, bei dem alle besten Möglichkeiten in ein befriedigendes Leben einmünden.

Hauptthemen

– Das Bedürfnis nach ständiger Aufregung. Viele Aktivitäten, viele interessante Dinge vorhaben. Gefühlsmäßig in Hochstimmung bleiben.

– Sich zahlreiche Optionen offenhalten, um nicht einer einzigen Handlungsweise verpflichtet zu sein.

– Tiefgehender Kontakt wird durch angenehme geistige Alternativen ersetzt. Reden, planen, rationalisieren.

– Charme als Hauptabwehr. Angsttypen, die auf Menschen zugehen. Vermeiden direkten Konflikt, indem sie »durch die Maschen fallen«. Sich aus Schwierigkeiten herausreden.

– Ein Aufmerksamkeitsstil, der Informationen zueinander in Beziehung setzt und sie systematisiert, so daß Verpflichtungen zwangsläufig Hintertürchen und Ersatzlösungen beinhalten. Dies kann zu einer rationalisierten Flucht aus schwierigen oder einschränkenden Aufgaben führen, aber auch die Fähigkeit begünstigen, unübliche Verbindungen und Parallelen zwischen scheinbar gegensätzlichen oder unzusammenhängenden Standpunkten herzustellen und eine Synthese zu bilden.

Punkt Drei und Punkt Sieben sehen gleich aus

Siebener haben sehr viel Energie und arbeiten hart, solange ihr Interesse anhält. Oberflächlich betrachtet, gleichen sie Dreiern: Beide sind bereit zu konkurrieren, beide wollen gewinnen, und beide sehen ihre eigene Vortrefflichkeit gern in den Augen anderer gespiegelt. Abgesehen von diesen äußerlichen Ähnlichkeiten, agieren die beiden Typen jedoch von ganz verschiedenen inneren Weltsichten aus.

Dreier möchten Macht über andere, weil sie sich selbst daran messen, wie sehr andere sie achten und schätzen. Sie schlagen eine berufliche Laufbahn ein, in der sie ganz nach oben kommen wollen. Die Beweise eines erfolgreichen Aufstiegs sind Image, Sicherheit, Titel und Prestige.

Siebener, die ebenfalls gern in der ersten Reihe sitzen, beschäftigen sich mit »einer interessanten Aktivität, einer der vielen, die ich ausübe«. Sie möchten den Respekt anderer, aber nicht in Form von Macht über sie. Sie mögen es nicht, anhand ihres Berufs abgestempelt zu werden. »Mich einen Physiker zu nennen begrenzt mich. Ich bin mehr als das.« Sie möchten in verschiedenen Aktivitäten hervorragend sein. »Ich laufe, koche, schreibe Gedichte, ich kann alles mögliche.« Siebener sind weit weniger geneigt, die Spitze zu erklimmen, vor allem wenn zu viele Ansprüche an ihre Zeit gestellt werden oder sie Menschen entgegentreten müssen, die nicht gut von ihnen denken. Sie möchten wissen, daß sie für die besten Posten akzeptiert wurden, aber sie möchten ihre übrigen Interessen nicht einschränken, um zur Spitzenklasse vorzustoßen. »Ich möchte wissen, daß ich fähig bin, aber ich brauche mir nicht selbst etwas zu beweisen.« Wenn sie eine Zeitlang hart arbeiten, dann eher, um danach ein wenig »auszusteigen«, und nicht, um ein tolles Auto zu kaufen. Den Beweis ihrer Leistung sehen sie darin, daß sie viele faszinierende Dinge getan haben und an die Spitze gekommen sind, ohne durch ständige Verpflichtungen festgenagelt worden zu sein.

Psychologisch unterscheiden sich die arbeitssüchtige Drei und die eher narzißtische Sieben dadurch, daß der persönliche Wert für die Drei auf einer verdienten Leistung beruht. Das wahre Selbst existiert in der Wahrnehmung vielleicht nicht, wohl aber die gute Meinung anderer. Der Schwerpunkt der Aufmerksamkeit liegt darauf, eine Sache gut zu machen, denn der persönliche Wert hängt von der brillanten Erfüllung einer Aufgabe ab. Dreier arbeiten sehr viel härter, als sie möchten, weil ihre Belohnung nicht ein gutes Gefühl, sondern die Macht über die Achtung anderer ist.

Siebener, die ebenfalls auf die gute Meinung anderer Wert legen, sehen die ihnen entgegengebrachte Achtung als exakten Spiegel für den inneren Wert ihrer Person. Sie brauchen sich nicht ständig anzustrengen, weil »das Leben gut ist« und »ich froh bin, daß ich ich bin«. Wenn andere ihren inneren Wert nicht erkennen, trösten Siebener sich selbst und nehmen an, daß die Ablehnung bestimmt nicht an ihnen liegt. Das Selbst hat so viele Dimensionen, so viele Betätigungsfelder: Schlechte Zeiten werden durch eine Fahrt aufs Land, ein gutes Buch, Sonnenschein oder eine heiße Tasse Tee ausradiert. In gewisser Weise leiden Narzißten unter der Mißachtung anderer weniger als Dreier, weil sie sich selbst zur Gesellschaft haben und von ihrem eigenen glorreichen Schicksal überzeugt sind.

Familiengeschichte

Siebener haben angenehme Erinnerungen an ihre Kindheit. Die Berichte schildern eine glückliche Bilderbuchatmosphäre: ein Junge auf einer Schaukel, ein Mädchen in einer hübschen Schürze. Bitterkeit kommt gewöhnlich nicht vor. »Mein Vater nahm uns unserer Mutter weg. Ich war acht und hatte sie vergessen, als ich neun war.«
Auch bei einem objektiv schwierigen Szenario werden Haß oder Vorwürfe kaum geäußert. Sind objektiv schlechte Erinnerungen vorhanden, gehen sie mit Sätzen wie »Ich beschloß, nicht so zu sein« oder »Ich fand Dinge, die ich tun konnte, deshalb zog das Ganze mich nicht runter« einher.
»Ich habe viel darüber nachgedacht, eine Sieben zu sein und warum dieser Punkt mich anspricht. Als ich das erstemal eine Gruppe von Siebenern sah, die ihre Geschichte erzählten, konnte ich mit allem etwas anfangen, außer damit, Angst zu haben. Ich sah mich einfach nicht so.

Aber dann erinnerte ich mich an einen Tag, an dem ich mich auf dem Rückweg von einer neuen Schule verirrte und wußte, daß meine Mutter mich für mein Zuspätkommen bestrafen würde; ich hatte schreckliche Angst, was geschehen würde, wenn sie mich in die Finger kriegen würde. Dann traf ich ein paar Kinder, die Fußball spielten, und ich spielte einfach mit, bis es dunkel wurde. Als die Zeit des Abendessens kam, rief Mutter die Polizei an, und sie kamen und holten mich ab. Ich erinnere mich, wie ich im Polizeiauto nach Hause fuhr, ich machte mir in die Hose, weil ich solche Angst hatte. Dann betrachtete ich die Lichter, die sich im Rückfenster spiegelten, und ich erinnerte mich an das Fußballspiel und war in Gedanken wieder bei ihm.

Ich wußte, daß ich einfach in meinem Kopf bleiben und Fußball spielen konnte, egal, was sie mit mir machte, bis das Ganze vorüber wäre und ich es überstanden hätte.«

Die Aufmerksamkeit ist auf eine positive Erinnerung gerichtet. Der Junge, der sagt, daß er Karate lernte, um sich zu retten, konzentriert sich auf eine Beschreibung seiner besten Kämpfe. Das Mädchen, das mit fünfzehn davonlief, bagatellisiert die Gründe und beschreibt die aufregende Flucht. Die »Schieflage« der Aufmerksamkeit ist der von Sechsern genau entgegengesetzt: Während Advokaten des Teufels dazu tendieren, sich an das Schlimmste zu erinnern, rufen Epikureer, die sich zum Vergnügen hin- und vom Schmerz wegbewegen, sich das Beste ins Gedächtnis zurück.

Siebener haben viele objektiv reale, positive Erinnerungen an die Kindheit. Oft ziehen sie die Mutter dem Vater vor, wobei die paranoide Rebellion gegen die männliche Autorität einen leicht verächtlichen Ton annimmt.

»Ich liebte meine beiden Eltern und hatte ein typisches Landleben. Niemand tat mir weh, ich bekam viel Liebe und Unterstützung, und meine einzige Beschwerde war, daß ich fünf Kilometer mit dem Rad fahren mußte, um meine Freunde zu besuchen. Ich erzählte mir selbst Geschichten, wenn ich allein war, und hatte es nicht gerne, wenn man mir sagte, was ich tun sollte.

Ich erkannte, daß ich meinem Vater geistig überlegen war, als ich ungefähr in der sechsten Klasse war. Ich liebte ihn, aber ich wußte, daß ich schneller denken konnte. Ich brachte ihn dazu, allem zuzustimmen, was ich wollte, indem ich erst die Dinge herausfand, die er ablehnte, und dann eine Version seines Standpunkts ansteuerte, die so viele Hintertürchen wie möglich hatte.«

Termine und Pläne

Jeder Tag ist voller Möglichkeiten, und die Sieben stellt im Geist Listen mit all den interessanten Aktivitäten zusammen, die sie machen kann. Epikureer sind antidepressive Menschen, für die Arbeit mit Phantasie und Spiel verbunden ist. Mitten in einem Projekt sind sie plötzlich von in der Sonne schimmerndem Frauenhaar oder den Schatten auf der Wand fasziniert. Sie wollen in Hochstimmung bleiben, weshalb sie arbeiten, bis sie müde werden, und dann, bevor Langeweile und Routine einsetzen, zu etwas anderem überwechseln. Siebener können endlos arbeiten, ziehen es allerdings vor, drei oder vier Jobs nebeneinander auszuüben. Projekte werden nur selten zielstrebig verfolgt und im allgemeinen in ein paar angenehme Aktivitäten eingebettet.

»Ich freue mich immer auf den Veranstaltungskalender in der Sonntagszeitung. Er enthält eine Liste der Dinge, die man während der Woche machen kann. Da stehen Tips für die ganze Woche, ein Vier-Sterne-Film, eine Zehn-Sterne-Mahlzeit. Für mich ist es genauso wichtig wie mein geheimes Plätzchenlager. Ich will wissen, wo etwas Schönes los ist. Die Plätzchen sind in der unteren Schublade meines Schreibtisches am Arbeitsplatz versteckt, und der Veranstaltungskalender befindet sich ebenfalls dort.«

Das Motto der Blumenkindergeneration, »seiner Energie zu folgen«, illustriert die Absicht hinter den Plänen einer Sieben: Sie hat nie einen Grund, depressiv oder besorgt zu sein, denn sie braucht sich nur einem stimulierenden Fluß lohnender Aktivitäten anzuschließen.

»In der Vorstellung kann man sich eine Menge Möglichkeiten offenlassen. Man könnte zum Volleyball gehen, man könnte sich gut anziehen und ins Kino gehen, man könnte aufs Land radeln. Am besten ist es, wenn alles gleichzeitig stattfindet. Man macht das, was am meisten Anziehungskraft besitzt, und bleibt, bis die nächste Sache ruft. Ich bin ins Kino gegangen, habe meinen Eintritt bezahlt und kam soweit, Popcorn zu kaufen, und dann bin ich wegen etwas anderem wieder gegangen, nur weil ich eine Spur Langeweile fühlte und es sich nicht richtig anfühlte.«

Siebener haben die Überzeugung, das Leben sei unbegrenzt, solange ihnen verschiedene Möglichkeiten offenstehen. Sie möchten nichts verpassen, so daß eine Alternative auch dann im Geist gespeichert wird, wenn sie ins Tagesschema nicht eingebaut werden kann. Gelegentliche Verpflichtungen fallen leicht, dauerhafte schwerer, weil Beständigkeit das Gefühl der Unbegrenztheit einschränkt. Siebener sind unersättlich nach Erfahrungen, aber sie wollen eher kleine Proben vom Allerbesten, als sich einem einzigen Standpunkt zu verpflichten.

»Ich habe einen unglaublichen inneren Zeitplan. Er enthält Zeit für meine Arbeit, meine Familie und meine Hobbys, das heißt Musik, Laufen und Segeln. Sie gehen alle im Verstand weiter, egal, ob ich sie körperlich gerade ausübe oder nicht, und ich will sie alle. Wenn sich eine Gelegenheit ergibt, mit Freunden Musik zu machen, muß ich in meinem Kopf den Gang der Ereignisse und den Zeitplan neu sortieren und mir neu überlegen, wann ich essen will, damit ich nicht zu voll bin, falls ich mich noch zum Laufen entscheide. Es arrangiert sich immer ziemlich schnell, so daß ich auf alles vorbereitet bin.

Wenn etwas ins Wasser fällt, kommen meine zweitrangigen Vorlieben ins Spiel, wie die Überlegung, Restaurants auszuprobieren und wer von meiner Familie Zeit hat, um mitzugehen, oder wie ich zwischen dem Musikmachen mit meinen Freunden und dem Besuch des Restaurants einen Block Arbeitszeit unterbringen kann.«

Denken in Möglichkeiten

Das Zusammenfügen von Möglichkeiten bedeutet, daß eine Sieben nie wirklich festgelegt werden kann. Sie hat immer mehrere Sachen in petto, und da diese in ihrem Geist miteinander verbunden sind, können ganz verschiedene Handlungsstränge auf seltsame Weise identisch aussehen.

»Auf einer praktischen Ebene war ich immer in der Lage, Entscheidungen zu treffen, auch wenn sie willkürlich erscheinen. Man muß Abmachungen einhalten und versuchen, rechtzeitig zu kommen, auch wenn man es sich vielleicht anders überlegt hat und gar nicht dasein möchte. Gefühlsmäßiges ist heikel. Ich bin jetzt seit ein paar Jahren mit einem Mann verheiratet, der innovativ erscheint und mich auf Trab hält.

Zu Beginn, als ich versuchte, eine Verpflichtung einzugehen, hatte ich meine Problembereiche auf drei oder vier verschiedene Therapien verteilt. Sie schienen alle miteinander verbunden, weil es meine Probleme waren, aber ich sah, daß mir die Vorstellung gefiel, verschiedenartige Ratschläge zu bekommen. Ich erwog ernsthaft Beziehungen mit anderen Männern, um gewisse Muster auszuarbeiten, die ich mit meinem Verlobten ablaufen sah. Irgendwie schien dies der vereinbarten Monogamie nicht zu widersprechen. Schließlich arbeitete ich an unserer Beziehung, und zwar sehr ernsthaft.«

Für einen Außenseiter scheint diese Sieben sich zwischen zu

vielen Therapien, zu vielen Richtungen zu verzetteln. Aus der Sicht der Sieben jedoch sind alle Einsichten und Auffassungen von innen her miteinander verbunden. Infolgedessen konnte sie von ganzem Herzen einem ihrer Therapeuten zustimmen und gleichzeitig so handeln, wie ein anderer ihr geraten hatte. Es ist, wie in verschiedene Richtungen gleichzeitig zu fahren.

»Sie könnten mir etwas über irgendein neues System erzählen, das Sie studieren, sagen wir Zen. Während Sie sich in bestimmten Details der Philosophie ergehen, erinnern gewisse Punkte des von Ihnen Gesagten mich an ähnliche Vorstellungen in anderen Systemen, die Sie nicht kennen. Mein Interesse am Zen besteht darin, herauszufinden, wie er sich etwa mit Marathonlaufen, dem Enneagramm und Golf verknüpfen läßt.

Was Sie über Zen sagen, erhellt für mich kleine Punkte in sechs oder sieben meiner übrigen Interessengebiete. Das heißt, ich stimme natürlich mit Ihnen überein, aber ich bin nicht festgelegt auf das, was Sie sagen. Festgelegt bin ich nur auf die Punkte in Ihrer Beschreibung des Zen, die mit meinen anderen Interessen übereinstimmen, und das, was Sie über Zen sagen, passe ich in mein eigenes begriffliches System ein. Auf diese Weise kann ich Ihnen zustimmen und gleichzeitig meine anderen Möglichkeiten offenlassen.«

Charme und Schikane

Obwohl Siebener mit Punkt Fünf und Sechs zur Angsttriade gehören, sehen sie keineswegs so aus, als würden sie sich fürchten. Sie sind gesellig, gesprächig, gewinnend und spielerisch. Die Neigung, zu reden und zu intellektualisieren, könnte als Ersatz des Handelns durch Worte aufgefaßt werden; tatsächlich berichten Siebener, daß sie viel lieber Ideen sammeln, als durch die stumpfsinnige Plackerei realer Arbeit eingeschränkt zu werden.

Die Punkte Fünf und Sechs haben Probleme mit dem Output und der Fertigstellung, weil sie Angst davor haben, daß ihre Projekte beurteilt werden. Siebener haben genau dieselben Schwierigkeiten mit dem Handeln, aber durch ein reizendes Gespräch und einen gefälligen Stil verbergen sie ihre Angst vor dem Gesehenwerden sogar vor sich selbst.

Ihre Angst, zu tief in etwas hineinzugehen, wird dadurch verschleiert, daß vieles sie fasziniert. Das Angezogensein vom Vergnügen wird als positiv angesehen, obwohl es in Wirklichkeit die Flucht vor dem Schmerz verbirgt. Siebener haben Schwierigkeiten, sich auf ein einziges Projekt oder Ziel zu beschränken, weil durch die Verengung der Aufmerksamkeit objektive Fähigkeiten ans Licht kommen. Bei genauer Betrachtung verschwinden die schwülstigen Vorstellungen der eigenen angeborenen Besonderheit. Die narzißtischen Siebener vermeiden diese Entdeckung, indem sie ihre Möglichkeiten so ausweiten, daß sie wie konkrete Realitäten erscheinen. Eine Begabung für Mathematik etwa macht sie zum Mathematiker, weil Meistermathematiker durch ihre speziellen Einsichten bei einer einigermaßen gefälligen Selbstdarstellung keinen akademischen Titel brauchen.

Siebener sind auch als Scharlatane bezeichnet worden, denn sie ziehen andere an und möchten von ihnen verehrt werden. Sie wecken die Erwartungen von Menschen, die vielleicht nicht so an Blumen, Charme und daran, »eine schöne Zeit miteinander zu verbringen«, gewöhnt sind. Siebener möchten von interessanten Leuten bewundert werden, sind aber leicht durch Wiederholung gelangweilt, vor allem im kalten Licht des Tages. Ihre Selbstbezogenheit zeigt sich, wenn das Intermezzo der letzten Nacht vorbei ist, der neue Freund anruft und die Sieben seinen Namen vergessen hat.

»Es war sehr schwierig für mich, jemanden zu finden, der nicht langweilig war. Der Trick war, zu versuchen, jemanden zu finden, der wie ich war. Ich liebe mein Leben und das, was ich tue, und ich dachte, alles, was ich wollte, wäre jemand, der auftauchen und spielen würde. Dann fand ich sie, und zu meinem Kummer denke ich, daß sie auch eine Sieben war. Toll im Tennis, toll im Bett – und ihre Gedanken überall, nur nicht bei mir.

Ich konnte es nicht ertragen, daß sie so perfekt und so überall anders war, deshalb schlug ich vor zu heiraten, denn wir wollten beide eine Familie. Jetzt haben wir die Kinder und eine wirklich gute Zeit, und ich muß mir diesen wandelnden psychischen Spiegel ansehen, der mir zeigt, wie völlig selbstbezogen ich sein kann.«

Über- und Unterlegenheit

Das Angezogensein von ständiger Aktion kann zur Flucht benutzt werden, motiviert aber auch intellektuelle Neugier und kreative Fragen. Ein pathologischer Narziß setzt seine geistige Überlegenheit einfach voraus und glaubt daher, auf Anerkennung und Unterstützung ein Recht zu haben. Eine Sieben, die sich von der neurotischen Gewohnheit des speziellen Anspruchs frei zu machen beginnt, hat dagegen eingesehen, daß der Run aufs Vergnügen in Wirklichkeit ein Weglaufen vor dem Schmerz ist.

Narzißten quält, daß sie als weniger entlarvt werden könnten, als sie zu sein glauben. Innerlich fragen sie sich: »Wo stehe ich? Bin ich besser als der, mit dem ich zusammen bin, oder bin ich wirklich schlechter? Wer steht hier höher? Ich oder mein Freund?« Im pathologischen Fall lautet die Antwort immer: »Ich stehe höher.« Bei an sich selbst arbeitenden Siebenern besteht die Frage ihres relativen Werts in ihren Gedanken weiter, kann aber als Aufforderung benutzt werden, die Aufmerksamkeit auf objektive Fähigkeiten zu lenken.

»Ich merke meinen Narzißmus daran, daß ich auf einen Freund herabzuschauen beginne. Es nimmt sehr heimtückische Formen an. Ich verzeihe ihm, daß er dumm ist, oder ich zanke im stillen mit ihm, weil er so falsch liegt. Sobald die Vorstellung sich festsetzt, daß ich es mit jemandem zu tun habe, der nicht auf meiner Höhe ist, möchte ich gehen. Es langweilt mich, was sie sagen werden, und sie sehen so vorhersehbar aus, daß ich schreien möchte. Dann denke ich: ›Wie kleinkariert sie sind, wie wenig Format sie haben.‹ Oder ich begrabe ihren Einwand mit zwei oder drei entgegengesetzten Argumenten.

Wenn sie besonders dumm und hoffnungslos erscheinen, weiß ich, daß ich genauer hinschauen muß. Wie konnte ein guter Freund plötzlich so schlecht aussehen? Wie konnte ich jemanden verachten, der gestern so patent aussah? Wenn ich nicht völlig richtig liege, muß ich völlig falsch liegen; und dann betrachte ich sie als wirklich überlegen und mich als nichts.«

Der Selbstwert wird durch chronisches Schwelgen in »den besten Aktivitäten« in die Höhe getrieben. Für eine Sieben in Schwierigkeiten ist es symptomatisch, daß der Verstand auf Hochtouren arbeitet. Wenn sie Aktivitäten dicht an dicht aneinanderreiht, so daß zwischen den »Komponenten eines interessanten Lebens« keine Zeit mehr bleibt, oder wenn die Aufmerksamkeit zwanghaft zwischen mehreren interessanten Alternativen hin und her flattert, ist eine Sieben auf der Flucht.

»Ich konnte nie verstehen, wie Leute eine Laufbahn einschlugen. Woher wußten sie, was sie werden wollten? Das Genaueste, an das ich herankommen konnte, war der Prototyp des Renaissancemenschen. Brillant in jeder Beziehung. Alles, was ich probierte, suggerierte mir eine andere große Möglichkeit, eine noch nicht versuchte Methode, eine brillante Idee.

Ich arbeitete mich von Religion zum Studium des Mittleren Ostens als Hauptfach vor und schloß schließlich mit fünfzig Punkten mehr ab, als ich gebraucht hätte. Die Dissertation umfaßte drei Disziplinen und hätte sich unendlich ausgeweitet, wenn mein Prüfungsausschuß das Thema nicht eingeengt hätte.

Ich flippte fast aus, als ich das Manuskript vorlegen mußte. Die getippten Seiten sahen im Vergleich zu dem, was ich vorgehabt hatte, so unbedeutend aus. Es war völlig uninteressant, daß ich eine Auszeichnung bekam: Das Geheimnis war, daß ich die Hilfe des Ausschusses gebraucht hatte, daß meine Arbeit die akademische Welt nicht erschüttert hatte und daß ich ein Doktor für Obskures war und nicht das Genie, das ich zu sein glaubte.«

Die Beziehung zur Autorität

Siebener möchten Autoritäten einebnen und ziehen ein Arrangement vor, bei dem sie niemanden über sich und niemanden unter sich haben. Anfangs sind Autoritäten einfach Menschen, denen die Sieben sich von Natur aus überlegen fühlt und die für ihre Ansichten oft empfänglich sind. In Wirklichkeit jedoch gehören Epikureer zu den Angsttypen des Enneagramms; ein angenehmer Kontakt ist ihre Möglichkeit, die Kontrolle der Autorität zu entschärfen. Wenn ihre Freiheiten irgendwie beschnitten werden, rebellieren sie. Die Macht unbedeutender Autoritäten wird automatisch heruntergespielt. Siebener nehmen an, daß sie sich um jeden herumreden können, der ihnen in die Quere kommt.

Auf der Plusseite sind Siebener groß darin, die Stimmung einer Gruppe zu heben. Sie haben eine angenehme Art, wissen genug über alles, um vorzugeben, mehr zu wissen, und können gut reden. Sie bleiben bei positiven Alternativen, ohne dem Zweifel zu verfallen, und sind besonders gut, wenn ein Projekt in der Planungs- oder Startphase ist. Sie können Zweck und Ziel eines Projekts mit anderen theoretischen Positionen abstimmen, mit anderen zusammenarbeiten und ihre Ideen verkaufen. Am effektivsten sind sie zu Beginn eines Projekts und dann, wenn sie in schwierigen Zeiten die Stimmung hochhalten.

Auf der Minusseite ist zu verbuchen, daß die Begeisterung von

Siebenern nach der zündenden Idee und der Planungsphase nachläßt. Spätestens in der Mitte des Projekts haben sie das Interesse verloren; am schwersten ist es am Ende, wenn keine Alternativen mehr da sind. Sobald eine Idee sich zu konkretisieren beginnt, fühlen Siebener sich mit der Routine und den eingeschränkten Möglichkeiten nicht mehr wohl. Sie sind produktiver, wenn sie beauftragt werden, neue Ideen zu suchen, das Projekt in einen größeren Rahmen zu stellen oder Netzwerke aufzubauen, oder wenn sie direkt als Planungsberater in Teilzeit eingestellt werden. Siebener können auf einer interessanten, aber unpraktischen Idee beharren. Ideen und Theorien ersetzen die stumpfsinnige Plackerei der praktischen Arbeit, und es besteht die Tendenz, auf Menschen, die eine »kleinkariertere Ansicht« vertreten, hinabzuschauen.

Eine typische Autoritätsbeziehung:
Sieben und Drei, der Epikureer und der Dynamiker

Beide Typen gehen mit viel Erfolg an Projekte heran: die Drei, weil sie sich mit dem Erfolg des Unternehmens identifiziert, die Sieben, weil das Ganze sie interessiert und sie die Chance sieht, neues Terrain zu erforschen. Die beiden können ein außergewöhnliches Team bilden, wenn die Drei die sichtbare Führung übernimmt und die Sieben eine Position als Berater und Partner bekommt, bei der sie nicht übermäßig viel Verantwortung trägt, sich nicht mit den Erwartungen anderer an das Projekt beschäftigen muß und nicht in einer monotonen Tätigkeit hängenbleibt. Die Drei arbeitet hart, egal, ob es ihr Spaß macht oder nicht; die Sieben arbeitet genauso hart, solange die Tätigkeit ihr Freude bereitet.

Beide Typen sind im gesellschaftlichen Umgang geschickt und können das Projekt der Öffentlichkeit vorstellen; beide sind sicher, daß ihr Standpunkt der richtige ist, und wollen andere auf ihre Seite ziehen. Wenn die Drei der Chef ist, wird sie annehmen, daß auch die Angestellten sich mit dem erfolgreichen Image des Jobs identifizieren, und eine enorme Arbeitsleistung erwarten. Die Sieben in der untergeordneten Position wird Anforderungen in puncto Zeit und Energie umgehen, indem sie ein Experte darin wird, mit einem Bericht zwei Situationen abzudecken oder zwei Termine statt einem wahrzunehmen, indem sie die Zeit für jeden halbiert. Da auch der Dreier-Chef dazu tendiert, auf Qualität zugunsten von Effektivität zu verzichten, kritisiert er das scheinbar korrekte Verhalten des Angestellten nicht, solange nichts zusammenbricht. Solange das Projekt gut läuft und keine Beschwerden kommen, stellt die Frage der Qualitätskontrolle sich weder der Drei noch der Sieben.

Wenn der Sieben das Projekt Spaß macht, wird sie gern unter einem Chef arbeiten, der den Druck der Öffentlichkeitsarbeit und die Verantwortung für das Ganze übernimmt. Siebener sind in den vorbereitenden Phasen am nützlichsten, wenn sie ihre Fähigkeiten im kreativen Planen, im innovativen Denken und im Gewinnen anderer Mitarbeiter einsetzen können. Solange die Sieben sich an Richtlinien hält und nicht zu selbständig Neuerungen einführt, wird die Drei froh sein, sie im Team zu haben.

Sobald ein Projekt sicher gestartet wurde, zeigen sich die unterschiedlichen Ziele, die Drei und Sieben mit ihrer Arbeit verfolgen. Die Drei möchte Anerkennung und Geld auf dem Konto, während die Sieben sich durch solche Ziele begrenzt fühlt und beginnt, die Regeln des Chefs zu brechen, damit ihr Interesse lebendig bleibt. Die Drei möchte robotermäßiges Produzieren, und die Sieben will weg.

Wenn die Sieben der Chef ist, wird sie sich wahrscheinlich nicht mit der Beaufsichtigung der Angestellten beschäftigen wollen, insbesondere nicht damit, direkte Befehle zu geben und durchzusetzen. Daher sind die Richtlinien möglicherweise zu allgemein und zu kopflastig, vor allem da die Sieben jedem das Gefühl geben möchte, ein gleichberechtigtes Mitglied des Teams zu sein;

sie möchte so Gelegenheiten zur Konfrontation von vornherein ausschließen. Ein kluger Dreier-Angestellter wird die allgemein gehaltenen Anweisungen des Chefs in gangbare Verfahren verwandeln und schlechte Nachrichten frisieren, bevor der Chef auf sie aufmerksam wird. Das Team gedeiht, wenn die Drei die Idee der Sieben in realisierbare Projekte umsetzt und die Sieben der angestellten Drei Belohnungen in Form von Extralohn und Anerkennung zukommen läßt. Dreier übernehmen Extraverantwortung, wenn ihre Bemühungen respektiert werden und sie klare Aufstiegschancen haben.

Wenn der Siebener-Chef faszinierende, aber konfliktträchtige Alternativen einbringt und die Ausrichtung der Geschäftsleitung dadurch unklar wird, steht der Dreier-Angestellte wahrscheinlich an der Spitze einer Gruppe, die die Mißstände abstellt; er benutzt dann alle Vorteile der Organisationsstruktur, durch die der Chef wieder auf Kurs gebracht werden könnte. Gelingt dies nicht, wird der Angestellte sich zu einem klarer strukturierten Job mit Beförderungschancen verändern wollen.

Idealismus und Futurismus

Siebener sind absolut antiautoritär, aber anstatt sich in direkte Konfrontationen verwickeln zu lassen, versuchen sie freundlich, die Macht der Autorität zu nivellieren. Die Einstellung »Du machst deine Sache und ich meine« bedeutet in Wirklichkeit, daß Siebener in ihren Handlungen frei und nur sich selbst verantwortlich sind. Der Satz bedeutet auch: »Rutsch mir den Buckel runter; sag mir nicht, was ich zu tun habe«.

Zwischen dem Ideal einer radikalen Subjektivität, bei der jeder Mensch als einzigartig respektiert wird, und dem Überlegenheitsgefühl von Siebenern besteht eine seltsame Diskrepanz. Epikureer sehen, daß jeder von uns einzigartige Fähigkeiten besitzt, die meisten von uns aber auf eine einzige Fähigkeit beschränkt sind, und glauben selbst, sie alle haben zu müssen. Sie sehen, wie Mathematik und Musik zusammenpassen, weshalb sie nicht beide Gebiete durchzuarbeiten brauchen, um beide zu beherrschen. Ein idealisiertes Selbstbild verleitet sie zu der Annahme, mit ein bißchen Arbeit und ihrer von Natur aus überlegenen Begabung ließen sich die Gebiete Musik und Mathematik in ein paar Monaten meistern. Ihre Neigung zum positiven Imaginieren füllt die Lücken realer Information mit Phantasie und Ideen. Die geschönten Vorstellungen bilden ein idealisiertes Selbst, das echte Substanz und Tiefe ersetzt.

Das Vergnügen der Sieben besteht zum Großteil im Planen und Antizipieren. Zukünftige Ereignisse werden im Geist als süße Bilder genossen, die so greifbar und glaubwürdig werden wie Tische und Stühle. Der beste Teil einer Mahlzeit etwa ist die Zeit vor dem Essen, weil dann all die köstlichen Kombinationen im Geiste geschmeckt werden können. Wenn ein Epikureer tatsächlich eine leckere Mahlzeit zu sich nimmt, dehnt er diese Erfahrung immens aus, indem er ihr in der Vorstellung die besten Aspekte anderer Vergnügen beifügt. Er erinnert sich etwa an einen magischen Sonnenaufgang. Dann kommt das Gefühl, diesen Sonnenaufgang mit besonderen Freunden zu betrachten, ins Spiel. Die besten Aspekte vergangener und zukünftiger Möglichkeiten werden zusätzlich zur aktuellen Mahlzeit genossen. Siebener können sich an ihrer eigenen Phantasie berauschen, weil die besten Aspekte aller Möglichkeiten in der Vorstellung glaubwürdig zusammenkommen.

Das Planen muß keine Flucht sein. Siebener berichten, daß intellektuelle und geistig kreative Betätigungen ihnen außerordentliche Freude machen. Ihre von Natur aus behende Aufmerksamkeit läßt sie brillante Lösungen für alltägliche Probleme finden und in Phantasiebereiche vordringen, die Menschen mit mehr bodenständigem Aufmerksamkeitsstil außergewöhnlich scheinen.

Die folgende Aussage stammt von einem Siebener, der als professioneller Futurist arbeitet. Er nennt seinen Verstand seinen besten Freund und seine Ideen seine täglichen Gefährten. Seine Tätigkeit besteht darin, historische Trends zu analysieren und dann zu sagen, wie ihre besseren Aspekte heute ins Spiel gebracht werden könnten.

»Meine besten Geliebten sind Ideen. Es macht soviel Spaß, sie kennenzulernen; es ist, als würde ich Leben in einen Körper pressen, der nicht atmet. Es ist, als wäre man in eine Frau verliebt. Jede Idee ist schön, ich hege sie gewissermaßen. Ich war auch verliebt in Flugzeuge und andere Rennmaschinen. Sie versetzen mich in einen Zustand, in dem die Realität wegfällt, und ich bin allein mit unendlich vielen Richtungen und allem, das ich vielleicht brauchen könnte.«

Intime Beziehungen

Siebener gehen an Beziehungen mit der Absicht heran, das Beste miteinander zu teilen, und sind sich der Zwänge einer Bindung schmerzlich bewußt. Am glücklichsten sind sie, wenn alles offen ist. »Was könnte falsch daran sein, verliebt zu sein? Was könnte falsch daran sein, das Beste miteinander zu teilen?« Sie nehmen lieber eine kleine Kostprobe der besten Abenteuer, als aus jedem eine komplette Mahlzeit zu machen. Die Bindung an ein einziges, wenn auch reizvolles Abenteuer führt zu Gefühlen von Langeweile und Sättigung und verhindert die nächste mögliche Romanze.

Die Beziehung entwickelt sich, indem man gemeinsam etwas unternimmt und über das spricht, was interessant und angenehm ist. Dieser auf Aufregung setzende Umgangsstil macht ein Gespräch über die weniger anziehenden Aspekte des Lebens von vornherein schwierig. Wenn ein Problem hochkommt, werden die Aktivitäten so dicht zusammengelegt, daß für eine Aussprache keine Zeit mehr bleibt. »Wichtige Termine« werden so eng aneinandergereiht, daß eine Sieben »zehn Minuten Zeit für ein Gespräch über unsere Trennung« hat, »weil ich dann zum Flugzeug muß«. Konfrontationen und Beschuldigungen sind für Narzißten schwer zu verkraften, weil sie implizieren, daß sie versagt haben. Sie möchten ernsthafte Gespräche in ihren Zeitplan einbauen und dann dem Ganzen einen Riegel vorschieben, indem sie zu alternativen Plänen übergehen.

In gewisser Weise leben Siebener nicht in realen Partnerschaften, weil ihr Denken leicht von den Assoziationen und Ideen überschwemmt wird, die ihre Beziehung ihnen suggeriert. Andererseits haben sie die wundervolle Fähigkeit, die Stimmung einer mit Schwierigkeiten konfrontierten Partnerschaft zu heben, indem sie erfreuliche Dinge aufs Tapet bringen. Da Siebener negative Gefühle gern durch angenehme Möglichkeiten ersetzen, haben sie oft Schwierigkeiten mit emotional abhängigen oder bedürftigen Menschen. Die Tatsache, daß ein Partner seine Aufmerksamkeit nicht von einem schmerzhaften Muster abziehen oder emotionalen Groll loslassen kann, erscheint den optimistischen Siebenern als schlimme Einschränkung. Sie berichten übereinstimmend, daß sie der Depression eines Partners mit einem Plan außerhäuslicher Aktivitäten begegnen müssen.

Obwohl eine endgültige Bindung ihnen schwerfällt, vermissen sie sie, wenn das Paar sich trennt. Ihr idealisiertes Bild der Liebe sieht den Partner als zusätzliche Gesellschaft für Aktivitäten, die ihnen auch allein Freude machen. Der Partner soll die Tatsache widerspiegeln, daß das Leben gut ist und es Grenzen oder Beschränkungen nicht gibt. Wenn es mit der totalen Spiegelung nicht klappt, ist die nächstbeste Alternative eine Freundschaft, die so viel Nähe enthält, daß die Sieben interessiert bleibt, und so viel Distanz, daß sie sich nicht langweilt oder sich zum Bleiben gezwungen fühlt.

Auf der Plusseite halten Epikureer die Gefühle durch Aktivitäten, geistige Beschäftigungen, Sex und Spaß lebendig. Sie sind in der Lage, neue Interessen in die Beziehung einzubringen, alten Groll zu vergessen und wieder von vorn anzufangen.

Auf der Minusseite möchten sie aussteigen, wenn der Partner emotional bedürftig oder depressiv wird. Als Ausweg dient ihnen wahrscheinlich eine Rationalisierung der ursprünglichen Verpflichtung; sie führen Bedingungen ein, die den ursprünglichen Plan verändern.

Beispiel einer intimen Beziehung:
Sieben und Sechs, der Epikureer und der Advokat des Teufels
Beide Typen sind unterschwellig paranoid. Die Sechs hat offen Angst, während die Sieben Angst vermeidet, indem sie immer etwas in Reserve hat. Der Siebener-Partner kann für das Paar enorm hilfreich sein, wenn er die Ängste der Sechs ernst nimmt und sie in außerhäusliche Aktivitäten verwickelt. Die Ängste einer Sechs verschwinden oft, wenn sie einmal in Bewegung ist, und dabei kann die Sieben Starthilfe geben. Die Sechs erweist dem Paar einen unbewußten Dienst, indem sie einen Großteil der unbewußten Paranoia der Sieben ausagiert; die Sieben erhält so die Gelegenheit zu helfen und kann sich gleichzeitig von der Angst distanzieren, indem sie sie dem Partner zuschreibt.

Für Sechser ist das Leben Pflicht und harte Arbeit, für Siebener voll von unbegrenzten Möglichkeiten. In dem Maße, in dem jeder fähig ist, sich auf die Weltsicht des anderen einzulassen, kann die Sechs lernen, die lähmende Angst zu umgehen und zu handeln, und die Sieben kann lernen, sich auf eine Sache zu konzentrieren, ohne Angst zu bekommen.

Beide Typen tendieren dazu, in der Zukunft zu leben, die Sechs, um für die Beziehung potentiell Bedrohliches abzuwehren, die Sieben, um exotische Pläne für gemeinsame Erfahrungen zu schmieden. Auch hier kann das Paar sich gegenseitig unterstützen, indem jeder den Standpunkt des anderen einnimmt. Die Sieben kann vergnügliche Möglichkeiten entwickeln, und die Sechs kann diese Pläne durch eine realistische Einschätzung der Hindernisse stabilisieren. Beide Typen sind bereit, für zukünftige Ziele hart zu arbeiten. Die Begeisterung der Sieben hält die Vision trotz des immer wiederauftauchenden Zweifels der Sechs lebendig, während die Fähigkeit der Sechs, die elementare Schönheit der beschwerlichen Alltagsarbeit zu sehen, das Paar lange genug auf einem gemeinsamen Kurs hält, damit die Pläne sich realisieren.

Probleme ergeben sich wahrscheinlich aus den unterschiedlichen Bedürfnissen in puncto Monogamie und Verpflichtung. Sechser möchten, daß der Partner ihnen seine Bindungswilligkeit beteuert, bevor sie sich verpflichten; Siebener möchten Raum. Der Sechser-Partner ist anfällig für Gefühle der Eifersucht und wird in die oft mehrdeutige Zustimmung der Sieben wahrscheinlich »das Schlimmste« hineinprojizieren. Er betrachtet eine Lebenseinstellung, die sich möglichst viele Entscheidungen offenhält, als Untreue und übermäßige Nachgiebigkeit und fühlt sich durch die Indiskretionen und die zeitaufwendigen außerhäuslichen Interessen der Sieben bedroht. Wenn die Sechs depressiv wird oder die Besorgnis über die Zukunft des Paars sie zu sehr belastet, entwickelt sich ein fataler Kreislauf, in dem die Konzentration der Sechs auf ein zukünftiges Verlassenwerden die Art von depressiver Atmosphäre schafft, in der die Sieben sich trennen möchte. Die Sechs ärgert sich, daß sie »diejenige ist, die alles macht, während du gehst und spielst«, worauf die Sieben antwortet: »Es verlangt doch gar keiner, daß du irgend etwas tust.«

Solche Schwierigkeiten werden vermieden, wenn die Sieben zu Verhandlungen bereit ist und ihre Bindung an die Beziehung bekräftigt, so daß die Sechs weiß, woran sie ist. Eine klare Absprache bringt einen Großteil der unnötigen Ängste der Sechs zum Verschwinden und zerstreut auch ihr Bedürfnis, zu wissen, mit wem die Sieben Freizeit verbringt. Wenn die Sieben den Wert des Zurückschaltens und der Konzentration auf die nur durch Standhaftigkeit und Introspektion zu gewinnenden Qualitäten der Partnerschaft erkennt, kann sie in puncto Loyalität zur Verpflichtung viel von der Sechs lernen. Sehr hilfreich für das Paar ist, wenn die Sechs versucht, sich an die besten Aspekte der Beziehung zu erinnern, und die Sieben versucht, sich auf die negativen Aspekte so lange zu konzentrieren, bis sie sich mit ihnen beschäftigt.

Aufmerksamkeitsstil

Vom Standpunkt eines Außenstehenden erscheinen Siebener wie Dilettanten mit vielen verstreuten Interessen: Verschiedene Projekte laufen gleichzeitig, drei oder vier halb zu Ende gelesene Bücher liegen auf dem Fußboden. Die Aufmerksamkeit bewegt sich Hals über Kopf von Erfahrung zu Erfahrung, immer weiter zum nächsten faszinierenden Abenteuer.

Aus der Sicht der Sieben sind all diese Interessen miteinander verbunden. Sie alle scheinen irgendwohin zu führen. Irgendwann in der Zukunft kommen sie alle zusammen. Ist es nicht schön, herauszufinden, wie sie alle perfekt zusammenpassen? Auf der Flucht vor der Wirklichkeit fließt die Aufmerksamkeit zwischen angenehmen Erinnerungen, faszinierenden Gedanken und interessanten Zukunftsplänen hin und her. Die folgende Aussage stammt von einer jungen Sieben, die Schwierigkeiten damit hatte, ihr interdisziplinäres Workshopmaterial in den Katalogen der kalifornischen Selbsterfahrungszentren unterzubringen.

»Ich leitete Workshops zur Erweiterung des Bewußtseins und zur Entwicklung der Persönlichkeit. Ich kenne mindestens zehn Systeme, denen ich etwas entnehmen kann; ich gehe eklektisch vor. Am liebsten gehe ich unvorbereitet hinein, ich springe ins kalte

Wasser und arbeite einfach mit denen, die gekommen sind. Der Lehrplan deckt alle Bedürfnisse ab, mit denen die Leute ankommen. In der Vorankündigung steht: ›Wir machen Meditation, asiatische Kampfsportarten, Neurolinguistik und Atmen nach Reich.‹ Ich bitte die Teilnehmer immer, einen Traum mitzubringen, mit dem sie arbeiten.«

Dieser Workshopleiter hat die Fähigkeit nicht entwickelt, sich ernsthaft auf einen einzigen Problembereich zu konzentrieren. Er möchte Probleme wegerklären, indem er von System zu System springt oder die Absicht seines Planes verändert.

Die konstruktive Seite dieses Aufmerksamkeitsstils könnte wirksam werden, wenn er den realen Problemen ins Auge sehen würde, anstatt vorzeitig eine neue Technik ins Spiel zu bringen. Wenn er die Konsequenzen tatsächlicher Schwierigkeiten konfrontierte und am effektiv vorhandenen Schmerz seiner Klienten »dranbliebe«, könnte sein gewohnheitsmäßiges Einpassen neuer Informationen in ein System mit vielen Alternativen ihn zu Einsichten führen, die für das Wachstum seiner Kursteilnehmer wirklich hilfreich wären.

Die nächste Aussage stammt von einem Siebener, der seinen Aufmerksamkeitsstil in eine nützliche Problemlösemethode verwandelt hat. Seine Methode unterscheidet sich von der des jungen Workshopleiters, weil er seine gesamten Möglichkeiten auf ein Problem konzentriert, anstatt die Optionen zu verlagern und so das Problem zu verwischen.

»Ich arbeite als Berater für die Entwicklung von Organisationsstrukturen. Unsere Kunden sind zum Großteil Unternehmen in der Krise oder vor dem Zusammenbruch. Es handelt sich oft um Gesellschaften, bei denen zwischen den Abteilungen große Unterschiede bestehen. Jede Abteilung möchte sich auf Kosten der anderen hervortun. Ich bekomme Berichte, die völlig widersprüchlich sind, und ich behandle sie wie ein Kartenspiel. Ich lege im Geiste die Abteilungen übereinander, bis ich die

Punkte finde, die übereinstimmen. Wenn ich die verschiedenen Systeme durchmische, finde ich bestimmte Punkte, mit denen alle einverstanden sind. Ich sehe meine Aufgabe darin, herauszufinden, wie die übereinstimmenden Punkte so gehandhabt werden können, daß die Abteilungen zusammenarbeiten, um zu überleben.

Das Mischen schafft oft Probleme, wenn Verfahren und Hierarchien geändert werden müssen. Die Besprechungen, in denen ich Leuten etwas über Veränderungen erzählen muß, machen mir viel Kummer. Aber die Kartenspielmethode sorgt dafür, daß die Sache klappt.«

Intuitiver Stil

Die Gewohnheit der Sieben, eine neue Information in verschiedene miteinander zusammenhängende Kontexte einzupassen, ähnelt der Methode, mit Hilfe des Geschichtenerzählens intuitive Ideen zu entdecken.

Bei dieser Technik beschäftigen Sie sich mit einem schwierigen Problem, indem Sie es zunächst zurückstellen und dann beginnen, eine Geschichte über etwas zu erzählen, das mit dem Problem überhaupt nichts zu tun hat. In der Mitte der Geschichte beginnen Sie, Ihr Problem mit der Handlung zu verweben. Sie führen bei Bedarf nützliche Charaktere ein und spielen das Problem in verschiedenen Szenen und aus der Sicht verschiedener Charaktere durch; dies gibt Ihnen Einsichten darüber, wie Sie mit der Situation umgehen können.

»Ich arbeite seit Jahren in einer Laufbahn, in der ich mich in der Naturwissenschaft, in der Philosophie, aber auch in Statistik und Geschichte auskennen muß. Es geht ständig darum, das über ein Gebiet Gelesene auf die anderen Arbeitsbereiche zu beziehen. Ich kann nicht logisch vorgehen, das heißt, die mechanischen Teile meines Wissens in einem Bereich auf einen anderen übertragen. Wenn ich auf eine Mauer stoße, möchte ich Kaffee und ein warmes Croissant. Ich muß meinen Verstand mit etwas anderem beschäftigen, Joggen etwa oder mit einem Freund reden.

Meistens ist die Pause einfach entspannend, und es geht mir wieder besser von der Hand, wenn ich zur Tafel zurückgehe. Aber manchmal fördert etwas in der sekundären Aktivität, die mit meinem Problem überhaupt nichts zu tun hat, eine Antwort zutage.

Ein solcher Treffer war, als ich mit anhörte, wie meine Frau unserem jüngsten Sohn die Mechanik einer Nähmaschine erklärte. Etwas im Ton ihrer Stimme nahm mich gefangen, und während sie erklärte, wie die Nadel den Faden aufnimmt, wurde mir klar, daß ich eine unterschwellige historische Spannung in dem Artikel vernachlässigt hatte, den ich gerade schrieb, ähnlich wie die unsichtbare Spule eine Spannung auf den Nähfaden ausübt.«

Die höhere geistige Kapazität zur Arbeit

Der ausweichende Aspekt des Planens in alle Richtungen hat zwei Seiten. Zum einen ist ein phantasievolles, einfallsreiches Planen eine Aktivität, die Siebener einer »stumpfsinnigen Plackerei« vorziehen. Die zweite Seite des Sichentziehens und Ausweichens ist subtiler. Bei einer eingegangenen Verpflichtung müssen alle Beteiligten davon ausgehen, daß sämtliche Aspekte der Vereinbarung und nicht nur – wie es Siebener häufig tun – einige wenige ihrer angenehmeren Punkte beachtet werden. Wenn sie zum Beispiel heiratet, heißt das für die Sieben noch längst nicht, daß sie oder ihr Partner monogam bleiben muß, wenn sie jemand anders kennenlernen – man könnte ja auch zwei Menschen lieben.

Die meisten Siebener würden die Tatsache der unterlaufenen

Verpflichtung bagatellisieren und etwa die Ansicht vertreten: »Was könnte falsch an der Liebe sein? Liebe ist etwas Ausgleichendes, ist nicht alle Liebe gleichwertig?« Wer pflichtbewußt handelt, wird von der Sieben damit in die Position eines weniger intelligenten Menschen gedrängt, der es nicht versteht, »seiner Energie zu folgen«.

Arbeit impliziert die Festlegung auf einen einzigen Handlungsstrang und nicht das Schweifen von einem zum anderen – aus Furcht, man könnte etwas Gutes versäumen. Arbeit bedeutet immer ein bestimmtes Maß an freiwilliger Beschränkung. Sie müssen Ihre übrigen Möglichkeiten begrenzen und sich auf einen Plan festlegen, der nicht ohne weiteres grundlegend geändert wird, wenn Schwierigkeiten auftauchen; Sie geben auch nicht auf, wenn Sie kritisiert werden oder andere von Ihren guten Ideen nicht so begeistert sind. All dies sind aber typische Siebener-Eigenschaften.

Für einen narzißtischen Meditierenden bedeutet die Ausrichtung der Aufmerksamkeit auf ein einziges inneres Objekt der Kontemplation langweilige Arbeit. Die Aufmerksamkeit wird von faszinierenden Ideen und Träumen angezogen, und es fällt sehr schwer, den Denkprozeß zu verlangsamen, um sich auf einen einzigen Punkt zu konzentrieren.

Die Aufgabe wird noch schwieriger, wenn das in der Meditation auftauchende Material uns als weniger entwickelt zeigt, als unser Ego uns glauben machen will. Zum Narzißmus neigende Meditierende, die glauben, persönliche Mängel bereits überwunden zu haben, brauchen Kraft und Mut, um ihren in Wirklichkeit noch unzulänglichen Aspekten Aufmerksamkeit zu schenken.

»Ich machte eine praktische medizinische Ausbildung, als ich auf die Grenzen der Medizin stieß, was ich eigentlich vermeiden wollte. Ich war bewußt von der Vorstellung motiviert, Medizin sei der ›Antitod‹ und daß ich irgendwie immer in der Lage sein würde, irgend etwas zu tun. Ich kam dann turnusmäßig in die

Onkologieabteilung, und jeden Tag informierte ich Familien über die ernsthafte Krankheit, an der ich nichts machen konnte.

Zuerst wollte mein Verstand die Wahrheit einfach nicht schlucken. Es mußte Auswege für meine Patienten geben. Eine andere Vorgehensweise, irgendeinen interdisziplinären Behandlungsplan. Schließlich mußte ich das Faktum Tod akzeptieren und feststellen, daß ich glaubte, über dieser Tatsache zu stehen. Ich glaubte nicht, daß ich sterben würde. Ich begann, mich ganz ernsthaft für Krebs zu interessieren. Ich sah ihn mir genau an, und es wurde faszinierend für mich.

Ich hatte eine Art spirituelle Erfahrung, während ich mikroskopierte. Als ich durchs Mikroskop sah, lag ich im Kampf mit meinem Verstand. Ich versuchte, mich auf die Platte mit der Krebszelle zu konzentrieren, und atmete nur ganz schwach, und alles, an das ich denken konnte, war das Buch, das ich gerade las, und meine Verabredung später am Abend. Es fühlte sich an, als wäre ich am Rand zwischen Leben und Tod. In den Zellen auf dem Objektträger war der Tod, und mich rief das Leben.

Was geschah, war, daß die Zellen sich zu öffnen begannen. Auf dem Objektträger waren sie eingefärbt worden, aber sie begannen zu pulsieren wie kleine Sonnen. Ich beobachtete nur, wie sie pulsierten und sich öffneten, und ich wußte, daß sie sehr lebendig waren. Als ich wieder zu mir kam, war ich überzeugt, in einer Art verändertem Bewußtseinszustand gewesen zu sein – und dadurch, daß ich meinen Verstand ruhig gehalten hatte, einen Einblick in die Realität zwischen Leben und Tod bekommen zu haben.

Es änderte nichts an der Tatsache, daß Krebs eine oft tödliche Krankheit ist, aber es machte mich offener für meine eigene Sterblichkeit und für meine Grenzen.«

Unersättlichkeit

Die Unersättlichkeit von Siebenern zeigt sich als körperliches Verlangen nach Erfahrungen. Epikureer sagen, daß sie nach ihrem eigenen Adrenalin süchtig sind. Sie lieben den Ansturm der physischen Energie, die Erregung des Abenteuers, geistige Stimulation. Oft ziehen bewußtseinsverändernde Drogen und andere Substanzen sie an, die sie in Hochstimmung halten sollen. Unersättlichkeit ist eher ein körperliches Verlangen nach Anregungen und Erfahrungen als nach reichlichem Essen. Siebener würden sogar eher eine Erfahrung abbrechen, bevor sie »satt« sind, um ihr Interesse lebendig zu halten. Sie sind Feinschmecker der Erfahrung und schätzen kleine Happen vom Allerbesten, anstatt zuviel von einer Erfahrung zu sich zu nehmen.

Die geistige Unersättlichkeit, das »Hinundherhüpfen« von einem Gedanken zum anderen, ist in der spirituellen Praxis problematisch: Die Aufmerksamkeit rast so behende durch Assoziationen, Phantasien und geistige Vorhaben, daß der Meditierende nicht tief in einen kontemplativen Zustand hineinkommt. Er muß lernen, ruhig und auf einen einzigen Punkt konzentriert zu sitzen, wenn die Aufmerksamkeit sich gewohnheitsmäßig von Phantasien und Plänen ablenken lassen möchte.

Die körperliche Version des »Hinundherhüpfens« wird von Siebenern als der Wunsch beschrieben, jede mögliche Erfahrung zu machen. Sie sagen, daß sie sich am lebendigsten fühlen, wenn sie sich zwischen verschiedenen faszinierenden Aktivitäten bewegen, und daß ihnen unendliche Quellen physischer Energie zur Verfügung stehen, solange ihr Interesse lebendig bleibt. Ihr Geheimnis besteht darin, eine Aktivität genau in dem Augenblick zu beenden, in dem sie Erschöpfung oder Langeweile zu spüren beginnen. Sie sagen auch, daß sie eher ohne Schlaf auskommen würden, als eine interessante Aktivität aufzugeben.

Die Tugend der Nüchternheit

Nüchternheit bedeutet einfach, einen Handlungsstrang fortzusetzen, ohne Ablenkungen oder aufregende Alternativen einzuführen. Siebener sagen, daß sie Angst haben, zurückzuschalten und sich auf einen einzigen Handlungsstrang festzulegen, weil Verpflichtungen immer Langeweile und Schmerz mit sich bringen.

Auf geistiger Ebene neigen Siebener zu positiven Phantasien, was der Gewohnheit der Sechs, sich das Schlimmste vorzustellen, um vorbereitet zu sein, genau entgegengesetzt ist. Epikureer berauschen sich an der Macht ihrer eigenen Vorstellungen und erleben auch ein dem Rauschzustand nahes physisches Hoch, wenn sie ihren Wunsch befriedigen, soviel Reize wie möglich aufzunehmen.

Siebener werden getragen von einem großen Plan für die Zukunft; er enthält die Vision einer Lebensweise, in der ihre Hauptinteressen und ihre besonderen Tröstungen ein harmonisches Ganzes bilden: Es gibt keine Auseinandersetzungen, aber viel Anregung und keine schwierigen Fragen, alles läuft glatt.

Nüchternheit bedeutet, daß in jedem Augenblick die Erfahrungen wahrgenommen werden, die tatsächlich existieren. Gutes und Böses werden mit gleichem Interesse behandelt, anstatt die Aufmerksamkeit selektiv auf positive Erfahrungen zu lenken. Eine nüchterne Sieben kann eine Sache nach der anderen erledigen und ihren wahren Wert schätzen, anstatt sie mit Hilfe der Phantasie zu mehr zu machen, als sie ist.

Vorzüge

Zu den Vorzügen der Sieben gehört ihre Begeisterung für kreative Möglichkeiten sowie die Fähigkeit, auf Menschen zuzugehen und neue Ideen einzubringen. Siebener arbeiten sehr gut in Netzwerken und sind ausgezeichnete Ideensammler, besonders zu Beginn eines Projektes. Sie sind bereit, zu experimentieren und ihre Grundsätze in neue Konzepte einzupassen; sie sehen die sich überschneidenden Bereiche ansonsten entgegengesetzter Standpunkt, das Beste in allem. In den schwierigen Phasen eines Projekts oder einer Beziehung heben sie die emotionale Stimmung. Sie haben echtes Interesse und Energie für abenteuerliche Projekte. Sie sind bereit, für gute Zeiten, interessante Projekte und eine lohnende Sache so hart zu arbeiten, wie andere für ihr Gehalt oder persönlichen Gewinn arbeiten.

Attraktive und unattraktive Umgebungen

Siebener sind oft Herausgeber, Schriftsteller oder Geschichtenerzähler. Sie sind Theoretiker eines neuen Paradigmas, Planer, Ideensammler und Syntheseschaffende. Sie suchen nach natürlichen Wegen, um in Hochstimmung zu bleiben.
Sie sind ewig jung, und um gesund und aktiv zu bleiben, besuchen sie Fitneßcenter und Naturkostläden. Fotos von ihnen erscheinen in New-Age-Zeitschriften. Sie sind Idealisten, Futuristen und internationale Reisende. Als Gourmets und Weinkenner suchen sie das Allerbeste. An der Universität drängen sie auf interdisziplinäre Studien.
Siebener sind gewöhnlich bei Routinearbeiten ohne Abenteuergeist nicht zu finden: Labortechniker, Buchhalter, begrenzte Tätigkeiten mit vorhersehbarer Routine, Arbeit unter einem kritischen Chef.

Berühmte Siebener

Doonesburys Figur Zonker ist eine Sieben, die durch Glück, Charme und die Annahme, daß Wahrhaftigkeit gegenüber sich selbst besser ist als eine Menge harter Arbeit, die Eliteuniversität Yale besucht, ein Medizinstudium absolviert und die britische Peerswürde erhält.

Weitere Siebener: Ram Dass, Henry David Thoreau, Peter Pan, Kurt Vonnegut, Groucho Marx, Shri Rajneesh Bhagwan und Tom Robbins.

Subtypen

Die Sub- bzw. Untertypen zeigen die von Epikureern entwickelten Methoden zur Aufrechterhaltung eines idealisierten Selbstbildes. Drei für den Narzißmus zentrale Themen tauchen auf: Spiegelung, Futurismus und Idealisierung.

Beeinflußbarkeit (Faszination) in Zweierbeziehungen

Siebener verstärken neue Erfahrungen und Ideen durch positive Vorstellungen so, daß sie wie vollendete Tatsachen aussehen.

»Ich halte mich für einen weiblichen Don Juan. Meine Anziehungskraft wirkt unmittelbar; ich möchte alle Wunder teilen, die ich entdeckt habe, und ihn bei mir haben, während ich noch mehr ansammle.«

Aufopferung (Märtyrer) im sozialen Bereich

Siebener können die sich durch Verpflichtungen ergebenden Einschränkungen ihrer Möglichkeiten akzeptieren, weil sie überzeugt sind, daß alle Begrenzungen vorübergehend sind und sie sich auf ein positives Ziel in der Zukunft zubewegen.

»Die Aufopferung war so in mein Leben integriert, daß ich nie dachte, daß ich Opfer bringen würde. Wir waren eine Einwandererfamilie und landeten in einer schwierigen italienischsprachigen Ghettoszene. Ich kam aus der örtlichen Grundschule in einen anderen Bezirk, und die Unterschiede zwischen meiner Familie und dem, was die anderen Kinder hatten, wurden mir sehr bewußt gemacht.

Auf einer gewissen Ebene wußte ich, daß meine Leute nie über die Sprachbarriere hinwegkommen würden, aber auf einer anderen Ebene sah ich, wie wir alle auf ein völlig verwandeltes Leben zusteuerten.«

Familie (gleichgesinnte Verteidiger) als Selbsterhaltungstaktik

Eine Sieben liebt die Sicherheit, zu einer Gruppe Gleichgesinnter zu gehören, die die Überzeugungen der Sieben widerspiegeln.

»Ich hielt mich für jemanden, der zwanghaft zwischen meinen Freunden die Runde machte und nichts von den interessanten Dingen verpassen wollte, die sie so trieben. Ich stellte mir vor, daß wir den perfekten Lebensstil herausfinden könnten, wenn wir unser Talent zusammenbrächten. Ich machte jahrelang die Runde, bis mir klar wurde, daß wir uns nicht vertragen würden, wenn wir enger zusammenlebten. Ich habe immer noch die Vorstellung, daß wir geistig verbunden sind, aber der Traum vom Zusammenleben ist vorbei.«

Was Siebenern hilft, sich zu entfalten

Siebener beginnen eine Therapie oder eine Meditationspraxis oft, weil sie »mehr aus dem Leben herausholen« wollen. Oder sie steigen in der Midlife-crisis ein, in der die Diskrepanz zwischen vorgestellten Erwartungen und tatsächlich Geschaffenem deutlich wird. Typisch ist die Überzeugung, daß andere in der Familie Probleme haben, die Unfähigkeit, sich auf eine Beziehung festzulegen, und Schwierigkeiten mit der Beendigung eines langweiligen oder blockierten Projekts im Bereich der Arbeit. Weitere mögliche Problembereiche sind Arbeit allgemein, Drogen und

Finanzen (aufgrund der Flucht ins Vergnügen als psychischer Abwehr).

Epikureer müssen erkennen, wann die Aufmerksamkeit sich vom realen Schmerz zu einer positiven geistigen Träumerei oder einer angenehmen Ersatztätigkeit verlagert. Sie können sich selbst helfen, indem sie

– erkennen, daß Jugend und Energie sie anziehen, sich erlauben, den Wert der Reife und des Alters zu sehen,
– lernen, lange genug bei einer schmerzlichen Angelegenheit zu bleiben, um die Existenz von Problemen zu realisieren, statt sie zu leugnen,
– bemerken, wann die »geistige Flucht«, das Sichentziehen, stattfindet (wenn sie sich zuviel vornimmt, übermäßig zahlreiche Projekte und neue Möglichkeiten imaginiert und nur noch Zukunftspläne schmiedet, wenn Denken und Aktivitäten sich überstürzen, ist eine Sieben auf der Flucht),
– die Gewohnheit erkennen, die Spannung eines realen Erlebnisses durch eine Vorstellung von Schmerz zu ersetzen,
– bemerken, daß oberflächliches Vergnügen und mangelnde Tiefe in Bindungen zu dem zwanghaften Wunsch nach mehr Vergnügen und Spaß führen,
– bemerken, daß sie tiefgehende Erfahrungen und Vergnügen übergehen, wenn sie an der Oberfläche bleiben,
– bemerken, daß oberflächliches oder vorzeitiges »Abladen« von Emotionen aus Angst, sich vollkommen sich selbst zu verpflichten, intensive Reaktionen ersetzt,
– ihre Annahme erkennen, zu einer privilegierten Behandlung berechtigt zu sein,
– das Ausmaß ihrer tatsächlichen Verantwortung sehen, das gewöhnlich sehr viel größer ist, als die Sieben möchte,
– mit den Füßen auf dem Boden bleiben, wenn die unterschwellige Paranoia hochkommt (diese kann überwältigend sein), die Angst, daß das Leben ganz schlimm wird,

- den Unterschied zwischen Kritik und realistischer Selbstein-
schätzung zu sehen versuchen, die Angstgefühle bemerken,
wenn die Vorstellungen des eigenen Selbstwerts in Frage
gestellt werden, und den Wunsch registrieren, sich in den
Vordergrund zu schieben, um sich wieder überlegen zu fühlen,
- bereit sind, Episoden der Wut zu bearbeiten, wenn die übersteigerten Selbstwertvorstellungen hinterfragt werden, im Falle einer (psychischen) Verletzung die Tendenz erkennen, geliebte Menschen polarisierend als gut oder böse wahrzunehmen, mit den Füßen auf dem Boden bleiben, wenn Dinge
schlimm aussehen,
- ihre Anstrengungen bemerken, die Situation durch Charme zu
entschärfen, Dinge interessant und nett zu machen, »in Ordnung« zu sein,
- die Tendenz sehen, eine Geschichte zu erfinden, um Schmerz
zu vermeiden, unterhaltsame Geschichten zu fabrizieren, die
nur am Rande mit der Wahrheit zu tun haben, Analogien zu
benutzen, um schmerzliche Gefühle zu intellektualisieren, die
Aufmerksamkeit auf ein geistiges Bild zu verlagern, um die
Erfahrung des Schmerzes abzublocken,
- die Flucht in Phantasie, stimmungshebende Mittel, Sinnes-
überlastung erkennen, die Fähigkeit entwickeln, im gegenwärtigen Moment zu bleiben, anstatt zu fliehen,
- unbefriedigende Möglichkeiten loslassen, das Gefühl der Be-
grenzung und Angst bemerken, das hochkommt, wenn eine
Möglichkeit wegfällt.

Mögliche Reaktionen in Zeiten der Veränderung

Epikureer sollten sich bewußt sein, daß während der Veränderung
einige der folgenden Themen auftauchen können:
- von der Therapie gelangweilt sein, weshalb Geschenke mitge-

bracht werden, man sich dem Therapeuten gegenüber charmant zeigt, Aufmerksamkeit auf interessante intellektuelle Dinge gelenkt wird,

- Gefühle der Überlegenheit, auf den leicht lächerlichen Therapeuten hinabsehen, auf das alltägliche Leben hinabsehen,
- Assoziieren einer schwierigen Situation mit so vielen geistigen Parallelen, daß der Vorfall an Kraft verliert,
- Aktivitäten beschleunigen wollen, wenn es um Verpflichtungen geht, Angst, wenn andere Möglichkeiten wegfallen,
- das Gefühl, daß Verpflichtungen festhalten und langweilig sind,
- eine Beschäftigung mit inneren Hierarchien (»Wo stehe ich? Wo ist mein Platz? Was sehen die anderen in mir?«),
- Autoritätsprobleme, nicht der Chef sein wollen, nicht unter einem Chef sein wollen, Autorität nivellieren, um den Schmerz zu vermeiden, daß einem gesagt wird, was man tun soll,
- Schuldgefühle, weil man mit Charme so gut über die Runden gekommen ist,
- mit der Therapie aufhören wollen, sobald die anstehende Angelegenheit sich besser anfühlt, Flucht in vermeintliche Gesundheit,
- zu veränderten Bewußtseinszuständen kommen wollen, problematischen Angelegenheiten einen höheren Sinn unterstellen, »Flug ins Licht«,
- fehlerhaftes Gedächtnis in bezug auf vergangene negative Erfahrungen,
- Wut ausdrücken, indem man sich über das Problem lustig macht, es als lächerlich ansehen, bagatellisieren, sich über die Besorgnis anderer amüsieren.

13. Punkt Acht: der Boß

	Erworbene Persönlichkeit	Wesenskern
Kopf	Haupteigenschaft: Rache	Höheres Bewußtsein: Wahrheit
Herz	Leidenschaft: Lust	Tugend: Unschuld
	Subtypen	
	Sexuell: Besitz/Hingabe	
	Sozial: sucht Freundschaft	
	Selbsterhaltung: befriedigendes Überleben	

Das Dilemma

Achter beschreiben eine kämpferische Kindheit, in der die Starken respektiert wurden und die Schwachen nicht. In der Erwartung von Nachteilen lernten Achter, sich selbst zu schützen, indem sie für die negativen Absichten anderer ein besonderes Gespür entwickelten. Sie sehen sich selbst als Beschützer, die Freunde und Unschuldige hinter sich plazieren, während sie selbst an vorderster Front gegen Ungerechtigkeiten kämpfen.

Anstatt durch Konflikte eingeschüchtert zu werden, finden Achter ihre Identität als Vollstrecker der Gerechtigkeit und sind sehr stolz auf ihre Bereitschaft, die Schwachen zu verteidigen. Liebe wird öfter durch Schutz als durch die Demonstration zärtlicher Gefühle zum Ausdruck gebracht. Verpflichtung bedeutet, den geliebten Menschen unter die Fittiche zu nehmen und den Weg für ihn sicher zu machen.

Hauptthema von Achtern ist die Kontrolle. »Wer hat die Macht, und ist dieser Mensch fair?« Am liebsten nehmen sie selbst die Sache in die Hand, üben ihre Macht in der Situation aus und behalten die Kontrolle über andere starke Konkurrenten. Sie haben das Bedürfnis, die Fairneß und die Fähigkeiten von Autoritäten zu testen. »Falle ich in die Hände von Bösewichten? Sind sie ein Haufen Verrückter? Wie reagieren sie unter Druck? Mal ausprobieren.«

Wenn Achter sich in einer untergeordneten Position befinden, spielen sie die Tatsache herunter, daß die Autorität tatsächliche Macht über ihr Verhalten besitzt, und testen die Grenzen und die Interpretation der Regeln, bis ihnen die Strafen klargemacht werden. In einer Führungsposition möchten sie die Grenzen eines persönlichen Imperiums sichern. Ihre Strategie besteht eher aus einer handstreichartigen Übernahme als aus dem Versuch, Bündnisse zu schließen, die delikate Verhandlungen und Diplomatie erfordern.

Die Macht wird gewöhnlich getestet, indem ein Boß die wunden Punkte von Leuten drückt und dann beobachtet, wie sie reagieren. »Rächen sie sich? Geben sie nach, und sind sie schwach, oder halten sie, egal, was es kostet, an einem Grundsatz fest? Ändern sich ihre Meinungen, wenn sie mit dem Rücken zur Wand stehen? Lügen sie, manipulieren sie, oder sagen sie die Wahrheit?«

Ein Boß überprüft die Motive, wenn er sich mit einem Freund streitet. Ein Konflikt ist Ausdruck des Wunsches nach tieferer Intimität, denn Achter glauben, daß bei einer Auseinandersetzung die Wahrheit ans Licht kommt. Daß Streiten ein Weg zu größerer Intimität sein kann, schockiert jene Menschen, die offene Wut einschüchtert oder die sich wundern, daß Intimität und Zorn eng verbunden sein können.

Die harte Schale einer Acht verbirgt das Herz eines abhängigen Kindes, das vorzeitig widrigen Umständen ausgesetzt war. Viele Achter gehen durchs Leben, ohne in sich selbst zu schauen und die zarteren Gefühle wiederzuentdecken, die sie seit dem Verlust der kindlichen Unschuld versteckt haben. Wenn die Aufmerksamkeit sich schließlich nach innen wendet, kann die Erkenntnis, daß wir alle für unser eigenes Unglück verantwortlich sind, die Acht mit selbstmörderischer Gewalt treffen – schließlich hat sie ein Leben lang außen nach einem Sündenbock gesucht. Achter sagen dann, daß sie anderen zwar Vorwürfe machen, dies aber nie dem Tadel gleichkomme, den sie gegen sich selbst richten. Vorwürfe und der Wunsch, Missetaten zu bestrafen, sind Schlüsselbeschäftigungen, denn ist ein tadelnswerter Punkt erst einmal erkannt, kann ein Boß legitim handeln, um als Beschützer der Unschuldigen und Vollstrecker der Gerechtigkeit die Kontrolle zu übernehmen. Zorn und »Action« werden gegen eine äußere Bedrohung mobilisiert, wobei Zorn der Acht ein Gefühl von Macht vermittelt, weil er die unterschwellige Angst, verletzt oder betrogen zu werden, augenblicklich ersetzt.

Aufgrund ihrer Überzeugung, daß die Starken überleben und die Schwachen nicht, betrachten Achter mehrdeutige Darstellungen, vermischte Botschaften oder unklare Befehlsketten mit tiefem Argwohn. Sicherheit bedeutet, zu wissen, wer der Gegner ist und wer einem den Rücken deckt. Unter Druck verengt die Aufmerksamkeit sich darauf, die eigene Macht gegen die Stärke oder Schwäche eines Kontrahenten abzuwägen. »Ist er unschuldig oder schuldig, Freund oder Feind, Krieger oder Feigling?« Ein Boß stellt seine eigene Meinung selten in Frage. Über die Vorzüge einer Meinung palavern oder die eigene seelische Motivation erforschen würde nur dazu dienen, einen starken persönlichen Standpunkt zu untergraben.

Achter möchten Vorhersehbarkeit und Kontrolle über ihr Leben, sind aber ohne die Herausforderung, eine Position zu verteidigen, schnell gereizt und gelangweilt. Sobald die Verhaltensregeln feststehen, brechen Achter die Richtlinien, die sie vielleicht selbst erstellt haben. Wenn sie sich langweilen oder überschüssige Energie zu verbrennen haben, machen sie Schwierigkeiten: Sie beginnen zu streiten, mischen sich in das Leben von Freunden ein oder verschwenden sehr viel Energie auf Nebensächliches.

Der Exzeß ist eine andere Möglichkeit, den Energieüberschuß abzulassen und die übliche Lösung einer Acht für das Problem der Langeweile. Sie nimmt zuviel von allem: Sexorgien, Sauf- und Freßgelage, die die ganze Nacht andauern, Unterhaltung bis zum Gehtnichtmehr, Arbeit bis zum Umfallen. Sobald die Aufmerksamkeit sich aufs Vergnügen einschießt, kann sie nur schwer umgelenkt werden. Eine angenehme Sache führt zur nächsten, bis die Acht der letzte Gast ist, der auf der Party übrigbleibt.

Wie jeder der neun Enneagramm-Typen erkennt auch der Boß durch Reife und Selbstbeobachtung die Grenzen eines engen Standpunkts. Jeder Typ entdeckt letztlich anhand seiner Themen einen wertvollen Aspekt seines Wesenskerns; für die Acht bedeutet dies die Wiedergewinnung jener ursprünglichen kindlichen Unschuld, die aufgegeben wurde, um in einer beängstigenden Welt zu überleben.

Hauptthemen

- Kontrolle des persönliches Besitztums, des persönlichen Raums und der Menschen, die das Leben der Acht beeinflussen können.
- Aggression und der offene Ausdruck von Zorn.
- Gerechtigkeit und der Schutz anderer.
- Streit und Sex als Möglichkeit, Kontakt herzustellen. Menschen vertrauen, die bei einem Streit zu sich stehen.
- Exzeß als Gegenmittel gegen Langeweile. Spät ins Bett gehen, viel Unterhaltung, Freß- und Saufgelage. Von allem zuviel.
- Schwierigkeit, die abhängigen Aspekte des Selbst zu erkennen. Wenn Achter von anderen Menschen seelisch berührt sind, können sie tatsächliche Gefühle leugnen, indem sie sich zu-

rückziehen, Langeweile vorgeben oder sich selbst innerlich für vergangene Missetaten tadeln.

– Ein Alles-oder-nichts-Aufmerksamkeitsstil, der dazu neigt, die Dinge extrem bzw. polar zu sehen. Andere Menschen erscheinen stark oder schwach, fair oder unfair, dazwischen gibt es nichts. Dieser Aufmerksamkeitsstil kann einerseits dazu führen, daß die eigene Schwäche nicht erkannt wird und andere Standpunkte zugunsten der einzig »berechtigten« Meinung, die der Acht ein Gefühl von Sicherheit gibt, automatisch abgelehnt werden, aber auch dazu, daß angemessene Macht im Dienste anderer ausgeübt wird.

Familiengeschichte

Achter überlebten ihre Kindheit, indem sie eine harte persönliche Haltung einnahmen. Sie hatten das Gefühl, daß ihre Welt von größeren, stärkeren Menschen beherrscht wurde, die ihr Leben kontrollieren wollten. Das Kind glaubte, gegen ungerechte Nachteile zu kämpfen, und überlebte durch alle Arten von Konfrontation, die Feinde zurückweichen ließ. Die Berichte reichen von geschlagenen Kindern, die zurückschlugen, bis zu Kindern aus Arme-Leute-Vierteln, die sich die Achtung Gleichrangiger erwarben, weil sie nicht weinten, keine Schwäche zeigten und Schlägereien gewannen. In der Familie nicht körperlich mißhandelte Achter berichten, daß sie respektiert wurden, wenn sie stark waren, und abgelehnt wurden, wenn sie schwach erschienen.

»In meiner Kindheit war Kämpfen an der Tagesordnung. Üble Schule, üble Wohngegend. Man mußte sich durchsetzen und immer hart dranbleiben. Die Leute hörten zu, wenn man schrie, und ließen einen in Ruhe, wenn man ihnen eins draufgab. Ich erlebte kürzlich eine Neuauflage, als ich im Urlaub dorthin zurückfuhr. Der Ton der Gespräche forderte einen auf, Partei zu ergreifen. Politik, Meinungen – alles hatte einen Gegensatz. Jedesmal, wenn ich versuchte, einem direkten Angriff aus dem Weg zu gehen, sah meine Mutter angewidert aus. Sie brach schließlich die Unterhaltung ab, indem sie sagte, ich sei ein Schwächling, der keine Meinung hätte. Ich mußte erkennen, daß sie mich als Kämpfer mochte, mich aber fallenließ, wenn ich schwach zu sein schien. Als Erwachsener habe ich das Gefühl, ich würde angegriffen, wenn ich versuche, mein Visier hochzuklappen und mich einem anderen Menschen zu öffnen, denn ich bin so dafür gedemütigt worden, wenn ich schwach zu sein schien.«

Achter berichten im allgemeinen von sich, daß sie in jungen Jahren versuchten, gut zu sein. Sie sagen, daß sie anfänglich anderen gefallen wollten, aber ihre Unschuld ausgenutzt wurde und sie verletzt wurden, wenn sie ihre verwundbare Seite zeigten. Sie glauben, daß sie zurückzuschlagen begannen, um sich selbst zu verteidigen, und sie fanden schnell heraus, daß es mehr Spaß machte, die Regeln zu brechen, als sie einzuhalten.

»Meine Eltern sind strenggläubige Baptisten, und wir wurden in der Vorstellung erzogen, daß alles, was zum Seelenheil des Kindes getan wurde, gerechtfertigt war. Mein Vater war gewalttätig gegen uns, und ungefähr vier Jahre wurde ich alle zwei oder drei Wochen mit einem Riemen geschlagen. Als ich ungefähr fünfzehn war, wußte ich, daß ich groß genug war, und ich nahm ihm den Riemen ab und sagte ihm, daß wir uns das nächstemal mit bloßen Fäusten schlagen würden.

Das Interesse meiner Mutter am Zustand meiner Seele schien irgendwie hinterhältiger. Ich wurde mit ungefähr elf Jahren ›gerettet‹ und nahm die Gelübde monatelang tierisch ernst. Es war unmöglich. Eine kleine Sünde, und ab ging's in die Flammen; es war Himmel oder Hölle, dazwischen gab es kein Heil. Die Realität, die meine Eltern mir skizzierten, war einfach nicht akzeptabel. Wenn das das Leben war, warum es dann nicht hier und jetzt beenden? Also widersetzte ich mich und bekam laufend Warnungen, etwa: ›Wenn du das tust, bist du hinüber, es gibt keine Rettung, kein Zurück.‹ Also tat ich es einfach und übertrat die Grenzen.

Als ich an der High-School war, brach ich in die Kirche ein, die wir besuchten. Mein Vater war Diakon an dieser Kirche, deshalb mußten wir mit Schimpf und Schande die Gemeinde verlassen. Davor hatte man mich gezwungen, viel in die Kirche zu gehen – sonntags morgens, sonntags abends, mittwochs abends, Gebetstreffen –, und für mich war es einfach eine Qual. Rückblickend denke ich, daß es ihnen bewußtmachte, was mit mir los war, aber damals dachte ich einfach, daß ich das Geld brauchte.«

Leugnung

Junge Achter gedeihen in einer Atmosphäre offenen Wettbewerbs, in der sie all ihre natürlichen Begabungen als Hebel zum Sieg einsetzen können. Ein kleines, intelligentes Kind wird ein anderes manipulieren oder eine beleidigende Meinung äußern; ein größeres wird um sich schlagen oder den Gegner niederbrüllen. Kleine Krieger können es sich nicht leisten, im Kampf an ihre Schwächen zu denken; sie sind auf sich selbst angewiesen und lernen, auf die Abwehr des Feindes einzustürmen.

Solche Kinder haben gelernt, ihre persönlichen Begrenzungen zu leugnen, um stark zu erscheinen. Sobald die Aufmerksamkeit einer Acht sich in der Kampfhaltung festbeißt, verengt die Wahrnehmung sich auf die schwachen Punkte in der Abwehr des Gegners. Gegenargumente des Kontrahenten werden wahrscheinlich nicht verstanden, weil die innere Aufmerksamkeit nicht länger schwankt und also das Problem nicht überdacht wird. Sobald die Aufmerksamkeit der Acht sich in Kampfhaltung begibt, werden widersprechende Beweise geleugnet, weil die Acht es sich nicht leisten kann, die Aufmerksamkeit lange genug abzuziehen, um sie zu durchdenken.

»Während der gesamten Schulzeit mußte ich es für meine Freunde mit dem Lehrer aufnehmen. Ich dachte, ich würde die Wahrheit suchen, und was herauskam, war das Infragestellen von Autoritäten. Wußten sie, was sie zu wissen vorgaben? Woher kamen ihre Informationen? Ich dachte immer, daß keiner die ›braven‹ Kinder mögen würde, ich glaubte, daß sie mich mehr mochten.

Ich stellte mich nicht gegen die Autorität, weil ich versuchte, mir irgend jemanden zu entfremden, sondern weil ich die Aufmerksamkeit der anderen Schüler durch eine Herausforderung, einen Kampf gewinnen wollte, und ich dachte, die Lehrer würden meinen Geist und meine Willenskraft respektieren. Nur selten zog ich die Möglichkeit in Betracht, daß meine Meinungen falsch sein könnten. In gewisser Weise war es sowieso egal, denn mich reizte die aktive Konfrontation; sie gab mir das Gefühl, lebendig zu sein.

Als Erwachsener habe ich Projekte in Angriff genommen, ohne zu überlegen, ob ich den Hintergrund für sie hätte und es schaffen könnte. Kürzlich übernahm ich einen Artikel über die neue Gentechnologie für eine überregionale Zeitung, obwohl ich noch nicht einmal einen Grundlagenkurs in Biologie habe. Ich nahm einfach an, daß ich es könnte. Arbeit fesselt mich. Es ist dann alles Arbeit und kein Spiel, und ein andermal spiele ich dann so intensiv, wie ich kann, und arbeite überhaupt nicht. Egal, worum es geht, es ist immer alles oder nichts.«

Der bevorzugte Existenzzustand ist eine hochenergetische Vorwärtsbewegung. Achter haben gelernt, ihren Impulsen zu folgen und das anzugehen, was ihnen Spaß macht, ohne ihre Motivationen zu sehr zu hinterfragen. Sie sind daher relativ ungehemmt und haben sehr viel physische Energie zur Verfügung, die ansonsten vielleicht in Selbstbeobachtung und Selbstzweifeln gebunden wäre. Sobald ein Wunsch sich festsetzt, bewegen sie sich schnell zur Aktion, bevor die Frustration sich einstellt. Die Zeitspanne zwischen Impuls und Aktion ist gering; sobald ein begehrenswertes Ziel im Geist festgelegt wurde, bewegt der Boß sich in jenen inflexiblen Aufmerksamkeitsstil, der der Kampfhaltung zugrunde liegt.

»Ich habe immer den Mythos gefördert, ich sei unbesiegbar. Ich erinnere mich daran, daß ich einmal spätabends ein Stück Kuchen wollte, ein paar Minuten vor Ladenschluß. Der Laden befand sich am anderen Ende der Stadt, also nahm ich das Motorrad und fuhr mit Höchstgeschwindigkeit die Telegraph Avenue hinunter. Das Motorrad traf auf ein Loch in der Straße an einer Baustelle, wo die Warnlichter kaputt waren. Ich kam wieder auf die Füße, obwohl meine Hose voll Blut war, und dachte nur daran, das Motorrad in Gang zu bringen.

Ich erinnere mich, daß ich ein paar Leute abwimmelte, die mir zu helfen versuchten, und dabei hatte ich nur den Gedanken im Kopf, daß ich den Kuchen bekommen mußte, bevor es zu spät war. Es hatte nichts mit Heldentum oder Kuchen zu tun. Es hatte damit zu tun, es wieder einmal geschafft zu haben.

Das Gefühl der Verwundbarkeit, wenn diese ganze Macht weg ist, ist unglaublich schmerzlich für mich. Deshalb halte ich den Mythos lebendig, wobei hohe Geschwindigkeit eine Art Metapher für die Überholspur ist, auf der ich voll aufdrehe, weil ich sonst das Gefühl habe, daß nichts passiert.«

Die Leugnung persönlicher Grenzen führt oft zu der parallellaufenden Gewohnheit, den eigenen physischen oder emotionalen Schmerz zu negieren. Achter berichten oft, daß sie das große Fußballspiel an der High-School mit einer Bandage über einem verletzten Knie beendeten und vor Schmerz erst in Ohnmacht fielen, als sie zu Hause waren. Sie erzählen auch bezeichnende Geschichten darüber, wie sie ihren emotionalen Schmerz leugneten; junge Bosse etwa, die erkennen, daß ihre Liebste oder ein guter Freund sie zum Narren gehalten haben, finden sofort einen Weg, das Gefühl abzublocken.

Die zur Leugnung einer schmerzlichen Erfahrung notwendige Verlagerung der Aufmerksamkeit ist für einen guten Kämpfer ein wesentliches Plus, kann aber auch zu einer Quelle schrecklichen Leids werden, wenn der Betreffende sich um die Meinung anderer kümmert oder sich verliebt. In den Anfangsstadien der Liebe sind Achter zwischen der Öffnung des Herzens für zärtliche Gefühle und der Gewohnheit, sanftere Emotionen zu leugnen, hin und her gerissen.

In ihrem Buch *Unsere inneren Konflikte*[43] gibt Karen Horney eine eindringliche Beschreibung der Enneagramm-Linie Zwei–Acht; sie schildert das Dilemma eines Menschen, dessen Hauptabwehr in Aggressivität gegenüber anderen besteht, der aber im Herzen weiterhin von ihrer Bestätigung und Liebe abhängt. Karen Horney benennt drei unterschiedliche Arten, wie Menschen ihre Lebensangst zu bewältigen suchen: durch Feindseligkeit, das heißt Aggression gegen andere (Typ Acht), durch Unterwerfung, also Hinwendung zu anderen Menschen (Typ Zwei), und durch Rückzug, Isolation von anderen (Typ Fünf). Entsprechend der dreifachen Ansicht des Enneagramms vom menschlichen Charakter zeigen diese scheinbar verschiedenen Verhaltenskategorien sich im Sicherheitspunkt (Zwei) und im Streßpunkt (Fünf) einer Acht.

Kontrolle

Bosse versuchen, über alles, was ihr Leben beeinflussen kann, die territoriale Kontrolle zu behalten. Sie entwickeln ein feines Gespür für die Gerechtigkeit des Tuns anderer und beschäftigen sich im allgemeinen mit dem Potential, das andere haben, um Macht oder Kontrolle auszuüben. Die innere Aufmerksamkeit richtet sich auf Fragen wie »Wer hat hier die Verantwortung?« und »Wird dieser Mensch fair sein?«

»In gewisser Weise war mein Leben eine Suche danach, was eigentlich die Regeln sind. Nicht die Vorstellung von irgend jemanden, wie er mich drangsalieren kann, sondern die wahren Regeln des Verhaltens. Meine Weltanschauung ist, daß es da draußen wirklich Böses gibt und Leute, die mich unterdrücken wollen, damit sie selbst auf meine Kosten oben bleiben können. Ich habe genausoviel Anrecht auf das, was ich brauche, wie sie, und um es zu bekommen, muß ich jene Leute links liegenlassen, die mich übervorteilen wollen, während ich gleichzeitig versuche, mich auf meine Weise ehrlich zu verhalten.«

Achter fühlen sich sicher, wenn sie eine Situation kontrollieren, das heißt, sie das Sagen haben und die anderen gehorchen. Sie haben auch das Gefühl von Macht, wenn sie gegen die Verhaltensregeln angehen, denen andere sich fügen. Sie reagieren empfindlich auf jeden Versuch, ihr Verhalten zu regulieren, und werden ärgerlich und rebellisch, bis sie von äußeren Belästigungen frei sind. Weil sie möchten, daß die Macht sowohl Grenzen setzt als auch Grenzen durchbricht, schwankt ihr Verhalten oft zwischen sich und anderen auferlegter puritanischer Rechtschaffenheit und dem entgegengesetzten Extrem, alles wegzuwischen, was sie sich selbst verboten haben.

Ein Beispiel dafür wäre ein Boß, der anderen eine mörderische Liste von Forderungen aufstellt und dann eine Woche fischen geht. Ein weiteres Beispiel wäre ein Boß, der die Angestellten persönlich anweist, aus Gründen der Effizienz morgens früher am Arbeitsplatz zu erscheinen, und dann dieselben Angestellten bei einer angekündigten Besprechung eine Stunde auf sich warten läßt.

Achter möchten den Einfluß anderer auf ihr Leben begrenzen oder zumindest vorhersagen. Vertrauen wird hergestellt, indem der andere sich ganz offenbart und möglichst viele unbekannte

Faktoren eliminiert werden; Bosse drängen andere, Stellung zu beziehen, oder sie nehmen selbst einen kontroversen Standpunkt ein, um zu sehen, wie andere reagieren. Geschmacklose, diskriminierende Witze, Anspielungen auf Homosexualität oder Geschichten über vergangene Leben polarisieren fast jede soziale Situation in Freunde und Feinde und veranlassen Leute, die Art von aus dem Bauch kommenden Reaktionen zu zeigen, die das Kontrollbedürfnis der Acht befriedigt.

»Sobald ich beginne, an einer Freundschaft interessiert zu sein, möchte ich klarlegen, wie wir miteinander umgehen. Ich möchte, daß wir beide die Regeln einhalten, weshalb ich meine Freunde daraufhin beobachte, ob sie ihren Teil der Abmachung vielleicht brechen. Wenn ich mein Visier hochgeklappt habe und von jemandem hereingelegt werde, dem ich vertraue, fühle ich mich total verraten.

Wenn sie mich unabsichtlich oder durch Dummheit verletzen, sorge ich dafür, daß es nicht wieder vorkommt, aber wenn es absichtlich geschah, muß ich gleichziehen. Ich möchte, daß sie es zugeben, und ich möchte, daß sie bestraft werden. Das Eingeständnis, daß ich ausgenutzt worden bin, würde meine Vorstellung, grundsätzlich recht zu haben, so schwächen, daß ich das Gefühl hätte, vollkommen unrecht zu haben und mich ihnen unterwerfen zu müssen.«

Die Wahrnehmungen von Achtern entstammen einer Weltsicht, in der ein kleines Versehen oder ein falsch gehandhabtes Detail das Potential zur Eskalation enthält. Kleine Irrtümer irritieren sie und veranlassen sie zu einer lauten Reaktion, weil sie unvorhergesehen hinters Licht geführt wurden. Irrtümer großen Stils wirken paradoxerweise reizvoll, vor allem wenn sie so katastrophal sind, daß sie eine anständige Konfrontation verlangen.

In jeder unvorhersehbaren Situation kommt die gewohnheitsmäßige Konzentration der Acht auf die schwachen Punkte der Angelegenheit ins Spiel. Die Acht möchte potentielle Schwierigkeiten abstellen, bevor sie eskalieren, und wenn etwas Überraschendes oder Unvorhergesehenes geschieht, konzentriert die Aufmerksamkeit sich so auf einen kleinen Fehler, daß der Boß für die Reaktionen anderer und naheliegende Möglichkeiten zur Abstellung des Fehlers blind ist. Dies kann unangenehme soziale Folgen haben, da der Boß dogmatisch wird und auf dem Versuch besteht, die Kontrolle wiederherzustellen.

»Ich habe eine Anlage dafür, Sachen in die Hand zu nehmen, damit ich sicher bin, daß alles richtig gemacht wird. Ich tendiere daher dazu, die Details daraufhin zu kontrollieren, ob alles so ist, wie es sein sollte.

Letzte Woche waren wir mit einem anderen Paar auswärts essen, und die Suppe kam kalt aus der Küche. Ich hatte den Eindruck, als würde ich versuchen, mich mit dem Kellner und der Suppe zu beschäftigen, und erst hinterher wurde mir klar, daß die anderen in Verlegenheit gebracht worden waren. Ich wollte warme Suppe auf dem Tisch, und es spielte in meinem Kopf eine große Rolle, sie zu bekommen, denn wenn wir die Sache durchgehen ließen, könnte auch das Hauptgericht schlecht sein. Man muß sofort eingreifen, um sich selbst zu retten, weil sonst die Angst hochkommt, daß alles außer Kontrolle gerät.«

Rache und Gerechtigkeit

Rachegedanken verhindern, daß die auf dem Gefühl der Machtlosigkeit beruhende kindliche Angst wiederauftaucht, und blenden auch Gefühle der Erniedrigung und Gefährdung aus, die sich aus einer Niederlage ergeben können. Groll bietet die Möglichkeit, das Spiel in Gang zu halten. »Ich habe noch nicht verloren, ich warte nur, bis wir uns wieder begegnen.« Die Gewohnheit, anderen für Schwierigkeiten die Schuld zu geben und widersprechende Meinungen im Geist als dumm abzutun, ohne sie zu durchdenken, sind weitere Abwehrmechanismen gegen das Gefühl, von äußeren Einflüssen beherrscht zu werden.

»Einfach dazusitzen und einen Mißbrauch des Vertrauens hinzunehmen kann einen wütend machen. Die Tatsache, daß man reingelegt worden ist, bleibt einem im Gedächtnis und wartet auf den richtigen Moment, an dem man in Aktion treten kann. Rache ist keine Arbeit mit dem Buschmesser, vielmehr soll sie eine Lehre sein, die für den Grad des Vergehens genau richtig und angemessen ist. Ich stelle mir vor, wie ich sie richtig anbringe, so daß mein Gegner im Moment des Geschehens erkennen muß, wie beschissen er sich benommen hat.«

Achter verwechseln im allgemeinen ihren Wunsch, mit jemandem abzurechnen, mit der Idee der Gerechtigkeit. Sie sind – ihrem Empfinden nach unfair – verletzt worden, weshalb Vergeltung sich nicht als Rache anfühlt, sondern als Ins-Gleichgewicht-Bringen der Waagschalen der Gerechtigkeit.

»Letzte Woche ging ich mit einem Freund auswärts frühstücken. Der Inhaber des Lokals war total unhöflich, als er die Bestellung entgegennahm, und für den Rest des Frühstücks ging mir das nicht aus dem Sinn. Sollte ich einfach den Tisch umkippen, wenn ich ging? Sollte ich diesem Typ eine Szene machen? Was konnte ich tun, damit dieser Tag nicht völlig demütigend war und ich besserer Stimmung wurde? Ich mußte immer weiter daran denken, was ich ihm antun konnte. Also tat ich nichts und ging. Aber es ärgert mich immer noch. Wenn ich an dem Restaurant vorbeifahre, denke ich: ›Was wäre, wenn ich einfach eine Fensterscheibe einschlagen würde?‹ Es läßt einen nicht aus den Krallen, bis man etwas unternimmt.«

Die Gerechtigkeitsthematik der Acht hat mit ihrem Bedürfnis zu tun, die Kontrolle zu behalten. »Kann ich anderen vertrauen? Sind ihre Handlungen fair?« Diese Sorge entstammt dem unerfüllten Kindheitswunsch, eine Autorität zu finden, die so vertrauenswürdig ist, daß man ihr die Kontrolle übergeben kann, ohne

Angst haben zu müssen, hereingelegt oder beherrscht zu werden. Aufgrund ihres feinen Empfindens für Gerechtigkeit schenken Bosse allen Hinweisen auf unfaire Absichten besondere Aufmerksamkeit.

»Ich tendiere dazu, nach Zeichen unbewußten oder böswilligen Verhaltens zu suchen, um das üble Verhalten anderer in den Griff zu bekommen bzw. vorauszusehen, wie sie unter Druck reagieren. Manipulieren sie, oder haben sie eine Neigung dazu? Macht es ihnen Spaß?

Ich möchte das Übelste sehen, dessen sie fähig sind, damit es keine bösen Überraschungen gibt. Nicht glauben, wir hätten ein absolut harmonisches Verhältnis – und dann über ein paar niedrigere Motivationen des Gegenübers überrascht sein. In die unterste Schublade schauen. Was will dieser Mensch, und mit was kann ich bei ihm rechnen?

Ich beobachte sehr intensiv, wie Leute miteinander umgehen. Wo sind sie blind gegenüber sich selbst? Wo haben sie ihre unterschwelligen Emotionen, ihre Achillesferse? Ich bin mir im klaren darüber, daß es mir sehr schwer fällt, meine Meinung zu ändern, wenn jemand sich als nicht vertrauenswürdig zu zeigen beginnt. Wenn ich mir meine Meinung gebildet habe, möchte ich die Vorhersehbarkeit, daß es dabei bleibt. Wenn ich herausfinden möchte, wie jemand unter einer glatten Oberfläche wirklich ist, setze ich ihn unter Druck und irritiere ihn, um zu sehen, was er tut, wenn man ihm zusetzt.«

Der Boß macht Druck, um die wahren Motivationen anderer zu entdecken, insbesondere, ob sie fair sind. Die Acht, die sich als Verteidiger der Schwachen sieht, möchte in einer ungerechten Situation natürlich dazwischentreten und die Sache in die Hand nehmen. Allerdings geht die Acht bei ihrer Verteidigung einer lohnenden Sache oft so scharf vor, daß sie eher als Unruhestifter denn als nützlicher Verbündeter empfunden wird.

Achter sind auch anfällig für Manipulationen, die sie in die

Schlachten anderer Leute hineinzuziehen. Sie sind engagierte Anführer bei der Verteidigung der Gerechtigkeit oder wenn Unterdrückung konfrontiert werden muß, daher als starke Verbündete sehr gefragt. Ein typisches Szenario wird von Achter-Kindern berichtet, an die eine Ungerechtigkeit herangetragen wird und die sich in einer Situation wiederfinden, in der sie sich an vorderster Front für die Interessen anderer Kinder einsetzen. Wenn die Schüler zum Beispiel das Gefühl haben, daß der Lehrer ihnen zuviel Hausaufgaben aufgibt, wird ihr Sprecher wahrscheinlich ein Achter-Kind sein; seine Sicherheit hing schließlich davon ab, daß es gegen Ungerechtigkeit direkt vorging, und es kann leicht dahin gebracht werden, daß es für die anderen Kinder einsteht.

In gestörten Familien ist es oft das Achter-Kind, das die uneingestandene Wut der Erwachsenen spürt und gegen sie vorgeht. In diesem Szenario identifizieren die anderen Familienmitglieder die Acht wahrscheinlich als den Unruhestifter; sie erkennen nicht, daß ihre eigenen inneren Aggressionen sich ganz klar auf das Kind übertragen.

Wahrheit als Eigenschaft des höheren Bewußtseins

Die Beschäftigung mit dem »Fair play« konzentriert die Aufmerksamkeit auf die verborgenen Absichten anderer. Bosse möchten die Echtheit dessen, was Leute sagen, auf die Probe stellen und sie aktiv mit heiklen Angelegenheiten konfrontieren, um zu sehen, ob und wie die Wahrheit sich unter Druck vielleicht verändert. Wahrheitssuche hat für Achter nichts mit Aggression zu tun, sondern damit, herauszuspüren, wann Meinungen nur teilweise geäußert oder Informationen zurückgehalten werden, und dann, einem natürlichen Impuls folgend, alle betroffenen Parteien so lange durchzuschütteln, bis sie ihre wahren Gefühle herauslassen. Streit wird als grundlegend für eine Freundschaft angesehen, weil Menschen unter Druck ihre verborgenen Absichten offenbaren.

Achter respektieren einen fairen Kampf. Ihr idealisiertes Selbstbild, das sie als persönlich mächtig zeigt, wird als Bewunderung für Menschen, die eine Meinung überzeugt unterstützen, nach außen projiziert. Sie identifizieren sich mit jenen, die bei einem Angriff standhalten, und mißachten Menschen, die Konfrontationen zu vermeiden suchen.

Vom Standpunkt des Außenseiters sieht der »faire Kampf« der Acht so aus, als ständen sich zwei kompromißlose Gegner in einem Boxring gegenüber. Die von uns, die mit ihren Aggressionen nicht in Kontakt sind, versuchen oft, der Acht aus dem Weg zu gehen, schlechte Nachrichten zurückzuhalten oder Informationen zu frisieren, um einen potentiell explosiven Menschen nicht zu ärgern. Aus der Sicht der Acht dagegen ist Streit ein Stimulans, und es macht sehr viel mehr Spaß, es gegen einen würdigen Gegner zu »schaffen«, als einen leichten Sieg davonzutragen.

Angesichts eines würdigen Gegners kommt es zu einem anhaltenden emotionalen Ausbruch, wenn die Acht sich darauf einstellt, einer mächtigen Kraft entgegenzutreten, die außer Kontrolle zu geraten droht. Die Wut, die aufsteigt, um der Situation gewachsen zu sein, wird als strömende, gebündelte Stärke erlebt. Sie fühlt sich erregend an, nicht negativ. Eine wütende Acht spürt die energetische Stärke des Gefühls als eine Kraft, mit der sie die Wahrheit einer Sache herausbekommen kann, als Hilfsmittel, um »die Sache zu schaffen«, als Erregung, die der Langeweile und dem Selbstvergessen entgegenwirkt. Ein fairer Kampf ist für eine Acht in Wirklichkeit eine Situation, in der es nur Gewinner gibt. Der Sieg über einen Gegner verschafft die Befriedigung, Kontrolle auszuüben, und die Niederlage gegen einen würdigen Gegner, der getestet und für fair befunden wurde, verringert das Mißtrauen gegenüber jenen, die Macht über das Leben haben.

Von ihrem Ego aus agierende Achter konzentrieren sich geistig auf eine Version der Wahrheit, die ihnen den größtmöglichen Nutzen verschafft, und bestehen darauf, daß ihre Version die einzig objektiv wahre Handlungsweise ist. Sobald sie überzeugt sind, daß ihre Version der Wahrheit richtig ist, vergessen sie, daß sie ihnen nützt oder nur einen Teil der Fakten berücksichtigt. Da sie geistig darauf eingestellt sind, jeden Widerstand zu überrollen, bewegt ihre Aufmerksamkeit sich in die Kampfhaltung, die das Negative der gegnerischen und das Positive der eigenen Position anvisiert. Abweichende Meinungen werden im Geiste als dumm etikettiert und automatisch vergessen, denn die Aufmerksamkeit der Acht verengt sich darauf, das Ziel zu erreichen, das ihr Sicherheit bietet.

Sobald sie einmal in der Kampfhaltung sind, verlieren Achter die Flexibilität der Aufmerksamkeit, mit deren Hilfe sie ihre Handlungsweise reflektieren oder eine neue, ihren starken persönlichen Standpunkt möglicherweise schwächende Information berücksichtigen könnten. Bosse können sich des Aufmerksamkeitsstils der Kampfhaltung bewußt werden, wenn sie bemerken, wann die Vorstellungen anderer ihnen schrecklich dumm und so wenig erwägenswert erscheinen, daß sie kommentarlos übergangen werden.

Eine Acht beschrieb den geistigen Kampfhaltungszustand, indem sie sagte, Bosse wollten »der wichtigste Spieler der Angriffsformation sein und mit dem Ball losrennen, ohne sich nach der eigenen Verteidigung umzuschauen. Das einzige, was man sucht, sind die Löcher in der Abwehr des anderen Teams.« Ganz ähnlich agiert eine stark fixierte Acht von einem so auf die eine »wahre« Handlungsweise festgelegten Geisteszustand aus, daß sie nicht mehr in der Lage ist, die Aufmerksamkeit auf einen alternativen Standpunkt einzustellen.

Mit zunehmender Reife sowie Erfahrungen mit fairen Autoritäten und sicheren Freundschaften nimmt die Abwehr der Acht ab, und wenn sie nicht von einer Vereinnahmung bedroht wird, beginnt sie, sich für Kompromißlösungen zu öffnen.

Bei einer reifen Acht gehört das neurotische Bedürfnis, Konflikte zu schaffen, um verborgene Wahrheiten zu entdecken, der Vergangenheit an; ihr Leiden hat sie die seltene Fähigkeit entwickeln lassen, die Wahrheit jedes Menschen zu erkennen. Nachdem die Möglichkeit, von anderen unfair beherrscht zu werden, sie nicht länger bedroht, nimmt sie die tatsächlichen Wünsche anderer objektiv wahr. Achter, die ja nur die Wahrheit einer Sache herausbekommen wollen, können lernen, jene kleinen Aufmerksamkeitsschwankungen zu erkennen, die die Aufrichtigkeit einer Aussage verraten.

Aufmerksamkeitsstil

Achter verfügen über verschiedene Möglichkeiten, bedrohliche Informationen nicht wahrzunehmen. Ihr psychologischer Abwehrmechanismus dreht sich um die Vorstellung, daß sie mächtiger sind als jeder potentielle Gegner; ihre Wahrnehmung tendiert infolgedessen dazu, die eigene Kraft zu vergrößern und die effektiven Vorteile des Gegners herunterzuspielen. Ein Achter beschrieb sich selbst als »nicht eigentlich mutig, denn ich sehe selten etwas, vor dem ich Angst habe ... Ich würde mich für mutig halten, wenn ich Angst hätte und trotzdem darauf zugehen würde. Aber die Leute sehen für mich wie Pappkameraden aus, wenn ich in einen Streit gerate.« Eine klassische Möglichkeit, eine Bedrohung nicht wahrzunehmen, besteht darin, sie zu vergessen, indem man die Aufmerksamkeit auf etwas anderes richtet. Für Achter übernehmen Exzesse wie übermäßiges Essen, Trinken und Sichverausgaben die Funktion, das Auftauchen einer schmerzlichen Einsicht oder einer Erkenntnis, die das Gefühl der persönlichen Macht bedrohen könnte, zu verhindern. Ein bewußter Boß kann daher das dringende Bedürfnis nach sofortiger Befriedigung als Wink benutzen, nach innen zu schauen und herauszufinden, welche tatsächlichen Bedürfnisse durch den Exzeß unterbunden werden.

Unerwünschte Einsichten können auch dadurch ausgeblendet werden, daß ein schmerzliches Thema so stark geleugnet wird, daß es zu existieren aufhört. In diesem Fall geht es nicht darum, die Aufmerksamkeit auf einen angenehmen Exzeß zu lenken, um etwas zu vergessen, an das man nicht denken möchte. Vielmehr befähigt diese Möglichkeit dazu, etwas genau anzustarren und nicht wahrzunehmen, daß es da ist. Ein extremes Beispiel dieses Aufmerksamkeitsstils wurde von einer genesenden Alkoholikerin berichtet, die in der Zeit, als sie noch trank, mit ihrem Mann ein Gespräch führen wollte; sie stand im Keller des Hauses hinter einem Berg leerer Whiskyflaschen, glaubte aber, sie hätte ihn überzeugt, daß sie nicht trank, weil die Flaschen in ihrem Denken einfach nicht existierten.

Unsere Fähigkeit, das zu leugnen, was wir nicht akzeptieren können, wird auch durch die bei Ärzten verbreitete Forderung im Falle einer schlimmen Diagnose illustriert. Sie verlangen, daß ein Verwandter oder Freund den Patienten begleitet, denn sie nehmen an, daß bedrohliche Informationen geleugnet oder rationalisiert werden. Aufgrund der Umstände in ihrer Kindheit, in der sie einer überlegenen Macht entgegentreten mußten, sind Achter für die spezifische Verlagerung der Aufmerksamkeit, die ungefährliche Informationen aufnimmt und den Rest ausblendet, besonders anfällig.

Ein geschickter Kämpfer überschaut notwendigerweise einen Großteil der Informationen, die für das Lahmlegen des Gegners von Belang sind. Im Gefecht sieht die Wahrnehmung schwarz oder weiß, die verschwommenen Grautöne sind auf ein Minimum reduziert. In dem unter anderem durch Wut erzeugten veränderten Geisteszustand verengt die Aufmerksamkeit sich auf ein

Abschätzen des Gegners. »Wie soll ich ihn nehmen? Wo ist die Schwachstelle in ihrem Charakter? Wie kriege ich ihn dazu, einen Rückzieher zu machen?« Die innere Annahme, daß man selbst recht hat, ist von grundlegender Bedeutung; sie garantiert eine sofortige, geradlinige Handlung, bei der jedoch die Fähigkeit, neue Informationen einzubeziehen, verlorengeht.

»Ich möchte andere Standpunkte immer noch nicht anhören. Ich war so wütend auf Erwachsene, die ›nichts daran machen konnten‹ und weiter herummurksten, daß ich einfach genau wissen möchte, was ich zu erwarten habe, und dann sicherstellen will, daß es auch geschieht. Die Vorstellung, daß für jeden etwas anderes richtig sein kann, ist als geistige Konstruktion okay, aber die praktische Umsetzung schwächt meine Vorstellung, grundsätzlich recht zu haben, dermaßen, daß ich das Gefühl habe, völlig schief zu liegen. Es geht darum, ganz recht oder ganz unrecht zu haben.«

Außenstehende halten Achter möglicherweise für stur, weil sie alternativen rationalen Argumenten nicht zugänglich sind. Die Wahrnehmung tendiert zu einem Entweder-oder-System. »Bist du Freund oder Feind? Anführer oder Gefolgsmann? Stark oder schwach? Gegen mich oder für mich?« Die Erkenntnis, daß ein Mittelwert, ein Kompromiß, existiert, geht im allgemeinen mit dem Gefühl extremer Verletzlichkeit einher. Ein Kompromiß macht die Acht psychologisch für Angriffe von allen Seiten offen, weil die Situation, die nicht länger schwarz oder weiß ist, ihre Vorhersagbarkeit verloren hat.

Die folgende Aussage stammt von einem achtzehnjährigen Boß. Er beschreibt, in welch mißliche Lage er geriet, als er sich einer zuvor geleugneten bedrohlichen Information bewußt wurde. Er gibt auch dem Dilemma der Aufmerksamkeit Ausdruck, dem wir uns alle gegenübersehen, wenn unsere Vorurteile hochkommen, unser Rassismus getestet oder unsere Strategie in Frage gestellt wird. In jeder Situation, in der Menschen sich in »Ich-gegendich«-Lager teilen, konzentriert die Aufmerksamkeit sich schnell auf die schwachen Stellen des Gegners, was zur Folge hat, daß seine besseren Qualitäten und die Schwäche der eigenen Position geleugnet werden. Der Gegner wird zur Nichtperson, seine besseren Qualitäten existieren nicht mehr, weil man es sich nicht leisten kann, sie im Gedächtnis zu behalten.

»Ich erreichte meine volle Größe, als ich im zweiten Jahr an der High-School war; und als die Football-Saison kam, war ich ein Meter neunzig groß und wog hundert Kilo. Ideal für die Abwehr. Während eines Spiels zu Beginn der Saison forderte mich jemand vom anderen Team heraus, und deshalb hatte ich es auf ihn abgesehen. Ich wurde wütend und nahm meinen Kopf herunter und rempelte ihn so hart an, wie ich konnte, was ihm die Rippen und drei Wirbel brach. Er war lange im Krankenhaus und konnte sich dann allmählich wieder bewegen. Die ganze Zeit hörte ich davon, aber für mich war es nicht wahr, daß es schlimm war, und es war nicht wahr, daß ich es getan hatte. Der Gedanke kam mir ins Gedächtnis, und es war nicht wahr, also vergaß ich es. Ich bekam den Spitznamen ›Killer‹, was gut war, weil es mir die anderen Kerls vom Leib hielt – und weil es nicht mir galt.

Ungefähr in der Mitte der Saison passierte es wieder. Dieselbe Situation, ein harter Schlag, eine Verletzung, und der Typ war erledigt. Es war niederschmetternd. Der ganze erste Vorfall fiel mir wieder ein, als ich auf dem Boden lag. Es war, als würden mir Stöße versetzt. Ein Schmerz, die Wochen im Bett, und ich glaubte, ich fühlte den Haß der Typen, die mich ›Killer‹ nannten. Es kam alles auf einmal und dauerte ein paar Tage. Das Ende der Geschichte war, daß der zweite Typ, den ich gerempelt hatte, einen glatten Bruch hatte, der nicht schlimm war; und daß ich mit dem Spielen aufhörte. Die Mannschaft, der es gefiel, einen Riesen wie mich bei sich zu haben, schimpfte, aber ich war mir nicht sicher, was passieren könnte, wenn ich wieder in blinde Wut geriet.«

Aus der Sicht der Meditationspraxis könnte Leugnung durch das Schlagwort »nicht denken« veranschaulicht werden. Aber dies ist eine falsche Praxis, ein Irrtum, dem Meditierende oft verfallen, wenn sie beginnen, den Geist von Gedanken zu klären. Bei dieser falschen Praxis zieht der Meditierende die Aufmerksamkeit nicht wirklich von den vorherrschenden Gedanken zurück, wenn sie kommen und gehen, sondern versucht statt dessen, die Gedanken durch die erzwungene Konzentration auf einen inneren leeren Raum auszublenden. Die starre Konzentration auf die innere Leere blendet – gleichsam als Nebeneffekt – auch das normale Bewußtsein der Gedanken und der anderen Eindrücke aus. Sobald der Meditierende die Konzentration auf den geistigen leeren Raum lockert, stürmen die Gedanken wieder auf ihn ein, und es wird klar, daß das Bewußtsein sich nie wirklich vom denkenden Zustand entfernt hat.

Bosse werden den »Nicht-denken«-Geisteszustand mit jenem kontrollierten An-die-Wand-Starren identifizieren, das sie gern anwenden, wenn sie etwas Schmerzliches vergessen müssen. Eine Acht kann Gott weiß wie lange eine leere Wand oder eine leere Tischplatte anstarren, »aufwachen« und feststellen, daß es ihr schwerfällt zu denken. Sie ist wahrnehmungsmäßig weggetreten, was bedeutet, daß die »Tischplatten-Barriere« Schmerzliches nicht passieren läßt.

Eine Acht beschrieb die Aufhebung der Leugnung als »Wegziehen des Vorhangs auf der Bühne. Alles, gegen das man immer gekämpft hat, starrt einen mit der Kraft der totalen Wahrheit direkt an. Man hat total unrecht, man ist ein Idiot, man hat einen unverzeihlichen Fehler begangen, und man möchte sich für das bestrafen, was man getan hat.« Problematisch bei geleugnetem Material ist, daß es plötzlich und mit großer Wucht ins Bewußtsein aufsteigen kann, was aufgrund des Achter-Themas »Gerechtigkeit« eine Woge von Selbsthaß und Selbstvorwürfen heraufbeschwört. Der junge Sportler etwa sah sich als Held oder als

Mörder; ein Mittelding zwischen diesen beiden Extremen gab es nicht.

Achter berichten auch, daß die Aufhebung der Leugnung in einem Fall als innerer Ariadnefaden fungieren kann, durch den in einer Art Kettenreaktion andere, ähnliche Vorfälle hochkommen. Sobald sie etwas Schlechtes an sich wahrnehmen, erinnern sie sich an viele andere Beispiele dieses »Schlechten«, das sie in der Vergangenheit getan haben.

Achter sagen, daß die Erkenntnis wie ein Schachtelteufel mit schockierender Schlagkraft wirkt. Sie öffnen die Schachtel einer Meinung, bei der sie sich völlig im Recht glauben, aber die Tatsache, daß sie unrecht hatten, ist so erschreckend, daß ihre Aufmerksamkeit in die Kampfhaltung geht und sie nicht mehr an einen Kompromiß zur Abdämpfung der Einsicht denken können. Was vollkommen richtig war, ist vollkommen falsch geworden, und das Bedürfnis nach der Bestrafung des Vergehens wird sofort gegen die eigene Person gerichtet.

Intuitiver Stil

Der jedem Enneagramm-Typ eigene intuitive Stil entwickelt sich aus der Art und Weise, in der er Informationen Aufmerksamkeit schenkte, die die kindliche Angst erhärteten. Achter waren wegen Macht und Kontrolle besorgt, weshalb das Kind lernte, die Kraft zu registrieren, die andere in ihrem Körper erzeugten. Bosse sagen, daß Energie sie anzieht; daß sie die Qualität der Energie in Menschen und Situationen spüren können, weil ihr Selbstgefühl den leeren Raum eines Zimmers füllt. Sie machen Aussagen wie: »Wenn ich wütend bin, habe ich das Gefühl, größer zu werden.« Oder: »Die Leute denken, ich wäre einsachtzig groß, obwohl ich in Wirklichkeit ziemlich klein bin.« Die folgende Aussage einer Studentin illustriert die typische Plazierung der

Aufmerksamkeit einer Acht, der es zur Gewohnheit geworden ist, sich selbst zu beobachten.

»Mein Partner sagt, daß er meine Anwesenheit spüren kann, sobald ich zur Haustür hereinkomme. Er sagt, er habe das Gefühl, mich auch dann berücksichtigen zu müssen, wenn er bei geschlossener Tür in seinem Arbeitszimmer sitzt. Ich glaube, daß ich und die anderen Achter, die ich kenne, übermäßig viel Raum einnehmen, daß ich mich in den Raum ausdehne, in dem ich bin, und das ganze Haus mit meiner Person ausfülle.«

Diese Studentin hat erkannt, daß ihre Aufmerksamkeit sich auf ein erweitertes Gefühl ihrer selbst richtet, das den physischen Raum ausfüllt – eine für Achter typische Erscheinung. Sie beschreiben übereinstimmend einen körperbezogenen Raumeindruck und nicht, daß sie von den Gefühlen anderer Menschen überschwemmt werden oder gewohnheitsmäßig die Aufmerksamkeit auf geistige Vorstellungen lenken. Die folgende, ähnliche Schilderung eines intuitiven Eindrucks stammt von einem in der Forschung tätigen Physiker.

»Ich bekomme meine Meßdaten von Maschinen, die sehr empfindlich sind und leicht kaputtgehen. Das ganze Experiment steht und fällt mit der genauen Anpassung einer Probenreihe, die beim kleinsten Fehler aus dem Gleichgewicht gerät. Das größte Problem der ganzen Sache ist, daß es drei Tage dauern kann, um den Fehler in der Anlage zu finden, wenn der Apparat nicht funktioniert.

Letztes Jahr mußte ich für unseren Geldgeber zu einem bestimmten Termin einen Bericht fertigstellen, und die Maschine ging kaputt. Ich war total aufgelöst, aber nachdem ich eine ganze Nacht durchgearbeitet hatte, wußte ich, daß ich es nicht schaffen würde. Ich erinnere mich, daß ich in meiner Verzweiflung begann, das ganze Projekt zu verfluchen, und ich mußte mich bremsen, die Maschine nicht in Stücke zu schlagen. Ich hatte das Gefühl, sie so zu hassen, daß irgendein Teil von mir unwillkürlich auf den Tisch schlug, wo die Teile für das elektrische Testen lagen, und als ich so ausholte, spürte ich die fehlerhafte Stelle in der Maschine.«

Offene Wut

Ein für die Psyche der Acht zentraler, mit viel Stolz und großem Leid verbundener Punkt ist der offene Ausdruck von Wut. Stolz liegt darin, daß, wenn etwas gesagt werden muß, die Acht es ausspricht; zu Selbstbeschuldigungen kommt es, wenn dieselben Worte im Zorn gesprochen werden und zum Verlust einer Freundschaft führen. In ihrer Vergangenheit sind Bosse dafür belohnt worden, daß sie mächtig waren, und die Erkenntnis, daß ein Sieg Ablehnung und nicht Achtung hervorruft, kann schockierend für sie sein.

Achter berichten, daß sie sich in einer Streitfrage so auf das Gewinnen konzentrieren, daß sie die Tatsache nicht beachten, daß eine Machtdemonstration die übrigen Betroffenen entfremdet. In einer lohnenden Sache bis aufs Messer zu streiten fühlt sich für eine Acht in keiner Weise negativ an; offene Wut wird vielmehr als für den Aufbau einer vertrauenswürdigen Beziehung wesentlich angesehen.

»Ich fühle mich am wohlsten, wenn ich die Wut meines Freundes sehe. Wut ist für mich der Weg zu tieferen Gefühlen, tiefer Traurigkeit und unterdrückter Begierde. Es ist aufregend für mich, solange jemand wütend ist und dabei bleibt. Wenn er zu weinen anfängt, ist es schrecklich. Ich fühle mich schlecht und denke, daß er die Opferrolle übernommen hat, damit ich als der Aggressor dastehe, und daß er mir nicht aufrichtig sagt, was er gegen mich hat.

Lange Zeit war Wut mein bevorzugtes Gefühl. Wenn man dazu gezwungen ist, lernt man, sich so schnell zu bewegen, daß die

Angst auf ein Minimum reduziert wird, bevor der Wutausbruch stattfindet. Ich war vor kurzem auf Hawaii in Urlaub, und ich manövrierte mich in eine der wenigen Angstsituationen, an die ich mich erinnern kann. Ich ging über einen verlassenen Pfad zu einem wunderschönen natürlichen kleinen See, der von einer senkrechten Felswand umgeben war, und ich wollte hinaufsteigen, um zu tauchen. Irgendwie manövrierte ich mich an ein außergewöhnliches Felsband heran, an dem auf dem Weg nach oben Felspartien unter mir nachgaben; ich blieb in einer Nische im Fels stecken, die zu weit weg vom See war, um zu tauchen und ins Wasser zu kommen. Ich hatte Reaktionen, die ich kaum kannte: Bauch hart, Knie schwach. Irgendwie war es wunderbar. ›Das ist also echte Angst.‹ Sobald ich mich aus der Situation befreite und wieder herunterkam, erkannte ich, daß ich nicht wirklich tapfer bin. Vielmehr spiele ich die Gefahr so herunter, daß ich nicht auf sie reagiere.

Wut kann andererseits augenblicklich auftreten, und sie ist sehr physisch. Sie dient dazu, die schlimmste Angst abzuwehren, nämlich die, niederträchtigen Leuten in die Hände zu fallen. Wut ist entlastend; sie gibt einem das Gefühl der Stärke und hat eine genußvolle Energie. Für mich ist am besten, wenn andere ihre Wut offen zeigen. Wenn sie sie zurückhalten, was die meisten Leute zu tun scheinen, entsteht ein ungutes Gefühl. ›Hallo, wie geht's‹ nach außen hin, und untendrunter kochen sie. Das ist für mich sehr unangenehm. Man will es herausbekommen und sehen, was es ist, denn es ist unheimlich. Offene Wut ist besser, und solange sie auf einer offenen, zivilisierten Ebene bleibt und ich weiß, daß niemand mich angreift, fühle ich mich mit ihr wohl.

Ich habe es schon mit einem ganzen Zimmer von Leuten aufgenommen und fühlte mich wie ein Karatechampion. Ich bin nicht gewillt nachzugeben, wenn meine Sache richtig ist. Ich glaube, Leute denken oft, daß ich streitlustig bin, oder genauer, daß ich ihnen keinen Verhandlungsspielraum gebe, sobald ich auf das abgefahren bin, was ich sage; das ist, weil ich oft höre, daß Leute nicht neutral mit mir reden. Irgend etwas bleibt hinter den Themen, das nicht zugegeben wird – eine Reizbarkeit, eine uneingestandene Feindseligkeit ihrerseits –, und dann möchte ich einfach nicht zuhören. Ich möchte es nicht hereinlassen, denn für mich ist es vergiftet. Es ist keine Unterhaltung, es ist nicht die Wahrheit. Für mich ist es dann schwer, all die Unterschwelligkeiten herauszuholen und mit ihnen fertig zu werden. Es erscheint mir ehrlicher, einfach die ganze vergiftete Unterhaltung abzubrechen, und Schluß – aus.

Ich habe tatsächlich sehr viel mehr Respekt für Leute, die sich mir nicht unterwerfen. Wenn sie dies tun, ist es wahrscheinlich ein Hinweis darauf, daß sie etwas zurückhalten. Wenn sie nicht zustimmen und dies offen sagen, ist es in Ordnung, aber wenn sie zustimmen und keinen Augenkontakt halten können oder nicht auf der Höhe meiner Intensität sind, bekomme ich die Vorstellung, daß ich es mit einem Schwächling zu tun habe.«

Die Tugend der Unschuld

Unschuldige Menschen gehen ohne vorgefaßte Vorstellungen oder Erwartungen in neue Situationen. Sie sind offen für alles, was die Situation beinhaltet, weshalb sie sich der richtigen Handlungsweise auf natürliche Art anpassen. Die Unschuld einer Acht wird überschattet, wenn sie die Aufmerksamkeit selektiv bündelt, um Kontrolle zu übernehmen oder einen Standpunkt aufzuzwingen.

Es besteht ein Unterschied zwischen einer unbewußten Acht, die automatisch versucht, eine Situation zu beherrschen, und einer bewußteren Acht, die sich vertrauensvoll wechselnden Handlungsweisen anpaßt. Wie alle höheren Impulse wird Unschuld als eine Energie im Körper empfunden, die einen Menschen angemessen, aber ohne Lenkung durch das denkende Selbst antreibt. Dieses besondere körperliche Bewußtsein sollte einem ganzen Menschen natürlich sein; es hängt von dem genauen Erspüren der in jeder Situation vorhandenen Machtqualität und -intensität ab. Eine unbewußte Acht wird wahrscheinlich gewohnheitsmäßig Widerstand erwarten und unbewußt so viel Kraft ausüben, wie für die Übernahme der Kontrolle notwendig ist. Kennzeichen dieses Verhaltens sind die Unbeugsamkeit der Meinung, das Beharren auf einer Teilwahrheit und die Unfähigkeit, die Aufmerksamkeit auf andere Standpunkte zu verlagern. Die zur Übernahme der Kontrolle verwendeten Energien sind körperliche Kraft und Wut.

Eine über diese automatische Reaktion hinausgelangte Acht sollte in der Lage sein, Intensität und Qualität ihrer Energie zu modifizieren, um die immer vorhandenen Schwankungen der Macht genau zu spüren.

Lust

Achter tendieren dazu, ihren Impulsen zu folgen. In der Kindheit war die Fähigkeit, sich schnell vom Impuls zur Aktion zu bewegen, Teil eines Überlebenssystems, das davon abhängig war, erst zu handeln und dann zu denken. Bosse glauben, daß alles, wodurch sie sich gut und mächtig fühlen, eine korrekte Handlungsweise ist, und da sie von Schuldgefühlen und stillen Fragen, mit denen die meisten von uns bei körperlicher Erregung zu tun haben, relativ frei sind, halten sie es für natürlich, einer sexuellen Anziehung nachzugeben. Sie empfinden keine Verlegenheit dabei, ihre Wut auszudrücken oder sexuellen Gefühlen gemäß zu handeln.

»Ich will diese Intensität in einer intimen Beziehung. Jemanden, der die Lebenskraft weckt, wo Erregung da ist. Ich war siebeneinhalb Jahre in einer Beziehung, und da gibt es sehr langweilige Augenblicke. Ich muß lernen, einen Streit nicht nur wegen der Aufregung zu provozieren, die mit ihm einhergeht. Die Intensität zieht mich immer an. Machen wir uns einen Plan, und führen wir ihn gemeinsam durch.

Ich setze auf Sex als Hauptattraktion. Das ist wirklich das, wonach ich suche. Ich weiß, daß ich geliebt werde, wenn jemand scharf auf mich ist. Ich glaube wirklich nicht an viel anderes. Es gibt eine Menge Psychogeschwätz über Liebe, wenn die Leute in Wirklichkeit einfach wollen, daß ihre Erwartungen erfüllt und ihre Egos aufgeblasen werden; ich habe den Eindruck, daß man sein ganzes Leben verwirrt ist, wenn man diesem Zeug zuviel Aufmerksamkeit schenkt.«

Achter besitzen eine niedrige Frustrationstoleranz. Es fällt ihnen schwer, Wut zurückzuhalten, nicht auf eine sexuelle Anziehung hin zu handeln oder sich beim Sonntagsbrunch nicht zum drittenmal den Teller zu füllen. Unbefriedigte Wünsche gehen ihnen immer wieder im Kopf herum, genau wie ein nicht abgeschlossener Disput ihre Aufmerksamkeit fesselt und sie unruhig und reizbar macht, bis sie handeln können, um die Situation zu lösen. »Ich muß es persönlich regeln, sonst schreibe ich im Geist wochenlang Briefe.«

Bosse sagen, daß es oft ein positiver Kontakt für sie ist, wenn sie auf Leute wütend werden. Ein guter Streit enthüllt ihnen die wahren Absichten anderer, weshalb sie sich in der Beziehung sicherer fühlen. Sie berichten auch, daß während einer Auseinandersetzung eine Art Vertrautheit entsteht, daß Wut sich in sexuelle Gefühle verwandelt und ein Streit damit endet, daß man sich liebt.

»Ich war fast zwanzig Jahre mit einer Acht verheiratet und mußte lernen, mit allem, was mir durch den Kopf ging, vollkommen offen zu sein, sonst war er hinter mir her, um herauszufinden, was ich verheimlichte. Als wir noch nicht lange verheiratet waren, hielt ich Wut für das letzte Mittel. Ich betrachtete sie als animalische Leidenschaft, über die zivilisierte Leute hinweg sein sollten. Man mußte seinen Koffer gepackt und einen Rechtsanwalt an der Hand haben, wenn die Beziehung in die Anschreiphase ging.

Als ich drei Jahre verheiratet war, stand ich mit dem Rücken zur Wand. Ich hatte keine Ahnung, daß er Vertrautheit suchte, indem er so ein Ekel war. Ich wußte nur, daß er mich in der Öffentlichkeit beleidigte. Ich war so aufgebracht, daß ich zurückschlagen mußte, was für mich das Ende bedeutete.

Ich glaube immer noch nicht, daß ich es getan hätte, wenn ich nicht völlig sicher gewesen wäre, daß er mich schlagen wollte. Ich erinnere mich, daß ich zwei Stufen die Treppe hinaufstieg, um ihm Auge in Auge gegenüberzustehen, und dann sagte ich ihm alles direkt ins Gesicht. Ich wiederholte ihm seine Position Punkt für Punkt, und dann sagte ich, daß ich nicht einverstanden wäre. Ich sah an seinem Gesicht, daß es nicht zählte. Wenn ich ihm seinen Standpunkt wiederholen konnte, hatte ich zuzustimmen.

Als ich meine eigenen Punkte herausschrie, geschah etwas Erstaunliches. Es machte ihn an. Er lächelte, wurde zärtlich, und seine Wut gegen mich verrauchte. Ich habe noch nie gesehen, daß jemand sich so schnell ändert; daß ich zwei Stufen hoch auf der Treppe stand und ihn anschrie, veranlaßte ihn, mich zu lieben.«

Exzesse

Die Acht löst das Thema ihres Zentralpunkts (Neun), die Unschlüssigkeit in bezug auf die wahren persönlichen Ziele, indem sie mehr von allem bekommen will, was sich gut anfühlt. Die Überstimulation tötet das Bewußtsein anderer Gefühle ab und ersetzt das Bedürfnis, echte emotionale Ziele zu prüfen. Obwohl

Achter für die Befriedigung ihrer Bedürfnisse Energie mobilisieren können und sich in ihrem Wunsch nach Genuß nicht stören zu lassen scheinen, können sie de facto von ihren eigenen echten Wünschen genausoweit entfernt sein wie die ihr Selbst vergessende Neun. Denn die Fähigkeit der Acht zum Handeln entstammt eher der intensiven Konzentration der Aufmerksamkeit aufs Vergnügen und der Erregung des Konflikts als Möglichkeit, in Fahrt zu kommen, als aus intensiven psychischen Prioritäten oder dem Bewußtsein sanfter Gefühle. Mit Hilfe der Stimulation beseitigen Achter ihre Langeweile, leugnen ihre Verletzlichkeit. Das Eintauchen in angenehme Extravaganzen erhöht das Lebensgefühl. Sobald die Aufmerksamkeit von etwas angezogen ist, gibt es kein Schwanken oder Infragestellen mehr. Das Ziel wird begehrenswert, und ob die Seele es wirklich will, zählt nicht mehr. Die Party beginnt, und die Party geht weiter, und die Acht fährt voll darauf ab, alles, was um sie herum geschieht, mitzunehmen.

»Ich fühle mich schlechter, seit ich begonnen habe, mich selbst zu beobachten. Mir über mein Tun bewußt sein bringt die peinliche Tatsache ans Licht, daß ich am meisten lache, am lautesten streite und immer versuche, ein bißchen ›Action‹ in Gang zu bringen. Ein instinktives und unbewußtes Leben ist einfach großartig. Wenn man aus dem vollen lebt, hat man das Gefühl, von der Reizlosigkeit des Lebens wegzukommen.

Ich bin immer unzufrieden, wenn ich mich zurückhalten muß. Als ob ich mein Tun rechtfertigen müßte, weil niemand sonst Schritt halten will. Deshalb möchte ich Gipfelerlebnisse, und zwar eine ganze Reihe, eins nach dem anderen, damit es zwischendurch keine Löcher gibt. Sobald man an etwas Geschmack gefunden hat, breitet es sich wie ein Steppenbrand aus. Wenn man zum Beispiel eine gute Mahlzeit gehabt hat, will man eine andere; wenn man ein Kleid kauft, erwirbt man das nächstemal wahrscheinlich die ganze Stange.

Sobald man sich auf etwas einläßt, wirkt es wie ein Saugnapf, es bedarf enormer Anstrengung, sich loszumachen und etwas anderes anzugehen. Das Gespür für Mäßigung fehlt. Man ist entweder zwanghaft interessiert oder tödlich gelangweilt. Man will im Bett bleiben und sich den ganzen Tag lieben, oder man zeigt überhaupt kein Interesse. Man sitzt dem Geliebten auf dem Schoß, oder man starrt aus dem Fenster, und dazwischen gibt es nichts.«

Der Wunsch, die Intensität zu steigern, um sich lebendig zu fühlen, kommt von dem Gefühl, in einer Alles-oder-nichts-Welt zu leben. *Nichts* ist ein Totpunkt, ein intensiver Wunsch, lange Zeit an die Wand zu starren. *Alles* ist der Wunsch, die Grenzen hinauszuschieben, damit die Energie ins Fließen kommt.

»Ich fahre und halte mich an die Geschwindigkeitsbegrenzungen und die Verkehrsregeln, meine Aufmerksamkeit ist nicht dort. Ich gehe geistig woandershin. Ich langweile mich und mache natürlich Fehler. Aber wenn ich wirklich schnell fahre und auf alles aufpassen muß, insbesondere auf Polizisten, bin ich hellwach. Dann mache ich fast nie Fehler. Ich bekomme Strafzettel, wenn ich am Einschlafen bin und mit hundert auf der Autobahn fahre. Wenn ich mit hundertvierzig fahre, kümmert sich niemand um mich. Ich bin auf dem Posten, wenn die Intensität da ist.«

Intime Beziehungen

In gewisser Weise sind Achter eher für ein Einzelgängerdasein prädisponiert. Ein Einzelgänger braucht sich nur um eine Person zu kümmern und hat nur ein Gebiet zu verteidigen. Wenn eine Acht sich für eine Beziehung zu interessieren beginnt, nähert sie sich Sexualität und Liebe, indem sie Einschränkungen macht. »Wir schlafen miteinander, verbringen aber sehr viel Zeit getrennt.« – »Wir verstehen uns sehr gut im Bett, sind aber nicht die dicksten Freunde.« Intimität und Freundschaft beginnen wie

Koalitionspolitik. »Ich weiß genau, wo ich ihm vertrauen kann.«
– »Ich weiß genau, wo sie steht.« Gesichtspunkte werden ausgetauscht, Positionen klargemacht; Grundlage der Beziehung sind Abenteuer, guter Sex und Aktivitäten, die man gemeinsam genießt.

Wenn Freundschaft zu Intimität wird, geraten Achter in die für sie ungewohnte Position, sich mit jemandem beraten zu müssen. Sie nehmen die Meinung des Partners ernst und werden auch von seinen Stimmungen beeinflußt. Bosse sehen sich selbst als Kraftquelle, und Abhängigkeit von anderen paßt nicht in ihr Machtsystem, das auf sie selbst ausgerichtet ist.

Achter öffnen sich sehr langsam und mit großer Angst. Durch Übernahme der routinehaften Aspekte der Beziehung schaffen sie sich ein sicheres Revier, auf dem sie ihr Visier hochklappen. Sie möchten alles wissen, was im Leben des Partners vor sich geht, und haben eine feste Meinung darüber, mit wem der Partner Umgang hat und wann, wo und wie er seine Zeit verbringt. Wenn Achter erkennen, daß sie von der Liebe eines Partners abhängig werden, treten sie in einer Art Gegenreaktion als mächtiger Verbündeter und Beschützer auf. Um sich weniger verletzlich zu fühlen, übernehmen sie die Führung, was sich leicht in eine Kontrolle der Gewohnheiten und Mechanismen im Leben des Partners verwandelt.

Wenn der Partner sich fügt, entsteht ein interessanter Konflikt. Die Acht will zwar beherrschen, wird aber sehr viel mehr angezogen, wenn der Partner sich gegen die Beherrschung wehrt. Der Schlüssel für den scheinbaren Widerspruch liegt in der Machtthematik der Acht. Bosse können Menschen einschätzen – und also vertrauen –, die bereit sind, sich zu unterwerfen und die Kontrolle über ihr Leben aufzugeben. Sie sind jedoch leicht gelangweilt von Menschen, die sich zu schnell unterwerfen, und verlieren bald das Interesse an jedem, der nicht die Haltung eines würdigen Gegners annimmt. Infolgedessen führt der Weg zur

Vertrautheit über Machttests, denn Achter vertrauen auch Menschen, deren Machtanwendung geprüft und für fair befunden wurde. Sich zur Wehr setzende Partner haben eine harte Zeit, aber wenn sie an ihrer Position festhalten, werden sie mit demselben Respekt behandelt, den Bosse sich selbst zugestehen.

Achter sagen von ihren großen Liebesgeschichten, es sei gewesen, als hätten sie den Partner unter ihre Haut genommen. Sie geben die Kontrolle über die Beziehung auf, indem sie nach und nach dem Partner genauso vertrauen wie sich selbst. Im Hinblick auf andere Menschen können sie sich immer noch wie Einzelgänger fühlen, aber der Partner ist zu einem vertrauenswürdigen Teil eines einzigen Organismus geworden.

»Ich fühle, daß Leute von meiner Kraft, meinem Selbstvertrauen, meiner Wut und der Anregung, die ich ihnen gebe, angezogen werden. Was sie nicht wollen, sind meine Traurigkeit und meine Verletzlichkeit. Ich habe das Gefühl, daß die Leute vor ihnen weglaufen, wenn sie sie spüren. Ich führe sie mit meinen Stärken und spüre, daß Leute mich mißachten und gehen, wenn ich nicht stark bin. Wenn ›gegen etwas angehen‹ meine erste Wahl ist, dann ist das Bedürfnis nach Einsamkeit mein zweiter Favorit.

Ich war immer ein Einzelgänger, sogar in der Intimität fühle ich mich allein. Sobald ich jemandem so zugetan bin, daß ich ihn vermisse, wird es für mich insofern erschreckend, als ich mit dem Teil von ihnen allein bin, der unter meiner Haut ist. Sie werden vertraut, ungefährlich, und ich kann mir nicht vorstellen, daß sie nicht da sind. Ich möchte mich zurückziehen und isolieren und gleichzeitig ihre Seele besitzen. Vom Instinkt her möchte ich sie genauso schützen, wie ich immer meinen Rücken decke, denn wir sind eine Person geworden, und ich bin gegen sie genauso hart und anspruchsvoll wie gegen mich selbst.

Sogar im Restaurant möchte ich mit dem Rücken zur Wand sitzen, damit ich sehe, wer zur Tür hereinkommt; und wenn ich mit jemandem zusammen bin, den ich liebe, achte ich auf uns beide, was wirklich ermüdend werden kann. Ich kann mich nur gewisse Zeit auf andere Menschen ausdehnen, und dann setzt die Reaktion ein, mich zurückzuhalten und wegzubleiben.

Auch wenn ich weiß, was ich will, und etwas Persönliches fragen möchte, weiß ich, daß ich es nicht tun werde. Dem zugrunde liegt die Annahme, daß man nur auf sich selbst zählen kann, daher habe ich die Vorstellung, das, was ich brauche, ohne Rücksprache zu nehmen. Ich kann um Sex bitten, ich kann die Mechanismen meines Lebens kontrollieren. Wirklich schwer anzugehen ist das, was für mich zählt, besonders wenn ich es jemand anders eingestehen oder es öffentlich machen muß. Es sieht aus, als wäre ich ein Advokat, ein unbeugsamer Mensch, denn es fällt mir nicht schwer, für eine Idee oder ein Prinzip einzutreten.

Aber die Wünsche meines Herzens anzugehen ist sehr schwer, und es scheint leichter, kein Risiko einzugehen und bei dem zu bleiben, in dem man gut ist, oder jemanden unter die Haut zu nehmen, der sich verzweifelt um etwas sorgt, und ihm zu helfen, es zu bekommen.«

Beispiel einer intimen Beziehung:
Acht und Vier, der Boß und der tragische Romantiker

Beide Typen werden von Grenzerfahrungen angezogen. Beide sind amoralisch in dem Sinne, daß sie glauben, daß die gewöhnlichen Regeln für sie nicht gelten. Die Vier steht über dem Gesetz, und die Acht ist stärker als das Gesetz. Beide schätzen den Wunsch des anderen nach Abenteuern und sein Bedürfnis, die Grenzen des Erlaubten zu überschreiten, und unterstützen seine Neigung, soziale Zwänge zu ignorieren. Beide sind durch Wiederholung leicht gelangweilt, und wenn das äußere Klima nicht abenteuerlich genug ist, intensiviert jeder das emotionale Klima auf seine Weise: die Acht durch Streit, die Vier durch dramatische Handlungen und Leiden.

Der Achter-Partner schätzt den persönlichen Stil der Vier und möchte in Angelegenheiten des Geschmacks und der Präsentation einbezogen werden. Die Vier wiederum wird von der rauhbeinigen emotionalen Vorgehensweise des Bosses angezogen, weil er mit seinen »wahren« Gefühlen in Kontakt zu sein scheint. Vierer respektieren auch, daß Achter einem Angriff standhalten und Auseinandersetzungen eher suchen, als ihnen aus dem Weg zu gehen. Achter werden durch die Depression eines Partners wahrscheinlich nicht destabilisiert, und in jenen Zeiten, in denen die Stimmung der Vier zwischen Zurückweisung und Anziehung des Partners schwankt, werden sie eine gleichbleibende gefühlsmäßige Haltung bewahren.

Die Gewohnheiten der beiden greifen auf verschiedene Weise positiv ineinander. So wird die Acht die Gesellschaft der Vier vorziehen, wenn sie in Hochstimmung ist, sich jedoch zurückziehen, wenn sie depressiv wird. Eventuell begegnen Achter der Depression der Vier auch dadurch, daß sie gehen und sich woanders eine schöne Zeit machen. Wenn die Vier keine Aufmerksamkeit mehr bekommt, wird sie entweder sehr ärgerlich, was die Depression unterbricht, oder sie bekommt Angst, den Kontakt zu verlieren, was ebenfalls die Depression beendet. Ein weiteres Beispiel für die natürliche Verzahnung der Gewohnheiten: Achter können die Verherrlichung der persönlichen Emotionalität nicht vertragen und werden versuchen, in das dramatisierte Gefühlsleben der Vier einzubrechen, um nach darunterliegenden echten Gefühlen zu suchen. Das Nichternstnehmen von Stimmungen und Gefühlen macht die Vier wütend, womit dann echte Gefühle an die Oberfläche kommen.

Schwierig wird es, wenn die Vier gefühlsmäßig zu abhängig wird, die Opferrolle angesichts der bestrafenden Seite der Acht zu masochistisch genießt, oder zu stark zum dramatischen Drücken-ziehen-Beziehungsmuster neigt. Die in ihren Reaktionen leicht vorhersehbare Acht wird entweder extrem rachsüchtig, um die Beziehung beenden zu können, oder sie wird kommentarlos gehen. Wenn umgekehrt die Acht versucht, sich Machtgefühlen über die Vier hinzugeben, das heißt sie erniedrigen oder kontrollieren will, wird die Vier sich entweder in eine tiefe Depression hineinschrauben oder sarkastisch und verbittert werden.

Einer schwierigen Situation kann abgeholfen werden, wenn die Vier nicht mehr nach der Aufmerksamkeit der Acht schielt, sondern sich auf ein persönliches Projekt konzentriert, das die Acht unterstützen kann. Bei einer der besten Konfigurationen entwickelt die kreative Vier ein Projekt, und die mächtige Acht sorgt für den nötigen Druck, damit es sich realisiert. Eine ausgezeichnete Beziehung entwickelt sich auch, wenn die Acht Wert und Komplexität des Innenlebens der Vier zu sehen beginnt. Wenn die Acht die mit starker Emotionalität und tiefgehenden Meditationserfahrungen einhergehende anfängliche Angst zulassen kann, wird sie feststellen, daß sie bei der Verlagerung des Bewußtseins auf innere Zustände über ungewöhnliche Stabilitätsressourcen verfügt.

Autoritätsbeziehungen

Hauptthema von Achtern ist Kontrolle. Sie gehen davon aus, daß sie das richtige Vorgehen kennen und für eine Sache verantwortlich sind, egal, ob dies tatsächlich so ist oder nicht. Sie ziehen es vor, die Führung zu übernehmen und alle Aspekte einer Operation streng zu kontrollieren. Sie haben auch den Wunsch, die Unschuldigen in der Organisation vor schlechter Behandlung zu schützen und jene zu mobilisieren, die ungerechten hierarchischen Kontrollen unterworfen sind. Vor allem aber möchten sie die Fairneß und die Fähigkeiten anderer Autoritäten testen.

Das Interesse von Achtern gilt dem Wettbewerb mit anderen Führungsfiguren und wird durch das Ziel motiviert, die Grenzen des persönlichen Reichs zu sichern. Sie sind mehr an Macht als an Belohnung interessiert und konzentrieren sich daher auf Angelegenheiten der Sicherheit, insbesondere auf die Vertrauenswürdigkeit von Verbündeten und Untergebenen. Sie brauchen vor allem zuverlässige Informationen, denn sobald sie in den Vorwärtsgang schalten, sind sie neuen Informationen gegenüber blind. Einmal in Aktion, konzentriert die Aufmerksamkeit sich auf eine einzige Richtung, die die schwachen Punkte in der Abwehr des Gegners anvisiert. Sie nehmen daher diplomatische Gelegenheiten oder ein gutes Timing kaum wahr und ziehen den in Verhandlungen erforderlichen subtilen Positionsveränderungen eine handstreichartige Übernahme vor.

Der Schlüssel für die Arbeit mit einem Boß liegt darin, ihn vollständig zu informieren. Leute versuchen oft, schlechte Nachrichten vor Achtern zu verheimlichen, weil sie Angst haben, daß sie wütend und aggressiv werden, wenn ihnen etwas in die Quere kommt. Obwohl dies möglich ist, werden Achter noch wütender, wenn sie das Gefühl haben, daß ihnen etwas vorenthalten wird. Wenn darüber hinaus der Überbringer der schlechten Nachricht mit seinen eigenen Aggressionen nicht in Kontakt ist, wird er den Zorn der Acht persönlich nehmen und sie als potentiell gewalttätig einstufen. Aus der Sicht der Acht stellt das Hereingelegtwerden eine der wenigen wirklichen Bedrohungen dar; vollständige Information ist eine Garantie für Sicherheit und macht aus einem genauen Berichterstatter einen zuverlässigen Verbündeten.

Auf der Plusseite besitzen Bosse immense Kapazitäten, um ein Projekt mit viel Verve durchzuziehen. Wenn sie sich in der Führungsposition sicher fühlen, schalten sie auf »volle Kraft voraus«. Sie dehnen ihren Schutz auf »unsere Leute« aus, machen den Weg für Verbündete sicher und nehmen es bereitwillig mit aggressiven Konkurrenten auf.

Auf der Minusseite werden sie lästig und zudringlich, wenn sie sich langweilen. Sie suchen jemanden, den sie tadeln und bestrafen können, wenn die Dinge nicht vorwärtskommen oder schieflaufen, und sind nicht bereit, dem Gegner eine Gelegenheit zu geben, das Gesicht zu wahren oder sich umzustellen. Menschen gegenüber, die einen negativen Zug aufweisen, den die Acht besitzt, aber unbewußt leugnet, tendieren sie zur Aggressivität.

Eine typische Autoritätsbeziehung:
Acht und Neun, der Boß und der Vermittler

Wenn die Acht der Chef ist, entwickelt sie häufig ein kompliziertes und umfassendes System von Richtlinien, das alle möglichen Eventualitäten abdecken soll. Diese Maßregeln werden dann je nach der Stimmung des Bosses ungleichmäßig durchgesetzt. Wenn er jovial ist, sind alle Regeln dahin. Wenn er das Gefühl hat, daß Vorschriften ohne explizite Erlaubnis gebrochen wurden, forciert er sie, indem er Blitzinspektionen durchführt und unmögliche Fristen setzt. Achter genießen es, die Regeln aufzustellen, denen andere gehorchen müssen, und selbst die Macht zu haben, gegen diese Richtlinien zu verstoßen, ohne unter den Folgen leiden zu müssen.

Eine gute Beziehung entwickelt sich zwischen dem Neuner-Arbeitnehmer und dem Achter-Chef, wenn die Aufmerksamkeit des Bosses nicht dem Angestellten, sondern dem Projekt gilt. Die Neun schätzt eine starke Führung sowohl in einer Defensiv- als auch in einer Offensivphase und kooperiert bereitwillig zum Wohl der Gruppe. Im Fall einer äußeren Bedrohung organisiert der Boß eine ausgezeichnete Verteidigung, sammelt die Mitarbeiter und dient als Beispiel einer auf Abwehr eingestellten Führung. Kein Zentimeter Boden wird ohne Konzessionen oder Auseinandersetzungen aufgegeben. Die Neun, die mit dem Gruppengeist verschmilzt, arbeitet unterdessen unermüdlich für die gemeinsame Sache.

Schwierig wird es, wenn der Boß versucht, die Neun zu größerer Produktivität oder in Verantwortlichkeiten zu drängen, die die

Neun nicht übernehmen möchte. Der Boß erwartet Gehorsam, und die Neun entzieht sich. Der Boß empfindet jede verlangsamte oder passiv-aggressive Aktivität als direkten Angriff und schlägt öffentlich zurück. Da die Acht immer nach einem Sündenbock sucht, wird sie den Arbeitnehmer wahrscheinlich tief demütigen, ohne es tatsächlich so zu meinen, und sich öffentlich auf die Fehler konzentrieren, ohne die Anstrengungen und Erfolge der Neun in der Vergangenheit zu erwähnen.

Eine unter Druck gesetzte Neun wird sich scheinbar fügen, in Wirklichkeit aber ausweichen und alle Fehler vertuschen. Sie kämpft kaum direkt, wird statt dessen innerlich wütend und sagt nichts mehr. Die meisten Achter sind für eine gefühlsmäßige Dynamik blind, und wenn sie nicht direkt informiert werden, verstehen sie nicht, was mit der Neun los ist, und bestrafen die passiv-aggressive Aktivität. Die Situation kann explosiv werden, weil entweder die Acht den Arbeitnehmer feuert oder die Neun nach dem letzten Tropfen, der das Faß zum Überlaufen bringt, ihre Stellung kündigt.

Eine solch schwierige Situation kann entschärft werden, wenn der Achter-Boß bereit ist, die Beschwerden der Neun herauszukitzeln und mit Belohnungen und Lob für gut gemachte Arbeit großzügig zu sein. Eine Neun öffnet sich, wenn sie belohnt und anerkannt wird oder das Gefühl bekommt, gebraucht zu werden. Ein bewußter Achter-Boß könnte auch darauf hinweisen, daß die Gewohnheit der Neun, zu nebensächlichen Aufgaben abzuschweifen oder sich von ihrer Arbeit ablenken zu lassen, für ihn erschreckend ist, weil der Arbeitnehmer außer Kontrolle zu sein scheint. Die plumpen Versuche der Acht, die Kontrolle zu sichern, werden oft von der Angst gespeist, diese zu verlieren.

Wenn die Neun die unvermeidliche Wut der Acht konfrontieren kann, zu einer offenen Diskussion bereit ist und Informationen nicht zurückhält oder versucht, die Schuld von sich abzuwälzen, wird der Boß den nachdrücklich vorgetragenen Standpunkt der

Neun respektieren. Die störrische Weigerung der Neun, sich mitzuteilen, macht Achter wütend, bei einer direkten Konfrontation dagegen fühlen sie sich wohl, und sie öffnen sich, wenn sie die Motive der Beteiligten verstehen.

Wenn die Acht der Arbeitnehmer ist, wird sie in regelmäßigen Abständen die Autorität testen. Je klarer und eindeutiger die Führung ist, desto weniger häufig wird dies notwendig sein. Jede mehrdeutige oder vage Bitte des Neuner-Chefs wird in Frage gestellt oder durch Ungehorsam ausgetestet. Die Belegschaft wird wahrscheinlich in zwei Lager gespalten, denn die Acht drängt sie, auch in kleinen Dingen Partei zu ergreifen, um herauszufinden, wer Freund und wer Feind ist.

Die Acht verhält sich kooperativ, wenn eine redliche Führung oder die gute Idee von jemand anders sie inspiriert. Die beste Verwendungsmöglichkeit von Achter-Arbeitnehmern besteht darin, sie mit der Durchführung eines interessanten Standpunkts zu betrauen. Sie sind für die Organisation sehr viel nützlicher, wenn sie auf einen kleinen Einflußbereich beschränkt werden, in dem sie die volle Kontrolle erhalten.

Vorzüge

Bosse sind mit Macht und Kontrolle beschäftigt. Sie können von ihrem Bedürfnis, eine Sache in die Hand zu nehmen oder die Führung angetragen zu bekommen, regelrecht verfolgt werden oder lernen, ihren Aufmerksamkeitsstil zum Nutzen von sich und anderen einzusetzen. Fixierte Achter finden Sicherheit darin, daß andere sich ihrem Standpunkt unterwerfen; die Bindung an die Macht kann jedoch auch in das Talent verwandelt werden, genausoviel Druck auszuüben, daß ein großes Unternehmen vorankommt. Achter sind Modellbeispiele für eine engagierte Führung, die sich Hindernissen stellt und direkt handelt.

Ungeachtet ihres starken Selbstbewußtseins und ihres extravaganten Verhaltens fällt es Achtern schwer, ihre tiefsten Wünsche preiszugeben und ihre wahren Ziele in Angriff zu nehmen. Eine Acht schafft Schwierigkeiten und Auseinandersetzungen, damit ihr Interesse lebendig bleibt, aber wenn das Interesse von außen geliefert wird, übernimmt sie gern die Kontrolle und sorgt dafür, daß die Ziele sich realisieren.

Achter lassen andere genau wissen, wo sie stehen. Wenn sie zu manipulieren versuchen, geschieht dies gewöhnlich so plump, daß es sofort offensichtlich und daher ineffektiv ist. In Beziehungen möchten sie die absolute Wahrheit, und da ihr Image in der Öffentlichkeit sie wenig interessiert, streben sie genau das an, was sie wollen. Sie sind Freunden gegenüber großzügig mit ihrer Zeit und ihrer Energie und besitzen eine immense Kondition für Partys.

Attraktive und unattraktive Umgebungen

Bosse sind oft Drahtzieher oder aus dem Hintergrund agierende Politiker, die skrupellosen Kapitalisten, die die amerikanischen Finanzimperien kontrollieren, Mafiosi (»Mein Revier, unsere Leute«), bei den Hell's Angels, Gewerkschaftsführer, Überlebenskünstler in unerschlossenen Waldgebieten, der Kopf der Firma, der mit der einen Hand kontrolliert und mit der anderen für Gerechtigkeit sorgt, der Makler, der mit Eigentumswohnungen ein Vermögen macht und ein Programm für Obdachlose lanciert.

Bosse sind im allgemeinen nicht in Berufen zu finden, in denen man sich gut benehmen und Anordnungen befolgen muß. Sie mögen keine Situationen, in denen unvorhersehbare Machtmanöver oder Übernahmen möglich sind. Sie mißtrauen Tätigkeiten, die vom guten Willen der Vorgesetzten abhängen und in denen sie nicht die Macht haben, Beschwerde einzulegen.

Berühmte Achter

Zu den berühmten Achtern gehört Heinrich VIII., der gegen heftigen Widerstand seine eigene Religion begründete, teilweise, um seine Lust zu legitimieren. Weitere Achter: Fritz Perls, Georg Iwanowitsch Gurdjieff, Madame Helena Blavatsky, Pablo Picasso, Sean Penn, Friedrich Nietzsche, Eldridge Cleaver und Garfield.

Subtypen

Die psychologischen Sub- bzw. Untertypen thematisieren Methoden, die das Achter-Kind entwickelte, um die Verletzlichkeit möglichst gering zu halten. Die Kontrolle der eigenen Gefühle und der Menschen, die das eigene Leben beeinflussen, dämpfen das Wiederauftauchen der Angst, unfair behandelt zu werden.

Besitz/Hingabe in Zweierbeziehungen
Achter möchten Herz und Hirn des Partners besitzen. Sie begehren Zugang zur Seele des Partners. Hingabe ist der Wunsch, das zwanghafte Bedürfnis nach Kontrolle einem Partner zu übergeben, der vollkommen vertrauenswürdig ist.
»Ich hatte hunderttausend Therapeuten, bevor ich den richtigen fand. Er machte mich auf meinen Mist aufmerksam und ließ mich genau wissen, wo er stand. Schließlich sah ich ein, daß das, worauf er mich hinwies, stimmte, auch wenn ich zuerst mit seiner Position nicht einverstanden war.«

Freundschaft in sozialen Beziehungen
Freundschaft ist für Achter das Vertrauen, das auf die Menschen ausgedehnt wird, die man beschützt und von denen man beschützt

wird.

»Eine Freundschaft braucht Jahre, um sich zu entwickeln. Ich leide Höllenqualen, wenn die Spannung sich aufbaut und es zum Streit kommt, und ich fragte mich, ob wir es schaffen. Sobald ich glaube, daß sie standhalten und nicht weggehen, vertraue ich ihnen mehr, denn ich weiß, daß Leute in einem Streit die Wahrheit ausspucken, und dann steht nichts Unausgesprochenes zwischen uns.«

Befriedigendes Überleben im Bereich der Selbsterhaltung

Achter konzentrieren sich auf die Kontrolle der Mechanismen des persönlichen Überlebens und des persönlichen Raums. Die Kontrolle der Überlebensbedürfnisse ersetzt die Suche nach wesensmäßigen Bedürfnissen.

»Ich empfinde eine Art Panik, wenn irgend jemand mein Leben kontrolliert. Wer geht in meine Wohnung herein, wer geht heraus? Hat irgend jemand anders meine Haarbürste benutzt? Man fühlt sich verletzt, wenn jemand nicht genug Milch für den Morgenkaffee übriggelassen hat. Wenn die kleinen Dinge des Lebens außer Kontrolle geraten, habe ich das Gefühl, als würden dem Chaos Tür und Tor geöffnet.«

Was Achtern hilft, sich zu entfalten

Achter wehren sich oft dagegen, eine Therapie oder eine Meditationspraxis zu beginnen, weil die Aussicht, daß sanftere Gefühle hochkommen oder man sich den Wünschen anderer anpaßt, die Angst belebt, kontrolliert zu werden. Achter kommen oft auf Veranlassung ihrer Familie oder aufgrund eines Gerichtsurteils zur Therapie. Typisch sind Probleme mit Mitarbeitern, Depressionen und übermäßiger Gebrauch von Tabletten, Alkohol, Rauschgift, Kaffee, Zucker oder dergleichen mehr.

Achter müssen erkennen, wann die Aufmerksamkeit sich von realen Wünschen zu einer harten Tarnung verlagert, die diese Wünsche leugnet. Sie können sich selbst helfen, indem sie:

– um die klare Definition einer Beziehung bitten, einsehen, daß Streiten eine Möglichkeit ist, Vertrauen zu entwickeln,

– in einer Beziehung oder Therapie um klare Regeln bitten, den Wunsch erkennen, die Regeln zu brechen, sobald sie aufgestellt wurden,

– zu sehen versuchen, wie sich die Umstände aufbauen, die feindliche Beziehungen schaffen, spüren, wann der Wunsch auftaucht, zu kontrollieren oder Schwierigkeiten zu schaffen, um zu sehen, wer Freund und wer Feind ist, andere die Initiative ergreifen lassen,

– bemerken, daß Langeweile eine Maske für andere Gefühle ist,

– versuchen, die gleichermaßen gültige Logik im Verhalten anderer zu sehen, bemerken, daß andere innerhalb ihres Argumentationsmusters genauso folgerichtig sind,

– bemerken, daß echte Gefühle oft mit einer Depression beginnen, Depression als Zeichen des Fortschritts zulassen,

– erkennen, wann echte Wünsche durch das ständige Zusammensein mit anderen, den Mißbrauch von Genuß- und Rauschmitteln und den Wunsch, andere zu kontrollieren, ersetzt werden,

– sehen, wie die Sorge um Gerechtigkeit und den Schutz anderer Menschen in Freunde und Feinde polarisiert,

– versuchen, die Aufmerksamkeit vom Standpunkt »meine Methode gegen deine Methode« zu verlagern, um die vielen Schattierungen dazwischen zu erkennen,

– Einsichten sofort aufschreiben, versuchen, dem allgegenwärtigen Vergessen entgegenzuarbeiten, Einsichten im Geiste Revue passieren lassen, um gegen die Leugnung anzukämpfen,

– lernen, den Ausdruck von Gefühlen zu verzögern, lernen, bis zehn zu zählen, bevor sie die Wut herauslassen,

– die Gewohnheit erkennen, die Ursache von Schwierigkeiten außerhalb von sich selbst zu lokalisieren, anstatt die eigene Beteiligung zu erkennen,
– erkennen, wie schwierig es ist, zuzugeben, daß man unrecht hatte.

Mögliche Reaktionen in Zeiten der Veränderung

Interventionen müssen das Bedürfnis der Acht berücksichtigen, Gefühle der Verletzlichkeit und Abhängigkeit zu vergessen bzw. zu leugnen. Achter sollten alle Anzeichen für hochkommende sanftere Gefühle und die Fähigkeit, sich in andere Ansichten einzufühlen, unterstützen.

Im Verlauf einer Veränderung sind die folgenden Reaktionen möglich:
– Fehlinterpretation der Sympathie anderer als Jovialität,
– Kontrolle von Details, verfrühte Überkontrolle der Details einer Interaktion (»Die ganze Party ist im Eimer, wenn ich nicht meine Lieblingssauce finde«),
– potentielle Quellen der Hilfe vergraulen, das Bedürfnis, jemandem zu seinem Besten das Schlimmste zu sagen, intuitive Taktlosigkeit, die wunden Punkte anderer Leute drücken, ohne den Schaden zu erkennen,
– Ziele vergessen, Unterhaltung, Essen, Sex, Drogen im Übermaß, Gleichsetzen von Masse mit Klasse, den nächsten Bissen wollen, bevor man den verschluckt hat, den man im Mund hat,
– Verlagerung der Aggression auf Menschen, die einen Charakterzug aufweisen, den der Boß hat, aber leugnet,
– Schwierigkeiten mit Kompromissen, entweder kontrollieren oder sich zurückziehen wollen, kein Bewußtsein eines »Mitteldings«,
– gegen Bewußtheit oder Abhängigkeit ankämpfen, kleine Ver-

sehen als Treuebruch erleben,

- gefühlsmäßig dichtmachen, Zeiten, in denen alles stillsteht, sich um nichts kümmern,
- Vorwürfe und das Bedürfnis, etwas auszusetzen zu haben, um der Verletzlichkeit entgegenzuwirken,
- Regeln aufstellen und versuchen, Kontrolle über andere auszuüben,
- der überwältigende Wunsch, die eigenen Regeln zu brechen, um sich mächtig und unkontrollierbar zu fühlen,
- völlige Verzweiflung in Form eines überwältigenden Bewußtseins vergangener negativer Handlungen.

14. Punkt Neun: der Vermittler

	Erworbene Persönlichkeit	Wesenskern
Kopf	Haupteigenschaft: Lässigkeit	Höheres Bewußtsein: Liebe
Herz	Leidenschaft: Trägheit	Tugend: rechtes Handeln

Subtypen
Sexuell: Vereinigung
Sozial: Teilnahme
Selbsterhaltung: Appetit

Das Dilemma

Neuner fühlten sich als Kinder übersehen. Sie erinnern sich daran, daß man sich ihren Standpunkt selten anhörte und die Bedürfnisse anderer wichtiger waren als die ihren. Schließlich »schliefen« Neuner insofern »ein«, als ihre Aufmerksamkeit sich von echten Wünschen abwandte, um sich mit kleinen Tröstungen und Ersatz für Liebe zu beschäftigen. Da ihre Prioritäten nicht berücksichtigt wurden, lernten sie, sich zu betäuben, ihre Energie von ihren Prioritäten abzuziehen und sich selbst zu vergessen.

Wenn eine persönliche Priorität sich entwickelt, wird sie erst einmal aufs Abstellgleis geschoben. Botengänge werden genauso dringlich wie ein wichtiger Termin; der ganze Schreibtisch muß aufgeräumt werden, bevor eine überfällige Rechnung gezahlt wird. Je mehr Zeit und Energie die Neun für eine Priorität hat, desto mehr Aufmerksamkeit lenkt sie auf sekundäre Angelegenheiten. Wenn mehr Zeit zur Verfügung steht, wird weniger getan, weil die Neun den Unterschied zwischen einer entscheidenden Sache und weniger wichtigen Dingen nicht erkennt. Eine Enneagramm-Interessierte, die an einer Terminsache arbeitete, erkannte sich als Neun, als sie »aufwachte« und feststellte, daß sie einen ganzen Vormittag wertvoller Zeit mit der Suche nach passenden Deckeln für die Vorratsgläser in ihrer Küche verbracht hatte.

Neuner berichten, daß sie den Kontakt zu ihren wahren Bedürfnissen verlieren, indem sie mit den Wünschen anderer verschmelzen, Energie auf sekundäre Aufgaben lenken oder mit Hilfe von Fernsehen, einer vorhersehbaren Routine oder zuviel Essen oder Bier abschalten.

Sie tendieren dazu, sich den Plänen anderer anzuschließen. Da sie einerseits glauben, daß ihre Position nicht berücksichtigt wird, sie aber andererseits die Verbindung aufrechterhalten wollen, haben sie gelernt, die Begeisterung anderer zu ihrer eigenen zu machen. In den Anfangsphasen einer Beziehung oder eines neuen Projekts haben sie oft das Gefühl, als würden sie eher von der Erregung der anderen mitgerissen, als daß sie sich klar zum Mitmachen entschieden hätten. Sie können mitten in einer Verpflichtung aufwachen, das Gefühl haben, von den Wünschen anderer mitgezerrt worden zu sein, sich fragen, wie sie dahin gekommen sind, und Schwierigkeiten haben, nein zu sagen.

Das Neinsagen ist besonders schwierig für Menschen, die dazu neigen, die Gefühle anderer zu übernehmen. Wenn sie einem anderen etwas abschlagen, kann es sich für sie genauso enttäuschend anfühlen, als würde ihnen selbst etwas verweigert. Es ist weit weniger bedrohlich, scheinbar zuzustimmen, weil man nicht nein gesagt hat, und mitzumachen, anstatt das Risiko offenen Ärgers einzugehen, der zur Trennung führen kann.

Die Verbindung zwischen dem Neuner-Kind und anderen hing davon ab, daß es Frieden hielt und fähig war, die Wünsche anderer zu erspüren und einverstanden zu sein. Die scheinbare Zustimmung des Vermittlers sollte jedoch nicht mit echter Verpflichtung verwechselt werden. Neuner können lange einverstanden sein und innerlich immer noch versuchen, sich zu entscheiden. Es fällt ihnen so leicht, sich mit der Ansicht anderer zu identifizieren, daß für sie jede Partei recht hat. Warum Stellung beziehen, wenn jede Seite ihre Pluspunkte hat? Warum persönliche Prioritäten haben, wenn es so einfach ist, die Richtigkeit aller beteiligten Standpunkte zu fühlen? Neuner sagen, daß es ihnen leichter fällt, die innere Verfassung anderer zu erkennen, als eine eigene Meinung zu finden.

Wenn eine Entscheidung ansteht, sieht eine Neun immer noch so aus, als würde sie zustimmen, und macht weiterhin mit, aber die äußerliche Gelassenheit verbirgt einen inneren Tumult. »Stimme ich meinem Freund zu, oder stimme ich ihm nicht zu? Soll ich in dieser Gruppe bleiben, oder will ich sie lieber verlassen? Soll ich dieses Haus kaufen oder ein anderes suchen?« Die Liste der Neurosen ist endlos, und die Aufmerksamkeit springt zwischen den verschiedenen Aspekten des Problems hin und her. Es ist weniger bedrohlich, wie besessen über eine Entscheidung nachzudenken, als eine Wahl zu treffen und das Risiko einzugehen, daß die eigenen Bemühungen übergangen werden oder man einen Standpunkt gegen andere verteidigen muß. Neuner haben Sicherheit darin gefunden, daß sie nicht wissen, was sie wollen, keine Position verteidigen und in einem neutralen Zwischenstadium verweilen, in dem Entscheidungen immer in der Schwebe sind.

Paradoxerweise ist die Neun der störrischste Punkt des Enneagramms. Die Besessenheit von einer Entscheidung bedeutet nicht, daß Neuner angetrieben werden können, um sie zu treffen. Wer ihnen bei der Entscheidung zu helfen versucht oder sie drängt, Partei zu ergreifen, muß feststellen, daß sie sich auf die Hinterbeine stellen und sich weigern, sich von der Stelle zu rühren. Sie betrachten das Hinhalten nicht unbedingt als negative Antwort, sondern eher als Widerstand gegen das Hineindrängen in eine Verpflichtung, die sie als verfrüht empfinden, weil sie sich noch nicht schlüssig sind. Die heftige Wut darüber, nicht gehört worden zu sein, wird zurückgehalten, indem sie sich nicht entscheiden. Sie ärgern sich darüber, anderen zustimmen zu müssen, und darüber, übersehen zu werden, wenn sie nicht zustimmen. Die Entscheidung der Neun lautet, sich nicht zu entscheiden, wütend zu bleiben, aber den Zorn zurückzuhalten und scheinbar einverstanden zu sein, während sie innerlich gespalten bleibt.

Sobald Neuner Position bezogen haben, können sie genauso hartnäckig an ihr festhalten, wie sie sich zuerst gegen sie gewehrt haben. Der ihnen natürlichste Geisteszustand besteht in einer unentschlossenen Haltung, bei der sie sich auf etwas festgelegt haben, sich aber immer noch nicht sicher sind; sobald sie jedoch einmal Stellung bezogen haben, erscheint ihnen diese so angreifbar, daß sie jeden Kompromiß ausschalten, um nicht wieder unschlüssig zu sein. Neuner werden ebendeshalb als Vermittler und Friedensstifter bezeichnet, weil ihre natürliche Ambivalenz ihnen erlaubt, zuzustimmen und sich doch nicht ganz auf irgendeinen Standpunkt festzulegen.

Die Entscheidungsfindung dauert auch deshalb so lange, weil der Kopf der Neun schon mit ungelösten früheren Problemen vollgestopft ist. Erinnerungen an Jahre zurückliegende Ereignisse tauchen mit der Gewalt eines letzte Woche geschehenen Vorfalls wieder auf und müssen noch einmal durchdacht werden. Sich entscheiden bedeutet, daß man eine Sache abschließt, losläßt, sich ändert und weitergeht, was die Angst vor Trennung erneut stimuliert. Neuner tendieren dazu, mehr aufzunehmen, als sie loslassen, und möchten lieber eine bekannte Handlungsweise fortsetzen, als eine plötzliche Veränderung zu riskieren.

Weil die Wünsche anderer ihnen dringlicher als ihre eigenen erscheinen, stehen Vermittler vor der Entscheidung, entweder mit den Plänen anderer zu verschmelzen oder andere rundweg auszublenden, um nicht beeinflußt zu werden. Wenn sie gedrängt werden, üben sie durch passive Mittel Kontrolle aus, etwa indem sie langsam werden, sich mitten in einem Konflikt hinsetzen und das Ende abwarten, nicht antworten und hoffen, daß das Problem vorübergeht.

Die Schwierigkeiten der Neun mit Entscheidungen, Zorn und dem Finden einer persönlichen Position rühren daher, daß sie sich selbst vergessen und andere zu den aktiv Handelnden in ihrem Leben gemacht hat. Ihre neurotische Obsession, ob sie anderen zustimmen soll oder nicht, ist für sie Last und Segen zugleich. Eine Last, weil sie darunter leidet, daß sie nicht weiß, was sie will, und ein Segen, weil sie aufgrund des Verlusts einer persönlichen Position oft in der Lage ist, die innere Erfahrung anderer intuitiv aufzunehmen. Wenn Sie sich mit jedem Enneagramm-Typ identifizieren, sind Sie höchstwahrscheinlich eine Neun.

Hauptthemen

- Das Ersetzen wesentlicher Bedürfnisse durch unwesentliche. Die wichtigsten Dinge werden bis zum Ende des Tages liegengelassen.
- Probleme mit Entscheidungen. »Stimme ich zu oder nicht? Will ich hier sein oder nicht?«
- Gewohnheitsmäßiges Handeln, das vertraute Lösungen wiederholt. Rituale.
- Schwierigkeiten, nein zu sagen.
- Zurückhalten von physischer Energie und Wut.
- Kontrolle durch Sturheit und passive Aggression.
- Ein Aufmerksamkeitsstil, der die Position anderer widerspiegelt, was zu Schwierigkeiten führen kann, einen persönlichen Standpunkt beizubehalten, aber auch die Entwicklung einer ausgeprägten Fähigkeit zu fördern vermag, die innere Erfahrung anderer zu erspüren (Ähnlichkeit mit Punkt Zwei, dem Geber).

Familiengeschichte

Neuner fühlten sich als Kinder ignoriert und entwickelten infolgedessen die Gewohnheit, ihre wesentlichen Bedürfnisse nicht zu beachten. Sie beschreiben Familiensituationen, in denen sie vernachlässigt, durch Geschwister in den Schatten gestellt, ignoriert oder attackiert wurden, wenn sie für ihre Ideen eintraten.

All diesen Kindheitsmustern gemeinsam ist das Gefühl, nicht angehört worden zu sein, wenn eine Meinung geäußert wurde, und die Erkenntnis, daß auch offene Wut daran nichts änderte.

»Ich hatte sehr liebevolle Eltern, beobachtete aber, daß mein älterer Bruder, der der Rebell der Familie war, wegen seines Verhaltens nicht soviel Süßigkeiten bekam. Für mich war daher klar, daß ich Liebe bekommen konnte, wenn ich dem nachgab, was sie wollten. Ich erinnere mich zum Beispiel daran, daß ich einmal – ich war wahrscheinlich drei oder vier Jahre alt – von meiner Mutter so fest umarmt wurde, daß ich in ihrem Mantel fast erstickte.

Es fühlte sich an, als könnte ich entweder kämpfen und herunterfallen oder in ihren Armen schlappmachen. Ich hielt den Atem an und gab nach und war schließlich so darauf eingestellt, das zu akzeptieren, was meine Eltern wollten, daß ich ihre Enttäuschung in mir gespürt haben würde, wenn ich ihnen ein Nein entgegengehalten hätte.«

Der Wunsch des Vermittlers, den Frieden zu wahren, rührt oft daher, daß er zwischen zwei gegnerischen Parteien in der Falle sitzt. Warum Partei ergreifen, wenn man den Wert jeder Meinung sieht? Warum eine eigene Meinung hinzufügen, wenn sowieso niemand zuhört?

»Es wurde verurteilt, wenn man es tat, und verurteilt, wenn man es nicht tat. Ich war der jüngste von vier Jungen, und wenn ich tat, was meine Eltern guthießen, stürzten meine Brüder sich auf mich, und wenn ich mit meinen Brüdern übereinstimmte, sahen meine Eltern auf mich herab. Das einfachste war, verborgen zu bleiben, keine Stellung zu beziehen, einfach dazustehen und abzuschalten, bis alle weggingen. Ich erinnere mich, daß ich einmal zur Strafe auf einem Stuhl mit dem Gesicht zur Ecke sitzen mußte. Ein paar Stunden später, als meine Mutter sich an mich erinnerte, war ich immer noch da, aber ich war auch so tief in mir selbst, daß ich den ganzen Tag dort hätte sitzen können.«

Neuner-Kinder finden sich damit ab, daß sie die familiäre Situation nicht ändern können. Sie lernen, abzuschalten, ihre Gefühle mit kleinen physischen Tröstungen abzupuffern und zu warten, bis jemand anders die Initiative ergreift.

»Mein Vater war energisch und klug und am umgänglichsten, wenn er bewundert wurde. Mutter hatte einen Haufen eigene Probleme und sehr wenig Energie für die Kinder. Ich hatte das Gefühl, als bestünde Sicherheit darin, mich durchzumogeln und dafür zu sorgen, daß jeder sich wohl fühlte, damit ich dazugehören würde. Ich hatte immer das Gefühl, den anderen nicht deshalb zuzustimmen, weil ich es wirklich wollte, sondern weil ihre Ansichten sich für mich lauter anhörten als meine eigenen.«

Zustimmung oder Ablehnung?

Der Standpunkt des Vermittlers wird am besten anhand seiner Position am Scheitelpunkt des inneren Enneagramm-Dreiecks erklärt. Die Neun, die mit dem einen Bein in Image und Konformität (Drei) und dem anderen in der Rebellion (Sechs) verankert ist, befindet sich in dem Konflikt, einerseits Bestätigung von anderen und andererseits nicht gehorchen zu wollen. Die Flügelpunkte Eins (die Position des guten Jungen/des guten Mädchens im Enneagramm) und Acht (sie steht für den bösen Jungen/das böse Mädchen) illustrieren ebenfalls das Problem, korrekt sein und gleichzeitig gegen die Regeln verstoßen zu wollen. Von

Neunern heißt es, sie seien in bezug auf ihre eigene Person eingeschlafen, denn sie konzentrieren ihre Aufmerksamkeit gewohnheitsmäßig darauf, ob sie der Meinung anderer zustimmen oder nicht, und suchen nach einer eigenen Haltung. Wenn eine Neun sich auf eine Position festlegt, hat sie Angst, entweder andere zu vergraulen und verlassen zu werden oder sich anderen zu fügen und beherrscht zu werden.

Das Neuner-Kind versuchte, das Dilemma von Gehorsam und Rebellion zu lösen, indem es sich für keine Haltung entschied. Vermittler tendieren dazu, sich mitten im Entscheidungsprozeß hinzusetzen, anstatt zu kämpfen, sich zurückzuziehen oder die Entscheidung direkt zu beeinflussen. Weil sie nicht direkt nein gesagt haben, scheinen sie zuzustimmen, aber innerlich versuchen sie immer noch, sich zu entscheiden. Direkt nein sagen bedeutet, Partei zu ergreifen, während Neuner sich darauf festgelegt haben, alle Seiten eines Problems zu sehen, damit sie nicht zu wählen brauchen. Es sieht so aus, als wären sie einverstanden, aber in Wirklichkeit warten sie einfach ab, wie andere die Situation lösen. »Ich bin gespannt, was jeder von ihnen für eine Position einnimmt.« In der Zwischenzeit folgt die Neun der Devise: »Abwarten und Tee trinken.« Alles hat Zeit, immer gibt es ein Morgen. Ohne starkes Motiv fehlt es an Antriebskraft, um sich so oder so zu entscheiden. Ohne eine überzeugte Haltung bleibt immer noch Zeit, daß die Probleme sich von selbst erledigen. Neuner können in einer Diskussion mitreden und gleichzeitig abschalten und nicht dasein. Auf diese Weise können sie jedem zustimmen, ohne das Risiko einer Parteinahme eingehen zu müssen.

Die Angst vor Entscheidungen wird durch eine starre Routine gemildert. Sobald Neuner einen Plan gemacht haben, können sie morgens aufwachen und genau wissen, was zu tun ist, ohne mit einer Entscheidung konfrontiert zu werden. Sie bewegen sich dann von Aufgabe zu Aufgabe und bringen gerade genug Aufmerksamkeit für sie auf, daß die Arbeit getan wird, ohne daß sie darüber nachdenken müssen. Sie sagen, daß sie »automatisch funktionieren«, wenn sie gewohnheitsmäßig handeln, wie Schlafwandler, die ohne Willensentscheidung durchs Leben gehen. Sie haben dann keine Probleme mit dem Wählen, weil die nächste Aktivität schon geplant und begründet wurde; aber bei der Erfüllung der Aufgabe sind sie innerlich so mit anderen Gedanken beschäftigt, daß sie ihre Umgebung vergessen. Sie sind insofern »eingeschlafen«, als sie bei der Arbeit so weggetreten oder mit ungelöstem persönlichem Material beschäftigt sind, daß die Verlagerung der Aufmerksamkeit auf etwas nicht Routinemäßiges eine extreme Anstrengung erfordert.

Gewohnheiten

Die »Todsünde« der Faulheit wird Neunern zugeschrieben, weil sie mit Hilfe ihrer Gewohnheiten Energie und Aufmerksamkeit von dem für sie im Leben Wesentlichen abziehen. Die leichteste Möglichkeit für eine Neun, sich selbst zu vergessen, besteht darin, ihre Aufmerksamkeit an eine Sucht abzutreten, was von Rauschgift oder Alkohol bis zu Fernsehen, Klatsch und anderen kleinen Tröstungen des Lebens reichen kann. Neuner können das für sie im Leben Wertvollste vergessen, wenn ihr Dasein von einer Gewohnheit bestimmt wird, die so stark geworden ist, daß sie nicht mehr über sie hinausdenken können.

Die meisten Neuner verfügen über ein ausgeklügeltes Repertoire von Möglichkeiten, die eigenen wahren Prioritäten zu vergessen; sie verteidigen es mit aller Kraft, denn das Aufgeben eines unwesentlichen Ersatzes, etwa Eßgewohnheiten oder Fernsehsucht, bedeutet für sie das Aufgeben einer vorhersehbaren und bequemen Möglichkeit, die Aufmerksamkeit von wirklichen Wünschen abzulenken.

Viele Neuner entwickeln für echte Prioritäten einen anspruchsvollen Ersatz. Ein Kinderarzt zum Beispiel träumte jahrelang davon, eine Tagesklinik für kranke Kinder aufzubauen. Er sagte, daß er sich Jahr für Jahr durch die Betreuung von Kindern innerhalb der bestehenden Krankenhausstruktur ablenken ließ. Seine »Ablenkung« war manchmal lebensrettend, aber während all dieser Jahre erinnerte er sich am Ende jeden Tages an seinen Traum und erkannte, wie oft er sich von dem Stapel Papier auf seinem Schreibtisch hatte weglocken lassen, der mit seiner tatsächlichen Priorität zu tun hatte.

Ein solch kreatives »totes Gleis« braucht Jahre, um zum Anschluß gebracht zu werden, und kann in sich lohnend sein. Neuner sind energisch und produktiv in einer Struktur, in der sie sich sicher fühlen, aber wenn eine Aktivität unwesentlich, das heißt für ein tief empfundenes Bedürfnis sekundär, ist, führt sie unweigerlich zu dem Gefühl, das Wichtigste im Leben verloren zu haben.

Vermittler sagen, daß sie »automatisch funktionieren«, daß sie eine Routine erlernen und ihre überschüssige Energie in einen banalen Zeitvertreib stecken. Nebensächliche Interessen bekommen genausoviel Aufmerksamkeit wie die, die im Zentrum des emotionalen oder beruflichen Lebens stehen; das Wichtigste wird entweder weggelassen oder am Ende eines geschäftigen Tages noch gerade so untergebracht.

Sobald eine Gewohnheit sich festgesetzt hat, kann eine Neun energisch und geistig präsent erscheinen, in Wirklichkeit aber gerade genug Aufmerksamkeit abspalten, damit die Arbeit getan wird. Für Neuner sieht es so aus, als würde die Gewohnheit die Arbeit tun und als müßten sie nur aufwachen – das heißt voll aufmerksam sein –, wenn etwas Spektakuläres sie stört oder sie einen Fehler konstatieren.

»Ich habe jahrelang als Drucker gearbeitet, und ich kann Druckerpressen, die mit Hochgeschwindigkeit funktionieren, buchstäblich mit einem Bruchteil meines Verstands bedienen. Während ein größerer Druckvorgang läuft und ich auf der Papierschleife die Details für einen Vierfarbendruck prüfe, führe ich einen inneren Monolog, der als Gespräch verschiedener Partner in meinem Kopf ausagiert wird. Ich bin in den Erinnerungen, die die innere Unterhaltung mit sich bringt, folge den Leuten, die durch den Laden gehen, und erinnere mich an die tausend anderen Dinge, die ich an diesem Tag zu tun habe.

Am Ende ist es, als würde das Papier sich selber drucken, und nicht so, als wäre ich mir bewußt, was ich tue. Ich kann innerlich voll sein, zu voll von zu vielen zu erledigenden Dingen, die alle gleich wichtig erscheinen. Man trägt das Gewicht von ihnen allen, und weil man sich dafür verantwortlich fühlt, sie alle zu erledigen, bleibt man kleben und kann mit keinem von ihnen beginnen. Ich gehe einkaufen, und gleichzeitig erinnere ich mich an etwas so stark, daß ich die Dose Tomaten vergesse, die ich brauche, obwohl sie im Lebensmittelladen gut sichtbar im Regal steht. Dann geht's zur Kasse, und ich schalte dermaßen ab, daß ich, weil die Gedanken in meinem Kopf so laut sind, die Lebensmittel in eine Tüte packe, bezahle, gehe und die Tüte stehenlasse. Dann kann es passieren, daß ich die längere Strecke nach Hause fahre, weil es die ist, die ich vom Geschäft zu meiner alten Wohnung gewöhnlich fuhr. Sie ist fünfzehn Minuten länger, aber ich bin bereits auf meine alte Auffahrt eingebogen und habe mich mit dem eingerichtet, an das ich denken muß.«

Eine wohldurchdachte Struktur kann für eine Neun, die eine wichtige Entscheidung treffen soll, lebensrettend sein, weil die Entscheidungen so von außen gelenkt werden. Ein guter Studienplan oder die Bedürfnisse eines Freundes reißen ihre Aufmerksamkeit aus dem zwanghaften Denken heraus und helfen ihr, sich wieder auf ihren Mittelpunkt einzustellen, weil der Druck des ständigen Wählens wegfällt.

Wesentliches und Unwesentliches

Echte Prioritäten tauchen auf, wenn genug Zeit und Energie zur Verfügung steht. Wenn also eine Neun sich selbst vergessen muß, übernimmt sie mehr Verpflichtungen, schließt aber weniger frühere Verpflichtungen ab, was von außen wie Faulheit aussieht. Aus der Sicht der Neun ist so viel zu tun, daß die Prioritäten infolge anderer, dazwischengekommener Verpflichtungen verlorengegangen sind. Prioritäten werden oft vergessen, weil die Neun den Unterschied zwischen wesentlichen und unwesentlichen Aufgaben nicht erkennt. Die sogenannten »faulen« oder trägen Neuner sind daher ständig überlastet und unfähig, das für sie selbst Wichtigste zum Abschluß zu bringen.

»Ich schneide Karotten für das Mittagessen, Leute sind eingeladen, und ich bin mir völlig im klaren, was ich machen will. Ich bin nicht sicher, ob mir wirklich nach Gesellschaft zumute ist, aber ich fange schon mal mit den Karotten an. Ziemlich schnell wandert mein Verstand zu verschiedenen Gedankenketten, die gleich real und relevant erscheinen. Morgen ist die Wäsche dran, und ebenso das Telefonieren für die nächste Woche. Meine Gedanken wandern zu einer noch nicht geklärten Unterhaltung mit einem der Anrufpartner, was die Erinnerung an eine andere Unterhaltung wachruft. Ich sehe auch, wie die Vorhänge durch den Luftzug in Bewegung geraten, was eine andere Erinnerung hochbringt. Ich bin immer noch in Bewegung, habe aber wahrscheinlich abgedreht, um die Wäsche zu sortieren. Es wird wie im Traum, der reale Raum mit dem Schneidebrett, Stapel von Wäsche, die halb erledigte Telefonliste und die Träumereien, alles erscheint genauso wichtig wie die Tatsache, daß bald Gäste kommen.«

Der wesentliche Mittagstermin war nie wirklich vergessen, wurde aber von anderen zu erledigenden Dingen an den Rand gedrängt. Die persönliche Entscheidung, ob man überhaupt Gäste zum Mittagessen haben wollte, wurde dadurch vergessen, daß die Aufmerksamkeit sich auf weniger wichtige Dinge verlagerte. Schließlich wurde die Sache entschieden, indem zu lange gewartet wurde, um die Verabredung abzusagen.

Ansammeln

Neuner nehmen immer mehr auf, ohne etwas loszulassen. Freier Raum wird mit Trödel gefüllt, zusätzliche Zeit mit Nebensächlichem verbracht. Der Kopf ist voll von nicht abgeschlossenen Geschäften, und die vielen kreisenden Gedankenketten blockieren das, was zentral und richtig ist. Solange noch Fragen offen sind, wird keine endgültige Entscheidung getroffen. Solange die Rumpelkammer nicht ganz aufgeräumt ist, wird nichts weggeworfen.

Vermittler halten an Erinnerungen mit einer Zähigkeit fest, die ihre Existenz belastet. Durch das starke Festhalten an der Vergangenheit binden sie sich weniger an die Gegenwart. Erinnerungen gehen nicht leicht aus dem Sinn; Neuner kehren zu ihnen zurück und erleben sie mit einer Gewalt wieder, als wären sie letzte Woche passiert.

Das Anhäufen der Neun kann ganz wörtlich zu verstehen sein, etwa bei dem Bastler, dessen zusätzlicher Raum voll von Material ist, das er für den Fall des Bedarfs zusammengetragen und gelagert hat. Von Teetassen bis zu klassischen Comic-Heften wird alles mögliche gesammelt. Die Zusammenstellung spezieller Kollektionen verleiht dem Anhäufen eine wohltuende Struktur und erlaubt der Neun, Freizeit nützlich zu füllen. Eine sehr konstruktive Version des Anhäufens ist die Fähigkeit des Vermittlers, zu einem Lieblingsthema große Mengen Informationen von jedem denkbaren Standpunkt aus zu sammeln und die Unterschiede in Einklang zu bringen. Die folgende Aussage stammt von einer unverbesserlichen Sammlerin, die sich auf Erstausgaben und Schmetterlinge spezialisiert hat.

»Es ist ein Verlangen zu sammeln, das dem ähnelt, spät in der Nacht Hunger zu bekommen und durch die ganze Stadt fahren zu wollen, um das einzukaufen, worauf man Hunger hat. Das Gefühl nimmt überhand, daß man eine ganz bestimmte Art Gebäck oder genau diese Marke Erdnußbutter haben muß, und man ist bereit, dreißig Kilometer dafür zu fahren. Wenn ich in meinem Leben am verwirrtesten bin, weiß ich genau, was ich essen will und welches Buch ich für meine Sammlung will. Es gibt auch eine Art Kaufgier, in der alles, was man sieht, gleich nützlich erscheint.

Vor kurzem habe ich unsere Schränke aufgeräumt und mehrere Taschen zu einem Flohmarkt gebracht, um sie für die Pfadfindergruppe meiner Tochter zu verkaufen; als ich zurückkam, stellte ich fest, daß ich eine Tasche mehr, voll mit dem Kitsch anderer Leute, mit nach Hause zurückgebracht hatte, als ich mitgenommen hatte.«

Zurückhalten der Energie

Zorn hat die Funktion, eine persönliche Position zu klären. Wenn wir wütend sind, wissen wir genau, was wir nicht wollen, wodurch uns ein bißchen bewußter wird, was wir wollen. Wenn wir viel physische Energie haben, ist es dementsprechend schwieriger, das Wissen abzublocken, was wir mit dieser Energie anfangen wollen. Wenn Vermittler genug Energie hätten, um wütend zu werden, müßte sich – zumindest durch den Prozeß des Eliminierens – eine klare Position ergeben. Neuner müssen nicht alles außer einer absoluten Präferenz eliminieren, aber sie können eher Entscheidungen treffen, wenn sie eine Reihe von Alternativen haben. Die nicht abgelehnte ist dann ihre »erste Wahl«. Oft gelingt es ihnen, ihre Energie vor dem Erreichen des kritischen Punkts, an dem sie wütend wurden oder eine Entscheidung treffen mußten, abzuziehen.

»Ich hatte mein Leben lang Gewichtsprobleme, mit Schwankungen von über zwanzig Kilo. Ich begann schließlich mit einem reglementierten Übungsprogramm, um für eine Doktorarbeit fit zu sein, die ich schreiben mußte und die auch ziemlich erfolgreich wurde. Ich schlief weniger und hielt mich tagsüber in Bewegung. Die Schwierigkeit für mich war, daß sich um so mehr Projekte zu realisieren begannen, je wacher ich wurde.

Ich landete schließlich bei einer Hausrenovierung, weil die Wiederverkaufsmöglichkeit zu gut war, um sie sausenzulassen, und begann zwei neue Beziehungen, die ebenfalls zu gut schienen, um sie fallenzulassen. Ich hatte das Gefühl, daß meine physische Energie von der Doktorarbeit abgesaugt wurde und sich auf alles andere verteilte, das ich zu erledigen hatte.«

Die Neun ist das Zentrum der drei an der Spitze des Enneagramms liegenden Zornpunkte Acht, Neun und Eins und der Punkt der passiven Aggression, an dem der Zorn einschläft. Indem Energie für unwesentliche Aufgaben abgezogen wird, entwickelt sich eine Art Stillstand, bei dem nie genug Energie im System zur Verfügung steht, um dem mit der Verfolgung persönlicher Wünsche zusammenhängenden Konflikt ins Auge zu sehen.

Neuner berichten durchweg von den folgenden Reaktionen auf einen Überschuß an physischer Energie: Sie verteilen sie auf sekundäre Interessen; sie absorbieren sie durch übermäßiges Essen oder sonstige übermäßige Genüsse; sie fühlen sich paradoxerweise erschöpft und wollen schlafen, obwohl sie nicht körperlich müde sind; oder sie benutzen diese Energie, um herauszufinden, was sie wollen.

»Im ersten Jahr, als ich asiatische Kampfsportarten lernte, schlief ich buchstäblich auf der Matte ein. Ich freute mich auf den Unterricht, ich fühlte mich während des Aufwärmens wohl, und in der Zeit, in der wir uns im Fallen und Werfen übten, war ich knallvoll mit Energie. Ich erinnere mich, daß ich ein paarmal meine Rückwärtsrollen in dem Spiegel überprüfte, der die ganze Halle entlangging. Meine Gesichtsfarbe war gut, ich fühlte mich großartig, und das nächste, an das ich mich erinnere, war, daß wir dasaßen und dem Lehrer bei einer Vorführung zusahen, und der Typ neben mir mußte mich wachrütteln, weil ich weggetreten und eingeschlafen war, sobald ich mich hingesetzt hatte.

Die Vorstellung, mit dieser ganzen Energie in der realen Welt umzugehen, ist erschreckend. Einen Augenblick lang ist sie belebend, und dann bekomme ich Angst, und dann bin ich, fast mit einem Gefühl der Erleichterung, in den alten Zwängen gefangen.«

Trägheit und Depression

Das Zurückhalten der Energie garantiert einen Zustand des Gleichgewichts, in dem immer gerade genug Energie da ist, die unwesentlichen Dinge weiterzuführen und die wesentlichen bis zum Ende des Tages liegenzulassen. Auf diese Weise bleibt keine Zeit für Depression, die sich einschleichen könnte, wenn nichts zu tun wäre, und ganz bestimmt keine Zeit für gesteigerte Erwartungen oder das Setzen tatsächlicher Prioritäten. Indem Neuner an vertrauten, bekannten Aktivitäten kleben, halten sie einen Stillstand aufrecht, der verhindert, daß sie ihre Sackgassen konfrontieren oder Prioritäten für eine neue Handlungsphase setzen. »Ich habe das Gefühl, daß ich nie mehr anfange, wenn ich einmal aufhöre. Ich habe einmal fast zwei Jahre zwischen der Couch, dem Kühlschrank und dem Fernseher verbracht. Ich war niemandem verantwortlich, und zwischen den Nickerchen machte ich allein lange Spaziergänge; ich fühlte mich völlig frei. Als mir schließlich klar wurde, daß ich eine Depression hatte, fühlte es sich an, als ob ich sterben könnte, ohne je gewußt zu haben, was ich mit meinem Leben anfangen wollte. Ich werde alles tun, um diesen energie- und hoffnungslosen Zustand zu vermeiden.«

Trägheit ist ein physikalisches Gesetz. Es besagt, daß ein ruhender Körper dazu tendiert, in Ruhe zu bleiben, und daß ein sich bewegender Körper dazu neigt, in Bewegung zu bleiben. Der Teil des Gesetzes, der sich mit dem ruhenden Körper beschäftigt, gilt für die »Lehnstuhldepression« einer Neun, in der nur noch sehr wenig mit Worten ausgedrückt wird und das Leben in den weichen Konturen eines bequemen Wohnzimmersessels zum Stillstand kommt. Wenn eine Neun an einem Totpunkt ist, braucht sie im allgemeinen Hilfe von außen. Eine neue Beziehung, eine neue Möglichkeit oder ein klarer Plan können ihr helfen, wieder in Gang zu kommen. Sie erholt sich leichter, wenn sie sich der Begeisterung anderer anschließen oder auf die Bedürfnisse anderer reagieren kann.

»Ich habe festgestellt, daß ich etwas zehn Jahre lang getan habe, aber für mich sieht es nicht so aus, als hätte ich es gewählt. Es fühlte sich nie wie eine Entscheidung oder ein Ziel an. Auf diese Weise studierte ich Jura und ging eine Partnerschaft ein; ich hatte das Gefühl, daß ich in die Sachen hineingestolpert war, daß sie sich so anboten. Wenn ich zugeben müßte, daß ich meine eigene Entscheidung traf, müßte ich mich dafür stark machen, wirklich ein Rechtsanwalt zu sein, was mich fragen läßt, was ein Rechtsanwalt überhaupt ist, denn ich identifiziere mich nicht mit dem Beruf. Ich schien immer an meine Positionen herangeführt zu werden, oder ich erhielt sie durch die Hintertür oder eine Reihe von Umständen, die ich nie in Gang gesetzt hatte. Ich könnte natürlich den Gang der Ereignisse beschreiben, den mein Leben genommen zu haben scheint, aber ich kann nicht sagen, daß ich beschloß, dort anzukommen, wo ich bin.«

Sobald Energie für eine Aktivität aufgeboten wird, ist die Neun aus der Depression heraus, kann ihren wirklichen Bedürfnissen gegenüber aber immer noch blind sein. Der zweite Teil des Trägheitsgesetzes besagt, daß ein sich bewegender Körper dazu tendiert, in Bewegung zu bleiben, was bedeutet, daß eine aktive Neun sich entscheiden kann, ob sie der alten Gewohnheit folgt, gerade genug Energie für die mechanische Ausführung einer Aktivität abzuzweigen, oder ob sie genau auf sich selbst achtet, bis eine echte Priorität hochkommt.

Eingeschlafener Zorn

Neuner drücken ihren Zorn indirekt aus. Sie hoffen, daß das indirekte Ablassen des Ärgers jene offene Konfrontation verhindert, die dazu führt, daß man verlassen wird oder seine Position gegen andere verteidigen muß.

Das Wählen kann so traumatisch sein, daß eine Entscheidung oft getroffen wird, indem die Neun die Situation sich so weit verschlechtern läßt, daß sie wegfällt. Weil sie eher weiß, was sie nicht will, als das, was sie will, tendiert sie auch dazu, Klagen innerlich so lange zu speichern, bis ein kritisches Niveau erreicht ist und ein ungestümer Ausbruch stattfindet. Oft wird eine Wahl getroffen, wenn eine Situation unhaltbar geworden ist.

»Ich habe lange als Lehrer an einer Musikschule gearbeitet; die Behandlung der Lehrer war einfach schrecklich, aber ich konnte mich nie aufraffen, ins Büro zu gehen und zu sagen: ›Das muß anders gemacht werden, es taugt nichts.‹ Ich ließ die Dinge einfach weiterlaufen, bis sich in Gegenwart eines Schülers eine schreckliche Szene ereignete, in der ich mich austobte und dann einen Brief schrieb, in dem ich sie mit all den negativen Dingen bombardierte, die ich wußte und in mir gespeichert hatte, als ich noch versuchte, die Dinge von ihrem Standpunkt aus zu sehen. Der Brief löste eine Lawine aus und hatte eine Menge unangenehmer Folgen, die nicht eingetreten wären, wenn ich nicht gewartet hätte, bis sie ein unerträglicher Bösewicht für mich geworden wären, gegen den ich angehen mußte.«

Neuner neigen dazu, nicht ausgedrückten Zorn festzuhalten, bis ein kritisches Niveau der Verärgerung erreicht ist, das sie zum Handeln zwingt. Das Festhalten an nicht ausgedrücktem Groll erlaubt ihnen auch, sich trotz scheinbarer Zustimmung anderen innerlich nicht zu fügen, und liefert den Brennstoff für passiv-aggressive Taktiken.

Vermittler berichten, daß sie über verschiedene Möglichkeiten verfügen, Zorn indirekt auszudrücken. Sie schalten auf stur, was bedeutet, daß sie sich mitten in der Diskussion hinsetzen und das Geschehen kontrollieren, indem sie sich weigern, sich zu bewegen. Oder sie lassen die anderen stehen und steuern andere Dinge an; oder sie verhalten sich so, daß andere ihre Wut zuerst zeigen müssen.

Vermittler wissen immer, was andere Leute wollen, weshalb sie andere einfach dadurch wütend machen können, daß sie nicht das tun, was erwartet wird. Sie können zum Beispiel bei den Details einer wichtigen Arbeit schludern, langsam werden, wenn andere es eilig haben, oder sich taub stellen, obwohl sie wissen, daß andere auf eine gewisse Handlungsweise eingestellt sind. In jedem Fall wird eine wütende Neun darauf achten, daß der andere nicht bekommt, was er erwartet.

Wenn Neuner Zorn direkt ausdrücken, ist dies für sie eine große Erleichterung, weil sie auf diese Weise die festgehaltenen und verinnerlichten Positionen aller Beteiligten loslassen können. Es dauert lange, bis die Wut zum Vorschein kommt, denn die Meinung anderer erscheint der Neun zunächst einmal korrekt. Dann kommt eine lange Zeit des Zögerns, in der die Angelegenheit aus der Sicht aller Betroffenen geprüft wird. Schließlich schält sich die Überzeugung heraus, daß es richtig ist, wütend zu sein, und zuletzt wird die Wut zum Ausdruck gebracht, oft mit solch vulkanischer Kraft, daß an die angenehmen Seiten eines Vermittlers gewöhnte Menschen schockiert sind. Dem Ausbruch geht oft eine lange Periode mürrischer Trägheit voraus, aber wenn schläfrige Neuner sich der Tatsache bewußt werden, daß sie tatsächlich zornig sind, gleichen sie einem Bären, der aus dem Winterschlaf erwacht: Sie sind wütend, weil sie so lange auf die Befriedigung grundlegender Bedürfnisse gewartet haben.

»Es fällt mir schwer, meine eigene Position zu erkennen, aber sehr oft bin ich wütend auf das, was andere Leute tun, doch ich zeige es nicht. Die paar Male im Jahr, die ich explodiere, habe ich ein großartiges Gefühl. Es ist erfrischend. Mein ganzer Körper ist lebendig und arbeitet auf vollen Touren. Der körperliche Ansturm fühlt sich wie die Belohnung dafür an, daß ich meine Position gefunden und herausgelassen habe.

Der Trick besteht jetzt darin, in die Gänge zu kommen, ohne auf jemanden sauer zu werden, um mich selbst zu finden, indem ich mich ihm entgegenstelle. Es ist auch eine Entdeckung für mich, daß die Welt mir nicht zu Füßen fällt, nur weil ich meine Position kundgetan habe. Es ist so schwierig, nur zu sagen, was ich will, daß ich mich schrecklich fühle, wenn ich aus mir herausgehen muß und all die Arbeit tun muß, damit es geschieht.«

Intime Beziehungen

Vermittler übernehmen die Interessen und Prioritäten des Partners als ihre eigenen. Der Partner wird zum Bezugspunkt für Entscheidungen, wobei die Neun entweder von den Wünschen des anderen angeregt wird oder stoisch gegen den Willen des Partners ihre eigene Position vertritt. Neuner beschreiben diese Konzentration der Aufmerksamkeit auf den Partner als »mit dem anderen verschmelzen«. Sie sagen, daß Verschmelzung in Liebesbeziehungen implizit vorhanden ist und daß mit der Verschmelzung das Gefühl der Trennung zwischen den Menschen verschwindet. Oft sind sie eher in der Lage, die Gefühle des anderen zu beschreiben, als ihre eigenen zu erkennen. Sie schildern auch ein unangenehmes Gefühl der Possessivität und das Bedürfnis zu tadeln, wenn Entscheidungen sich als nicht günstig erweisen, eben weil sie dem anderen die Bestimmung ihres Standpunkts überlassen haben.

Wenn Neuner lieben, haben sie oft den Wunsch, mit dem Partner vollkommen zu verschmelzen, sein Leben als das eigene zu übernehmen; sie sind nicht darauf aus, die Partnerschaft zu manipulieren oder von ihr zu profitieren.

Vermittler können im allgemeinen leichter für die Bedürfnisse des Partners als für sich selbst Energie aufbringen, so daß Beziehungen für sie der Schlüssel sind, um in Gang zu bleiben. Sie identifizieren sich so stark mit den Wünschen anderer, daß sie, was positiv ist, einen anderen Menschen bis in seine Tiefen kennen, auf der negativen Seite können sie aber auch ihren persönlichen Standpunkt verlieren.

»Ich kann mir so bewußt sein, was mein Mann will, wenn er mich fragt, was ich will, daß ich am Schwimmen bin. Ich kann mich total in dem verlieren, was ich als unsere Verbindung empfinde, so daß ich mich frage: ›Wessen Gesicht ist das? Wessen Gefühle sind das?‹ Ich habe das Gefühl vollständiger Vermischung, als ob aus zwei Personen eine geworden wäre, und es kann plötzlich geschehen, daß ich auf der anderen Seite des Zimmers stehe und fühle, daß ich mich verlassen habe und er geworden bin. Wenn er mich zu einer Stellungnahme drängt, habe ich, besonders wenn ich mich verschmolzen fühle, das Gefühl, als wolle er, daß ich etwas sage, das mich von ihm trennt, und ich will die Verbindung nicht abbrechen.«

Weil Neuner fähig sind, einen Partner als Teil von sich selbst zu empfinden, haben sie den Wunsch, völlig mit einem idealen Gefährten zu verschmelzen, der dann ihr Beweggrund zum Leben wird. Es fällt ihnen auch sehr schwer, eine Beziehung loszulassen, weil sie das Gefühl haben, einen Teil ihrer eigenen Existenz abzuschneiden. Beziehungen bestehen daher auch dann, wenn sie nicht mehr lebendig sind, noch lange weiter; Grundlage des Umgangs ist dann eher die Gewohnheit als eine echte Entscheidung. Ohne einen Partner, auf den sie sich beziehen können, erleben Neuner ihre eigene innere Betäubung und ein Gefühl der Sinnlosigkeit. Die Betäubung kann auch dadurch verschleiert werden, daß sie wahllos von vielen Partnern angezogen sind oder ihre Energie in unwesentliche, die tatsächlichen Bedürfnisse kunstvoll verbergende Aktivitäten stecken.

Neuner möchten, daß man sie um Rat fragt, ihre Meinung herausfindet und ihnen zu einer eigenen Position verhilft. Ungeachtet ihres Wunsches nach Verschmelzung möchten sie jedoch auch selbständig sein, gegen das Verlangen ankämpfen, sich im anderen aufzulösen, und eventuelle Anliegen des Partners abwehren. Äußerliche Unterwürfigkeit geht oft mit innerer Ablehnung einher, die sich als Abneigung gegen den letzten Schritt, das Abwehren einer völligen Verpflichtung und das Festhalten an der inneren Frage »Treffe ich die richtige Wahl?« zeigt.

»Die Tatsache, daß ich so mit einer Frau verschmelzen kann, gibt mir das Gefühl, kontrolliert zu werden. Wenn meine Erwartungen geweckt sind und einem dann der Boden unter den Füßen weggezogen wird, kann ich an meinem Mißmut zehn Jahre festhalten, und die Erinnerung kann mit denselben Gefühlen der Eifersucht wieder hochkommen, die ich damals hatte. Wenn ich derjenige bin, der aus der Beziehung heraus will, bin ich in dem Dilemma, daß ich weder gehen noch bleiben will, was mir so vertraut ist, daß ich mich in einer Art Ambivalenz festgehalten fühle, die tatsächlich jahrelang weitergehen kann. Währenddessen habe ich der Frau, mit der ich zusammen bin, sehr wenig von der ganzen Sache angedeutet.

Ich finde wahrscheinlich irgendeine indirekte Möglichkeit, mich mit ihr auseinanderzusetzen, etwa indem ich andere Leute um

Hilfe bitte oder ihr meine Gefühle irgendwie aus der Distanz mitteile. Wenn ich anfange, zu sehr von der Frage besessen zu sein, ob ich gehen oder bleiben soll, beginne ich wahrscheinlich auch eine Menge Beziehungen, ohne mir schlüssig werden zu können, welche ich vorziehe.«

Auf der Plusseite von Beziehungen bieten Neuner anderen bedingungslose Achtung. Da sie kein großes Image bzw. keine überzeugte Position zu verteidigen haben, können sie zuhören, ohne zu richten. Sie identifizieren sich mit den emotionalen Bedürfnissen anderer und spüren deren Dilemma oft in sich selbst. Bei emotionalen Schwierigkeiten können sie einen soliden und produktiven Plan einhalten.

Auf der Minusseite schlafen Neuner wahren Motivationen und wahrer Liebe gegenüber eher aus Gewohnheit ein, als lebendiges Interesse zu fühlen. Die Höhen und Tiefen des Gefühlslebens werden auf den sicheren Mittelwert eines vorhersehbaren Umgangs reduziert.

Beispiel einer Paarbeziehung:
Neun und Zwei, der Vermittler und der Geber

Die Neun ist sich oft über persönliche Ziele nicht im klaren, was in der Zwei den Wunsch weckt zu helfen. Falls diese Bemühung von Reife gekennzeichnet ist, wird die Neun sich freuen, ausgesucht worden zu sein und Aufmerksamkeit zu erhalten. Neuner gedeihen bei Hilfe und Zuneigung und entwickeln ihr Potential eher, wenn sie jemand anders gefallen. Die Zwei ist besonders hilfreich, wenn die Neun tatsächlich über das Potential verfügt, in dem Bereich zu brillieren, auf den die Zwei stolz sein kann.

Beide Partner verschmelzen emotional. Neuner möchten einen Grund finden, um durch einen Partner zu leben, und Zweier möchten herausfinden, welche ihrer vielen Selbst-Formen authentisch ist. Infolgedessen kann jeder vom anderen auf einer nicht denkenden Ebene tief berührt werden. Die Zwei tendiert dazu, sich gemäß dem Prinzip »Was meinem Partner gefallen würde« zu verändern, ein Manöver, das die Neun oft entdeckt, da sie ebenfalls verschmilzt. Die Neun kann der Zwei helfen, zwischen dem authentischen Selbst und dem angepaßten Selbst zu unterscheiden, und die Zwei kann sich in ein Bild verändern, das die Neun erotisch anspricht.

Jeder konzentriert die Aufmerksamkeit auf den anderen, und jeder möchte den Bedürfnissen des anderen entsprechen. Eine Neun kann Sex benutzen, um sich eines echten Kontakts bewußt zu werden, und eine Zwei mag sexuelle Aufmerksamkeit. Obwohl sie die Aufmerksamkeit dem tatsächlichen Sex vielleicht vorzieht, haben beide Partner ein natürliches Verständnis für nonverbalen Kontakt, der zu einem Eckstein der Beziehung werden kann. Die sexuelle Begegnung ist im übrigen eine Metapher für die beste Unterstützung, die ein Neuner-Zweier-Paar einander geben kann. Die Zwei fragt: »Was möchtest du?«, und die Neun antwortet: »Ich möchte dich, so wie du wirklich bist«, was genau das Selbst ist, das die Zwei sucht.

Eine Zwei legt Wert auf die körperliche Erscheinung und soziales Charisma und stärkt das Vertrauen der Neun in persönlichen Stil und Präsentation. In der sicheren Umgebung, die das Paar geschaffen hat, bringt sie das Potential der Neun an die Oberfläche. Da die Neun hinsichtlich der persönlichen Ausrichtung ihres Lebens unsicher ist, verschmilzt sie mit den Plänen der Zwei und wird das, was der Partner will, das heißt, sie wird sich jeder Form anpassen, die die Zwei stolz macht. Mitten in der Beziehung wacht sie dann auf und erkennt, daß die Wahl des Berufs, der Freunde, des persönlichen Stils und ihrer Zeiteinteilung vom Willen des Partners beeinflußt sind.

Zur Krise kommt es, wenn die Zwei unentbehrlich geworden ist und die Neun beginnt, sich kontrolliert zu fühlen. Die Neun argwöhnt, daß sie in Wirklichkeit nur arbeitet, um die nicht eingestandenen Bedürfnisse der Zwei zu erfüllen, und reagiert, indem sie stur die Kooperation verweigert. Sie hält ihr Potential zurück, um mit der Zwei abzurechnen, und verteilt ihre Aufmerksamkeit auf anderes. Die Zwei wird gelangweilt, wenn die Neun ihr Potential nicht entfaltet, und wütend, wenn ihr Aufmerksamkeit entzogen wird.

Die Langeweile-Reaktion veranlaßt eine Zwei dazu, Freiheit zu verlangen, was eine Neun aufweckt, sie aber auch possessiv macht, was das Freiheitsverlangen der Zwei weiter anheizt. Wenn die Neun beschließt, ihr Aufmerksamkeit vorzuenthalten, wird der Zweier-Partner wütend und kämpft darum, sie wiederzubekommen. Die Neun übt in der Beziehung maximale Macht aus, indem sie erwartete Aufmerksamkeit nicht gibt. Schwierigkeiten dieser Art kann abgeholfen werden, wenn die Zwei die wahren Ambitionen der Neun unterstützt und nicht den Partner benutzt, um persönliche Bedürfnisse zu befriedigen, und wenn die Neun die Verantwortung dafür übernimmt, herauszufinden, was im Leben wirklich wesentlich ist.

Autoritätsbeziehungen

Neuner sind gute Führer, wenn der Handlungsverlauf in der Situation klar ist, aber sie fühlen sich nicht wohl, wenn die Führungsposition ständige Entscheidungen verlangt. Entschlüsse sind schwierig, weil das Für und Wider gleichermaßen verdienstvoll erscheint, was zusammen mit der Tendenz, sich gegen neue oder riskante Verfahren zu wehren, einen Stillstand der Führung bedeutet. Neuner ziehen bekannte Verfahren und vorhersehbare Ergebnisse der Ungewißheit großer Hoffnungen vor, die in Enttäuschung enden können.

Als Arbeitnehmer verkehren Neuner mit der Autorität über die Organisationsstruktur. Die Beziehungen entwickeln sich am besten, wenn die Verfahren für Beförderung und Belohnung klar sind. Neuner können aktiv um Belohnungen kämpfen oder nicht, aber sie möchten wissen, daß die Möglichkeit besteht. Ihre Gewohnheit, mit dem Leben anderer zu verschmelzen, äußert sich darin, daß sie Wesensart und Meinung der Mitarbeiter übernehmen. Sie verbinden sich mit der Situation, nicht mit der Autorität. Wut auf die Autorität wird wahrscheinlich indirekt ausgedrückt, etwa durch schlampige berufliche Leistungen oder ein passiv-aggressives Verhalten.

Auf der Plusseite sind Neuner ausgezeichnete Vermittler, weil sie sich mit allen beteiligten Meinungen identifizieren können. Besonders effektiv sind sie, wenn sie vor dem Stadium der offenen Feindseligkeiten eingeschaltet werden. Sie möchten freundliche und kooperative Gefühle und sind daran interessiert, die Ansichten anderer vollständig anzuhören. Sie arbeiten gut, wenn sie öffentlich gelobt und positiv beachtet werden, suchen aber nicht aktiv nach Anerkennung. Sie entfalten sich in einer Situation, in der für Anstrengungen gerecht und regelmäßig etwas zurückkommt.

Auf der Minusseite verinnerlichen Neuner die Spannungen einer Gruppe, ohne eine konstruktive Veränderung zu artikulieren. Das Gefühl einer persönlichen Position ist schwach, und Einwände werden oft nicht geäußert, obwohl sie bekannt sind: »Sie würden sowieso nicht zuhören.« Vermittler schalten eher das Problem ab, als zu handeln; sie hoffen einfach, daß es sich von allein löst.

Sie üben indirekt Kontrolle aus, indem sie Verantwortung abwälzen oder bei Pflichten abschalten. Nicht ausgedrückte Wut kann zu störrischem Widerstand gegen Beaufsichtigung führen. Die Arbeitsleistung folgt einem bestimmten Trägheitsmuster: Der Anfang fällt schwer, kurz vor dem Termin wird mobil gemacht, und die Fertigstellung erfolgt im Superkrisentempo. Sobald Neuner einmal in Fahrt sind, können sie nur schwer wieder aufhören; die überschüssige Energie verteilt sich auf triviale Aktivitäten.

Beispiel einer Autoritätsbeziehung:
Neun und Sieben, der Vermittler und der Epikureer
Die Neun führt, indem sie Pläne macht, begeisterte Helfer einsetzt und methodisch vorgeht. Diese Gewohnheiten stehen den Wünschen der Sieben nach Experimenten und kooperativer Führung diametral entgegen. Eine unheilvolle Beziehung entwickelt sich, wenn die Neun verstummt und eine Position nicht klärt oder verteidigt und die Sieben sich auflehnt, indem sie die Verfahren zum eigenen Vorteil neu definiert und verschiedene Projekte gleichzeitig übernimmt. Die Sieben hält die Neun für schwerfällig und unnachgiebig und die Neun die Sieben für unbeständig und unengagiert.

Der Neuner-Chef hat Schwierigkeiten, die Sieben zu überwachen, wenn dies eine Konfrontation erfordert. Er neigt dazu, die Dinge laufenzulassen, bis ein kritisches Niveau erreicht ist, und hofft, daß der Angestellte aufs richtige Gleis zurückkommt, ohne persönlich informiert zu werden. Sobald die Vorwürfe begonnen haben, kann ein Neuner-Chef unversöhnlich und jeder Verhandlung abgeneigt sein, während er gleichzeitig die Führung schleifen läßt. Bei der schließlichen Konfrontation vergräbt die Neun sich in einer unversöhnlichen Haltung, während die angestellte Sieben über den Ernst der Situation immer noch nicht informiert ist.

Wenn beide reife Menschen sind, kann eine Neuordnung der Verantwortlichkeiten diese Schwierigkeit lösen. Siebener zum Beispiel sind für repräsentative Tätigkeiten begabt und an einer Konkurrenz zum Chef nicht übermäßig interessiert. Die Sieben kann ihr Bemühen um Aufstieg so handhaben, daß die Neun sich durch den beruflichen Ehrgeiz ihres Angestellten nicht unterminiert fühlt. Die Neun sollte bereit sein, die Sieben zu lenken, und klar festlegen, wie Projekte repräsentiert werden sollen, da die Neun zu einem mehr konservativen, die Sieben zu einem mehr innovativen Image tendiert. Die Sieben ihrerseits muß das Bedürfnis der Neun nach einem Rechenschaftsbericht akzeptieren und die gesamte Durchführung dokumentieren.

Wenn die Sieben der Chef ist, sind die Verfahren möglicherweise verworren oder sogar widersprüchlich. Der Denkprozeß einer Sieben verwandelt das, was wie ein endgültiges Versprechen klingt, in eine von vielen Möglichkeiten. Diese Art der Führung erscheint der Neun, die sich verunsichert fühlt, launenhaft. Wenn die Neun sich nicht gebührend geschätzt fühlt, kommt es zu passiver Sabotage. Sie verliert das Interesse, schaltet auf die Minimalerfordernisse des Projekts zurück und hinterläßt ungelöste Probleme, die die Aufmerksamkeit des Chefs anziehen. Dessen Bemühen um Aufsicht wird die Neun störrischen Widerstand entgegensetzen, darauf bestehen, in ihrem eigenen Tempo zu arbeiten, und ihre nicht ausgedrückte Wut hinter einem entfremdenden Schweigen verbergen.

Eine solch mißliche Lage wird vermieden, wenn die Meinung der Neun herausgefunden und ein Platz für die Äußerung von Beschwerden geschaffen wird. Wenn eine Neun das Gefühl hat, gehört zu werden, kann die passiv-aggressive Haltung abgewendet werden. Wird ihre Meinung nicht herausgefunden, akzeptiert sie die Situation vielleicht stoisch, grollt und schläft – im übertragenen Sinne – am Steuer ein. Ein kluger Siebener-Chef betraut die angestellte Neun mit der Zeitplanung, den Richtlinien und jenen Detailarbeiten, die Siebener nicht mögen. Wenn das Projekt in Schwierigkeiten ist, bietet die Neun über lange Zeit unerschütterliche Unterstützung. Erscheint die Situation reparabel, kann eine Neun für eine Rettung in letzter Minute enorme Energiereserven mobilisieren.

Vorzüge

Neuner bieten unentwegte Unterstützung. Die Qualität ihrer Hilfe ist etwas Besonderes, weil ihnen weniger daran gelegen ist, daß die Dinge ihren Vorstellungen entsprechend laufen, als daran, zu vermitteln und den Frieden zu wahren.

Das Leben anderer berührt sie tief. Sie können andere akzeptieren, ohne Macht über die Beziehung ausüben zu müssen oder sich in das Leben eines verunsicherten Menschen einzumischen. Sie können zuhören und verstehen und erspüren das, was im Leben anderer wichtig ist. Eben weil sie ihre eigene Position systematisch unterdrückt haben, um die Wünsche anderer zu spiegeln, besitzen sie ein Talent dafür, zu erkennen, was für das Wohl anderer entscheidend ist.

Attraktive und unattraktive Umgebungen

Attraktiv sind Betätigungsfelder, die von Routine, Protokoll und anerkannten Verfahren abhängen, ein bürokratisches Umfeld, Tätigkeiten, bei denen es um die Einhaltung von Details geht.

In Tätigkeiten mit eindeutigem Image, bei denen die eigene Person ständig in den Vordergrund gerückt werden muß, sind Neuner selten zu finden. Sie sind nicht glücklich in Berufen, die schnelle Verfahrensänderungen erfordern oder in denen Struktur und Details zugunsten der Theorie geopfert werden.

Berühmte Neuner

Der Postdienst der USA verkörpert in anschaulicher Weise typische Neuner-Eigenschaften: Er ist sehr gut in der Organisation und im Detail. Die Regeln werden von den Mitarbeitern eingeführt, die herunterschalten, wenn es wichtig wäre, sich zu beeilen, und Punkt 14.59 Uhr höflich das Schild mit der Aufschrift »Geschlossen« an der Tür anbringen, während man mit seinem Paket gerade die letzten Meter heranstürzt.

Weitere Neuner: Julia Child, Luciano Pavarotti, Buckminster Fuller, Dwight D. Eisenhower, Alfred Hitchcock, Ringo Starr.

Aufmerksamkeitsstil

Wenn Neuner »auf automatisch schalten«, können sie komplizierte Aufgaben erledigen, ohne dem Tun ihrer Hände und ihres Körpers bewußt Aufmerksamkeit zu schenken. Wir alle können Fertigkeiten erlernen und sie mechanisch ausführen. Allgemein verbreitet ist zum Beispiel die Erfahrung, nach einer Autofahrt bei der Ankunft zu Hause »aufzuwachen« und sich an die Fahrt überhaupt nicht zu erinnern. Maschinenschreiberinnen berichten, daß sie phantasieren oder an ein Problem denken können, während sie mit neunzig Wörtern pro Minute über die Tasten rasen. Ihr Trick besteht darin, zu schreiben, ohne das Material zu lesen. Sie spalten gerade genug Aufmerksamkeit ab, um die Tätigkeit mechanisch auszuführen, während sie gleichzeitig über andere Probleme nachgrübeln. Dieser Aufmerksamkeitsstil kann als »mitbearbeitend« bezeichnet werden, da mehr als eine geistige Operation gleichzeitig stattfindet.

Neuner berichten, daß sie sich in Unterhaltungen ein- und ausblenden. Ein Bereich ihrer Aufmerksamkeit konzentriert sich mechanisch auf das, was gesagt wird, während sie gleichzeitig einen anderen Gedankengang bearbeiten oder mit den vermeintlichen Gefühlen anderer verschmelzen. Die meisten Neuner beschreiben das Mitbearbeiten als »von einem Gegenstand der Aufmerksamkeit zu einem anderen gleiten«: Ein Wort in einer Unterhaltung löst eine Erinnerung aus, diese setzt einen inneren

Monolog über die Erinnerung in Gang, was alles wiederum die Frage wachruft, inwieweit die gegenwärtige Unterhaltung der vergangenen gleicht.

Während dieser inneren Ablenkungen ist die Neun sich immer noch bewußt, wie die Unterhaltung sich entwickelt. Wie der Autofahrer, der nach Hause kommt, ohne sich an die Strecke zu erinnern, können Neuner »aufwachen« und sich selbst zuhören, wie sie eine passable Antwort geben, obwohl sie das Thema der Unterhaltung vergessen haben. Sie sagen, daß sie ihr geistiges Radio auf zwei oder drei Stationen einstellen und zwischen Klassik, Volksmusik und Rock 'n' Roll hin und her schalten.

Einige Vermittler beschreiben die Fähigkeit des Mitbearbeitens als »den Verstand voll von Zahnrädern haben«. Dabei ist die Aufmerksamkeit auf verschiedene Dinge gleichzeitig gerichtet, etwa das Muster des Teppichs, die Knöpfe am Jackett, ein intensives Gefühl und verschiedene Gedankengänge. Eine Neun, die für andere weggetreten und unaufmerksam aussieht, kann sich innerlich unter der Last zu vieler unerledigter Dinge abplagen.

Weil Neuner im Hinblick auf ihre eigene Position schlafen, suchen sie gewohnheitsmäßig nicht nach Informationen, die eine strategische Handlungsweise unterstützen. Neue Situationen werden global erfaßt und alle Elemente so erkannt, daß sie beschrieben werden können, aber nichts ragt als besonders wichtig oder erwähnenswert hervor. Dieser Aufmerksamkeitsstil steht im Gegensatz zur Wahrnehmung von Punkt Drei, die sich auf die unterstützenden Elemente in neuen Situationen richtet. Er unterscheidet sich auch von der Wahrnehmung von Punkt Sechs, die die versteckten Interaktionen von Menschen beachtet.

Neuner sind sich aller vordergründigen Elemente und aller Interaktionen unter der Oberfläche bewußt, aber sie finden es schwierig, das Wichtige und Bedeutsame von unwesentlichen Details zu unterscheiden, den richtigen Startpunkt zu erkennen und das Entscheidende vom Hintergrundgeräusch zu trennen. Die Aufmerksamkeit kreist ungehindert zwischen dem in einer Situation Wesentlichen und dem für die zentrale Aufgabe Irrelevanten. Dieser Aufmerksamkeitsstil setzt den Verlust einer persönlichen Position ins Unendliche fort. Wie soll man über eine sinnvolle Position entscheiden, wenn alles gleich wichtig zu sein scheint? Ein Gespür für Konflikte existiert nicht, weil nichts als besonders bedeutsam hervorragt.

Intuitiver Stil

Als Kinder fühlten Neuner sind übersehen, und schließlich lernten sie, die Verbindung aufrechtzuerhalten, indem sie die Eigenschaften anderer in ihrem eigenen Körper spürten. Da ihr globaler Aufmerksamkeitsstil auf andere Menschen konzentriert ist, stellen Neuner unter Umständen fest, daß sie eine andere Person »verkörpern«, die einen starken Einfluß auf sie hatte. Neuner haben zuweilen das Gefühl, daß sie »übernommen« werden. Sie können zum Beispiel in einer Unterhaltung ihre eigene Position so vollständig verlieren, daß sie das Verhalten, die energetische Qualität und sogar die Ansichten eines Menschen zu übernehmen beginnen, der ihre Aufmerksamkeit gefesselt hat. Neuner scheinen andere als Ganzes wahrzunehmen und absorbieren alles, was sie in einem Freund erspüren.

»Wenn ich jemandem nahe bin, ist es, als wäre eine Person im Raum anwesend, nicht zwei. Es gibt keine Trennung: Ich vergesse mich selbst, bin aber voll von körperlichen Eindrücken, was, wie ich erkannt habe, daher rührt, daß ich eine Zeitlang mein Freund bin. Sobald ich mich verbunden fühle, habe ich nicht den Wunsch, mich zu trennen oder mich zurückzuziehen. Die innigste Intimität, die ich kenne, ist, so mit allem verbunden zu sein, was mein Freund durchlebt, daß es mir gleichzeitig geschieht.«
Neuner benutzen das Wort Verschmelzung. Sie berichten, daß sie

den Standpunkt eines anderen Menschen sehr viel besser beschreiben können als ihren eigenen. Sie schildern das Verschmelzen als »die andere Person werden«, was den in den asiatischen Kampfsportarten üblichen Erspürtechniken erstaunlich ähnelt. Sie sollen genau das Gefühl des Nichtgetrenntseins herstellen, das das Neuner-Kind zu erlangen suchte.

»Ich fahre über die Golden Gate Bridge, und meine Aufmerksamkeit wird vom Fahrer eines Autos auf der nächsten Spur angezogen. Ich beginne plötzlich zu fühlen, wie dieser Typ im Fahrersitz sitzt und wie er sein Auto fährt. Und dann fahre ich so wie er; ich nehme seine Körperhaltung und sein Fahrverhalten an, obwohl er jetzt fünfzehn Meter weiter ist.«

Beachten Sie die Ähnlichkeit zwischen dem oben geschilderten Erlebnis eines Neuner-Fahrers und der folgenden Aussage eines Sechsers, der einen schwarzen Gürtel dritten Grades im Aikido besitzt.

»Die Verschmelzung geht vom Bauch aus. Man lernt, seine Wahrnehmung auszudehnen, so daß sie den Raum um den eigenen Körper einbezieht, und alles, was in diesen Bereich kommt, so zu spüren, als wäre es in einem selbst. Man spürt die Kraft und die Qualität der Bewegung anderer und lernt, sich mit ihnen zu verbinden und sie zu seiner eigenen zu machen.«

Vermittler sagen, daß sie manchmal alles spüren können, was im Körper anderer Menschen geschieht, und daß sie dann, wenn sie eine andere Person »sind«, deren Krankheit oder Gesundheit körperlich fühlen können und sich der Diskrepanzen zwischen Gefühlen und Gedanken oder widersprüchlichen Wünschen bewußt sind. Neuner scheinen andere als Ganzheit aufzunehmen und können, wenn sie mit jemandem zusammen sind, der sie stark berührt, nur schwer einordnen, woher eine Information stammt. Sie fragen sich dann etwa: »Ist dies deine Reaktion oder meine? Bin ich begeistert von einem Vorhaben, oder nehme ich deine Begeisterung auf? Möchte ich ins Kino gehen, oder bin ich in deinen Wünschen aufgegangen? Fühle ich mich gut, weil ich etwas geschafft habe, oder spüre ich, daß du mit mir zufrieden bist?« Wenn der andere den Raum verläßt, kehrt die Aufmerksamkeit der Neun zu sich selbst zurück, und sie erinnert sich wieder ihres eigenen Standpunkts.

Neuner können im Laufe eines Tages mit vielen Menschen verschmelzen, fühlen sich aber besonders zur Vereinigung gedrängt, wenn sie lieben oder das Bedürfnis eines anderen Menschen sie in eine Verbindung zieht.

Intuitive Neuner können auch mit Entscheidungen verschmelzen, die viele verschiedene Komponenten haben. Die folgende Aussage stammt von einem Geschäftsmann aus San Francisco.

»Ich bin über zwanzig Jahre Manager gewesen, und ich treffe meine Entscheidungen, indem ich das Problem vollständig analysiere und erspüre, wie die diversen Faktoren sich in mir anfühlen. Ich lasse das Gefühl eines Teilbereichs der Firma in meinem Körper Platz greifen und beginne dann, ihm das Gefühl anderer Komponenten entgegenzusetzen. Manchmal habe ich das Gefühl der Übereinstimmung, aber oft bekomme ich Hinweise darauf, wie die verschiedenen Elemente in mir differieren.«

Die Tugend des Handelns

Lässigkeit und Faulheit bedeuten für Neuner nicht unbedingt körperliche Trägheit in dem Sinne, daß sie nicht arbeiten oder bis mittags schlafen. Sie üben oft zwei Berufe aus und sind stolz darauf, eine Menge körperlicher Energie zu haben. Sie tun viel, aber ihre Fähigkeit, eine richtige Handlungsweise wahrzunehmen und »auf Kurs« zu bleiben, ohne durch Unwesentliches abgelenkt zu werden, ist behindert.

»Auf dem Weg zwischen mir und dem, was ich wirklich tun will, liegt immer eine Menge Zeug im Weg. Mein Kopf sieht wie ein

Raum aus, der voll von Schachteln mit Erinnerungen ist. Ich jage zwischen den Stapeln herum und versuche, ein bißchen von jedem getan zu bekommen, bevor einer der Stapel über mir zusammenbricht. Von außen sieht es aus, als würde nichts getan, weil ich innen zwischen den vielen Stapeln unerledigter Dinge herumrenne.

Ich habe immer gewußt, daß mir enorme Reserven zur Verfügung stehen, denn ab und zu habe ich einen Tag, an dem es keine Blockaden zwischen Planung und direkter Ausführung gibt.

Ich hatte ein tolles Erlebnis, bei dem ich direkt mit einer Handlung verschmolz. Es geschah, als ich einen verrückten Unfall hatte, bei dem ein Felsbrocken auf die Straße fiel, gerade nachdem wir die Stelle passiert hatten. Ich wußte, daß ein Auto um dieselbe Kurve kommen und in diesen Brocken hineinrasen könnte, und ohne zu überlegen, was ich tat, stieg ich aus, rannte die Straße zurück und wälzte den Brocken von der Fahrspur.

Es war eigentlich unmöglich, daß ich ein solches Gewicht bewegte, und doch war es geschehen. Dieser Vorfall ist eines der Schlüsselerlebnisse meines Lebens, denn ich meiner Verzweiflung waren der Felsblock und ich ein Ding, und alles, was ich zu tun hatte, war, mich selbst zu bewegen.«

Liebe als Qualität des höheren Bewußtseins

Neuner tendieren dazu, die Identität einer Gruppe, ihrer Umgebung oder der bedeutenden Leute, mit denen sie zu tun haben, aufzunehmen. Auf psychologischer Ebene haben sie das Bedürfnis, sich mit den Wünschen anderer zu identifizieren, um »dazuzugehören« und das Vergessen der eigenen Person zu kompensieren. Ohne eine Gruppe oder einen Partner, auf den sie sich beziehen können, erleben Neuner die Betäubung sich selbst gegenüber und berichten von einem Gefühl der Sinnlosigkeit: »Wozu soll es gut sein? Wenn es nur für mich ist, hat das Leben keinen Sinn.«

Wenn eine Neun eine Beziehung eingeht, um mit einem idealen Partner zu verschmelzen, der dann zum Grund ihrer Existenz wird, ist die höhere mentale Qualität der Liebe in dieser Verbindung tatsächlich nicht vorhanden. Neuner können verschmelzen und das Leben des Partners als ihr eigenes übernehmen, aber ihr eigentliches Motiv lautet: »Bitte verlaß mich nicht, dann werde ich dir nichts in den Weg legen.« Weil Neuner in der Liebe so völlig in jemand anders aufgehen können, sind sie auch anfällig für Gefühle der Eifersucht und der Verzweiflung, denn der Verlust eines Menschen, den sie als Teil von sich selbst empfinden, bedroht ihr inneres Wesen.

Der höhere Aspekt der Liebe hat weniger mit solchen emotionalen Reaktionen zu tun; vielmehr geht es darum, daß die Aufmerksamkeit einen Bezugspunkt im Selbst hat und von dort aus den geliebten Menschen mit einbezieht. Neuner müssen unterscheiden zwischen dem Verlust eines persönlichen Bezugspunktes – und der mit ihm zusammenhängenden Übernahme der Wünsche und Gefühle anderer – und der Fähigkeit, den Zustand anderer zu erspüren. Sie verfügen über das Potential, andere insofern bedingungslos zu lieben, als sie sie durch ihren eigenen Körper wahrnehmen. Sie haben die Gewohnheit, andere in sich selbst zu spüren, ohne sie kontrollieren oder verändern zu wollen.

Subtypen

Die psychologischen Sub- bzw. Untertypen thematisieren Beschäftigungen, die Vermittler in der Kindheit entwickelten, um echte Wünsche zu kompensieren. Der Ersatz dämpft das Auftauchen der Angst, die das Kind erlebte, als ihre eigenen Prioritäten verfolgende Erwachsene seine persönlichen Wünsche übersahen.

Vereinigung in der Zweierbeziehung

Für Neuner ist Vereinigung der Wunsch, völlig mit einem Partner zu verschmelzen. Sie kann sich auch zu dem alles verzehrenden Wunsch erweitern, mit dem Göttlichen eins zu werden.

»Wenn ich Leuten begegne, habe ich das Gefühl, verschiedene Eingaben gleichzeitig zu erhalten. Ich werde so in all die Ebenen des von ihnen Gesagten und ihrer Reaktionen hineingezogen, daß die tatsächlichen Worte fast irrelevant erscheinen.

In intimen Beziehungen ist das Gefühl der Verbundenheit mit meinem Mann so stark geworden, daß ich die positiven Ergebnisse meiner Leistungen durch ihn spüre. Ich für mich empfinde keine Freude an meinem Tun, aber ich kann seine Reaktionen in mir spüren, und wenn er ein gutes Gefühl mir gegenüber hat, kann ich meine Freude durch ihn erkennen.«

Teilnahme in sozialen Gruppen

Neuner sind entweder völlig abgeneigt, sich Gruppen anzuschließen, oder sie tun dies sehr gern, etwa Clubs für spezielle Aktivitäten oder einem Freundeskreis. Die Energie von Leuten, die etwas zusammen tun, zieht sie an; sie bietet ihnen zum einen eine angenehme Zerstreuung, andererseits aber auch einen konstanten Energiehintergrund, in den sie sich ein- und ausblenden. Die folgende Aussage stammt von einer Neun, die sich gern an etwas beteiligt.

»Als Kind war ich ein Bowling-Champion. Die meisten Abende stellte ich Mannschaften auf und war ständig mit ihnen aktiv. Obwohl ich wöchentlich Stunden damit verbrachte, meinen Stil zu perfektionieren, hatte ich interessanterweise weniger Schwung zum Gewinnen als für die Kameradschaft und das Gefühl, von der Begeisterung der Teams mitgerissen zu werden.«

Appetit im Bereich der Selbsterhaltung

Neuner haben die Gewohnheit, essentielle Wünsche durch unwesentliche Substitute zu verdecken, etwa zuviel essen, zuviel fernsehen, zu viele Romane oder zu ausgeklügelte Hobbys. Der Appetit erstreckt sich auch darauf, über ein zweitrangiges Thema Unmengen an Informationen zu sammeln.

»Ich schrieb einen Artikel, der veröffentlicht werden sollte und mir sehr viel bedeutete. Von der Schreibmaschine aus sah ich auf unseren Hinterhof, was eine Ereigniskette in Gang setzte, die ich nicht unter Kontrolle hatte. Als ich mich zum Arbeiten hinsetzte, hatte ich das Bedürfnis nach einem Ausblick, auf den ich mich zentrieren konnte, und so kaufte ich Gartenbücher und zeichnete detaillierte Bepflanzungspläne, so daß es einen ständigen Wechsel der Farben gab, und ich organisierte eine Nachbarschaftsinitiative, um gemeinsam Blumen und Sträucher zu pflanzen. Ich grub um und bepflanzte den gesamten Hinterhof und verlor drei Monate für meinen Artikel.«

Was Neunern hilft, sich zu entfalten

Vermittler müssen erkennen, wann sie einzuschlafen beginnen. Einschlafen bedeutet in diesem Zusammenhang, die Aufmerksamkeit von einer echten persönlichen Priorität auf neurotisches Denken oder eine unwesentliche Aktivität zu verlagern. Neuner beginnen eine Therapie oder eine Meditationspraxis oft, weil sie bei einer wichtigen Verpflichtung aus dem Gleis geraten sind oder durch den Mißbrauch von Alkohol, Drogen und ähnlichem aufgefallen sind. Typisch sind Depressionen, wenn unwesentliche Aktivitäten zum Stillstand kommen, oder das Auftauchen von Zorn. Neuner sollten sich ihrer Fähigkeit bewußt sein, während ihres »Schlafs« gewohnheitsmäßig zu handeln. Eine schlafende Neun kann gerade genug Aufmerksamkeit abspalten, um in einer Unterhaltung oder der Therapiesitzung völlig präsent zu erscheinen, während sie gleichzeitig das Gehörte abdämpft.

Als Gewohnheitsgeschöpfe tendieren Neuner dazu, die Färbung ihrer Umgebung anzunehmen. Eine Veränderung findet daher leichter statt, wenn auch die Umgebung sich ändert und langsam und methodisch neue Gewohnheiten aufgebaut werden. Die auf Identität erpichten Neuner reagieren gut auf strukturierte Hilfe, zum Beispiel einen Plan, der durch sichtbaren Erfolg und die Begeisterung von Freunden verstärkt wird. Die Unterstützung sollte nicht mit Bedingungen verknüpft sein, damit das Problem, ob man sich anderen fügt oder sich ihnen widersetzt, gar nicht erst aufkommt.

Neuner können sich selbst helfen, indem sie:

– eine Möglichkeit finden, von anderen für einen persönlichen Standpunkt positive Rückmeldungen zu bekommen und ein Schema aufzustellen, um diesen Standpunkt zu realisieren,

– bemerken, wann jemand anders zum Referenzpunkt für Entscheidungen wird (»Stimme ich mit ihm überein oder nicht?«),

– bemerken, wann das zwanghafte Abwägen der für und gegen eine Entscheidung sprechenden Punkte die wahren Gefühle und Wünsche ersetzt,

– sich aus strategischen Gründen Termine setzen und Projekte strukturieren, um auf Ziele konzentriert zu bleiben,

– erkennen, wann persönliche Meinungen zurückgehalten werden,

– eigene Ansichten äußern,

– lernen, Projekte zu beenden, ohne sich von anderen Dingen ablenken zu lassen,

– sich auf die Gefühle konzentrieren, die der Verlagerung der Aufmerksamkeit auf unwesentlichen Ersatz wie Essen oder Fernsehen vorausgehen, das Hochkommen der Gefühle beobachten, anstatt nach Ersatz zu suchen,

– um Alternativen bitten (Neuner wissen eher, was sie nicht wollen, und finden ihre Präferenzen durch den Prozeß des Eliminierens),

- als Übung zunächst die Position anderer ausagieren und dann ihre eigene, wobei sie tun, als wären sie jemand anders,
- lernen, sich in bezug auf Zeit und Engagement Grenzen zu setzen, wenn die Aufmerksamkeit sich auf Unwesentliches verlagert,
- sich eher auf den nächsten Schritt als auf das Ziel am Horizont konzentrieren, das zu voluminös erscheint, um mit ihm fertig zu werden,
- sich bewußt sein, daß sie unter Druck stur werden,
- Zorn in der Vorstellung ausdrücken, sich vorstellen, das Schlimmste zu sagen oder zu tun, bis die Dynamik des Zorns nachläßt.

Mögliche Reaktionen in Zeiten der Veränderung

Wenn die Aufmerksamkeit von Unwesentlichem abgezogen wird, berichten Neuner von den unten aufgeführten Reaktionen. Anstatt sie als neurotisch zu betrachten, können sie als durch die Veränderung bedingte Zeichen des Fortschritts gesehen werden. Wenn die Prioritäten sich realisieren, kommt bislang passiv-aggressiv ausgedrückter Zorn (auf stur schalten oder langsam werden) an die Oberfläche. Zorn ist die Energie der Veränderung und kann gefördert werden, um eine persönliche Position klar-zumachen.

Es sind folgende Reaktionen möglich:
- abhängig werden von Hilfsquellen und der Wunsch, sich nicht zu trennen,
- Vorwürfe, so in den Wünschen anderer aufgegangen sein, daß es »ihre Schuld ist«, wenn die Dinge schieflaufen,
- stur werden, sich von anderen gedrängt fühlen, Widerwille, belastete Themen anzusprechen, aushalten, was andere zwingt, zuerst zu handeln,

– eifrig betriebene neue Verpflichtungen, die Zeit und Energie kosten,

– abschalten, in Unterhaltungen eintauchen, aus ihnen auftauchen, an verschiedene Dinge gleichzeitig denken,

– zwischen echten Entscheidungen und der Tendenz, kleinen Dingen zwanghaft Aufmerksamkeit zu schenken, unterscheiden,

– zwischen echten Zielen und der Gewohnheit, eine Routine aufzustellen und mechanisch zu handeln, unterscheiden,

– Betäubung, warten, bis die anderen gehen, schwierige Unterhaltungen aussitzen, anstatt eine Meinung zu äußern, Wunsch, daß Negatives ungesagt bleibt,

– Abneigung, die Einzelteile zusammenzusetzen, weil dann eine endgültige Stellungnahme verlangt werden könnte, mehr Information benötigen, auf eine Erklärung warten, stillhalten, hoffen, daß das Problem sich von selbst löst,

– die Vorstellung, daß die Sache schon erledigt ist, sobald im Geist Prioritäten gesetzt wurden, sich selbst nach seinem Potential und andere nach ihrem tatsächlichen Tun beurteilen,

– Unerledigtes zurücklassen, verärgert sein und nicht vorsichtig sein wollen, minimale Arbeitsleistung,

– das Gefühl, daß einfache Aufgaben überwältigende Belastungen sind, daß es schwer ist, anzufangen. (»Es ist zuviel zu erledigen. Woher soll die Energie kommen? Die Aufgaben erfordern soviel Mühe.«) Dies führt zu: extremer Empfindlichkeit, wenn Anstrengungen übersehen, kritisiert oder abgewertet werden, oder zur Angst vor Risiko und Veränderung, der Überzeugung, daß Veränderung zu weiterem Leiden führt, oder zum Ablenken der Aufmerksamkeit vom Selbst, indem man in Unterhaltungen Nebenthemen einführt, lange Geschichten über sich erzählt und altes Material wiederholt.

Anhang: Empirische Untersuchungen zum Enneagramm

Seit kurzem werden empirische, auf veröffentlichten Beschreibungen der Enneagramm-Theorie basierende Untersuchungen zur Typologie des Enneagramms unternommen.[44] Untersuchungen in diesem Bereich sind insofern hilfreich, als die Forschungsergebnisse die Enneagramm-Theorie in westliche Persönlichkeitskonzepte integrieren.

Die gegenwärtige Forschung konzentriert sich auf die Stabilität des einem Menschen eigenen Enneagramm-Punkts und die Beziehung der Typologie des Enneagramms zu anderen Persönlichkeitstheorien. Die Forscher sind außerdem dabei, Bewertungskriterien zu entwickeln, durch die der Enneagramm-Typ zuverlässig und richtig vorhergesagt werden kann.

Erste Forschungen zum Enneagramm

In einem ersten Forschungsprogramm, von dem J. P. Wagner und R. E. Walker berichten[45], wurden 390 Erwachsene untersucht, die das System des Enneagramms kannten. Die meisten Befragten waren Mitglieder verschiedener religiöser Ordensgemeinschaften der katholischen Kirche im Mittleren Westen der USA.

Zur Einschätzung der Stabilität eines Enneagramm-Typs über längere Zeit wurden die Versuchspersonen kontaktiert und gebeten, den ursprünglichen und den gegenwärtigen von ihnen selbst bestimmten Enneagramm-Punkt zu nennen. Die Zeitspanne zwischen dem ersten Erlernen des Enneagramms und der Befragung schwankte zwischen drei Monaten und neun Jahren. Bei 85

Prozent der Befragten stimmte der Typ in der Vergangenheit mit dem in der Gegenwart überein.

Diese Befragten füllten auch zu verschiedenen Zeiten vor, während und nach dem Erlernen des Enneagramms den Myers-Briggs-Typ-Indikator (MBTI)[46], die Millon-Illinois Self-Report Scale (Millon-Illinois-Selbsteinschätzungsskala) und einen experimentellen Enneagramm-Fragebogen aus. Der MBTI, der auf den Jungschen Persönlichkeitstypen beruht, bewertet Einstellungs-, Annahme- und Handlungsmuster anhand der Persönlichkeitsdimensionen Introversion/Extraversion, Denken/Fühlen, Sinneswahrnehmungen/Intuition und Urteilen/Wahrnehmen; die Millon-Illinois Self-Report Scale bewertet Persönlichkeitsmuster anhand von acht Persönlichkeitsstilen.[47] Wagner bemerkt, daß Millons Formulierung der Entwicklung von Persönlichkeitsmustern »der Konzeption der Entwicklung der Ego-Fixierungen im Enneagramm entspricht«.[48]

Wagner stellte anhand der Myers-Briggs- und der Millon-Skala signifikante Unterschiede zwischen Enneagramm-Punkt-Gruppen fest (siehe die Zusammenfassung in der Tabelle rechts).

Den Befragten wurde auch Wagners Enneagramm-Persönlichkeits-Fragebogen unterbreitet, der aus 135 Items besteht (15 für jeden Typ). Die Befragten gaben den Grad an Zustimmung bzw. Nichtzustimmung an. Wagner legte den Fragebogen vor und nach der Enneagramm-Schulung vor und stellte fest, daß der Enneagramm-Typ mit Punkten im Fragebogen signifikant verknüpft war. Die Ergebnisse Wagners legen nahe, daß der objektive Test den Typ mit einer Genauigkeit voraussagen kann, die größer ist als der Zufall, und daß das Erlernen der Enneagramm-Theorie die vorhersagbare Richtigkeit des Tests erhöhte.

Wagners Untersuchung trägt zur Ausarbeitung der Enneagramm-Theorie bei, indem sie die Typologie im Vergleich zu zwei anderen typologischen Methoden anhand einer relativ umfangreichen Probeerhebung auswertet. Wagners Versuch, eine objek-

Vergleich positiver Korrelationen zwischen Enneagramm-Stilen,
Millons Persönlichkeitsmustern und Myers-Briggs-Präferenzen[49]

Enneagramm-Typ	Millon-Skala	Myers-Briggs-Skala
Punkt Eins	Diszipliniert	Urteilend
Punkt Zwei	Kooperativ, soziabel	Extravertiert, fühlend
Punkt Drei	Selbstsicher, diszipliniert, soziabel, durchsetzend	Extravertiert, sinnlich wahrnehmend, urteilend
Punkt Vier	Kooperativ, sensibel	Intuitiv, fühlend, sinnlich wahrnehmend
Punkt Fünf	Apathisch, sensibel	Introvertiert, denkend
Punkt Sechs	Kooperativ, sensibel, apathisch	Introvertiert
Punkt Sieben	Soziabel, selbstsicher, durchsetzend	Extravertiert, intuitiv
Punkt Acht	Selbstsicher, soziabel, durchsetzend	Extravertiert, intuitiv, denkend, sinnlich wahrnehmend
Punkt Neun	Apathisch, sensibel, kooperativ	Intuitiv, sinnlich wahrnehmend

tive Einschätzung der Enneagramm-Typen zu entwickeln, sollte auch Untersuchungen fördern, die zur Bestimmung der Zuverlässigkeit und Generalisierbarkeit des Typs, der Beschreibung und Unterscheidung der Typen und einer vereinfachten, richtigen Vorhersagbarkeit der Typen führen.

Unser gegenwärtiges Forschungsprogramm

Wir haben eine Untersuchung mit 172 Freiwilligen durchgeführt, die erwachsene Schüler des *Center for the Investigation and Training of Intuition* (Zentrum für die Erforschung und das Training der Intuition)[50] sind. Zur Zeit der Befragung hatten alle Teilnehmer ihren Enneagramm-Typ bestimmt, und zwar zwischen einem Monat und mehreren Jahren vor dem Test; 47 Prozent kannten ihren Enneagramm-Typ seit weniger als einem Jahr. Die Größe der Enneagramm-Gruppen schwankte zwischen 10 Teilnehmern, die sich als Punkt Drei erkannt hatten, und 35 Teilnehmern, die sich als Punkt Neun erkannt hatten. Vergleichsauszählungen ergaben, daß in der Testgruppe keine signifikanten Verknüpfungen zwischen der Kenntnis des Enneagramms, dem Geschlecht, dem beruflichen Status und dem Enneagramm-Typ bestanden.

Um die Persönlichkeitsunterschiede der Enneagramm-Typen einzuschätzen, wählten wir (wie Wagner) den MBTI und den Minnesota Multiphasic Personality Inventory (MMPI, Minnesota-Multiphasen-Persönlichkeitsfragebogen). Der MMPI ist der am meisten erforschte Persönlichkeitsindex, wurde aber in Verbindung mit dem Enneagramm noch nicht untersucht. Die zehn klinischen Skalen des MMPI bewerten größere Kategorien abnormen Verhaltens einschließlich Hypochondrie, Depression, Hysterie, psychopathischer Abweichung, Geschlechtsidentifikation, Paranoia, Besessenheit und Zwanghaftigkeit, Schizophrenie, Hypomanie und sozialer Introversion. Darüber hinaus sieht der MMPI die Einschätzung von Testeinstellungen wie Konsistenz, sozialer Erwünschtheit und simulierter Pathologie vor.

Wir haben für dieses Forschungsprogramm auch einen Fragebogen zur Enneagramm-Typologie entwickelt, den Cohen-Palmer Enneagramm Inventory (CPEI, Cohen-Palmer-Enneagramm-Fragebogen). Der CPEI ist eine Zusammenstellung von Aussagen zu verhaltensmäßigen Tendenzen für jede Enneagramm-Punkt-Gruppe. Der CPEI hat insgesamt 108 Items, 12 für jede der neun Skalen. Es wurden dichotomierte Antworten auf die deskriptiven Aussagen verlangt, das heißt »Wie ich« oder »Nicht wie ich«. Wir stellten die Hypothese auf, daß die höchste Punktzahl den Enneagramm-Typ des Betreffenden anzeigen würde (der vor Unterbreitung des Fragebogens bestimmt worden war).

Ergebnisse: MMPI

Wir benutzten Einwegvarianzanalysen und Post-hoc-Vergleiche und stellten bei vier der klinischen Skalen des MMPI, nämlich Depression, psychopathischer Abweichung, Psychasthenie (Besessenheit, Zwanghaftigkeit) und sozialer Introversion, signifikante Unterschiede zwischen den Enneagramm-Gruppen fest. Der Mittelwert für jede Gruppe findet sich in der Abbildung.

Aus der Depressionsskala läßt sich ablesen, daß Enneagramm-Punkt-Gruppe Vier den höchsten Durchschnittswert erreichte und signifikant höher lag als Gruppe Sieben oder Gruppe Drei. Gruppe Drei zeigte den niedrigsten Durchschnittswert; die Gruppen Vier, Fünf, Sechs, Neun, Zwei, Eins und Acht lagen signifikant höher als Gruppe Drei. Dieses Ergebnis ist aufgrund der Tendenz von Punkt Drei, emotionale Reaktionen zu leugnen, und der Tendenz von Punkt Vier zu dem Verhalten, das sein Name nahelegt (der tragische Romantiker), einsichtig.

Signifikante Unterschiede auf der Skala der psychopathischen Abweichung bestanden zwischen Gruppe Acht, die den höchsten Mittelwert erreichte, und den Gruppen Sieben, Neun und Eins. Gruppe Sieben hatte den niedrigsten Mittelwert, der signifikant niedriger war als bei den Gruppen Zwei, Sechs und Vier. Zugrunde liegende Dimension dieser Skala ist das Sichbehaupten, das heißt, positiv gesehen, ein »energisches, wagemutiges, verwegenes und soziales« Verhalten, negativ gesehen ein »feindliches, manipulatives, impulsives und antisoziales« Verhalten.[51] Dieses

Ergebnis ist aufgrund der Tendenz von Punkt Acht, sich sehr stark selbst zu behaupten, und der Tendenz von Punkt Sieben, die soziale Akzeptanz aufrechtzuerhalten, plausibel.

Signifikante Differenzen zwischen den Gruppen wurden auch auf der Psychasthenie-Skala (zwanghaft-besessen) gefunden. Diese Skala spiegelt gewöhnlich langfristige[52] Ängstlichkeit und bewertet die »Unfähigkeit eines Menschen, speziellen Handlungen oder Gedanken ungeachtet ihrer krankhaften Natur zu widerstehen… Sie betrifft anormale Ängste, Selbstkritik, Konzentrationsschwierigkeiten, Schuldgefühle.«[53] Gruppe Vier zeigte den höchsten Mittelwert und differierte signifikant von den Gruppen Drei und Acht. Gruppe Drei hatte den niedrigsten Mittelwert und differierte signifikant von den Gruppen Vier, Fünf und Sechs. Diese Ergebnisse könnten auf eine relative Tendenz zu ritualisiertem Verhalten bei Punkt Vier hinweisen und eine größere Tendenz bei Punkt Drei, im Verhalten flexibel zu sein. Beide Vorstellungen stimmen mit den Haupteigenschaften dieser Enneagramm-Punkte überein.

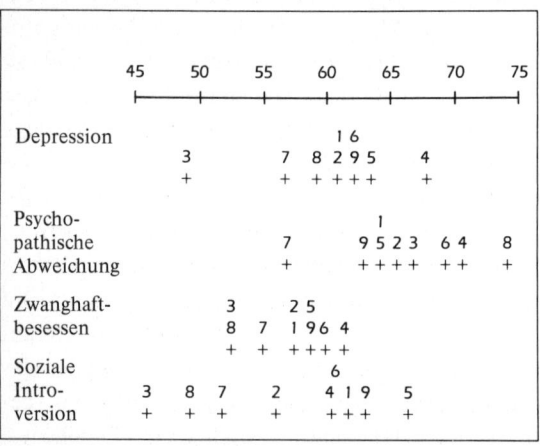

Mittlere und MMPI-Testwerte von Enneagramm-Punkt-Gruppen

Hoch signifikante Differenzen wurden auf der Skala der sozialen Introversion festgestellt; Gruppe Fünf wies den höchsten Mittelwert auf und unterschied sich deutlich von den Gruppen Drei, Acht, Sieben, Zwei und Sechs. Gruppe Drei erzielte den niedrigsten Mittelwert und lag signifikant niedriger als die Gruppen Zwei, Sechs, Vier, Eins, Neun und Fünf. Die Items auf dieser Skala betreffen Unbehagen in sozialen Situationen, Unsicherheiten, Sorgen und den Mangel an sozialer Beteiligung. Je höher der Wert, desto mehr zieht der Betreffende die Einsamkeit vor; je niedriger der Wert, desto mehr sucht er sozialen Kontakt. Die der sozialen Introversionsskala zugrunde liegende normale Dimension ist Autonomie.

Ergebnisse: MBTI

Unter Verwendung von Einwegvarianzanalysen stellten wir auch signifikante Unterschiede zwischen den Enneagramm-Gruppen auf den Skalen Extraversion/Introversion, Sinneswahrnehmung/Intuition und Denken/Fühlen fest. Bei der Abbildung mit den MBTI-Mittelwerten der neun Enneagramm-Typen wird ein Wert von 100 als »keine klare Präferenz« interpretiert.

Auf der Extraversions-Introversions-Skala waren die verschiedenen Enneagramm-Punkte gut verteilt. Wie bei Kenntnis des Enneagramms vorhersagbar war, neigten die Punkte Drei, Sieben, Acht und Zwei am stärksten zur Extraversion, die Punkte Fünf, Neun, Eins und Sechs zur Introversion. Statistisch bestanden signifikante Unterschiede zwischen Punkt Fünf und allen anderen Punkten; Punkt Neun und den Punkten Drei, Sieben, Acht und Vier; Punkt Eins und den Punkten Drei und Sieben; Punkt Sechs und den Punkten Drei und Sieben; und Punkt Vier und Punkt Eins. Die klinische Interpretation der Testautoren meint, daß Extravertierte »leichteren Zugang zur äußeren Welt und anderen Menschen und Dingen haben als zur inneren Welt der Ideen«. Introvertierte dagegen »haben leichteren Zugang zur inneren

Welt der Ideen als zur äußeren Welt der Menschen und Dinge«.[54]
Die Ergebnisse auf der Extraversions-Introversions-Skala stimmen mit den Ergebnissen auf der sozialen Introversionsskala des MMPI überein, auf der Gruppe Fünf den höchsten Mittelwert hatte und Gruppe Drei den niedrigsten.

```
                80   90   100  110  120  130  140
                ├────┼────┼────┼────┼────┼────┤

Extra-          3    7    824       619        5      Intro-
version         +    +    +++       +++        +      version

Sinnes-                   31594268       7            Intuition
wahr-                     ++++++++       +
nehmung

Denken               85167  923          4            Fühlen
                     +++++  +++          +

Urteil                          5                     Wahr-
                     3    1    94  7       6 8        nehmung
                     +    +    ++  2       + +
                                   +
```

Mittlere MBTI-Werte

Auf der Sinneswahrnehmungs-Intuitions-Skala lagen die verschiedenen Enneagramm-Punkt-Gruppen dichter zusammen und tendierten alle zur Intuitionsseite der Skala. Diese Präferenz der Intuition der ganzen Testgruppe ist plausibel und vielleicht spezifisch für diese Testgruppe, da die Befragten ihr Interesse an der Intuition durch den Besuch des *Center for the Investigation and Training of Intuition* bereits vorher unter Beweis gestellt hatten. Die Punkte Sieben, Acht und Sechs neigten am meisten zur Intuitionsseite der Skala. Die klinische Interpretation der Präferenzen durch die MBTI-Autoren besagt, daß Befragte, die auf der Seite der Sinneswahrnehmungen Punkte gemacht hatten, »eher mit bekannten Tatsachen arbeiten, als nach Möglichkeiten und

Beziehungen zu suchen«; zur Intuitionsseite neigende Befragte suchen »eher nach Möglichkeiten und Beziehungen, als mit bekannten Tatsachen zu arbeiten«.[55]

Auf der Denken-Fühlen-Skala lagen die Gruppen Acht, Fünf, Eins, Sechs und Sieben auf der Seite Denken, die Gruppe Vier auf der Seite Fühlen. Dieses Ergebnis ist in Anbetracht der Beschreibung von Punkt Vier (tief und ästhetisch emotional) plausibel. Die Autoren des MBTI-Tests interpretieren die Präferenz zum Gefühl in dieser Dimension als Hinweis darauf, daß Urteile »eher auf persönlichen Werten als auf unpersönlicher Analyse und Logik« beruhen.[56] Auf der Wahrnehmungs-Urteils-Skala gab es in dieser Untersuchung weniger Differenzen zwischen den Enneagramm-Gruppen.

Der Cohen-Palmer-Enneagramm-Fragebogen

Wir versuchten, die Enneagramm-Gruppe jedes Befragten anhand seiner Testergebnisse im Cohen-Palmer Enneagram Inventory (CPEI) vorherzusagen. Dazu zählten wir die Punkte des Betreffenden in jeder der neun Skalen, wählten die Punktzahl, die am höchsten war, und benutzten sie zur Vorhersage der Gruppe. Es bestand eine signifikante Verknüpfung zwischen unserer Vorhersage und der tatsächlichen Enneagramm-Punkt-Gruppe des Betreffenden. Die erfolgreichen Vorhersagen schwankten zwischen 26 Prozent für Gruppe Zwei und 72 Prozent für Gruppe Acht. Obwohl diese Verknüpfungen signifikant besser waren als der Zufall, machten wir weitere Analysen, um die Fähigkeit zur Vorhersage der Enneagramm-Punkt-Gruppe zu verbessern.

Unter Verwendung von Diskriminanzanalysen bewerteten wir den Beitrag der CPEI-Test-Items zur Unterscheidung der Gruppe. Die Diskriminanzanalyse ist eine Maximierungstechnik, in der die Items gewichtet und dann linear so kombiniert werden, daß die Gruppen statistisch so verschieden wie möglich sind. Für jedes Item werden die relative Bedeutung bzw. die standardisierten diskriminativen Funktionskoeffizienten berechnet, die die Stärke des Items für separate Gruppen angibt. Unter Verwendung dieser gewichteten Items konnten wir 97 Prozent der Befragten ihrer korrekten Enneagramm-Gruppe zuordnen. Zur Evaluierung der Richtigkeit der Gewichtungen, die den Test-Items in dieser diskriminativen Analyse gegeben wurden, sind weitere Untersuchungen mit dem CPEI erforderlich. Wenn wir neue Testgruppen unter Verwendung des CPEI einschätzen und ihre Tests mit Punkten von relativer Bedeutung bewerten, können wir die Fähigkeit der CPEI-Items bestimmen, Enneagramm-Typen zu unterscheiden und den Typ vorherzusagen.

Wir haben vor, in diesem Evaluierungsprozeß zahlreiche Gruppen zu testen.

Diskussion

Unser Forschungsprogramm bestätigt zum Teil die Ergebnisse von Wagner, daß die Enneagramm-Typen auf den vom MBTI bewerteten Dimensionen signifikant differieren. Unsere Ergebnisse glichen denen Wagners, mit einigen größeren Ausnahmen. Zum einen fanden wir zwar bei Verwendung der Varianzanalysemethode ähnliche Trends, aber keine signifikanten Unterschiede der Gruppen auf der Urteils-Wahrnehmungs-Skala. Wagner, der eine korrelative Methode benutzte, stellte eine signifikante Korrelation von Punkt Eins und Drei mit dem Urteil und von Punkt Acht und Neun mit der Wahrnehmung fest. Wagners als Punkt Zwei und Acht identifizierte Befragte zeigten auch eine Präferenz für die Extraversion; die Punkte Zwei und Punkt Acht in unserer Testgruppe zeigten als Gruppe dagegen eine leichte Präferenz für die Introversion. Schließlich stand in Wagners Untersuchung die Zugehörigkeit zu Gruppe Fünf in signifikanter Korrelation zu einer Präferenz fürs Denken; die Befragten unse-

Aktuelle Gruppe	Anzahl der Fälle*	Vorhergesagte Gruppe								
		1	2	3	4	5	6	7	8	9
1	16	16 100%	0	0	0	0	0	0	0	0
2	15	0	15 100%	0	0	0	0	0	0	0
3	9	0	0	9 100%	0	0	0	0	0	0
4	11	1 9%	0	0	10 91%	0	0	0	0	0
5	15	0	0	0	0	15 100%	0	0	0	0
6	24	0	1 4%	0	0	0	22 92%	0	1 4%	0
7	10	1 10%	0	0	0	0	0	9 90%	0	0
8	11	0	0	0	0	0	0	0	11 100%	0
9	27	0	0	0	0	0	0	0	0	27 100%

* N = 132

Vorhersagbarkeit von Enneagramm-Gruppen aufgrund von Diskriminanzanalysen

rer Testgruppe zeigten dagegen keine klare Präferenz für Denken oder Fühlen.

Die widersprüchlichen Ergebnisse deuten darauf hin, daß das Verhalten von Punkt Zwei und Punkt Acht zur Introversion und zur Extraversion tendieren kann und daß Punkt Fünf zum Denken oder zum Fühlen tendieren kann. Die Ergebnisse können für die Testgruppen von Wagner und uns spezifisch oder von der Art der verwendeten statistischen Analyse beeinflußt sein. Weitere Untersuchungen sind daher notwendig, um die Ergebnisse zu bestätigen bzw. Differenzen zu klären.

Unsere Untersuchung des MMPI führte zu neuen Ergebnissen, die in Anbetracht der existierenden Beschreibungen von Charakteristika der Enneagramm-Punkte plausibel sind. Auf der Depressionsskala lag die Enneagramm-Gruppe Vier hoch und die Gruppe Drei niedrig; auf der Skala der psychopathischen Abweichungen lag Gruppe Acht hoch und Gruppe Drei niedrig; auf der Skala »zwanghaft-besessen« lag Punkt Vier hoch; und auf der Skala der sozialen Introversion lag Gruppe Fünf hoch und Gruppe Drei niedrig.

Unsere Aktivitäten zur Entwicklung von Tests sind insgesamt sehr ermutigend, auch in der Zusammenschau mit denen von Wagner. Die Entwicklung eines zuverlässigen und richtigen Enneagramm-Evaluierungs-Instrumentariums erscheint möglich und notwendig. Unsere zukünftigen Forschungen werden sich auch auf die Richtigkeit des CPEI in neuen Testgruppen erstrekken.

Anmerkungen

1 Wir denken an uns selbst als kohäsive Struktur unserer Gedanken, Gefühle, körperlichen Erinnerungen und anderer Identifikationen, für die der Grundstein in der frühen Kindheit gelegt wurde. Diese Identifikationen bilden ein Selbstverständnis, das in spirituellen Lehren zuweilen als die falsche Persönlichkeit bezeichnet wird, öfter jedoch als Ego. Sobald es sich einmal gebildet hat, wird das Ego zu dem, was wir für unser Selbst halten, denn wir haben keinen Zugang zu anderen, nicht vom Ego bestimmten Zuständen des Bewußtseins.

Ein zeitgenössischer Sufi-Lehrer, A. H. Almaas, trifft die folgende Unterscheidung zwischen dem Freudschen Konzept des Ego und dem Ego der spirituellen Tradition:

»Das Freudsche Ego hat die Funktionen der Wahrnehmung, der Motilität, der Realitätsprüfung etc. Diese Funktionen sind in dem Begriff Ego, wie er in der spirituellen und [Gurdjieffschen] Arbeitsliteratur verwendet wird, nicht enthalten. Dieses letztere Ego bezeichnet hauptsächlich die Identifikation des Individuums, die ihm das Gefühl eines Selbst oder eine Identität gibt.

Die psychoanalytische Ego-Psychologie und insbesondere ihre Objektbeziehungstheorie hat in sehr nützlicher Weise formuliert, wie dieses Selbstgefühl bzw. die Ego-Identität sich entwickelt. Im Grunde entwickelt sich die sogenannte Selbstdarstellung durch die Organisation der früheren Erfahrungen des Individuums aus kleineren Einheiten zu breiteren, umfassenderen. Dies geschieht gleichzeitig mit der Entwicklung der Objektdarstellung« (A. H. Almaas, *Essence, The Diamond Approach to Inner Realization,* York Beach 1986, S. 43).

2 Korrelationen zwischen dem Enneagramm und dem kabbalistischen Lebensbaum werden in James Webb, »Sources of the System«, *The Harmonious Circle,* New York 1980, angesprochen.

3 Das Standardwerk zur Definition von Bewußtseinszuständen ist meines Erachtens Charles T. Tart, *States of Consciousness,* El Cerrito

1983, zuerst veröffentlicht 1975. Eine andere gute Darstellung der Bewußtseinsebenen aus Gurdjieffscher Sicht findet sich in Charles T. Tart, *Hellwach und bewußt leben*, München 1988.

4 Die Praktiken der Selbstbeobachtung und des Selbsterinnerns werden in Charles T. Tart, *Hellwach und bewußt leben,* beschrieben.

5 P. D. Ouspensky, *Auf der Suche nach dem Wunderbaren,* München 1978, S. 433.

6 Die üblichen »Objekte der Aufmerksamkeit« im gewöhnlichen Bewußtsein sind körperliche Empfindungen, Gefühle, Gedanken, Erinnerungen, Pläne und Phantasien (die auch als gelenkte Bilder oder Tagträume bezeichnet werden).

7 G. I. Gurdjieff, *Life Is Real Only When »I Am«,* New York 1975, S. 51.

8 Kenneth Walker, *Venture with Ideas,* New York 1952, S. 152.

9 Kenneth Walker, *Venture with Ideas: Meetings with Gurdjieff and Ouspensky*, New York 1952, S. 183.

10 Ouspensky, *Auf der Suche nach dem Wunderbaren* (siehe Anm. 5), S. 225.

11 Kenneth Walker, *Gurdjieff, A Study of His Teaching*, London 1979, S. 96.

12 Walker, *Venture with Ideas* (siehe Anm. 8), S. 114.

13 Siehe Anm. 1. Ich möchte hinzufügen, daß die Praktiken, die das Erinnern wesensmäßiger Qualitäten entwickeln, eine desintegrierende Wirkung auf die Persönlichkeit haben können. Es ist daher wichtig, darauf zu achten, daß die Persönlichkeit mit dem auftauchenden Zugang zum Wesenskern Schritt hält. Die Integration geschieht am besten durch eine geeignete Therapie.

14 A. H. Almaas berichtet von den Möglichkeiten, die Beziehung zwischen Persönlichkeit und Wesenskern zu festigen. In seinem Buch *Essence* (siehe Anm. 1) schreibt er auf S. 78: »Einige dieser Systeme stützen ihre Methode auf den Kontrast zwischen Wesenskern und Persönlichkeit, und die Arbeit besteht dann darin, den Wesenskern als Ganzes von der Persönlichkeit als Ganzes zu befreien … Einige Systeme beachten den Wesenskern überhaupt nicht; sie schauen auf die Persönlichkeit, sehen sie als Barriere für die Freiheit und als Ursache des Leids und arbeiten daran, ihre Enge aufzulösen. Einige

Systeme stützen sich auf nur einen Aspekt des Wesenskerns, der betont und als die eigentliche Wahrheit oder die einzige Realität gesehen wird, wobei die anderen Aspekte ignoriert werden.«

15 Jan Cox, *Dialogues of Gurdjieff: Vol. 1,* Stone Mountain 1976, S. 169.

16 Ouspensky, *Auf der Suche nach dem Wunderbaren* (s. Anm. 5), S. 393 f.

17 P. D. Ouspensky, *A. Further Record: Extracts from Meetings, 1928 bis 1945,* London 1986, S. 246.

18 C. S. Nott, *Journey Through This World: The Second Journal of a Pupil,* New York 1969, S. 87.

19 John Lilly und Joseph Hart, »Das Arica-Training«, in: Charles T. Tart (Hrsg.), *Transpersonale Psychologie,* Olten 1978.

20 Siehe Anmerkung 6

21 Die Aufmerksamkeit ist sowohl bewußt als auch unbewußt organisiert. Wenn die Aufmerksamkeit willentlich verlagert und konzentriert werden kann, steht sie unter bewußter Kontrolle. Die Aufmerksamkeit kann auch unbewußt organisiert sein, um sichere Informationen ein- und unsichere Informationen auszuschließen.

22 Hara ist das japanische Wort für Bauch-Zentrum; es liegt zwischen Nabel und Schambein. Dieses Zentrum ist allen mystischen Übungswegen bekannt, egal aus welcher Kultur sie kommen. Das Sufi-Äquivalent für das Hara wurde von O. Ichazo als Kath-Punkt bezeichnet.

23 Die Praxis des offenen Erspürens erfordert eine spezifische Verlagerung der Aufmerksamkeit, in der die Empfindung des Hara so ausgeweitet wird, daß es die Energiequalitäten in der Umgebung und in anderen einschließt.

24 Diese Aufmerksamkeitsverlagerung beinhaltet die Verschmelzung des inneren Beobachters mit einer visualisierten Darstellung nichtpräsenter Ereignisse.

25 Die Schleier können als Ergebnis der Aufmerksamkeitsverlagerung von dem ursprünglichen Einheitsgefühl, welches das Kind mit der Umgebung und anderen empfindet, auf die Identifikation mit den Themen der Persönlichkeit gesehen werden. Das Heben der Schleier wäre dann die Erinnerung daran, wie die Aufmerksamkeit mobilisiert werden kann, um die verlorenen Verbindungen wiederherzustellen.

26 Es gibt verschiedene detailliertere Zusammenfassungen der Inter-
    aktion zwischen dem Gesetz der Drei und dem Gesetz der Sieben.
    Siehe John Bennett, *The Enneagram,* Gloucestershire, 1974; Kath-
    leen Riordan Speeth, Kapitel 7 in *Transpersonale Psychologie* (siehe
    Anm. 19); und Michael Waldberg, *Gurdjieff, An Approach To His
    Ideas,* London 1981. Zwei Bücher wenden den Wechsel des Vorzei-
    chens von aktiven, rezeptiven und versöhnenden Kräften auf eine
    Prozeßanalyse im Bereich des Managements an. Diese Bücher zeigen
    ein wiedererwachtes Interesse daran, die herrschenden Gesetze der
    Mystik – speziell diejenigen, die den Prozeß eines Ereignisses in der
    materiellen Welt betreffen – anderen Bereichen als nur der Psycho-
    logie zuzuordnen: Saul Kuchinsky, *Systematics*, Charles Town 1985;
    und Robert Campbell, *Fisherman's Guide*, Boston 1985.

27 Die Vorstellung, daß Energie von einem inneren System auf ein
    anderes übertragen werden kann, ist für alle spirituellen Systeme
    grundlegend. Um das Bewußtsein zu transformieren, ist eine ständige
    Energiezufuhr und die Einschränkung der üblichen Ausgänge für
    diese Energie notwendig. Die Energie kann auf verschiedene Weise
    gehoben werden, unter anderem durch Meditation, Atemübungen,
    körperliche Übungen und das kontrollierte Herbeizitieren emotiona-
    ler Leidenschaften. Die Einschränkungen sind Aufmerksamkeitsver-
    lagerungen, die die Energie daran hindern, sich in gewöhnlichen
    Gedanken, Gefühlen und körperlichen Bewegungen zu entladen.

28 Walter Otto, *The Homeric Gods: The Spiritual Significance of Greek
    Religion,* New York 1978.

29 Walter Otto, *Dionysos: Myth and Cult,* Dallas 1981.

30 Ursula Le Guin, *The Left Hand of Darkness,* New York 1969, Ein-
    führung.

31 Lilly und Hart (siehe Anm. 19).

32 Sam Keen, »A Conversation about Ego Destruction with Oscar
    Ichazo«, *Psychology Today*, Juli 1973, S. 64.

33 Waldberg (siehe Anm. 26), S. 112.

34 Claudio Naranjo, *The One Quest*, London 1974.

35 Aus der Arbeit von Helen Palmer.

36 Aus der Arbeit von Claudio Naranjo; vgl. auch Gurdjieffs »Puffer«.

37 Aus der Arbeit von Helen Palmer.

38 Mit dem Begriff Persona (lat. *persona* = Maske) bezeichnete C. G. Jung die individuellen Reaktionen auf die soziale Umwelt. Die Bezeichnung wird auch allgemein für den Rollenaspekt in der Persönlichkeit verwandt.

39 *Diagnostic and Statistical Manual of Mental Disorders,* Washington, D. C., 1987. Deutsche Ausgabe: *Diagnostisches und statistisches Manual psychischer Störungen,* DSM-III-R, Revision, Weinheim [2]1989. Dieses Handbuch enthält das für Psychiatrie und klinische Psychologie inzwischen weltweit maßgebliche Klassifizierungssystem psychischer Krankheiten. (Anm. d. Ü.)

40 Von Mary Baker-Eddy (1821–1910) begründete religiöse Lehre und Bewegung des geistigen Heilens.

41 Berühmte Universität in Palo Alto, Kalifornien. (Anm. d. Ü.)

42 In Selig- oder Heiligsprechungsverfahren der römisch-katholischen Kirche hatte der Advocatus Diaboli die Aufgabe, all das aufzuspüren, was gegen die Selig- oder Heiligsprechung sprach. (Anm. d. Ü.)

43 Karen Horney, *Unsere inneren Konflikte,* Frankfurt 1989.

44 Lilly und Hart (siehe Anm. 19); J. G. Bennett, *Enneagram Studies*, New York 1983; J. P. Wagner, »A Descriptive, Reliability and Validity Study of the Enneagram Personality Typology« (Doktorarbeit an der Loyala University of Chicago, 1981) *Dissertation Abstracts International* 41, 1981, 4664 A, Universitäts-Mikrofilme Nr. 8109973.

45 J. P. Wagner und R. E. Walker, »Reliability and Validity Study of a Sufi Personality Typology: The Enneagram«, *Journal of Clinical Psychology,* 39 (5), September 1983; I. Myers und K. Briggs, Manual: *A Guide to the Development and Use of the Myers-Briggs Type Indicator*, Palo Alto 1985.

46 Ein in den USA in der Industrie und in kirchlichen Kreisen weit verbreiteter Persönlichkeitstest. (Anm. d. Ü.)

47 T. Millon, *The Millon Self-Report Inventory*, Philadelphia 1974; Marlene Cresci Cohen, Helen Palmer, Martin Stuart Cohen, *Empirical Comparison of the Enneagram Personality Types* (in Vorbereitung).

48 Wagner (siehe Anm. 44), S. 145.

49 Wagner und Walker (siehe Anm. 45).

50 J. Kunce und W. Anderson, »Normalizing the MMPI«, *Journal of Clinical Psychology* 32 (1976), S. 776–780.

51 R. L. Greene, *The MMPI: An Interpretive Manual*, New York 1980.

52 J. Duckworth und W. Anderson, *MMPI Interpretation Manual for Counselors and Clinicians,* Muncie [3]1986, S. 189.

53 Greene (siehe Anm. 51), S. 99.

54 Myers und Briggs (siehe Anm. 45).

55 Ebd., S. 54.

56 Ebd.

Das Enneagramm ist Teil einer mündlichen Lehrtradition. Die Kraft des Materials wird am besten vermittelt, wenn man sieht und hört, wie Angehörige jeden Typs ihre Geschichte erzählen. Wenn Sie Informationen über Audio- und Videokassetten sowie Workshops über Intuition und das Enneagramm wünschen, wenden Sie sich bitte an:

The Center for the Investigation and Training of Intuition
1442A Walnut Street
Berkeley, California, 94704, USA
Tel.: 415-843-7621

Knaur®

Schicksalsdeutung

Knaur®
Rachel Pollack
Tarot
78 Stufen der Weisheit
Esoterik

(4132)

Knaur®
Rachel Pollack
Das Tarot-Übungsbuch
Esoterik

(4168)

Knaur® Esoterik
Waltraud Drexler
DIE KRAFT DER RUNEN
Mit Runen arbeiten und leben

(86009)

Knaur®
Don Richard Riso
Die neun Typen der Persönlichkeit
und das Enneagramm
Esoterik

(4213)

Knaur®
Helen Palmer
Das Enneagramm
Sich selbst und andere verstehen lernen
Esoterik

(4244)

Knaur®
Eli Jaxon-Bear
Die neun Zahlen des Lebens
Das Enneagramm – Charakterfixierung und spirituelles Wachstum
Esoterik

(86014)

Knaur®

Schicksalsdeutung

Knaur®

Golmyn

Das Schicksal
in den Zahlen

Lebenshilfe durch Numerologie

Esoterik

(86011)

Knaur®

Marlies Burghardt

Tarot und
Lebensbaum

Esoterik

(86028)

Knaur®

Dorothée Koechlin
de Bizemont

Karma-Astrologie

Das Horoskop als Spiegel
vergangener Leben

Esoterik

(4131)

Knaur®

Marie Louise Lacy

Das Farborakel

Die psychologische und
spirituelle Bedeutung der Farben
· Mit 28 Farbkarten

Esoterik

(4260)

Knaur®

Nathaniel Altman

Die Praxis
des Handlesens

Ein Ratgeber zur
psychologischen Handanalyse

Esoterik

(4166)

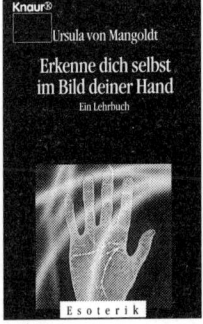

Knaur®

Ursula von Mangoldt

Erkenne dich selbst
im Bild deiner Hand

Ein Lehrbuch

Esoterik

(4240)